GROSSER
ATLAS
DER
MEERE

GROSSER ATLAS DER MEERE

Geheimnisvolle Welt unter Wasser

John Pernetta

NAUMANN & GÖBEL

INHALT

© Octopus Publishing Group Ltd 1977, 1994
2–4 Heron Quays, Docklands, London E14 1JP
Für die deutsche Ausgabe 2000:
© Naumann & Göbel Verlagsgesellschaft mbH
in der VEMAG Verlags- und Medien Aktiengesellschaft, Köln
Alle Rechte vorbehalten
Umschlagabbildungen: Bavaria Bildagentur
ISBN 3-625-10746-5

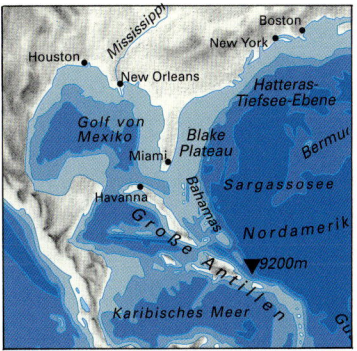

VORWORT

◀ Korallenriffe, *die auch Gärten aus Tieren genannt werden, sind ungeschichtete Kalkablagerungen, die in Jahrtausenden durch Leder- und Steinkorallen, sogenannten Blumentieren, Rohrwürmern und anderen riffbildenden Lebewesen zumeist auf vulkanischen Erhebungen oder in Küstenregionen aufgebaut worden sind. Diesen zumeist fest verankerten Lebensformen stehen die über 1000 schwimmenden Spezies gegenüber, die, wie der Anemonenfisch, vielfach in Symbiose mit den stationären, aber auch untereinander leben. Grundlage des gesamten Rifflebens und Beginn der Nahrungskette ist das mikroskopisch kleine Phytoplankton, das durch unterschiedliche Strömungen an das Riff herangeführt wird. Die Lichtintensität und die vornehmlich in der obersten warmen Wasserschicht lebenden Phytoplanktongemeinschaften begrenzen das Leben im Riff auf die obersten 50 Meter. Mit zunehmend dichterer Besiedlung der Küstenregionen insbesondere in den armen Entwicklungsländern und den damit verbundenen Eingriffen des Menschen in dieses empfindliche Ökosystem, aber auch durch die Einleitung von Schadstoffen und Abfällen durch die Industriestaaten, sind auch diese sogenannten „Regenwälder der Meere" in ihrer Existenz stark gefährdet.*

Weltweit ist der Mensch auf das Meer angewiesen. Es liefert uns Nahrung, dient Transportzwecken und ist reich an Bodenschätzen, wie Öl und Gas. Der Ozean bestimmt über unser Klima, er schädigt Küsten und zerstört Wohngebiete. Und doch sind wir vom Meer fasziniert. Es bereitet uns Vergnügen, darin zu schwimmen, es anzusehen, in seiner Nähe zu wohnen und darauf zu segeln. Leider benutzen wir die Meere aber auch als Müllkippe und verschmutzen über Flüsse und Abwässer unsere Küstengewässer. Wenn wir den Ozean klug nutzen wollen, müssen wir wissen, wie er funktioniert und wie wir ihn schädigen. Nur dann können wir ihn in Zukunft besser bewirtschaften und schützen.

Obwohl unser Leben in engem Zusammenhang mit dem Meer steht, sind unsere Kenntnisse darüber erstaunlich gering. Teilweise liegt das an der gewaltigen Größe der Ozeane – sie bedecken 72 Prozent der Erdoberfläche –, teilweise aber auch daran, daß die Meeresforschung eine recht junge Wissenschaft ist. Ihre Anfänge lassen sich zwar weit zurück verfolgen – der englische Geograph James Rennell kartierte bereits im ausgehenden 18. und beginnenden 19. Jahrhundert die Meeresströmungen als „Flüsse im Ozean", und die erste ozeanographische Weltreise unternahm die *Challenger* von 1872 bis 1876 –, aber als globale Wissenschaft entwickelte sich die Ozeanographie erst nach dem Zweiten Weltkrieg.

Heute besteht Meeresforschung zum größten Teil aus Fernerkundung mit komplizierten wissenschaftlichen Instrumenten. Hochentwickelte Kartierungssysteme bedienen sich zum Beispiel des Schalls und erzeugen damit gewissermaßen eine Luftaufnahme des Meeresbodens, wobei an einem Tag ein Gebiet von der Größe Hessens erfaßt wird. Aber die Fläche der Ozeane ist so gewaltig, daß ihre Kartierung trotz solcher Hilfsmittel noch viele Jahre in Anspruch nehmen wird. Es gibt also nach wie vor viel zu erforschen.

Über die Gestalt des Meeresbodens wissen wir mittlerweile eine ganze Menge. So verbirgt sich unter den Wassermassen der Mittelozeanische Rücken, das längste und höchste Gebirge der Welt, dessen vulkanischer Everest in Island über die Oberfläche ragt und das zerklüftete Täler, heiße Quellen, Lavafelder und Vulkane umfaßt. Der Mittelozeanische Rücken erstreckt sich entlang des Risses, den die Kräfte der Plattentektonik in die starre äußere Kruste der Erde gerissen haben. Die gleichen Kräfte zogen Afrika und Europa von Amerika weg und ließen so den Atlantik entstehen. Der 50 bis 100 Kilometer breite Graben am Meeresboden ist ebenso aktiv wie sein Ausläufer über den Wogen in Island. Mustert man die Senke, findet man auf 1 000 Quadratkilometern bis zu 100 Vulkane, und heiße Quellen speien Wolken metallhaltiger Sulfide mit Temperaturen bis zu 350 Grad Celsius aus. Rund um solche Quellen gedeiht eine weitgehend unerforschte Tierwelt, beispielsweise riesige, bis zu zweieinhalb Meter lange Röhrenwürmer und blinde Krebse, die mit einem dritten Auge die Wärme wahrnehmen. Sie ernähren sich von ungewöhnlichen Bakterien, die ihre Energie aus der Umwandlung von Sulfid in Sulfat beziehen. Diese neue Welt der unterseeischen Schlote wurde erst 1975 entdeckt, aber sie erinnert an die Welt unter den Meeren, die Jules Verne sich vor über 100 Jahren in seinen Science-Fiction-Geschichten ausmalte. Bisher kennen wir zwar am Meeresboden noch nicht einmal 50 Schlote, aber nach Schätzungen dürften es bis zu 5 000 sein – ein überzeugendes Beispiel dafür, was es auf der Erde noch alles zu entdecken gibt.

Teilweise lassen sich die neuen Erkenntnisse über die Schlote wahrscheinlich nutzbar machen. In der Biotechnologie wird man Anwendungsgebiete für Bakterien finden, die bei hohen Temperaturen leben können. Und wenn wir verstehen, wie sich die Sulfidablagerungen bilden, können wir sie vielleicht auch an Land leichter ausfindig machen.

Es bleibt jedoch eine Vielzahl offener Fragen: Warum sterben an unseren Küsten von Zeit zu Zeit Tausende von Seevögeln? Warum ist die Höhe der Wellen an manchen Küstenabschnitten in Europa während der letzten 25 Jahre um 25 Prozent gestiegen? Was war die Ursache jenes großen unterseeischen Erdrutsches, der vor 10 000 Jahren mit seiner Flutwelle zahlreiche Siedlungen an der schottischen Küste auslöschte? Werden solche Ereignisse sich wiederholen, und wenn ja, wann und wo?

Lassen sich solche Dinge vorhersagen, oder sind die Ozeane im einzelnen chaotisch und unberechenbar? Das müssen wir wissen, wenn wir sie effizienter bewirtschaften und nutzen wollen. In den letzten Jahrzehnten führte die gewaltig gestiegene Leistungsfähigkeit der Computer zu einer Revolution auf dem Gebiet der mathematischen Modelle für ökologische Systeme, und deshalb können wir heute besser feststellen, welche Rolle Meeresströmungen und Wasserwirbel für den Transport der Wärme spielen. Kaum jemand weiß, daß in dem obersten Meter der Meere mehr Wärme gespeichert ist als in der gesamten Atmosphäre. Diesen gewaltigen Wärmespeicher transportieren Wirbel und Strömungen ungehindert um die ganze Welt. Der Golfstrom und seine Verzweigungen tragen Wärme von Florida bis in den Nordwesten Europas. Allmählich können wir auch mit ersten Berechnungen etwas darüber aussagen, welchen Einfluß das Ökosystem der Ozeane auf die Menge des Kohlendioxids und anderer Treibhausgase in der Atmosphäre hat. Werden wir schon bald in der Lage sein, mit solchen mathematischen Modellen die Veränderungen des Klimas vorauszusagen?

Der vorliegende Atlas enthält die Antworten auf diese und viele andere Fragen nach den vielfältigen Ressourcen der Ozeane, aber er befaßt sich auch mit den Problemen, die mit ihrer nachhaltigen Bewirtschaftung zum Nutzen unserer Nachfahren verbunden sind. Der Atlas der Meere berichtet über alle Aspekte der Ozeane, von ihrer Entstehung in der Erdgeschichte über ihre Funktionsweise bis zu ihrer chemischen Zusammensetzung und den Lebewesen, die sie beherbergen.

Dem Leser soll die Erkenntnis vermittelt werden, wieviel es noch zu entdecken gibt und wie lohnend und spannend eine solche Entdeckungsreise für uns alle werden kann. Die Ozeane sind eins der letzten großen Geheimnisse.

Dr. Colin Summerhayes
Direktor des Institute of Oceanographic Sciences

DIE
MEERE

◄ **Die Malediven.**
*Ein Archipel im Indischen
Ozean, südwestlich von Sri
Lanka. Die Inselgruppe
besteht aus insgesamt
1087 Inseln, von denen 220
bewohnt sind. Die tropisch
warmen Malediven mit ihren
Sandstränden erfreuen sich
bei Touristen immer
größerer Beliebtheit.*

Die Entstehung der Meere

In der griechischen Mythologie wurde das große Meer, das die flache Erdscheibe umschloß, durch Ozeanus, den Gott des Urmeeres, personifiziert. Heute wissen wir natürlich, daß die Erde kugelförmig ist und mehr als 70 Prozent ihrer Oberfläche von den Meeren bedeckt werden.

Die Meere sind der größte Wasserspeicher der Erde. Das Süßwasser der Eiskappen, Flüsse und Seen sowie das Grundwasser machen im Vergleich dazu einen viel geringeren Teil aus, während Wolken und Wasserdampf in der Atmosphäre nur einen winzigen Bruchteil des Ganzen darstellen. Das Wasser der Meere verdunstet und kehrt über den Regen, die Flüsse und Sickerwasser wieder zurück. An diesem ständigen Kreislauf sind etwa 450 000 Kubikkilometer Wasser beteiligt.

Überraschenderweise enthält die Erdkruste einen bedeutenden Wasseranteil. Das Wasser drang entweder in tiefliegendes Gestein hinab oder wurde während der Entstehung des Gesteins darin eingeschlossen. In Regionen mit vulkanischer Aktivität absorbiert das geschmolzene Gestein (Magma) während seines Aufstiegs an die Erdoberfläche Wasser, das bei Vulkanausbrüchen als überheißer Dampf freigesetzt wird. Das Wasser scheint eine entscheidende Rolle bei der Entstehung von Magma zu spielen, da es den Schmelzpunkt des tiefliegenden Gesteins herabsetzt.

Entstehung der Meere

Der größte Teil des Wassers in den heutigen Meeren befindet sich schon seit einem sehr frühen Zeitpunkt der Erdgeschichte auf der Erde, wenngleich sich dieses Wasser ursprünglich zum größten Teil als Dampf in der Atmosphäre befunden hat. Als die Erde abkühlte, kondensierte der Dampf zu Regen, bildete Flüsse · und füllte die tieferliegenden Regionen zu Meeren auf. Obwohl wir nicht sicher sind, wann sich dieser Prozeß vollzog, gibt es doch geologische Anhaltspunkte, daß vor 3800 Millionen Jahren Oberflächenwasser existierte. Diese Anhaltspunkte liegen in Form des ältesten bekannten Sedimentgesteins (fluviatile Ablagerungen) vor, das im Westen Grönlands entdeckt wurde. Während Hinweise auf einfache Organismen in 3400 bis 2000 Millionen Jahre alten Gesteinsarten gefunden wurden, sind die frühesten Spuren mehrzelliger Tiere lediglich 600 Millionen Jahre alt.

Das Leben begann in den Meeren. Anfangs waren es einfache organische Moleküle, denen später sich selbst replizierende große organische Moleküle folgten – die Nukleinsäuren. Diese stellten schließlich die Mechanismen der Reproduktion bereit, indem sie Zellen ermöglichten, sich zu teilen und neue, identische Zellen zu bilden.

Für fast 2000 Millionen Jahre waren einzellige Mikroorganismen die einzige Form von Leben auf dem Planeten. Ihre Existenz hing vom Vorhandensein von Wasser ab, und es waren wiederum ihre Lebensprozesse, die die Zusammensetzung der Atmosphäre veränderten. Ursprünglich bestand die Erdatmosphäre im wesentlichen aus Wasserdampf, Methan und Ammoniak. Die bloße Existenz von photosynthetisierenden Mikroorganismen jedoch führte zu steigenden Sauerstoffkonzentrationen in der Atmosphäre. Der Sauerstoff wiederum führte zur Bildung des Ozonschildes, der heute das Leben auf der Erde vor den schädlichen Wirkungen der UV-Strahlung schützt.

Der Wandel der Meere

Die Meeresbecken hatten nicht immer ihre jetzige Form. Die Kontinentalverschiebung und die Ausdehnung des Meeresbodens führten zu Perioden, in denen die Meere unterschiedliche Gestalt besaßen. Vor etwa 225 Millionen Jahren gab es eine einzige große Landmasse mit Namen Pangaea, die von einem Super-Meer, Panthalassa, umgeben wurde. Als sich diese Landmasse vor ungefähr 180

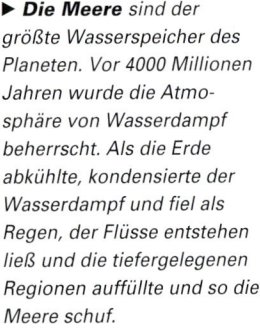

▶ **Die Meere** sind der größte Wasserspeicher des Planeten. Vor 4000 Millionen Jahren wurde die Atmosphäre von Wasserdampf beherrscht. Als die Erde abkühlte, kondensierte der Wasserdampf und fiel als Regen, der Flüsse entstehen ließ und die tiefergelegenen Regionen auffüllte und so die Meere schuf.

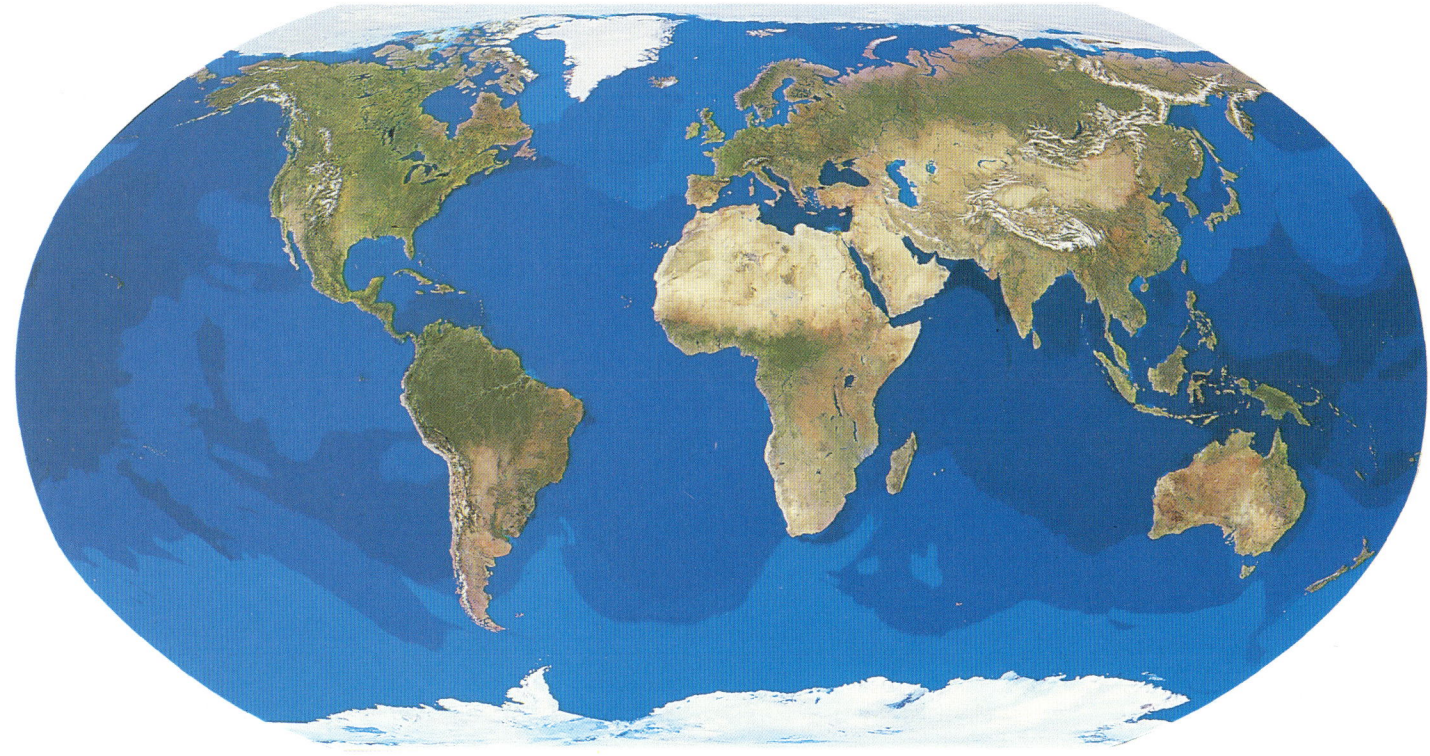

▲ **Dieses Bild der Erde,** das auf einer Robinson-Projektion beruht, zeigt das Land in seinen natürlichen Farbtönen, während die Farben der Meere Temperaturunterschiede anzeigen – kältere Regionen hellblau, wärmere in dunkleren Tönen. Das Bild wurde aus tausenden wolkenfreien Bildern am Computer zusammengesetzt.

Millionen Jahren auseinanderbewegte und zwei Super-Kontinente entstanden (Laurasia im Norden und Gondwana im Süden), bildete sich zwischen ihnen das Tethysmeer. Dieses Meer wurde durch den Zusammenstoß verschiedener Kontinentalschollen geschlossen. Die jetzigen Meeresbecken sind also mit einem Alter von weniger als 80 Millionen Jahren relativ jung.

Die Lebensbedingungen der Meere

Die ständige Bewegung der Meere ist auf die Anziehungskraft von Sonne und Mond zurückzuführen, die die Gezeiten verursachen. Die Rotation der Erde bedingt den Gezeitenwechsel, hat aber auch Einfluß auf die kalten und warmen Meeresströmungen. Diese Zirkulation ist nicht nur ein bedeutender Faktor im globalen Klimasystem, sondern auch für das Leben in den Meeren wichtig.

Die Lebensbedingungen in den Meeren variieren vom wärmeren, sonnenbeschienenen Oberflächenwasser bis zu den dunklen und kalten Meerestiefen, von den stark salzhaltigen Meeresbecken wie dem Roten Meer bis zu dem schwach salzhaltigen Golf von Bengalen.

Das Wasser an der Meeresoberfläche ist arm an Nährstoffen, besonders in tropischen Regionen, was die Primärproduktion durch Phytoplankton betrifft. Phytoplankton sind einzellige Pflanzen, die das Sonnenlicht nutzen, um komplexere chemische Verbindungen zu bilden, die als Grundlage für marines Leben dienen. Die Tiefsee dagegen enthält enorme Nährstoffspeicher. Wo diese durch vertikale Wasserbewegung, Auftriebsströmung genannt, zur Oberfläche gelangen, findet sich großer Plankton- und Fischreichtum. Hohe Nährstoffkonzentrationen zeigen sich ebenfalls in Küstenregionen, wo Stickstoff, Phosphor und organische Stoffe in die Küstengewässer ausgewaschen werden.

Die räumliche Variation physikalischer und chemischer Grundbedingungen beeinflußt die Pflanzen- und Tierarten in den verschiedenen Abschnitten der Meeresbecken der Erde. Es ist die Variation der physikalischen Charakteristika, die die Verschiedenheit maritimer Lebensformen erklärt.

Die Bewegung der Erdkruste

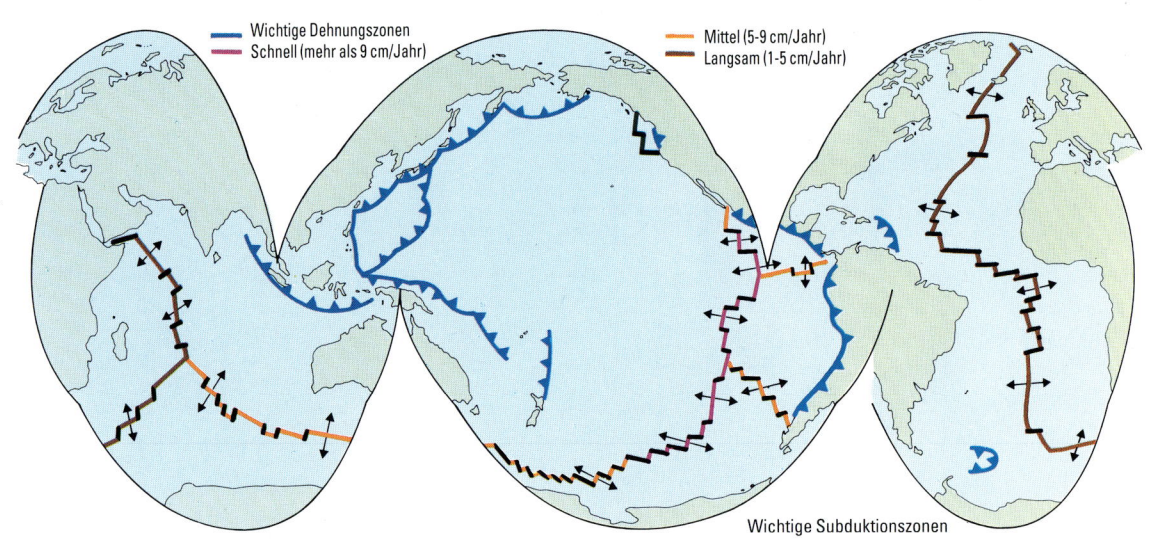

Wichtige Dehnungszonen
Schnell (mehr als 9 cm/Jahr)
Mittel (5-9 cm/Jahr)
Langsam (1-5 cm/Jahr)

Wichtige Subduktionszonen

▼ *Die Erde* besteht aus mehreren getrennten Schichten: dem Kern aus Nickel und Eisen, der unterhalb einer Tiefe von etwa 2880 km liegt, dem Erdmantel und der Kruste, die nur zwischen 16-40 km dick ist. Der Mantel ist bis auf eine Schicht am oberen Rand, die Asthenosphäre, fest. Darüber liegt eine Schicht von 96 km Dicke, die aus dem äußersten Mantel und der Kruste besteht. Diese harte, äußere Schicht, die Lithosphäre, besteht aus den Platten, die sich über die Oberfläche der Erde bewegen. Jede Platte, wie etwa die auf der Antarktis liegende, ist von aktiven Plattenrändern eingefaßt.

Der Planet Erde besteht aus mehreren konzentrischen Sphären von geringfügig unterschiedlicher Zusammensetzung. Die Kruste, oder äußere Schale, besteht aus relativ leichtem Material und wird durch einen Übergangsbereich, die sogenannte Mohorovičić-Diskontinuität, von dem darunterliegenden Mantel getrennt. Unter den Kontinenten ist die Erdkruste viel mächtiger (30-40 km) als unterhalb der Meeresbecken, wo sie nur etwa 6 km dick ist. Die Dicke der ozeanischen Kruste ist über die gesamten Meeres-

becken hin im wesentlichen gleich, während die Dicke der kontinentalen Kruste entsprechend des jeweiligen Oberflächenreliefs erheblich variiert. Die größte Mächtigkeit der Kruste findet sich unter Gebirge.

Vom Mantel zum Kern

Der Mantel erstreckt sich auf eine Tiefe von ungefähr 2900 Kilometern und besteht vermutlich aus ferromagnetischen Silikaten wie etwa Olivin und verschiedenen Pyroxenen.

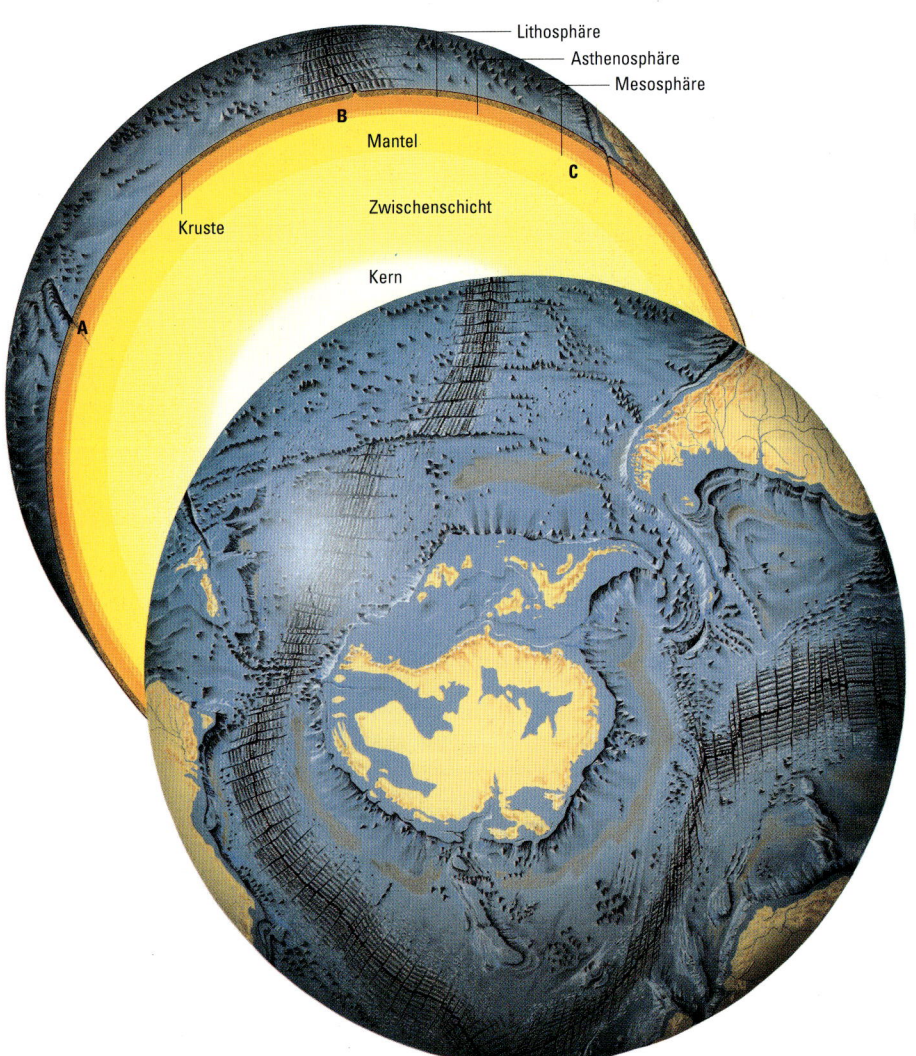

Lithosphäre
Asthenosphäre
Mesosphäre

Mantel
Zwischenschicht
Kern
Kruste

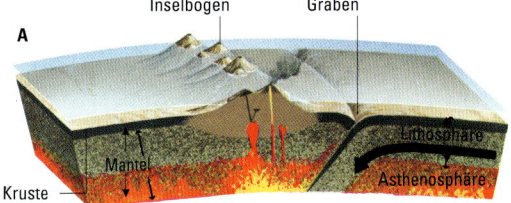

Inselbogen   Graben
A
Kruste   Mantel   Lithosphäre   Asthenosphäre

▲ *Der Tonga-Graben* ist ein destruktiver Plattenrand aus zwei Meeresplatten. Der Rand ist durch einen Tiefseegraben und einen vulkanischen Inselbogen charakterisiert.

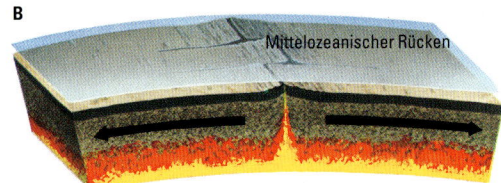

B
Mittelozeanischer Rücken

▲ *Die Ostpazifische Erhebung* ist ein konstruktiver Rand, an dem zwei ozeanische Platten kontinuierlich neu entstehen. Aufsteigendes Material aus dem Erdmantel vergrößert die auseinanderstrebenden Platten.

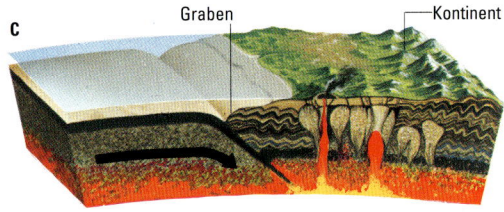

Graben   Kontinent
C

▲ *Der Peru-Graben* ist ein destruktiver Rand, an dem eine ozeanische Platte unter eine kontinentale Platte taucht und einen Tiefseegraben bildet. Der kontinentale Rand wird zu einem Gebirge aufgefaltet.

Die Grenze zwischen dem äußeren und dem inneren, dichteren Teil des Mantels liegt in einer Tiefe von etwa 700 km. Der äußere Mantel reicht bis an die Asthenosphäre, die in 100 bis 300 km liegt und teilweise geschmolzen ist. Sie bildet die Untergrenze der relativ steifen äußeren Lithosphäre, die auch die Erdkruste einschließt. Die Platten der Lithosphäre bewegen sich über die halb geschmolzene Asthenosphäre, was das Phänomen des Kontinentaldrifts erzeugt.

Unter der Asthenosphäre liegt die Mesosphäre, die in einer Tiefe von etwa 400 km durch eine Übergangszone vom inneren Mantel getrennt ist, der sich zwischen 1000 und 2900 km Tiefe erstreckt. Die untere Grenze des Mantels wird durch die Gutenberg-Diskontinuität gebildet, die den inneren Mantel vom darunterliegenden Kern trennt. Der Kern wiederum unterteilt sich in einer Tiefe zwischen 4980 und 5120 km in eine innere und eine äußere Schicht. Der Kern besteht höchstwahrscheinlich aus einer Eisen-Nickel-Legierung. Der äußere Kern ist flüssig, der innere Kern fest und hat einen Radius von 1300 km.

Neuer Meeresboden entsteht

Konvektionsströme treten in größerem Ausmaß in der Asthenosphäre auf. Wo diese Ströme zur Erdoberfläche steigen, bilden sich mittelozeanische Rücken. Verlaufen die Ströme in Richtung Erdkern, entstehen Tiefseegräben.

Da die mittelozeanischen Rücken, wie der Name bereits andeutet, entlang der Mittellinie der Meeresbecken verlaufen, bildet sich dort auf beiden Seiten der Rücken neue ozeanische Kruste. Wenn neue Kruste entsteht, drückt sie die ältere Kruste weiter vom Rücken weg. Die jüngste Kruste findet sich deshalb in der Mitte der Meeresbecken, die älteste in der Nähe der Tiefseegräben, wo sie wieder in den Erdmantel aufgenommen wird. Man geht heute davon aus, daß die ältesten ozeanischen Krusten nicht mehr als 200 Millionen Jahre alt sind.

Die mittelozeanischen Rücken werden von großen Querstörungen durchzogen. Diese Versetzungen der Rücken spiegeln die Unregelmäßigkeiten der Plattengrenzen wider. Entlang dieser Querstörungen entstehen Erdbeben an Stellen, wo neu entstandene Teile angrenzender Platten in entgegengesetzter Richtung aneinander entlanggleiten.

Die äußere Haut der Erde unterteilt sich in eine relativ kleine Anzahl starrer Platten, die etwa 100 km dick sind und durch mittelozeanische Rücken und Tiefseegräben umgrenzt werden. Es gibt sechs größere Platten und einige kleinere, die sich relativ zueinander bewegen. Die Bewegungsrichtung zwischen je zwei Platten wird durch die Art der Plattengrenze bedingt. Platten, die durch mittelozeanische Rücken begrenzt sind, bewegen sich auseinander, während Platten, die durch Tiefseegräben oder aktive Bergketten oder durch beides voneinander getrennt sind, sich aufeinander zu bewegen. Wo sich Platten aneinander vorbei bewegen, ohne daß dabei Krustenmaterial entsteht oder zerstört wird, sind sie durch größere Verwerfungszonen, wie etwa im Karibischen Becken, voneinander getrennt.

Die Bewegung der Platten zeigt sich auch an den vulkanischen Inselgruppen wie den Hawaii-Inseln, die durch die Drift der ozeanischen Platte über einen ortsfesten „Hot Spot" im Mantel entstanden sind. Nach Nordosten, entlang der Inselgruppe, werden die Inseln immer älter. Die ältesten unter ihnen reichen nicht mehr bis zur Meeresoberfläche, sondern setzen die Kette als versunkene Guyots, benannt nach dem Entdecker J. Guyot, oder Seeberge, das heißt unter der Wasseroberfläche liegende Meeresberge, fort.

◄ **Die Größe der Platten** ist nicht konstant. Die Afrikanische Platte ist an drei Seiten von mittelozeanischen Rücken, die auf das Vorhandensein eines konstruktiven Randes verweisen, umgrenzt. Da sich die Platte beständig durch diese Rücken vergrößert und es keinen destruktiven Rand gibt, der in diesen Prozeß eingreift, können die Rücken relativ zueinander nicht ortsfest sein, sondern bewegen sich auseinander, so wie sich die Platte vergrößert.

Die Magnetische Aufzeichnung

An den Kämmen ozeanischer Rücken entsteht neues Gestein. Wir wissen, daß magnetische Teilchen beim Aufsteigen des flüssigen Gesteins im Magnetfeld der Erde ausgerichtet werden. Die Ausrichtung bleibt beim Erkalten des Gesteins erhalten.

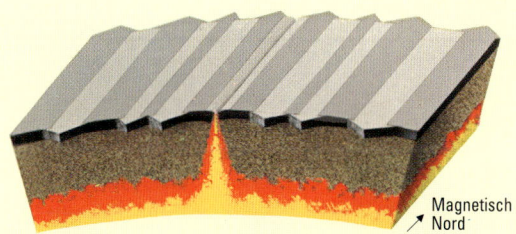

Das Magnetfeld der Erde hat seine Polarität in den letzten Millionen Jahren mehrfach gewechselt. Neues Gestein wurde magnetisiert, wodurch ein Muster abwechselnd polarisierter Streifen entstand.

Ein typisches Beispiel für die symmetrische Anordnung magnetisierter Streifen ist der Reykjanesrücken südlich von Island, der zum Mittelatlantischen Rücken gehört. Das Muster stimmt mit denen im Pazifik und der uns bekannten Abfolge der Polaritätsumkehrungen der letzten zehn Millionen Jahre überein.

Die Kontinentaldrift

▲ *Antonio Snider-Pellegrini* war der erste, der die Kontinente nach geologischen sowie geometrischen Anhaltspunkten wieder zusammenfügte. Die obigen Karten erschienen 1858 in seiner Schrift La Création et ses Mystères Dévoilés. *Seine Ideen gerieten jedoch für über 50 Jahre in Vergessenheit.*

D ie Vorstellung, daß die Kontinente einst zusammengehörten, ist nicht neu. Schon 1858 wurden Karten gedruckt, welche die Kontinente zusammengeschweißt als eine einzige, große Landmasse zeigen, die von einem gigantischen Meer umschlossen wird. In der Folge brachten Funde von der Ähnlichkeit geologischer Formationen – bezüglich Alter und Zusammensetzung – beiderseits des Atlantiks Alfred Wegener dazu, 1915 eine Serie von Rekonstruktionen der Kontinente zu veröffentlichen.

Doch erst in den sechziger Jahren fand diese Theorie durch die Entdeckung des Paleomagnetismus (der „Aufzeichnung" der magnetischen Erdgeschichte) in der ozeanischen Kruste und die entdeckten Mechanismen der Kontinentaldrift Anerkennung.

Pangaea und Panthalassa

Während des Kambriums (vor 590-505 Millionen Jahren) bildete der größte Teil der heutigen Landmassen der Südhalbkugel einen Superkontinent namens Gondwana. Nordamerika, Nordeuropa und Asien (aus denen später Laurasia werden sollte) blieben getrennte Landmassen. Im Karbon (vor 350 Millionen Jahren) waren Nordamerika und Nordeuropa zusammengestoßen. Dort, wo die beiden Kontinentalplatten zusammenstießen, entstand das Kaledonische Gebirge. Eine Zeitlang existierte die neugebildete Landmasse getrennt vom größeren Kontinent Gondwana. Im Perm (vor 280-225 Millionen Jahren) jedoch bildeten die Kontinente zusammen den Superkontinent Pangaea, der von einem einzigen Supermeer, Panthalassa, umschlossen wurde.

Die Bewegung Südeuropas auf Nordeuropa zu ließ das Herzynische Gebirge aufsteigen, während der Zusammenstoß von Europa und Asien den Ural entstehen ließ. Danach, vor etwa 200-180 Millionen Jahren, begann sich

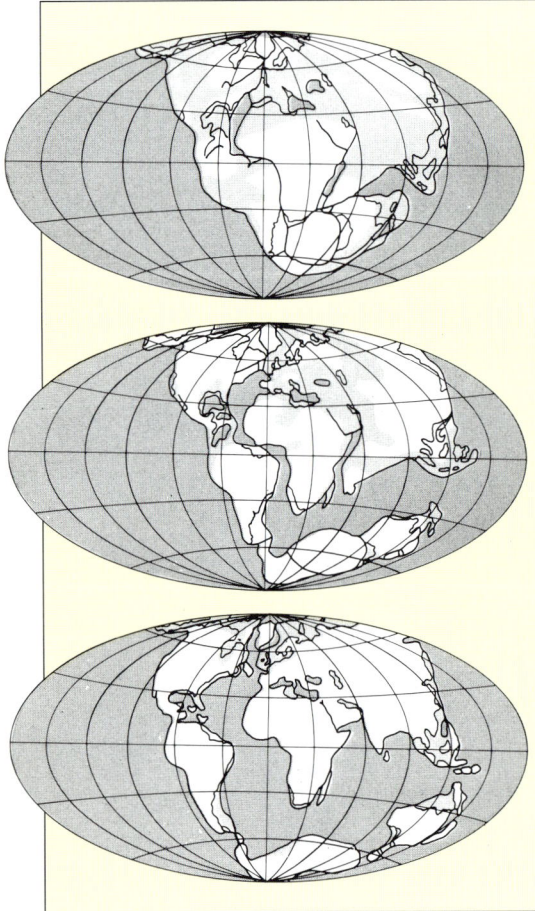

Kontinentalgeschichte
Der deutsche Geophysiker Alfred Wegener veröffentlichte 1915 eine Serie paleographischer Rekonstruktionen der Kontinente unter dem Titel *Die Entstehung der Kontinente und Ozeane.* Seine Beweise beruhten auf nach Form und Alter ähnlichen geologischen Formationen beiderseits des Atlantiks. Seine Arbeit fand bis in die sechziger Jahre, als man den Paleomagnetismus und die Meeresbodendehnung entdeckte und die Theorie der Plattentektonik entwickelte, keine Anerkennung. Zu seiner Zeit kannte er die Mechanismen des Kontinentaldrift nicht und schlug solch unwahrscheinliche Prozesse wie Gezeitenkräfte oder Schwankungen der Gravitation an verschiedenen Punkten der Erdkugel vor. Obwohl Wegener die Kontinente als flexible Massen ansah und sich über die Driftgeschwindigkeit irrte, sind seine Karten noch heute akzeptabel.

Pangaea in den nördlichen Kontinent Laurasia und den südlichen Kontinent Gondwana zu zerteilen. Vor 200 Millionen Jahren fing Laurasia an auseinanderzubrechen und formte den Nordatlantik. 30 Millionen Jahre später begann Gondwana sich zu teilen und bildete den Indischen Ozean und den Südatlantik, der etwa 100 Millionen Jahre alt ist.

Die Meeresbecken

Die Meeresbecken haben sich gebildet, sind verschwunden und haben sich viele Male wieder neu gebildet. Vor etwa 600 Millionen Jahren war die Nordatlantikregion von einem Meer, ähnlich dem heutigen, bedeckt. Vor rund 500 Millionen Jahren begann dieser Proto-Atlantik sich zu schließen und wurde von einem Gebirge, ähnlich den Anden, flankiert. 100 Millionen Jahre später war dieser Prozeß abgeschlossen und die aufeinander zu driftenden Kontinente ließen das Kaledonische Gebirge entstehen. Der heutige Nordatlantik existiert erst seit 200 Millionen Jahren, und der Bruch, der dieses Meeresbecken bildete, verlief ungefähr entlang der Linie, an der sich sein Vorgänger, der Proto-Atlantik, verschloß.

Das Rote Meer zeigt ein frühes Stadium der Entstehung eines neuen Meeres. Quillt die Asthenosphäre unter der Kontinentalzone auf, entstehen Spannungen in der kontinentalen Kruste. Sie bricht auseinander und bildet die Zentralgräben. Bewegen sich zwei Teile eines Kontinents auseinander, entsteht ein neues Meer, an dessen Mittellinie ein mittelozeanischer Rücken entsteht, wo sich neue ozeanische Kruste bildet.

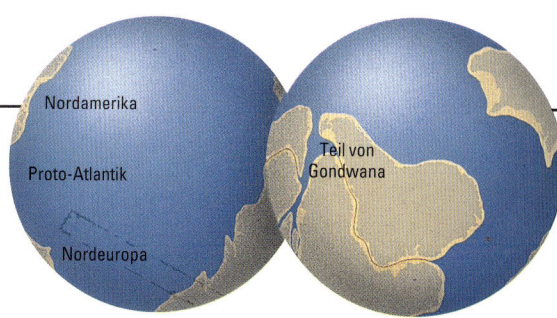

▲ **Die Welt des Kambriums** wäre für uns heute nicht wieder-zuerkennen. Gondwana war eine einzige Landmasse, die sich 400 Millionen Jahre später in Australien, Indien, Südamerika, Afrika und Arabien teilen sollte. Nordamerika, Nordeuropa und der größte Teil Asiens waren getrennte Kontinente.

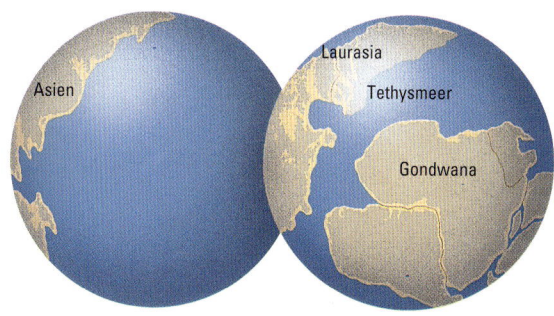

▲ **Im Karbon,** dem Zeitalter der Kohlenwälder und Riesen-amphibien, hatten Nordamerika und Europa den Proto-Atlantik verdrängt, eine gemeinsame Landmasse, Laurasia, gebildet und an der Berührungslinie die Kaledonischen Gebirge auf-gefaltet. Von Gondwana, der südlichen Landmasse, war Laurasia durch das Tethysmeer getrennt.

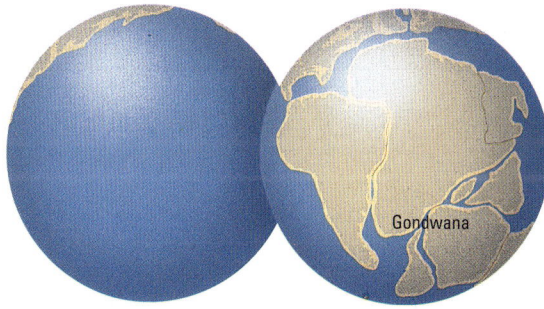

▲ **Das Perm** war das Zeitalter von Pangaea, dem Superkontinent, und Panthalassa, dem Supermeer. Das Zusammenrücken von Laurasia und Gondwana ließ den Ural und das Herzynische Gebirge entstehen. Zu dieser Zeit war ein großer Teil der nördlichen Landmasse Wüste, Reptilien lebten an Land und Ichtyosaurier und Ammoniten in den Meeren.

▲ **Im frühen Känozoikum** tauchten Blütenpflanzen auf und Säugetiere verdrängten die Reptilien. Pangaea war ausein-andergebrochen und der Atlantische Ozean war entstanden. Die Antarkis und Australien hingen noch zusammen, Indien bewegte sich auf Asien zu und preßte den Himalaja hoch.

◄ **Die Anordnung** der Kontinente spiegelt die Bewegungen der Kontinen-talplatten während einiger hundert Millionen Jahre wider. Ähnliche geologische Merkmale ermöglichen Geologen die Rekonstruktion der vergangenen Positio-nen von Festland und Meeren.

Berge und vulkanische Bögen

Stoßen zwei Kontinentalplatten zusammen, verbiegt sich die Kontinentalkruste und wird nach oben und nach unten in die darunterliegende Lithosphäre gedrückt. Ergebnis dieser Prozesse sind häufig die Bildung von Gebirgsketten wie die Alpen oder der Himalaja. Es gehören nicht alle Plattengrenzen zu diesem einfachen Typ. Dort, wo beispielsweise jedoch die Grenze einer ozeanischen Platte auf eine Kontinentalplattengrenze stößt, wird die dichtere ozeanische Kruste nach unten gedrückt.

Ein Beispiel für eine solche Subduktionszone findet sich an der Westküste Lateinamerikas. Sie bildet dort, wo die dichtere ozeanische Kruste nach unten gedrückt wird, einen Tiefseegraben. Die kontinentale Kruste geringerer Dichte wird nach oben gedrückt und faltet sich zu Gebirgsketten auf, wie etwa den Anden in Südamerika oder den Rocky Mountains in Nordamerika.

In einigen Meeresbecken, wo zwei ozeanische Platten aufeinandertreffen, wird die Kruste der einen unter die der anderen gedrückt. Bei diesen destruktiven Plattengrenzen mit charakteristischen Tiefseegräben taucht die eine Platte in die Kruste ab und die andere bildet einen vulkanischen Inselbogen.

Küstenerosion

Küsten sind durch Wind und Wellen vielfältig geformt. Die Bewegung von Gesteinsmaterial durch Strömungen im küstennahen Wasser kann je nach Stärke der Wellen zu Ablagerungen von Sand, Kies oder gar Felsblöcken führen. In Regionen, in denen kaum Sedimentmaterial vorhanden ist, lösen die Wellen Gestein aus der Küstenlinie; hier herrscht die Erosion vor. Durch Erosion geformte Küsten treten vor allen Dingen dort auf, wo starke Wellenkräfte wirken, während die Ablagerung von Sedimenten typisch für geschützte Küsten ist.

▲ **Ein Hochland,** das sanft zum Meer hin abfällt, ist nicht von Dauer. Die Brandung erodiert die Böschung an ihrer Basis.

▲ **Eine Brandungskerbe** ist das erste Erosionsmerkmal. Auf Hochwasserhöhe bildet sich ein kleines Kliff.

▲ **Das Kliff** wird durch die Wellenaktivität an der Basis unterhöhlt, so daß der Überhang nach gewisser Zeit abstürzt.

▲ **Eine Brandungsplatte** entsteht durch das zurückweichende Kliff. Auf ihr lagert sich das erodierte Geröll ab.

Erosionsküsten

Erodierte Küsten sind durch Kliffe und Felsformationen, wie etwa den Giant's Causeway vor der Küste Irlands, geprägt. Obwohl die Kliffhöhe im wesentlichen von der Höhe des Hinterlandes abhängt, wird seine Form von einer Reihe von Faktoren beeinflußt, wie etwa den Gesteinscharakteristika und den Sedimenten der Landschaftstopographie und der geologischen Geschichte einschließlich der Schwankungen der Meereshöhe und tektonischen Veränderungen. Die Formenvielfalt ist sehr groß, aber vor allem Merkmale wie Landzungen, Hohlkehlen, Bögen und Felssäulen, geformt in festem Gestein, verursachen eine der auffälligsten Küstenlandschaften.

Im allgemeinen spiegelt der Charakter der erodierenden Küstenformationen die Widerstandsfähigkeit des jeweiligen Gesteins gegen die Erosionskräfte der Wellen und das sich in Suspension befindende Felsmaterial wie Sand, Kiesel und Geröll wider, das von der Brandung gegen die Küste geworfen wird. Der größte Teil der Erosion geschieht an Schwachstellen im Fels, wie etwa Verwerfungen, Fugen und weicheren Gesteinsschichten, die zwischen härteren Gesteinsbändern eingelagert sind.

Die Erosion vollzieht sich auf einem schmalen Streifen auf mittlerer Meereshöhe. In Regionen mit geringem Gezeitenhub ist dieser Streifen schmal und breiter dort, wo der Gezeitenhub größer ist. Die beschränkte Breite der eigentlichen Erosionszone bedeutet, daß nur am Fuß des Kliffs in größerem Maße Material herausgelöst wird, was dann den Einsturz der unterhöhlten Felspartien zur Folge hat. Wo Kliffe aus weichem Gestein bestehen, kann die Erosionsrate nur in dem Maße verringert werden, wie Längsströmungen das herabgestürzte Material vom Fuß des Kliffs entfernen und als schützenden Strand dem Kliff vorlagern.

Bei Gesteinen wie Sandstein, der sogenannte Schichtflächen (Deckflächen, die unterschiedliche Felsschichten trennen) hat, erfolgt die Erosion entlang dieser Flächen. Weichere Schichten werden schneller abgetragen, so daß ein zerklüftetes Kliffprofil entsteht. Bei feinkörnigem Kalkstein, der kaum Schichtung aufweist, bilden sich gleichmäßige, steile Küstenprofile, während die Erosion von Basalt entlang der Fugen abläuft, wodurch Basaltkliffe aus einzelnen Blöcken entstehen.

Strände an erodierenden Küsten

Entlang erodierender Küsten bilden sich immer Sand- oder Kiesstrände aus erodiertem Material, das vom Kliff herabgestürzt ist. Dieses Material wird entweder durch Strömungen fortgetragen und anderswo abgelagert, als küstennahe Terrasse angelagert, oder es bildet eine Brandungsplatte aus. Kalkbestandteile lösen sich im Wasser auf.

Bewegt sich eine Welle auf eine Küste zu, so verlangsamt sie sich im flacheren Gewässer und wird beim Auftreffen auf eine unregelmäßige Küste abgelenkt. Der größte Teil der Wellenenergie trifft auf die hervorstehenden Landzungen, die so stärker erodiert werden als die zurückliegenden Buchten, an deren Stränden sich das Brandungsgeröll sammelt. Schließlich verschwinden die Landzungen völlig und eine gerade Küste entsteht.

Evolution eines Küstenstreifens

Ein vorspringendes Kliff erodiert zuerst entlang der Schichtfugen und -flächen, die sich zu tiefen Klüften vergrößern.

Strände am Fuß von Kliffen sind kurzlebig und verändern ihre Form mit den Jahreszeiten, wenn andere Winde und Wellenmuster die Geschwindigkeit des Abtransports von Gesteinsmaterial verändern. Im allgemeinen wird das feinere Material schneller abtransportiert, so daß kleinere und größere Kiesel oder gar Felsbrocken das Gesicht dieser Strände prägen. Der größte Teil des Erosionsmaterials dieser Strände wird von der Küste weg in tiefere Gewässer bewegt oder entlang der Küstenlinie an geschütztere Stellen transportiert, wo mit diesen Ablagerungen neue Küsten und Küstenformen entstehen.

Entlang einiger Küsten finden sich kleine Mini-Strände am Kopf kleiner Meeresarme. Solche Strände sind normalerweise von hohen Kliffen umrahmt, und diese Küstenformen sind sehr stark Veränderungen der Meereshöhe oder der Wellenmuster ausgesetzt, die zur Sedimentverlagerung ins Meer führen.

Bei vielen Mittelmeerinseln, die durch Bodenhebung entlang von Verwerfungslinien entstanden sind, fallen die Kliffe vertikal ins Meer ab und werden wegen des geringen Tidenhubs kaum abgetragen. Im Gegensatz dazu kann die Erosionsrate an tiefliegenden Küsten aus weichem und unverfestigtem Material mit relativ starkem Wasseranstieg sehr hoch sein und bis zu mehreren Metern pro Jahr betragen. Häufig geschieht die Erosion innerhalb kurzer Zeitabschnitte, wie etwa bei Stürmen.

Das Leben an Erosionsküsten

Durch Erosion geformte Küsten sind im allgemeinen ein unwirtlicher Lebensraum für Pflanzen und Tiere. Aufgrund der hohen Wellenenergie müssen sie entweder in der Lage sein, sich fest am Fels zu verankern oder in Rissen Schutz zu suchen. Wo die Erosionsrate hoch ist, finden sich meist nur wenige Pflanzen- und Tierarten, da die Küste keinen hinreichenden Halt bietet. Auf hartem, erosionsresistenterem Fels dagegen ist die Artenvielfalt, die sich in einer klar begrenzten Zone entwickelt, größer.

Oberhalb des Hochwasserniveaus, in der Spritzzone, finden sich Arten, die gegen Austrocknung resistent sind, während Weichtiere tiefer in der Tiden- oder Gezeitenzone vorkommen und nur bei Flut aktiv werden. Über dem höchsten Wasserstand existiert eine große Vielzahl von Flechten und einigen Blaualgen, die etwas tiefer durch die typischen Reihenfolge von Grün-, Braun- und Rotalgen ersetzt werden. An felsiger Küste mit ruhiger Oberfläche existieren die Tiere meist tiefer, in der Zwischentidenzone, als an Küsten, an denen Risse und Spalten feuchte Unterschlupfmöglichkeiten bieten. Die Beschaffenheit der Küstenformationen beeinflußt also nicht nur die Erosionsrate, sondern auch die Verteilung der dort lebenden Organismen.

◄ **Diese alten roten** Sandsteinkliffe auf der Orkneyinsel Hoy zeigen die Auswirkungen der Erosion entlang der Schichtflächen. Kleine Buchten haben sich geformt, und das Erosionsmaterial wird die Küste entlang bewegt, bevor es sich an den kleinen Stränden am Kopf dieser Buchten ablagert.

▼ **Die Erosion dieses** Küstenstreifens bei Etretat in der Normandie hat Felspfeiler und natürliche Bögen ausgebildet. Der abgebildete Bogen wird irgendwann einstürzen und einen zweiten Pfeiler bilden; ein neuer Bogen wird am Kliff dahinter entstehen.

Eine vertikale Kluft, die beständig der Erosion ausgesetzt ist, vergrößert sich mit der Zeit zu einer Höhle.

Die Brandung komprimiert die Luft in der Höhle. Der so entstehende Druck bricht ein Loch in das Höhlendach.

Die allmähliche Vertiefung der Höhlen auf beiden Seiten der Landspitze vereinigt die Höhlen und bildet so ein Felstor.

Das natürliche Felstor verbreitert sich, bis der Bogen einstürzt und eine isolierte Felssäule zurückläßt.

Sedimentationsküsten

► **Die Wirbel** in blau und beige auf dieser Aufnahme des Jangtsekiang-Deltas zeigen, wie das Delta durch Sedimente, die der Fluß aus dem Landesinneren herbeischafft, ständig ins Meer hinaus wächst.

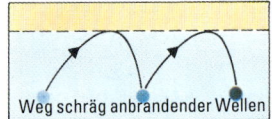

Weg schräg anbrandender Wellen

▲ **Längsversetzung** eines Strandes durch im Winkel auftreffende Wellen.

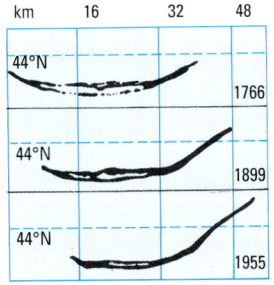

▲ **Sandgebilde** können durch Längsströmungen über große Entfernungen hinweg verdriftet werden. In 200 Jahren hat sich Sable Island vor Nova Scotia um 14 km nach Osten verlagert.

Ablagerungsküsten sind durch Sedimente aufgebaute Überschwemmungsküsten. Der größte Teil der Küstensedimente rührt ursprünglich von der Verwitterung exponierter Felsoberflächen und der Erosion an Land her. Erodiertes Material, das häufig auch Erdreich beinhaltet, gelangt aus Einzugsgebieten überall in die Flußsysteme. Zeitweise kann es in Überschwemmungsebenen und an Flußufern lagern, bevor es in die Küstengewässer gelangt.

Deltas und Ästuaren

Die meisten großen Flüsse der Welt münden in großen Deltasystemen ins Meer. Diese Systeme sind aus Sand und feinen Tonen aufgebaut, die an der Deltagrenze infolge der verringerten Fließgeschwindigkeit beim Einmünden des Flusses ins Meer abgelagert werden, wobei die Gezeiten die Sedimente zu Bänken anhäufen, die bei Ebbe sichtbar werden.

Die Strömungsgeschwindigkeit des Flusses, das Volumen der Sedimente, die Topographie des Meeresbodens vor der Mündung und die Gezeitenwirkung beeinflussen Form und Größe von Deltas und Ästuaren. Wo ein Fluß große Sedimentmengen in eine seichte Küstenregion ablädt, wächst das Delta meerwärts. Ist die Sedimentlast dagegen gering, bilden sich Ästuaren und Salzwasser kann bei geringer Strömungsgeschwindigkeit des Flusses in den Flußlauf vordringen.

Das vom Land stammende Erosionsmaterial wird oft durch Längsströmungen die Küste entlang transportiert, so daß Strände oft von einer weit entfernt liegenden Sedimentquelle gespeist werden. Wird der Nachschub an Sedimenten aus einem Fluß abgeschnitten (z.B. durch den Bau eines Damms), kann eine Erosion des Strandes durch Strömungen einsetzen.

Je nach lokalen Wellen- und Strömungsmustern werden Sedimente zum Teil ins Meer hinausgetrieben. Umgekehrt können in manchen Gegenden Strände aus Sedimentdepots im Meer gespeist werden, besonders dort, wo der Meeresboden mit losem Gletschermaterial bedeckt ist. Strömungen und Stürme können dann dieses Material an die Küste treiben, wo Sturmstrände oder Rippen entstehen, die durch äolische Sandablagerungen noch vergrößert werden können.

Nährstoffe

Die Produktivität von Küstengewässern ist viel größer als die des offenen Meeres, was zum Teil an den Nährstoffen liegt, die vom Land in die küstennahen Gewässer gewaschen werden. Stickstoff und Phosphor werden durch Flüsse und Grundwasserströme in die Küstenzone eingebracht, wo sie als Grundlage für die Produktion von Phytoplankton dienen. Der Einfluß des Menschen hat die Zufuhrrate von Nährstoffen durch Abwässer und durch landwirtschaftliche sowie industrielle Abfälle enorm vergrößert. Als Folge davon sind heute Phytoplanktonblüten viel häufiger und ausgedehnter als in der Vergangenheit.

Sogar dort, wo der menschliche Einfluß gering ist, sorgt der natürliche Input von Nährstoffen vom Land für eine hohe Produktivität der Küstengewässer. Einige der produktivsten Küstengewässer sind die Deltas, Ästuaren und Feuchtgebiete an den Mündungen sehr großer Flüsse.

Sedimenttypen

Die Beschaffenheit der Sedimente, die man entlang der Küstenlinien findet, spiegelt ihre Herkunft wider. In höheren Breiten entlang des Mittelmeeres und in gemäßigten Regionen bestehen Strände in der Regel aus Material, das eher mineralischen als organischen Ursprungs ist. In einigen Gebieten finden sich in der Nachbarschaft von Muschelbänken ausgedehnte Muschelsandstrände.

Im Gegensatz dazu bestehen entlang vieler tropischer Küsten ganze Strände aus biogenem Sand, d.h. aus Sand, der durch die Verwitterung der Skelette von Korallen, Mollusken und anderen Meeresorganismen entstanden ist. In vielen Atollregionen stammt ein Großteil des Kalziumkarbonats, das man an den Stränden findet, von lebendigem Gewebe von Korallenalgen und Korallen. Diese weißen Sandstrände bilden einen starken Kontrast zu den schwarzen Stränden auf vielen ozeanischen Inseln, die aus Material vulkanischen Ursprungs entstanden sind.

Die Wellen- und Strömungstätigkeit verringert nicht nur die Größe einzelner Partikel durch mechanische Abrasion, sondern sortiert zugleich das Material nach seiner Größe. Zur landwärtigen Seite des Strandes hin sind die Partikel größer als in der Gezeitenzone.

Das Leben an Flachküsten

Die Sedimente am Meeresboden werden ständig durch Gezeiten und Strömungen bewegt, was sich an Rippelmarken und anderen Oberflächenstrukturen ablesen läßt. Diese Bewegung ist im Tiden- und dem Niedrigtidenbereich am stärksten, was dazu führt, daß Flachküsten relativ wenige Pflanzen und Tiere beheimaten. Die sich bewegende Oberfläche bietet keinen dauerhaften Halt, und die Tiere müssen sich zum Überleben unter die Oberfläche zurückziehen.

Die meisten der an Flachküsten lebenden Organismen graben sich unter die Oberfläche ein und verbringen dort einen Großteil ihres Lebens. Nur unter günstigen Wasserbedingungen tauchen sie zur Nahrungsaufnahme oder Paarung auf, oder sie verlängern ihren Nahrungsaufnahme- und Verdauungsapparat mit Röhren an die Oberfläche, während ihr Körper sonst geschützt vergraben bleibt.

Bei Ebbe kann also ein Watt leblos und karg wirken; der Eindruck täuscht jedoch. Unter den Sedimenten lebt eine Vielzahl von Arten, die von mikroskopisch kleinen Organismen bis zu großen Schwertmuscheln und Würmern reicht, nach denen viele Seevögel auf ihrer Futtersuche bei Niedrigwasser Ausschau halten. Die Verteilung dieser Tiere spiegelt nicht nur den Einfluß der Gezeitenzone wider, sondern auch die Größe der Sedimente, wobei die verschiedenen Spezies Gebiete mit verschiedenen Arten von Sand, Schlamm oder feineren Partikeln bewohnen.

◄ **Sanddünen,** wie diese in Südwales, werden durch das Wurzelsystem des Dünengrases stabilisiert. Die Halme reduzieren die Winderosion und fangen Sand auf, der vom Strand hergeweht wird, so daß die Höhe der Düne kontinuierlich ansteigt.

◄ **Dieses Bild** zeigt die Auswirkungen eines Straßenbaus parallel zum Küstenverlauf in der Bucht von San Francisco. Ein Wasseraustausch zwischen dem Meer und den Becken rechts kann nicht mehr stattfinden, so daß salzgesättigte Lagunen entstehen.

Künstliche Küsten

Zur Zeit leben etwa 60 Prozent der Weltbevölkerung nicht weiter als 60 km von der Küste entfernt, und in einigen Ländern ist dieser Anteil noch höher. In einigen tropischen Ländern wächst die Küstenbevölkerung durch Migration aus dem Landesinneren doppelt so schnell wie der nationale Durchschnitt, doch dieses Problem trifft nicht allein Entwicklungsländer. Historisch gesehen haben sich bevölkerungsreiche Zentren oft in Küstenregionen angesiedelt und so ihre ökonomische Überlebensfähigkeit durch internationalen Handel weitgehend gesichert. Heute liegen über zwei Drittel der Millionenstädte der Welt am Meer, oft in hochproduktiven, trichterförmigen Mündungsgebieten, wo die Produktivität sowohl des Küstengebietes als auch der Flußmündungsgewässer durch Urbanisierung und Wasserverschmutzung mit städtischen und industriellen Abfällen verlorengeht.

Küstenräume

Als Konsequenz dieser Trends hat sich der Konflikt zwischen den unterschiedlichen Nutzungsformen einer Küstenregion in den letzten Jahren erheblich verschärft. Die Nachfrage nach teurem, hafennahem Land hat zu kostspieligen Kultivierungsprogrammen geführt. In einigen Fällen, etwa bei Inseln, wo die verfügbare Landmenge begrenzt ist, hat der Bedarf an Lebensraum die Schaffung neuen Landes an der Oberfläche benachbarter Korallenriffe oder in seichten Gewässern notwendig gemacht. Dies läßt sich am Beispiel von Male, der Hauptstadt der Malediven, zeigen. Male nimmt die gesamte Fläche einer Insel von 1700 m Länge und 700 m Breite ein, auf der 56 000 Menschen leben. Die Hälfte der Insel ist künstlich geschaffen worden, indem man Lagunensand auf eine Korallenriffebene gepumpt hat. Der meerwärtige Inselrand ist nur 30 m vom Rand des Korallenriffs entfernt. Um die Insel zu schützen, wurde rundherum eine 2 m über den Meeresspiegel reichende Mauer gebaut. Bei einem schweren Sturm im Indischen Ozean im Jahr 1987 erwies sich die Ringmauer als unzureichend gegen lange Brecher, so daß die Hauptstadt überflutet wurde. Es wurden dann an der Sturmseite der Insel Wellenbrecher gebaut, deren Kosten sich auf 12 000 US-Dollar pro Meter beliefen. Landgewinnung und die anschließende Notwendigkeit, diese hohe Investition zu schützen, erfordert also wieder neue Investitionen in Schutzmaßnahmen. Das hier gegebene Beispiel läßt sich in veränderter Form auf der ganzen Welt finden.

Investitionen an der Küste und ihr Schutz

Durch den Anstieg der Investitionen in Küstenregionen ist auch die Notwendigkeit des Schutzes dieser Investitionen gegen Überflutungen, Sturm, Tsunamis und die allgemeine Erosionsaktivität von Wind und Wellen gestiegen. Küstenstreifen werden befestigt, Ufermauern errichtet, Buhnen ins Meer hinaus gebaut und Strände mit Sand aufgefüllt, um den wachsenden Touristenstrom zufriedenzustellen. Unter natürlichen Bedingungen verändern sich Küsten: Sedimente werden durch Wind und Wellen zur Küste hin oder von ihr wegbewegt, vielerorts bewegen küstenparallele Strömungen Sedimente entlang der Küste. Mit dem Bau von rechtwinklig zur Küste liegenden Dämmen soll dieser Sedimenttransport unterbunden werden. An der strömungszugewandten Seite der Buhne sammeln sich nun Sedimente an, auf der von der Strömung abgewandten Seite verstärkt sich die Erosion.

Der dynamische Charakter natürlicher Küsten stört bei vielen Aktivitäten des Menschen, so daß ein erheblicher Aufwand getrieben wird, um den Küstenverlauf zu stabilisieren. Eine zurückwandernde Küste, die die Infrastrukturen (z.B. Hotels und Straßen) gefährdet, kann befestigt werden. Wenn so auch einzelne Stellen abgesichert werden können, führt dies häufig andernorts zu verstärkter Erosion, weil die befestigten Strukturen Wellenmuster und lokale Strömungen verändern. In vielen Regionen, in denen der Tourismus eine große Rolle spielt, werden Hotels nahe an der Küste gebaut, oft ohne jegliches Wissen über die zu erwartenden Veränderungen in diesem Gebiet. Beginnt dann die Erosion, müssen Ufermauern gebaut werden, um die Hotels zu schützen und Buhnen

▶ *Teure* Konstruktionen, wie die hier abgebildete Flutschutzanlage an der Themse, werden gebaut, um tiefliegende Städte wie London vor Überflutung zu schützen. Überflutungen können durch eine Verbindung von Flut und landeinwärtswehenden Winden, die den Meeresspiegel vorübergehend ansteigen lassen, verursacht werden.

▶ **Stranderosion,** wie sie hier an einer Aufnahme der Küste Floridas sichtbar wird, führt oft zu Maßnahmen, die versuchen, die Küste zu stabilisieren. Sie sind meist kostspielig und verursachen häufig an anderen Stellen der Küste verstärkte Erosion.

errichtet werden, um den Sand am Strand vor dem Hotel zu halten. Diese Auffüll- und Schutzmaßnahmen sowie das Ausbaggern von Hafenbecken sind kostspielige und fortlaufende Ausgaben.

Die Gestalt vieler Küsten der Welt wird so stark verändert, daß in manchen Regionen der gesamte Küstenverlauf künstlich ist, wie etwa in den Niederlanden. Was einst eine dynamische Grenze zwischen Meer und Land war, die der Erosion und/oder der Sedimentanlagerung unterworfen war, wurde an einem Punkt fixiert. Landgewinnung erfordert unweigerlich Schutz desselben. Tatsächlich liegt ein Großteil der Niederlande, der durch Deichbau und das Abpumpen des Wassers aus den Poldern gewonnen wurde, unterhalb des Meeresspiegels. Das Trockenhalten dieses Landes erfordert ein ständiges Abpumpen des Wassers über die Deiche ins Meer. Viele dieser Deichanlagen basieren auf alten Dünensystemen, aber anders als diese müssen die Deiche laufend instand gehalten werden, wenn sie verhindern sollen, daß das Meer wieder in das Land vordringt, das heute intensiv landwirtschaftlich genutzt wird und überdies dicht besiedelt ist.

Die Erhaltung künstlicher Küstenprofile wird in der Zukunft zusehends teurer werden. Der Meeresspiegel steigt weltweit mit einer Geschwindigkeit an, die im nächsten Jahrhundert unter der globalen Erwärmung noch zunehmen könnte.

◀ **Zur Verhinderung** von Küstenerosion werden häufig Buhnen gebaut, die den Abtransport von Sedimenten durch küstenparallele Strömungen verhindern sollen. Die Buhnen erzeugen eine Anlagerung von Sedimenten an der aufströmenden Seite und eine verstärkte Erosion auf der strömungsabgewandten Seite.

Schwankungen des Meeresspiegels

Jeder, der in Meeresnähe lebt oder einige Zeit an einer Küste verbracht hat, kennt den Rhythmus der Gezeiten. Die Gezeiten können den Punkt, an dem Meer und Land aufeinandertreffen, vertikal um mehr als 15 m und horizontal um Tausende von Metern verändern. Zusätzlich zum täglichen Gezeitenwechsel variiert die Höhe des Hoch- bzw. Niedrigwassers zwischen Spring- und Nipptiden mit dem Mondzyklus. Ungewöhnlich hohe Wasserstände können dann auftreten, wenn landwärts gerichtete Winde zusammen mit der Flut auftreten. Dabei kann Meerwasser weit in Flußläufe vordringen und Küstenland, das normalerweise über dem Meeresspiegel liegt, überflutet werden.

Die langsameren, allmählichen Schwankungen des Meeresspiegels sind weniger offensichtlich. Einige dieser Schwankungen zeigen langfristige Trends an, so den eindeutigen globalen Anstieg des Meeresspiegels um etwa 1,5 mm in den letzten hundert Jahren durch Eisabschmelzungen. Es gibt jedoch auch Schwankungen, die kurzfristige Reaktionen auf größere Veränderungen von Meeresströmungen sind, wie etwa im Westpazifik, wo während der El Niño-Jahre (vgl. S. 43) eine Absenkung des Meeres um 14 cm stattfand. In der jüngeren geologischen Geschichte sind weit größere Veränderungen des Meeresniveaus aufgetreten. Die letzten Eiszeiten und Interglazialperioden verursachten Meeresspiegelschwankungen von bis zu 120 Metern.

Globale Schwankungen des Meeresspiegels

Globale Wasserstandsschwankungen werden durch eine Reihe von Faktoren beeinflußt, so etwa durch das Wasservolumen in den Meeresbecken, durch thermische Ausdehnung der Oberflächenschichten der Meere und Veränderungen der Tiefe der Meeresbecken. Die großen Schwankungen während des Pleistozäns wurden durch große Wasservolumina verursacht, die abwechselnd in Eiskappen auf dem Land gebunden waren und dann wieder als Wasser in die Meeresbecken zurückflossen. Während der Eiszeiten war der Wasserspiegel niedriger als heute, wogegen die schmelzenden Eisschilde, vor allem an den Polen, in den wärmeren Zwischeneiszeiten höhere Wasserspiegel zur Folge hatten.

Regionale Schwankungen

Auf lokaler Ebene kann der relative Meeresspiegel, d.h. die vertikale Position des Festlandes relativ zum Meer, durch eine Vielzahl von Phänomenen, die natürlich oder aber auch vom Menschen geschaffen sein können, beeinflußt werden. Die Bewegungen der Erdkruste können zu tektonischen Hebungen von Küstenregionen führen, so z.B. auf der Halbinsel Huon im Norden Neuguineas, wo Terrassen aus angehobenen Korallenriffen die Schwankungen von Meer und Land während der jüngeren Erdgeschichte sichtbar machen. Im Mittelmeerraum haben tektonische Bewegungen einige Häfen aus der Bronze- bzw. Römerzeit versinken lassen, andere wiederum sind über die Meereshöhe gehoben worden.

Tektonische Veränderungen von Küstenlinien können – etwa in Form von plötzlichen Hebungen bei Erdbeben – abrupt eintreten. In anderen Gegenden verändert sich die Höhe von Küsten langsamer, eine Folge des allmählichen, nacheiszeitlichen Anstiegs des Landes, nachdem das Gewicht der Eisschilde verschwunden war. Die Südküste

▲ **Die Halbinsel Huon** im Norden Neuguineas ist von Korallenriffen gesäumt. Diese Küste ist durch eine Hebung der Kruste entstanden, während die Meereshöhe im Pleistozän anstieg, wieder fiel, und so die Riffsysteme wechselweise überschwemmte und freilegte.

▶ **Die vereinten Kräfte** von Flut und Erosion zeigen sich deutlich an dieser Palme auf Grenada in der Karibik, die sich irgendwann in der Vergangenheit durch Unterspülung zum Meer hin abgesenkt hat. Anschließend ist der Baum dann deutlich aufrechter weitergewachsen.

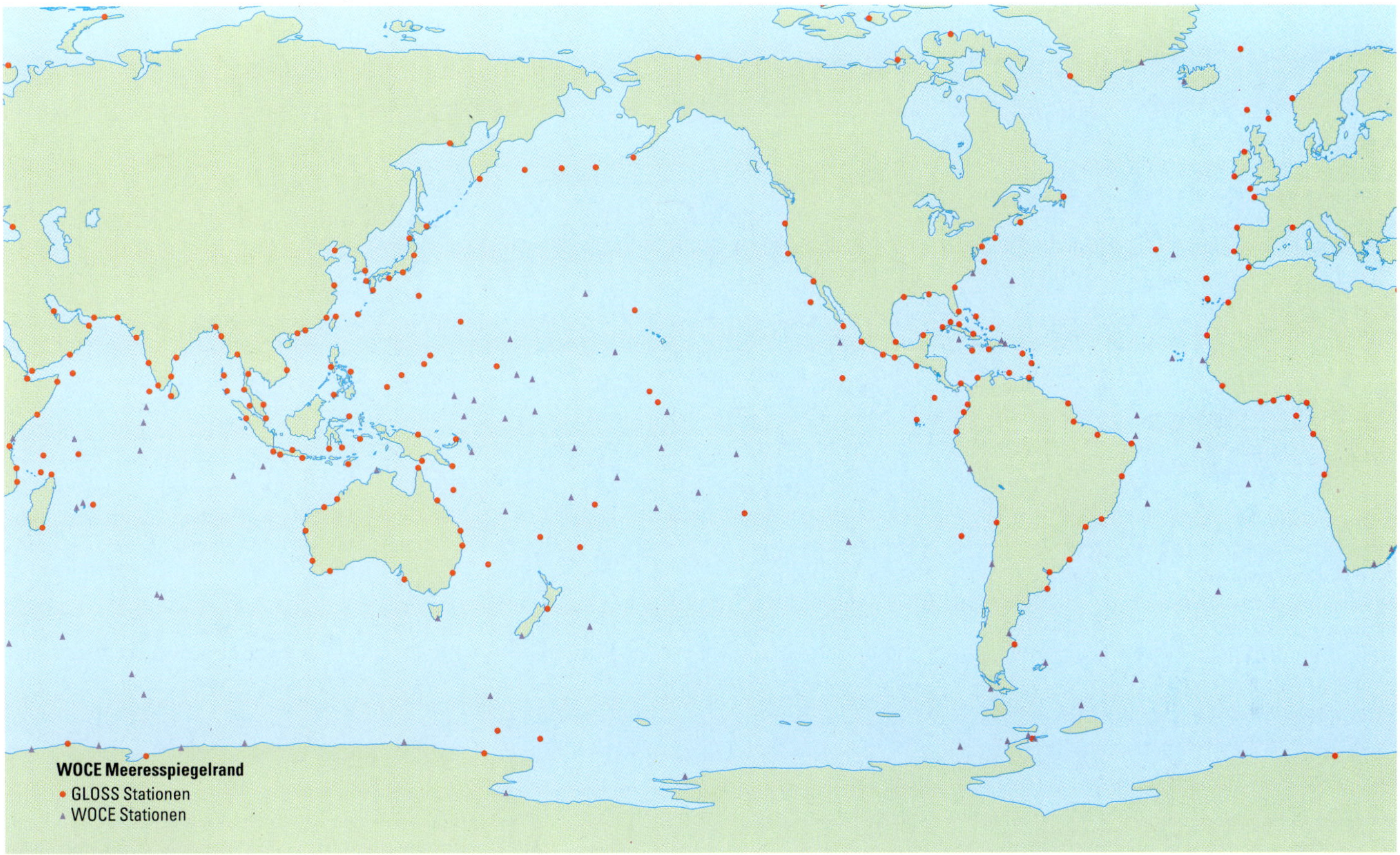

WOCE Meeresspiegelrand
- GLOSS Stationen
- WOCE Stationen

Englands z. B. sinkt langsam, während die Küste im Norden Schottlands ansteigt. Während der Eiszeiten war der Norden der britischen Inseln von Eisschilden bedeckt, deren Gewicht auf die Erdkruste drückte, wodurch der Norden absank und der Süden anstieg. Als das Eis schmolz, begann sich die Kruste wieder auf das Vorniveau zu regulieren. Die Erosion von Küstenstreifen ist deshalb in Südengland häufig anzutreffen, während Strände, die über der Flutgrenze liegen, charakteristisch für weite Teile der schottischen Küste sind.

Aufstiege des Meeresspiegels haben in der jüngeren Erdgeschichte charakteristische Küstenformen entstehen lassen wie ertrunkene Flußtäler, Riasküsten oder die Fjordküsten Skandinaviens.

Vor allem bei Deltas, die auf dünneren Teilen der Erdkruste liegen, kann das Absinken der Kruste (verursacht durch das Gewicht der angehäuften Sedimente) einen relativen Meeresspiegelanstieg bedeuten. Andererseits kann der ununterbrochene Zustrom von Sedimenten ein Delta auch im Gleichgewicht halten, da die Sedimente das Absinken kompensieren.

Menschen verändern den Meeresspiegel

Die Entnahme von Grundwasser, Öl oder Gas in Küsten- und küstennahen Bereichen verursacht an vielen Orten einen relativen Anstieg der Meereshöhe.

Die jüngste Sorge gilt den möglichen Auswirkungen einer globalen Erwärmung, die ein Abschmelzen der Polkappen verursachen könnte. Neben diesem Abschmelzen werden höhere Oberflächentemperaturen eine Ausdehnung der Oberflächenschichten der Meere verursachen, was wiederum zu einem relativen Anstieg der Meereshöhe führen wird. Man geht davon aus, daß die globale Erwärmung den Meeresspiegel bis zum Jahr 2100 um bis zu 3 Meter ansteigen lassen könnte, wenngleich diese Annahme von einigen Wissenschaftlern bestritten wird:

▲ *Die Überwachung der Meeresspiegel aller Meere erfolgt durch ein weltweites Netz von Gezeitenmeßstationen. Diese Karte zeigt die Lage der WOCE-Stationen (World Ocean Circulation Experiment) sowie das Netz des GLOSS (Global Land-Ocean Survey System), die beide Informationen an das weltweite Netz liefern.*

Der Kontinentalschelf

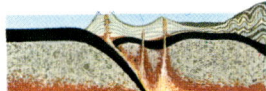

▲ **Der aktive Typ** des Kontinentalrandes erscheint an destruktiven Plattenrändern, an denen Inselbögen und Ozeangräben auftauchen. Entlang der Westküste Südamerikas hat sich die Kontinentalplatte gehoben und die Anden gebildet.

▲ **Der passive Typ** eines Kontinentalrandes findet sich entlang der Ränder eines sich ausdehnenden Meeresbeckens. Brechen die Kontinente auseinander und bilden Meeresbecken, so behält dieser Typ die Struktur einer Zentralspalte bei.

▶ **Dieses Echogramm** zeigt ein System von Rinnen am Kopf eines Unterwassercañons auf dem Kontinentalabhang des Golfs von Biskaya. Viele dieser Cañons wurden durch Flüsse gebildet, als der Meeresspiegel niedriger war und der Kontinentalschelf trocken lag.

▶ **Strömungen bewegen Material** vom Kontinentalschelf weg in die tiefen Meeresbecken. Feinere Partikel werden in Suspension fortgetragen, während gröberes Material durch Trübströme – Sedimentmischungen in Wasser –, welche die Unterwassercañons hinabstürzen, bewegt werden kann. Ein solcher Trübstrom, ausgelöst durch ein Erdbeben im Nordatlantik im Jahr 1929, raste mit einer geschätzten Geschwindigkeit von 100 km/h 300 km weit.

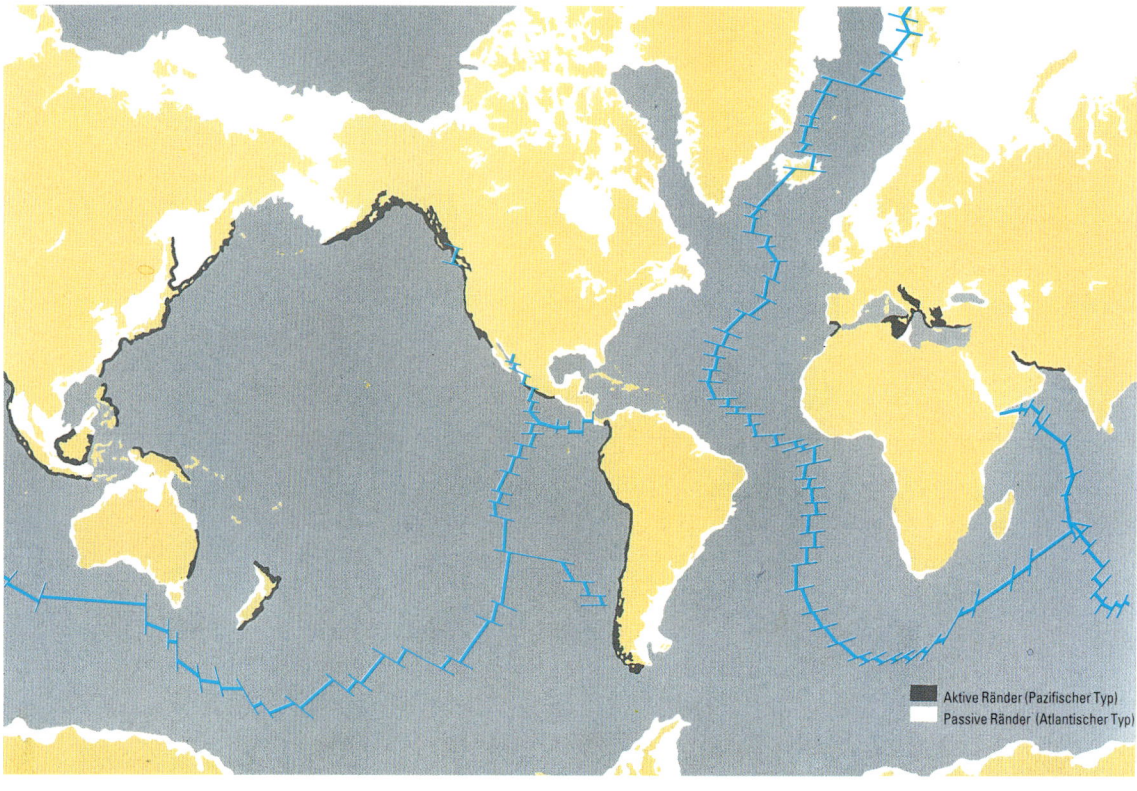

Aktive Ränder (Pazifischer Typ)
Passive Ränder (Atlantischer Typ)

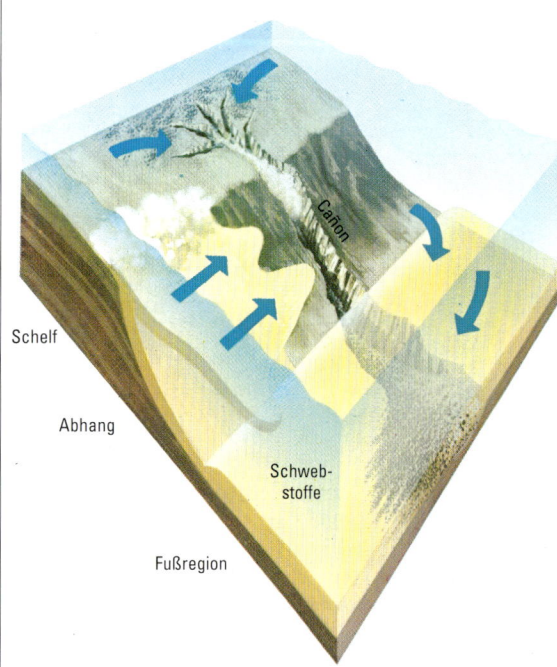

Schelf

Abhang

Cañon

Schwebstoffe

Fußregion

Der größte Teil der Kontinentalränder wird von einem Kontinentalschelf umgeben, der aus einer über dem Meeresspiegel liegenden Küstenebene und einem Küstenschelf, der sich bis unter die Oberfläche des Meeres ausstreckt, besteht. Der äußere Rand des Kontinentalschelfs hat eine relativ gleichmäßige Tiefe von 150 Metern. Die konstante Tiefe weist darauf hin, daß der Kontinentalschelf vor etwa 15 000 bis 20 000 Jahren entstand, als der Meeresspiegel niedriger lag als heute. Der äußere Schelfrand ist auch der eigentliche Rand der Kontinentalplatten und trennt sie von der ozeanischen Kruste des Tiefseebodens, der in etwa 3500 Metern Tiefe liegt.

Kontinentalränder

Der Kontinentalschelf und der Tiefseeboden sind durch den steilen Kontinentalabhang voneinander getrennt. Kontinentalabhänge haben, je nach Beschaffenheit des Kontinentalrandes, einen Neigungswinkel von 3 bis 20 Grad. Passive Meeresränder (z.B. Atlantik) besitzen im allgemeinen eine bis zum Fuß des Kontinentalabhangs langsam ansteigende Fußregion und einen breiten Kontinentalschelf mit ausgedehnter Küstenebene als Hinterland. Derartige Meeresränder, die durch das Auseinanderbrechen von Kontinentalblöcken entstanden sind, sind durch nach unten gefaltete Abhänge und unregelmäßige Erdbeben- bzw. Vulkanaktivität gekennzeichnet.

Im Gegensatz dazu sind die aktiven Meeresränder des pazifischen Typs Zonen starker Erdbeben- und Vulkanaktivität. Die Kontinentalschelfe solcher Ränder sind gewöhnlich schmal und vom Meeresboden durch tiefe Gräben (dort gleitet eine Platte unter die andere) getrennt. Das angrenzende Festland weist häufig eine hohe Gebirgskette statt einer breiten Küstenebene auf. Die Kontinentalabhänge solcher Meeresränder sind durch Kompression entstanden, wobei Sedimente aktiv in sie aufgenommen wurden, als die ozeanische Kruste unter die Kontinentalplatte glitt. In einigen Regionen, so etwa an der Küste Kaliforniens, gibt es eine komplexe Kontinentalgrenzzone

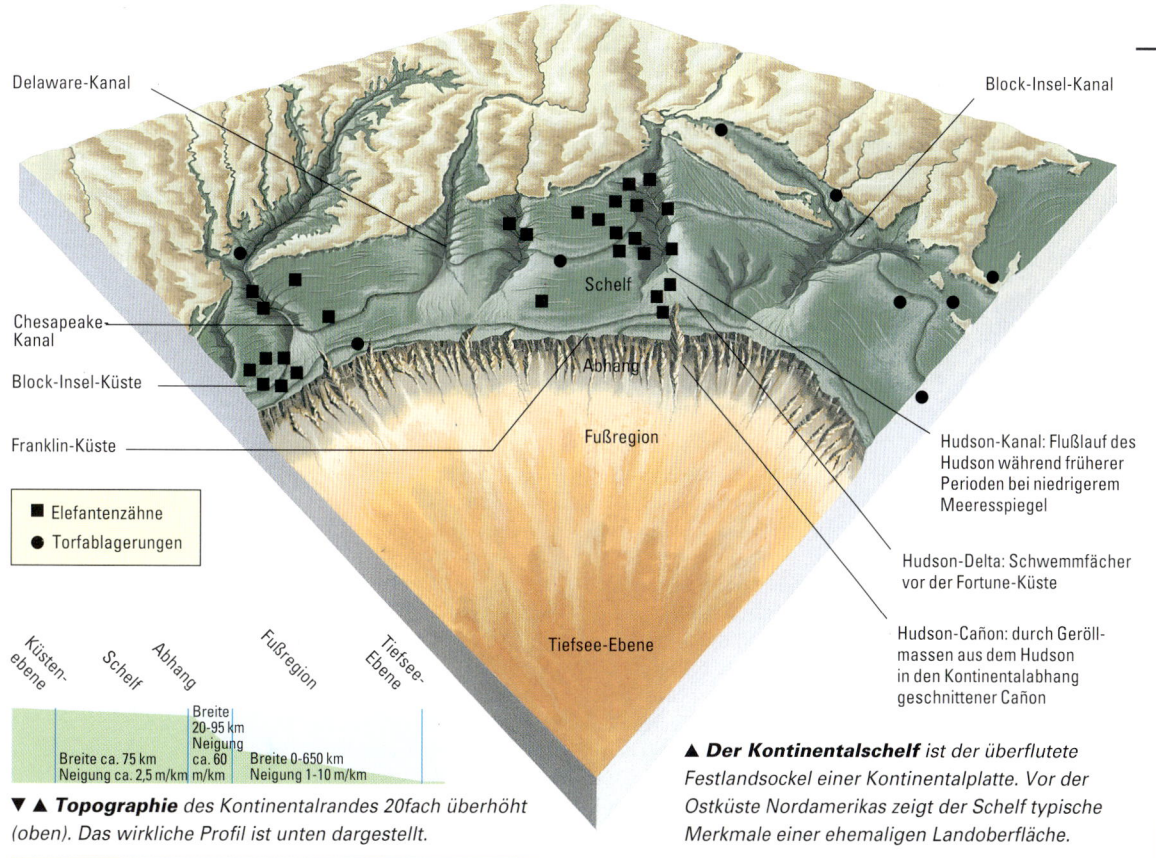

Delaware-Kanal

Block-Insel-Kanal

Schelf

Chesapeake-Kanal

Block-Insel-Küste

Franklin-Küste

Abhang

Fußregion

Hudson-Kanal: Flußlauf des Hudson während früherer Perioden bei niedrigerem Meeresspiegel

Hudson-Delta: Schwemmfächer vor der Fortune-Küste

Hudson-Cañon: durch Geröllmassen aus dem Hudson in den Kontinentalabhang geschnittener Cañon

Tiefsee-Ebene

■ Elefantenzähne
● Torfablagerungen

Küsten-ebene | Schelf | Abhang | Fußregion | Tiefsee-Ebene

Breite 20-95 km
Neigung ca. 60 m/km

Breite ca. 75 km
Neigung ca. 2,5 m/km

Breite 0-650 km
Neigung 1-10 m/km

▼ ▲ *Topographie* des Kontinentalrandes 20fach überhöht (oben). Das wirkliche Profil ist unten dargestellt.

▲ *Der Kontinentalschelf* ist der überflutete Festlandsockel einer Kontinentalplatte. Vor der Ostküste Nordamerikas zeigt der Schelf typische Merkmale einer ehemaligen Landoberfläche.

mit einer Mischung aus Plateaus und Becken. Sie sind die zerbrochenen Stücke von Kontinentalplatten, die in unterschiedlichen Prozessen zusammengeschoben wurden.

Die sich ständig ändernden Meereshöhen haben ihre Spuren auf den Kontinentalschelfen hinterlassen. Merkmale wie ertrunkene Strände, Kliffe und Flußtäler durchqueren die Kontinentalschelfzonen, und Sedimentablagerungen in ehemaligen Flußtälern und Überschwemmungsebenen sind ebenfalls weit verbreitet. Diese Ablagerungen können bedeutende Mineraldepots, etwa von Sand oder Kies, darstellen, die überdies Wascherze von Edelmetallen oder Diamanten enthalten können. Das ertrunkene Relief der Kontinentalschelfe wird beständig durch Unterwasserprozesse weiter verändert.

Trübströmungen

Einige Kontinentalränder dehnen sich in dem Maße nach außen aus, wie Sedimente über den Schelf transportiert werden und sich am Rand der Kontinentalabhänge ablagern. Andere erodieren zu Unterwassercañons, die so groß sind wie jene, die an Land von Flüssen eingeschnitten wurden.

Trübströmungen sind Mischungen aus Sedimenten in Wasser, die mit hoher Geschwindigkeit den Kontinentalabhang herabfließen. Sie können durch plötzliches Absinken von nur leicht verfestigten Sedimenten am oberen Ende eines Kanals auf dem Kontinentalabhang entstehen. Die Geschwindigkeit solcher Strömungen wurde 1929 bei einem Erdbeben vor der nordamerikanischen Küste deutlich. Unterwasserkabel wurden zerstört, wobei die Zeitabstände zwischen den aufeinanderfolgenden Kabelbrüchen eine Schätzung der Strömungsgeschwindigkeit (bis zu 100 km/h) ermöglichten.

Gröberes Geröll wird von Suspensionsströmungen zu Halden am Fuß des Kontinentalabhangs angehäuft. Feinere Partikel bleiben als Suspension knapp über dem Meeresboden. Ausgedehnte Materialfächer markieren die vom Kontinentalschelf zum tieferen Meeresboden führenden Cañons.

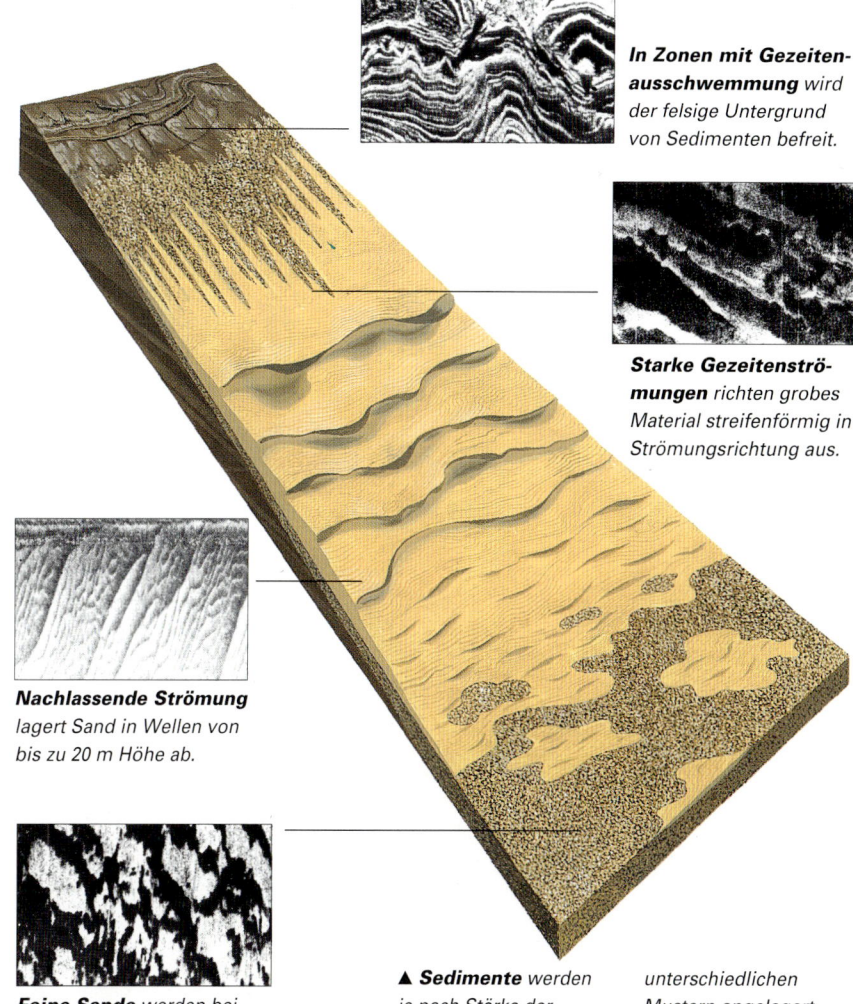

In Zonen mit Gezeitenausschwemmung wird der felsige Untergrund von Sedimenten befreit.

Starke Gezeitenströmungen richten grobes Material streifenförmig in Strömungsrichtung aus.

Nachlassende Strömung lagert Sand in Wellen von bis zu 20 m Höhe ab.

Feine Sande werden bei schwacher Strömung in Flecken abgelagert.

▲ *Sedimente* werden je nach Stärke der Strömungen und nach Größe des Materials in unterschiedlichen Mustern angelagert, wie die Flächenechogramme zeigen.

Der Tiefseeboden

Die Oberflächensedimente auf dem Boden der Tiefsee unterscheiden sich in ihrer Zusammensetzung und in ihrer Herkunft. In jedem Gebiet spiegeln die Sedimentschichten die Geschichte des jeweiligen Abschnitts eines Meeresbeckens wider. Bodensedimente sind entweder biogenen Ursprungs, bestehen also aus den Überresten toter Tiere oder Pflanzen aus den seichten Gewässern der Meere, oder sie sind terrigenen Ursprungs und entstanden durch die Erosion des Festlandes.

Festlandsedimente

Diese Erosionsprodukte werden durch Strömungen „sortiert", wobei nur wenig Material auf den Tiefseeboden gelangt. Das meiste wird auf den Kontinentalschelfen und am Fuß der Kontinentalabhänge abgelagert, wobei das gröbere Material küstennah abgelagert wird und feinere Bestandteile weiter vom Land fortgetragen werden. Dem Kontinentalschelf vorgelagert, wurden am Fuß großer Flüsse Tiefseefächer aus Sedimenten gefunden. Die Größe vieler Fächer weist darauf hin, daß sie Millionen Jahre alt sind. Der Fächer des Ganges ist vielleicht der auffälligste. Er erstreckt sich als Kegel 2500 Kilometer über den Kontinentalschelf hinaus bis hinab auf 5000 Meter Tiefe.

Rote Tone, die aus feinsten Tonpartikeln bestehen, bilden den Haupttyp der vom Festland stammenden Tiefseesedimente, da sie leichter in Suspension bleiben und sich so weiter von den Kontinentalrändern entfernen können. Diese Partikel finden sich in Meeresbecken auf über 1000 Meter Tiefe.

Biogene Sedimente

Ebenfalls bei Tiefen über 1000 Meter finden sich biogene Schlämme oder pelagische Ablagerungen, die kalkhaltig oder kieselsäurehaltig sind. Erstere bestehen aus den kalkhaltigen Überresten von Foraminiferen und Pteropoda, während die kieselsäurehaltigen Sedimente von Muscheln, der Radiolarien und Kieselalgen, einzelligen, wichtigen Bestandteilen des Phytoplanktons, herrühren. Die Verteilung derartiger Schlämme ergibt sich aus der Produktivität der Oberflächengewässer sowie den chemischen und physikalischen Eigenschaften der ozeanischen Wassermassen. Kieselsäurehaltige Schlämme finden sich hauptsächlich in tropischen und polaren Regionen, während die tiefsten Meeresbecken nur deshalb roten Ton enthalten, weil sich die kalkhaltigen Gehäuse der Foraminiferen in der Tiefe auflösen.

Die Stärken der Tiefseesedimente variieren zum Teil in Abhängigkeit vom Alter der Meereskruste. Neu entstandene Kruste, wie etwa in Nähe der mittelozeanischen Rücken, zeigt kaum oder gar keine Bedeckung mit Sedimenten, so daß die frisch ausgetretene Lava gut zu sehen ist. Je weiter man sich vom Rücken entfernt und auf den Meeresrand hin bewegt, desto dicker werden die Sedimentschichten. In etwa 3-5 km Entfernung vom Rücken ist die Lava teilweise bedeckt und in 10-13 km Entfernung ist der Boden eine Oberfläche ohne jegliche Merkmale, durchbrochen nur von den Spitzen der größten Lavamassen. Die Ablagerungsrate der feinen Sedimente in der Tiefsee ist extrem gering und liegt zwischen maximal 5 cm und dem Bruchteil eines Millimeters in tausend Jahren. Trotz dieser niedrigen Ablagerungsraten sind einige Gebiete der Meeresbecken von mehrere hundert Meter dicken Sedimentschichten bedeckt.

Bewegung der Meeressande

Ablagerung durch passives Absinken von Material ist nicht der einzige Prozeß, der Art und Menge der Sedimente bestimmt. Andere Prozesse in der Erdkruste und Bewegungen des Wassers transportieren Material über den Tiefseeboden. Erdbeben, vulkanische Aktivität und Tiefseeströmungen bewegen Sedimente entweder langsam oder abrupt von einem Gebiet in ein anderes. Dort, wo unverfestigte Sedimente in Zonen tektonischer Aktivität liegen, ist ein Absinken und Abrutschen der Sedimente die Regel. Dort aber, wo starke Boden- und Tiefenströmungen auf Oberflächenprofile wie Meeresberge oder Spalten

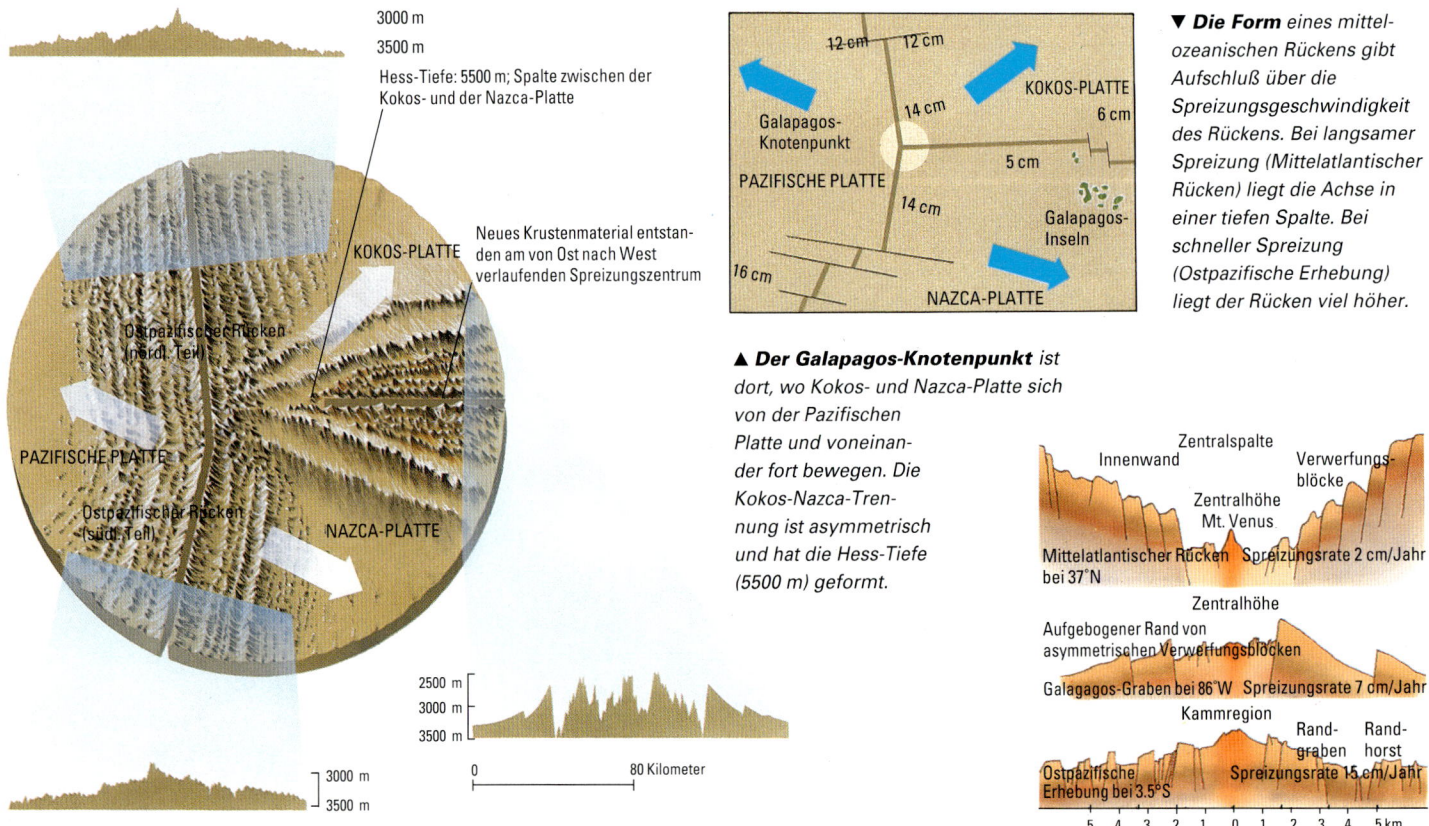

3000 m
3500 m

Hess-Tiefe: 5500 m; Spalte zwischen der Kokos- und der Nazca-Platte

KOKOS-PLATTE

Neues Krustenmaterial entstanden am von Ost nach West verlaufenden Spreizungszentrum

Ostpazifischer Rücken (nördl. Teil)

PAZIFISCHE PLATTE

Ostpazifischer Rücken (südl. Teil)

NAZCA-PLATTE

2500 m
3000 m
3500 m

3000 m
3500 m

0   80 Kilometer

12 cm   12 cm

Galapagos-Knotenpunkt

KOKOS-PLATTE

14 cm   6 cm

PAZIFISCHE PLATTE

5 cm

14 cm   Galapagos-Inseln

16 cm

NAZCA-PLATTE

▼ **Die Form** eines mittelozeanischen Rückens gibt Aufschluß über die Spreizungsgeschwindigkeit des Rückens. Bei langsamer Spreizung (Mittelatlantischer Rücken) liegt die Achse in einer tiefen Spalte. Bei schneller Spreizung (Ostpazifische Erhebung) liegt der Rücken viel höher.

▲ **Der Galapagos-Knotenpunkt** ist dort, wo Kokos- und Nazca-Platte sich von der Pazifischen Platte und voneinander fort bewegen. Die Kokos-Nazca-Trennung ist asymmetrisch und hat die Hess-Tiefe (5500 m) geformt.

Zentralspalte
Innenwand   Verwerfungsblöcke
Zentralhöhe
Mt. Venus
Mittelatlantischer Rücken   Spreizungsrate 2 cm/Jahr
bei 37°N

Zentralhöhe
Aufgebogener Rand von asymmetrischen Verwerfungsblöcken
Galapagos-Graben bei 86°W   Spreizungsrate 7 cm/Jahr

Kammregion
Rand-   Rand-
graben   horst
Ostpazifische   Spreizungsrate 15 cm/Jahr
Erhebung bei 3,5°S

5 4 3 2 1 0 1 2 3 4 5 km

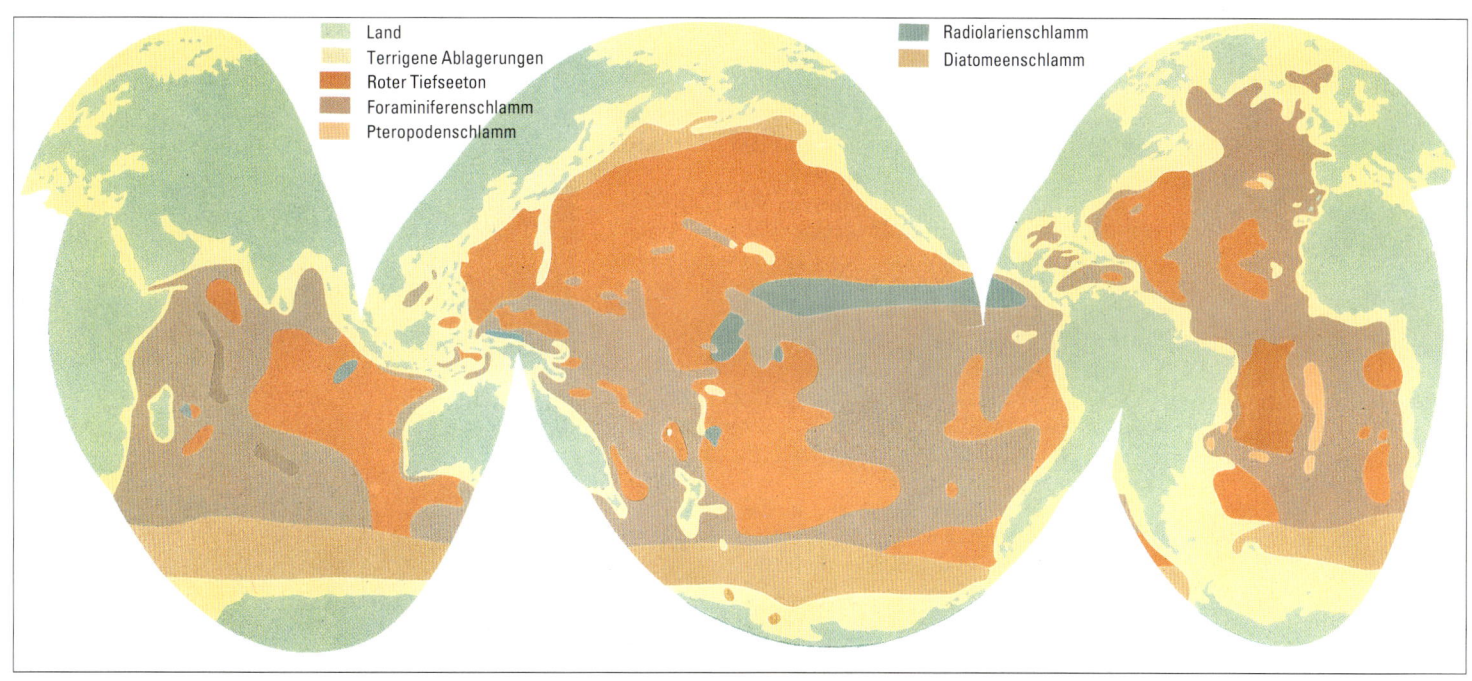

Land
Terrigene Ablagerungen
Roter Tiefseeton
Foraminiferenschlamm
Pteropodenschlamm
Radiolarienschlamm
Diatomeenschlamm

▲ **Pteropoden** (Limacina mercinensis) *messen ca. 15 mm.*

▲ **Radiolarienskelette** *gleichen feinen Glasskulpturen.*

▲ **Diatomeen** *sind für die Bildung von Tiefseeschlämmen wichtig.*

▲ **Manganknollenfelder** *(polymetallische Knollen) gibt es in allen Meeresbecken.*

▲ **Über viele Jahre** hinweg *haben Forschungsschiffe Bodenproben aus den Meeresbecken entnommen und die Sedimente analysiert. Obwohl noch unvollständig, haben diese Untersuchungen uns ein Bild von Art und Verteilung der verschiedenen Sedimente (terrigene Sedimente, biogene und chemisch entstandene Sedimente) geliefert.*

treffen, kann ein Abrieb des Bodens erfolgen. Sonaraufnahmen haben transversale und sichelförmige Sandwellen, wie sie in kontinentalen Wüsten vorkommen, sichtbar machen können.

Außer dem langsam fallenden Geröllmaterialzustrom von der Oberfläche der Meere und dem Transport feiner Partikel von den Kontinentalgrenzen in die Meeresbecken werden den Meeresböden noch weitere Materialien zugeführt. Hydrothermale Schlote, die bei der Ausdehnung des Meeresbodens entstehen, können metallhaltige Schlämme erzeugen. Diese Schlämme entstehen durch Ausfällung gelöster Metalle, wenn heißes, geschmolzenes Material aus der darunterliegenden Kruste in Kontakt mit dem kühlen Meerwasser kommt. Hydrothermale Quellen fördern eine charakteristische Kolonie von Organismen, deren Existenz von Bakterien abhängt, die chemische Energie in lebende Materie umwandeln können. Die Bakterien wiederum bilden die Basis der Nahrungskette der Filtertierchen, die solche Kolonien einschließen.

Anderes Material, das in einigen Regionen des Meeresbodens gefunden wurde, enthält die Überreste von Vulkanasche, die tausende Kilometer von der Ausbruchsstelle entfernt niedergehen kann. Überdies lagert sich Lava von unterseeischen Vulkanausbrüchen direkt ab. Manganknollen, kleine, aus Mangan und anderen Metallen bestehende Klumpen, bedecken vor allem im Pazifik weite Tiefsee-Ebenen. Diese Knollen sind über Jahrmillionen durch das Zusammenwirken chemischer, physikalischer und biologischer Prozesse entstanden.

▲ **Hydrothermale Schlote** *lassen einzigartige Kolonien von Röhrenwürmern, Krebsen und Muscheln entstehen. Diese sind von chemotrophen Bakterien abhängig, die* Schwefel als Energiequelle *nutzen. Einige dieser Bakterien werden Symbionten von Würmern und Weichtieren, andere dienen als Nahrungsquelle für die Kolonie.*

Wasser – der einzigartige Stoff

Trotz seines alltäglichen Auftretens und seiner Vertrautheit ist Wasser ein wirklich einzigartiger Stoff – ein Stoff, von dem alles Leben abhängt. Seine physikalischen und chemischen Eigenschaften formen das Gesicht unseres Planeten, bestimmen unser Klima und sind Grundlage für das Leben zu Land und zu Wasser.

Die physikalischen Eigenschaften des Wassers sind ungewöhnlich. Die meisten Stoffe dehnen sich unter Erwärmung aus und ziehen sich bei Kälte zusammen. Obwohl dies auch für Wasser zum Teil zutrifft, verhält es sich anders: Wasser zieht sich bei Abkühlung bis 4°C zusammen, darunter jedoch dehnt es sich aus, friert und expandiert. Gefroren vergrößert Wasser sein Volumen um etwa 9 Prozent. Daraus ergibt sich, daß gefrorenes Wasser, Eis, eine geringere Dichte als flüssiges Wasser besitzt und deshalb auf der Meeresoberfläche schwimmt. Das Eis bildet so eine Isolationsschicht, die das weitere Abkühlen tieferer Wasserschichten verhindert. Würde sich Wasser beim Abkühlen zusammenziehen, würde das gefrorene Oberflächenwasser absinken und die Polarmeere würden schließlich vollständig gefrieren.

Der Wasserkreislauf

Wasser kommt nicht nur fest und flüssig vor, sondern ist als Dampf ein Hauptbestandteil der Erdatmosphäre. Wird Wasser erhitzt, so verdampft es und steigt als Wasserdampf in die Atmosphäre, um dort Wolken zu bilden. Der Wasserdampf kondensiert in der kühleren Atmosphäre und fällt schließlich als Regen oder Schnee herab, oft in weiter Entfernung vom Ort der Verdampfung. Die Umwandlung des Wassers vom flüssigen in den gasförmigen Zustand und wieder zurück sowie sein Weg aus den Meeren oder anderen Gewässern in die Atmosphäre und an Land wird als Wasserkreislauf bezeichnet. Er ist von fundamentaler Bedeutung für das Leben an Land, das ohne eine Süßwasserquelle nicht existieren könnte.

Eine zweite wichtige Eigenschaft von Wasser ist seine Fähigkeit, Wärme zu speichern. Während des Tages (oder

▲ **Winderzeugte Wellen** werden durch atmosphärische Kräfte auf die Meeres- oberfläche ausgeübt. Wellen brechen an der Küste, wenn sich das Wasser an der Oberfläche schneller als das Wasser am Grund bewegt.

Der endlose Kreislauf. Als Wasserkreislauf bezeichnet man den Wasser- austausch zwischen Meeren, Atmosphäre und Land. Wasser verdampft in den Meeren (1), steigt in die Atmosphäre, kondensiert und fällt ins Meer zurück (2). Der Wind transportiert Wasserdampf über das Land (3). Verdunstung von Flüssen (4), Seen (5), Land (6) und Pflanzen (7) vergrößert die Feuchtigkeit (8). Niederschlag wird durch die Vegetation (9) absorbiert oder fließt in Bächen (10) und Flüssen (11) über die Oberfläche. Ein Teil des Niederschlags sickert durch Boden (12) und porösen Fels (13) in Seen (14) und Flüsse. Aus Seen läuft es ins Grundwasser (15). Grundwasser ist wichtig für die Vegetation (16). In Küstenregionen macht das Grundwasser einen Teil der Dränierung der Küstengewässer (17) aus.

für komprimierbar gehalten wird, ist der Wasserdruck in den tiefen Meeresbecken so groß, daß die Wassersäule unter ihrem eigenen Gewicht um etwa 30 m zusammengedrückt wird. Wäre Wasser nicht komprimierbar, wäre der Meeresspiegel höher als heute und tiefliegende, fruchtbare Landstriche wären Teil des Meeresbodens.

Die optischen Eigenschaften des Meerwassers sind von vitaler Bedeutung für das Leben im Meer. Die Primärproduzenten (Phytoplankton) – Organismen, die durch Photosynthese Sonnenlicht in chemische Energie umwandeln – sind vom Sonnenlicht abhängig, und letztlich sind alle anderen maritinen Organismen für ihre Nahrungsversorgung wiederum vom Phytoplankton abhängig. Meerwasser absorbiert Licht, und die Abschwächung des Sonnenlichts ist so stark, daß unterhalb von 200 m Tiefe kein Licht mehr vorhanden ist. Je nach Wellenlänge dringt Licht unterschiedlich tief vor, und deshalb spielt sich der größte Teil der Primärproduktion in wenigen Dutzend Metern Tiefe ab.

Messung der Produktivität

Die oberste Wasserschicht, in der sich die Photosynthese im Wellenbereich von 400 bis 700 Nanometern vollzieht, ist die euphotische Zone. Die Untergrenze liegt in einer Tiefe, in die nur noch 1 Prozent des Sonnenlichts vordringt. Im allgemeinen dringt rotes Licht nicht sehr tief und grünes Licht am tiefsten vor. Die Verhältnisse kehren sich jedoch dort um, wo dichte Phytoplanktonblüten auftreten und die hohen Chlorophyllkonzentrationen Licht des blaugrünen Spektrumendes absorbieren. Spezielle Farbscanner können die Lichtabsorption und damit die unterschiedlichen Primärproduktionsraten der Meeresoberflächen messen.

im Sommer) speichert Wasser Wärme, die es in der Nacht (oder im Winter) an die kühlere Atmosphäre abgibt. Die Wärmespeicherkapazität der Meere mäßigt das Klima der angrenzenden Landmassen. Der Boden mit seiner geringeren Speicherkapazität erwärmt sich am Tag schneller als die Meere, kühlt in der Nacht aber auch schneller wieder ab.

Ohne ihre Wassermassen wäre die Erde am Tag unerträglich heiß und nachts eiskalt. Das enorme Volumen der Meere funktioniert als gigantische Klimaanlage, die langsam Wärme absorbiert und wieder abgibt. Durch die Zirkulation der Meere wird Wärme durch Sonneneinstrahlung in einer Region absorbiert und zu oft weit entfernten Regionen transportiert, bevor sie an die Atmosphäre abgegeben wird.

Vertikale Zirkulation

Die Beweglichkeit des Wassers ist sicher eine wichtige physikalische Eigenschaft, die zahlreiche Konsequenzen für den Transport von Wärme und gelösten Materialien hat. Veränderungen der Dichte (durch Ausdehnung und Kontraktion) führen in Verbindung mit Schwankungen des Salzgehaltes (bedingt durch Süßwasserzufuhr) zur sogenannten thermohalinen Konvektion, einer dichtebedingten Umschichtung der Meere. Diese Strömung führt mit der Zeit zu einem Transport sowohl der oberflächlichen Wasserschichten aus den Tropen in höhere Breiten als auch zu Tiefenwasserströmen aus den Polarregionen in niedrigere Breiten. Solche Strömungssysteme spielen bei der Regulierung des Geoklimas eine bedeutende Rolle, darüber hinaus bestimmen sie die biologische Produktivität der Meeresbecken.

Mehrere andere physikalische Eigenschaften des Wassers haben praktische Auswirkungen auf Organismen an Land und im Meer. Obwohl Wasser im allgemeinen nicht

▲ Die Wärme der Sonne wird in die Atmosphäre reflektiert (rosafarbene Pfeile), zum Teil von den Meeren absorbiert und vom Äquator zu den Polen transportiert (lila Pfeile). Veränderungen in der Atmosphäre durch Verbrennung fossiler Brennstoffe können Klima und Zirkulation der Meere beeinflussen.

Die Chemie des Meeres

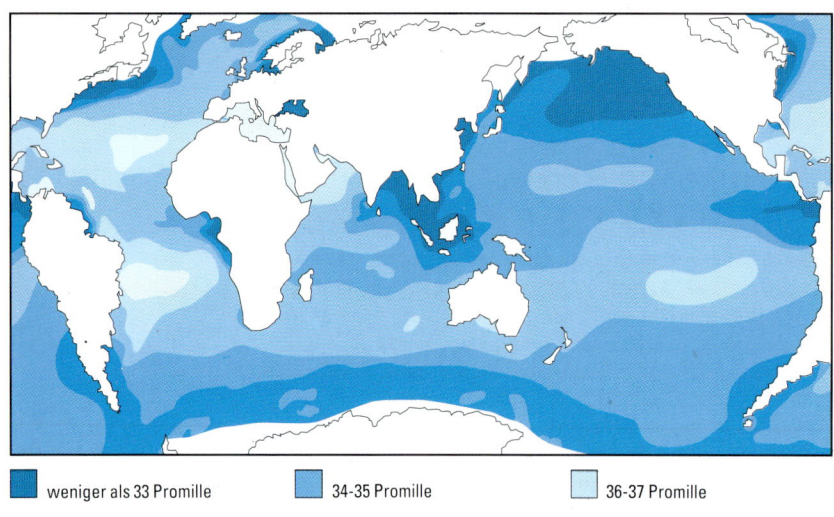

wethat weniger als 33 Promille

33-34 Promille

34-35 Promille

35-36 Promille

36-37 Promille

mehr als 37 Promille

▲ **Die Karte** zeigt den durchschnittlichen Oberflächensalzgehalt der Meere im Monat Februar. Obwohl der Salzgehalt im Jahresverlauf variiert, bleibt das Gesamtbild ähnlich: die Zonen höchsten Salzgehalts liegen in den halb umschlossenen Meeren, wie der Karibischen See und dem Roten Meer, wo die Verdunstung höher als die Zufuhr ist. Die Zonen geringsten Salzgehalts sind in Küstennähe an der Mündung großer Flüsse wie Jangtsekiang, Mississippi und Amazonas. Unterschiede der Temperatur und des Salzgehalts wirken auf die Zirkulation der Meere ein.

▼ **Trifft Licht** auf die Meeresoberfläche, werden, abhängig vom Einfallswinkel des Sonnenlichts, zwischen 3 Prozent und 30 Prozent reflektiert. Die charakteristische blaue Farbe der Meere resultiert aus der Absorption und Streuung anderer Wellenlängen, wobei das rote Ende des Spektrums zuerst verlorengeht. Dort, wo der Anteil an gelösten Sedimenten hoch ist, kann das Meer je nach der Beschaffenheit der jeweiligen Partikel grünlich oder bräunlich erscheinen. In Tiefen unter 1000 m dringt nahezu überhaupt kein Licht mehr vor.

50 m

100 m

150 m

200 m

eerwasser ist eine chemisch ungewöhnlich reine Substanz, die beinahe zu 95 Prozent aus Wasser besteht. Die chemischen Eigenschaften des Meerwassers beruhen, wenigstens teilweise, auf den in ihm gelösten Stoffen.

Jedes Jahr verdunsten etwa 330 000 Kubikkilometer Meerwasser von der Oberfläche der Meere und gelangen als Wasserdampf in die Atmosphäre. Von dieser Gesamtmenge fallen 100 000 Kubikkilometer als Regen, Schneeregen oder Schnee auf die Landflächen, während der große Rest direkt wieder in die Meere zurückfällt. Der Regen wird durch Kohlendioxid leicht sauer, und diese saure Lösung greift den Fels an, auf den der Regen niedergeht. Der chemische Prozeß erodiert, in Verbindung mit Temperaturschwankungen und der Abrasion durch Wind und Regen, die Landoberfläche. Die Erosionsprodukte werden dann gelöst oder in Suspension durch Flüsse in die Meere transportiert.

Die chemische Zusammensetzung

Neben Sauerstoff und Wasserstoff, den Bausteinen von Wasser, sind Natrium und Chlor, die zusammen Kochsalz bilden, die häufigsten Elemente im Meerwasser. Die Konzentration dieser beiden Elemente liegt bei 1,05 und 1,9 Gramm pro Liter. Nur zehn andere Elemente sind in Konzentrationen von mehr als einem millionsten Teil vorhanden. Die verbleibenden Elemente sind nur in geringsten Konzentrationen vorhanden.

Die Gesamtsalzkonzentration wird in Promille ausgedrückt und beträgt für Meerwasser auf offener See ca. 35 Promille. Der Salzgehalt variiert regional aufgrund der Zufuhr von Süßwasser durch Niederschläge, der Zuflüsse von angrenzenden Landmassen sowie der Verdunstungsrate an der Meeresoberfläche. In Regionen mit großer Frischwasserzufuhr kann der Salzgehalt an der Oberfläche bei nur 32 Promille liegen, während er in landumschlossenen Gebieten wie z. B. dem Roten Meer viel höher liegen kann – zwischen 40 und 41 Promille.

Die Meere weisen je nach Region und Tiefe deutlich unterschiedliche Salzkonzentrationen auf. Diese Unterschiede im Salzgehalt und somit auch der Dichte tragen zur Zirkulation der Meere bei. Obwohl also die Verdunstung in den Tropen eine Erhöhung der Salzkonzentration und folglich eine größere Dichte verursachen kann, wird dieser Effekt eventuell durch thermale Ausdehnung und eine entsprechende Abnahme der Dichte kompensiert. So wie warmes, stark salzhaltiges Wasser sich aus den Tropen fortbewegt und abkühlt, nimmt seine Dichte zu und es sinkt ab, um schließlich die dichten, kalten Tiefenwasser zu bilden, die aus hohen Breiten zum Äquator fließen.

Nährstoffe im Meer

Verschiedene, für das Wachstum von Phytoplankton wesentliche Nährstoffe (z.B. Stickstoff, Phosphor und Kieselsäure) sind im Meerwasser gelöst. Dadurch, daß das Phytoplankton diese Stoffe aufnimmt, geht die Primärproduktion zurück. Erst wenn diese Stoffe erneut ins Wasser gelangen, kann ein neuer Produktionszyklus beginnen. Abwässer und Überdüngung können die Nährstoffverfügbarkeit in Küstengewässern verändern und zu explosionsartiger Primärproduktion in Form von Algenblüten führen.

Stirbt das Phytoplankton, beginnt es herabzusinken und sich zu zersetzen. Plankton, das unter die Schicht sinkt, in die Licht vordringt (die euphotische Zone), nimmt die während seiner Lebensdauer aufgenommenen Nährstoffe mit hinab. Zusammen mit anderen organischen Stoffen wird das Plankton in der Tiefe von Bakterien zersetzt, und die Nährstoffe gelangen so wieder in Lösung. Dieser Zersetzungsprozeß führt zu einer Abnahme der Sauerstoffkonzentration; in halbumschlossenen Buchten kann so die untere Schicht sauerstoffarm werden, und dies kann zum Fischsterben führen.

Erst wenn die Nährstoffe an die Oberfläche gelangen, können sie von photosynthetischen Organismen genutzt werden. In Küstenregionen findet eine Durchmischung der Oberflächen- und Tiefenwasser nur mit den Jahreszeiten, d.h. unter dem Einfluß von Änderungen der Temperatur und Windrichtung, statt. Einige der produktivsten Regionen der Meere liegen dort, wo kaltes, nährstoffreiches Wasser in Auftriebszonen an die Oberfläche gelangt. Neben diesen Nährstoffen gibt es noch verschiedene andere Elemente wie Kupfer, Eisen, Zink oder Cadmium, die für das Pflanzenwachstum notwendig sind. Von ihrer Konzentration hängt die biologische Produktivität in der jeweiligen Region ab.

Von den anderen der 80 im Meerwasser vorkommenden Elemente werden einige von maritimen Organismen angesammelt, ein Prozeß, der Bioakkumulation genannt wird. Vanadium etwa weist nur ein Millionstel der Konzentration von Natrium im Meerwasser auf, dennoch sind in filtrierenden Organismen Vanadiumkonzentrationen gefunden worden, die 100 000mal höher liegen als die im Meerwasser. Andere Bioakkumulatoren sind Austern, die Zink aufnehmen, Hummer, die Kupfer ansammeln, und verschiedene Schalentiere, die Quecksilber konzentrieren. Die Eigenschaft Quecksilber anzusammeln, führte 1953 zur Vergiftung mehrerer hundert Japaner, die Fisch gegessen hatten, der durch Industrieabwässer verseucht war.

Der Kohlenstoffzyklus

Der Kreislauf des Kohlenstoffs zwischen Meeren, Atmosphäre und terrestrischer Biosphäre ist ein grundlegender Prozeß. Er kontrolliert die Lebensbedingungen auf der

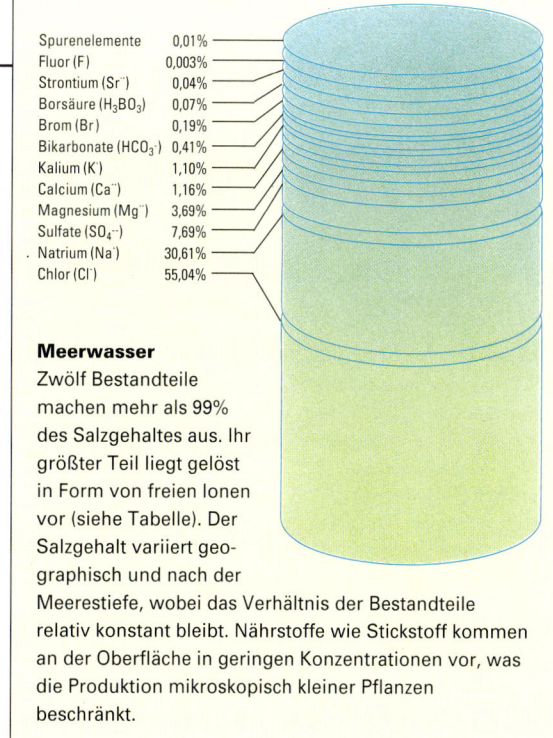

Spurenelemente	0,01%
Fluor (F)	0,003%
Strontium (Sr¨)	0,04%
Borsäure (H$_3$BO$_3$)	0,07%
Brom (Br⁻)	0,19%
Bikarbonate (HCO$_3$⁻)	0,41%
Kalium (K⁺)	1,10%
Calcium (Ca¨)	1,16%
Magnesium (Mg¨)	3,69%
Sulfate (SO$_4$⁻⁻)	7,69%
Natrium (Na⁺)	30,61%
Chlor (Cl⁻)	55,04%

Meerwasser
Zwölf Bestandteile machen mehr als 99% des Salzgehaltes aus. Ihr größter Teil liegt gelöst in Form von freien Ionen vor (siehe Tabelle). Der Salzgehalt variiert geographisch und nach der Meerestiefe, wobei das Verhältnis der Bestandteile relativ konstant bleibt. Nährstoffe wie Stickstoff kommen an der Oberfläche in geringen Konzentrationen vor, was die Produktion mikroskopisch kleiner Pflanzen beschränkt.

Oberfläche des Planeten. Anorganischer Kohlenstoff tritt in der Atmosphäre in Form von Kohlendioxid auf, das sich gelöst im Wasser der Meere findet. Bei der Photosynthese wird anorganisches Kohlendioxid von lebenden Organismen zu organischen Kohlenstoffverbindungen (Kohlehydrate) umgewandelt.

Ein Teil des organischen Kohlenstoffs gelangt als Sediment auf den Meeresboden, der größte Teil jedoch wird mit der Atmung wiederverwertet. Der unveränderte Teil bildet über große Zeiträume hinweg Lagerstätten fossiler Brennstoffe, und es ist die Verbrennung dieser Stoffe, die zu einer globalen Erwärmung führt.

◄ *Algenblüten* treten dort auf, wo sich im Oberflächenwasser hohe Nährstoffkonzentrationen finden. Sie kommen in gemäßigten Zonen im Jahreszeitenzyklus natürlich vor; in Küstengewässern können sie aber auch durch Abwässer und ins Meer gelangte Düngemittel verursacht werden.

Die Eismeere

Die polaren Eisflächen, die über 12 Prozent der Meere bedecken, spielen für das Geoklima eine wichtige Rolle. Das Eis funktioniert als Isolationsschicht, die einen weiteren Wärmeverlust aus tieferen Wasserschichten an die kältere Atmosphäre verhindert.

Meerwasser friert bei -1,9°C. Während des Gefrierens geschehen an der Meeresoberfläche eine Reihe von erkennbaren Veränderungen. Zuerst entwickeln sich kleine Eiskristalle, die sich entweder zu einer durchgehenden Schicht oder einer Reihe von als Pfannkuchen bezeichneten Eisflecken verdichten, die charakteristischerweise einen nach oben gebogenen Rand besitzen. Die ersten Kristalle sind winzige Kügelchen, die sich zu dünnen Scheiben oder Plättchen, sogenanntem Feineis, entwickeln. Kurze Zeit später, wenn sich die Kristalle vervielfacht haben, wirkt das Meer suppig und matt; Eisbrei ist entstanden. Bei ruhiger See frieren die Kristalle zusammen und bilden eine halbtransparente Haut, die Nilas genannt wird. Bei rauher See zerbricht diese Haut jedoch in einzelne Platten, die, bedingt durch die zahlreichen Zusammenstöße mit anderen Platten, aufgebogene Ränder haben. Schließlich werden entweder die Nilas dicker oder die Pfannkuchen frieren zusammen und bilden ein ebenes Eisfeld, das an Dicke zunimmt, zunächst schnell, dann jedoch langsamer, so wie das dicker werdende Eis das Wasser gegen die Luft isoliert.

Salzfreies Eis

So wie sich das Kristallgitter in gefrierendem Wasser ausbildet, wird das Salz in winzige Sole-Zellen von einem Zehntel Millimeter Durchmesser verdrängt. Neu entstandenes Eis hat daher nur einen Salzgehalt von 10 Promille im Vergleich zu 35 Promille in normalem Meerwasser. Nach einer Weile verschmelzen die Sole-Zellen und bilden Ablaufkanäle, durch die die Sole ins Meer gelangt.

Eisschichten

Wenn sich im polaren Winter Eis auf der Meeresoberfläche bildet, entsteht in der Arktis eine ungefähr 2 Meter und in der Antarktis eine etwa 3 Meter dicke Eisschicht.

Während des polaren Sommers schmilzt die Oberfläche des Eises und bildet Schmelzwasserteiche. Bei entsprechend hoher Temperatur dringen solche Teiche durch die gesamte Eisdecke durch. Überlebt das Treibeis die warmen Sommermonate, kann daraus mehrjähriges Eis entstehen, das durch seine besondere Struktur – integrierte Schichten aus wiedergefrorenem Schmelzwasser – extrem hart ist.

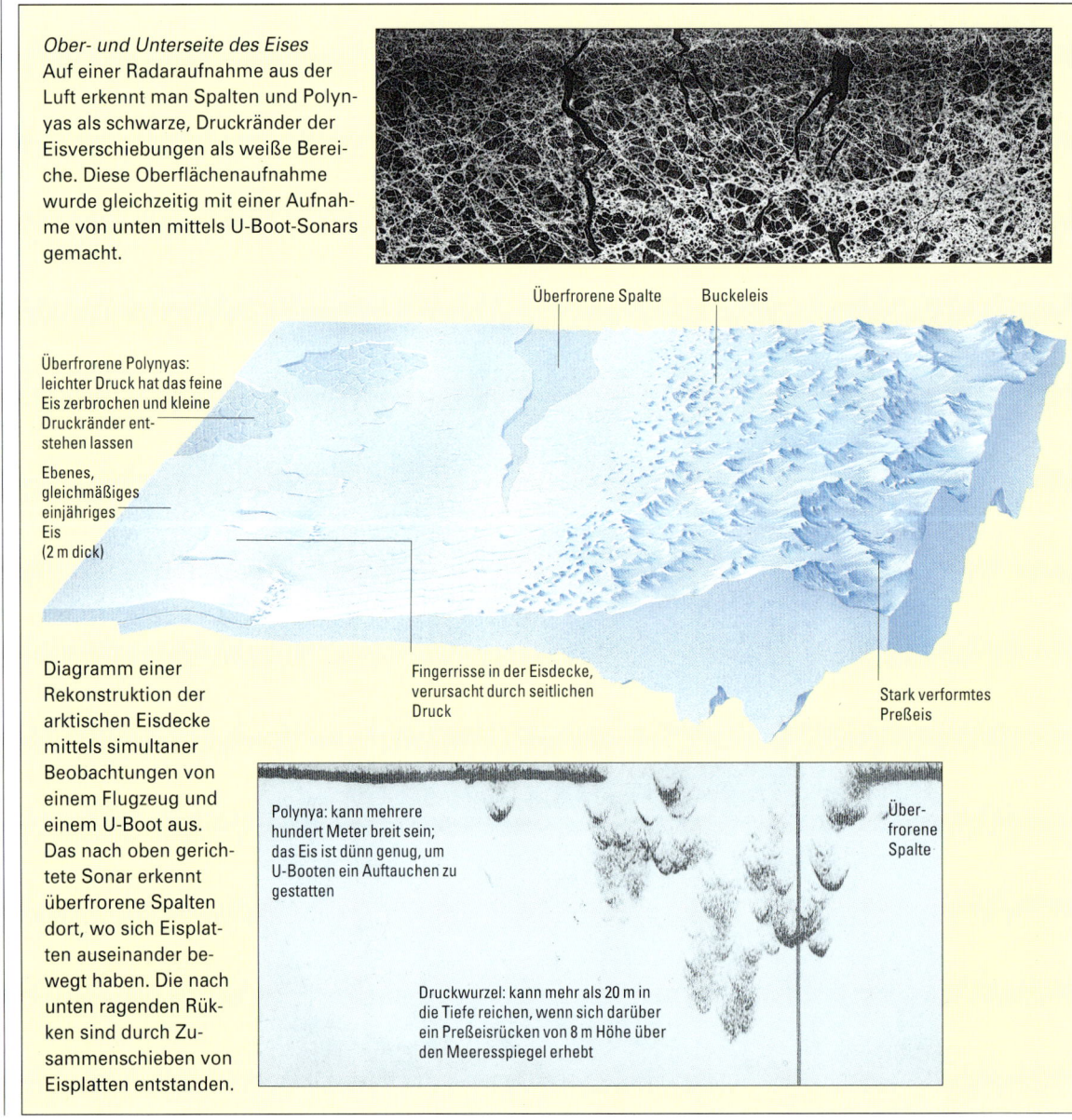

Ober- und Unterseite des Eises
Auf einer Radaraufnahme aus der Luft erkennt man Spalten und Polynyas als schwarze, Druckränder der Eisverschiebungen als weiße Bereiche. Diese Oberflächenaufnahme wurde gleichzeitig mit einer Aufnahme von unten mittels U-Boot-Sonars gemacht.

Überfrorene Spalte

Buckeleis

Überfrorene Polynyas: leichter Druck hat das feine Eis zerbrochen und kleine Druckränder entstehen lassen

Ebenes, gleichmäßiges einjähriges Eis (2 m dick)

Diagramm einer Rekonstruktion der arktischen Eisdecke mittels simultaner Beobachtungen von einem Flugzeug und einem U-Boot aus. Das nach oben gerichtete Sonar erkennt überfrorene Spalten dort, wo sich Eisplatten auseinander bewegt haben. Die nach unten ragenden Rücken sind durch Zusammenschieben von Eisplatten entstanden.

Fingerrisse in der Eisdecke, verursacht durch seitlichen Druck

Stark verformtes Preßeis

Polynya: kann mehrere hundert Meter breit sein; das Eis ist dünn genug, um U-Booten ein Auftauchen zu gestatten

Überfrorene Spalte

Druckwurzel: kann mehr als 20 m in die Tiefe reichen, wenn sich darüber ein Preßeisrücken von 8 m Höhe über den Meeresspiegel erhebt

Dieses Eis hat eine blaue Farbe und ist vor allem in der Zentralarktis anzutreffen. Diese Region kann auch von den stärksten Eisbrechern nicht durchquert werden.

Ein Eisfeld bleibt nicht dauerhaft glatt. Wind und Strömungen können es auseinanderbrechen; so entstehen Spalten freien Wassers oder Polynyas – große Wasserflächen, die schnell überfrieren. Durch Windkräfte bricht das Eis und wird zu Preßeisrücken zusammengeschoben, die bis zu 10 Meter Höhe erreichen können und bis zu 45 Meter unter die Eisdecke reichen.

Winddruck wird über das Eis an das darunterliegende Wasser übertragen, so daß Eisdrift und Wasserströmungen langfristig identisch sind. In der Arktis existieren zwei größere Strömungssysteme: der Beaufort-Strömungskreis, in dem Treibeis und Eisberge bis zu 20 Jahre gefangen sein können, und das transpolare Strömungssystem, das Eis aus Sibirien über den Pol hinweg an die Ostküste Grönlands transportiert. In der Antarktis erzeugt der West-Ost-Wind eine nordostwärts gerichtete Strömung, die Eis in die südlichen Meere befördert.

Schwimmende Giganten

Eisberge sind riesige Eismassen, die entweder von Gletscherrändern oder vom Inlandeis abgebrochen sind. In der Arktis kalben von den Gletschern jährlich 12 000 Eisberge. Sie treiben mit der Strömung die Westküste Grönlands hinauf, kehren an der Westseite der Baffin Bai zurück und gelangen schließlich in den Atlantik. Die Überlebensrate solcher Eisberge ist sehr unterschiedlich: während 1958 nur ein einziger den Atlantik erreichte, waren es 1959 693. Ein neuer Eisberg wiegt durchschnittlich etwa 1,5 Mio. Tonnen, ragt 80 Meter aus dem Wasser auf und erstreckt sich mehr als 350 Meter in die Tiefe. Wenn der Eisberg den Atlantik erreicht, mißt er oft nur noch ein Zehntel seiner ursprünglichen Größe.

Antarktische Eisberge kalben vom schwimmenden Schelfeis, das den Kontinent umgibt. Es entstehen jährlich mehrere tausend. Sie sind viel größer als arktische Eisberge (oft mehr als 80 km lang) und tafelförmig.

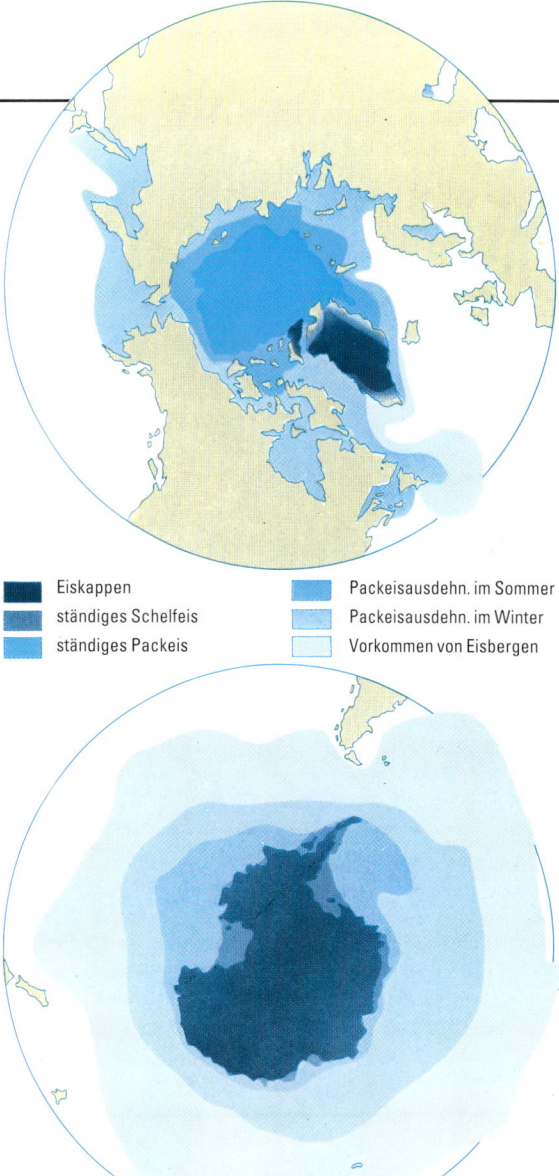

■ Eiskappen	■ Packeisausdehn. im Sommer
■ ständiges Schelfeis	■ Packeisausdehn. im Winter
■ ständiges Packeis	☐ Vorkommen von Eisbergen

◄ Das Packeis, das das Nordpolarmeer den größten Teil des Jahres bedeckt, ist im allgemeinen dünner und stärker verformt als jenes des Südpolarmeeres. Eis, welches an den arktischen Küsten oder durch Überfrieren der Meeresoberfläche entsteht, wird durch die ständigen Strömungsbewegungen in umschlossenen Meeresbecken zerbrochen und zusammengeschoben. Antarktisches Packeis hat in der Regel größere Eisflächen, die, bis auf Deformationen am Rand, meist unverformt sind.

◄ Antarktische Eisberge sind im allgemeinen größer als jene in der Arktis. Sie entstehen durch das Abbrechen von Stücken aus dem Schelfeis, das den antarktischen Kontinent umgibt, und nicht durch Kalben von Gletschern.

Die Gezeiten

▶ **Die Abbildung zeigt** die Flutwelle auf dem Fluß Severn in England, die sich bei Flut durch das schnelle Einströmen des Wassers in die trichterförmige Mündung aufbaut. Die Flutwelle ist 1 m hoch und bewegt sich mit 20 km/h 33 km weit flußaufwärts.

Die Griechen der Antike gehörten zu den ersten, denen der Zusammenhang zwischen den Gezeiten und dem monatlichen Umlauf des Mondes auffiel. Aber erst 2000 Jahre später, als Newton seine Gravitationsgesetze aufstellte, verstand man den Zusammenhang genauer.

Alles im Universum übt auf alles Gravitationskräfte aus. Auf diese Weise zieht die Anziehungskraft Erde und Mond aufeinander zu. Was sie trotzdem voneinander getrennt hält, ist die Zentrifugalkraft der Mondumlaufbahn. Im Zentrum der Erde befinden sich die Gravitations- und die Rotationskräfte im Gleichgewicht, nicht jedoch an der Erdoberfläche. Auf der dem Mond zugewandten Seite ist die Anziehungskraft am größten, so daß sich die Meeresoberfläche zum Mond hin wölbt, es entsteht ein Flutberg. Auf der mondabgewandten Seite der Erde ist die Mondanziehung am geringsten. Auch hier entsteht ein Flutberg, jetzt verursacht durch die Fliehkräfte, die auf die Wassermassen infolge der Rotation von Erde und Mond um eine gemeinsame Schwerpunktachse einwirken. Diese Kräfte der Mondgravitation und Zentrifugalkräfte erzeugen ohne den Einfluß anderer Faktoren zweimal am Tag Ebbe bzw. Flut.

Da sich die Erde jedoch um ihre eigene Achse dreht, ist der Flutberg verschoben und liegt etwas vor der tatsächlichen Position des Mondes. Diese Verlagerung resultiert aus den Reibungskräften, die zwischen den Wassermassen und der Erdoberfläche herrschen und die Reaktion der Meere auf die Mondgravitation verlangsamen. Auch die Sonne übt eine Anziehungskraft auf die Meeresoberfläche aus, die aber nur zwei Fünftel der Mondgravitation ausmacht. Da Sonne und Mond in ihrer relativen Stellung zueinander und zur Meeresoberfläche variieren, wirken ihre Gravitationskräfte manchmal in gleicher, manchmal in entgegengesetzter Richtung.

Der Mondzyklus
Der monatliche Zyklus der Gezeitenamplitude spiegelt die relativen Positionen von Sonne und Mond wider. Wirken die Gravitationskräfte von Sonne und Mond gemeinsam, ist der Gezeitenhub am größten und eine Springtide wird erzeugt. Stehen Sonne und Mond jedoch im rechten Winkel zueinander, entstehen die niedrigen Nipptiden.

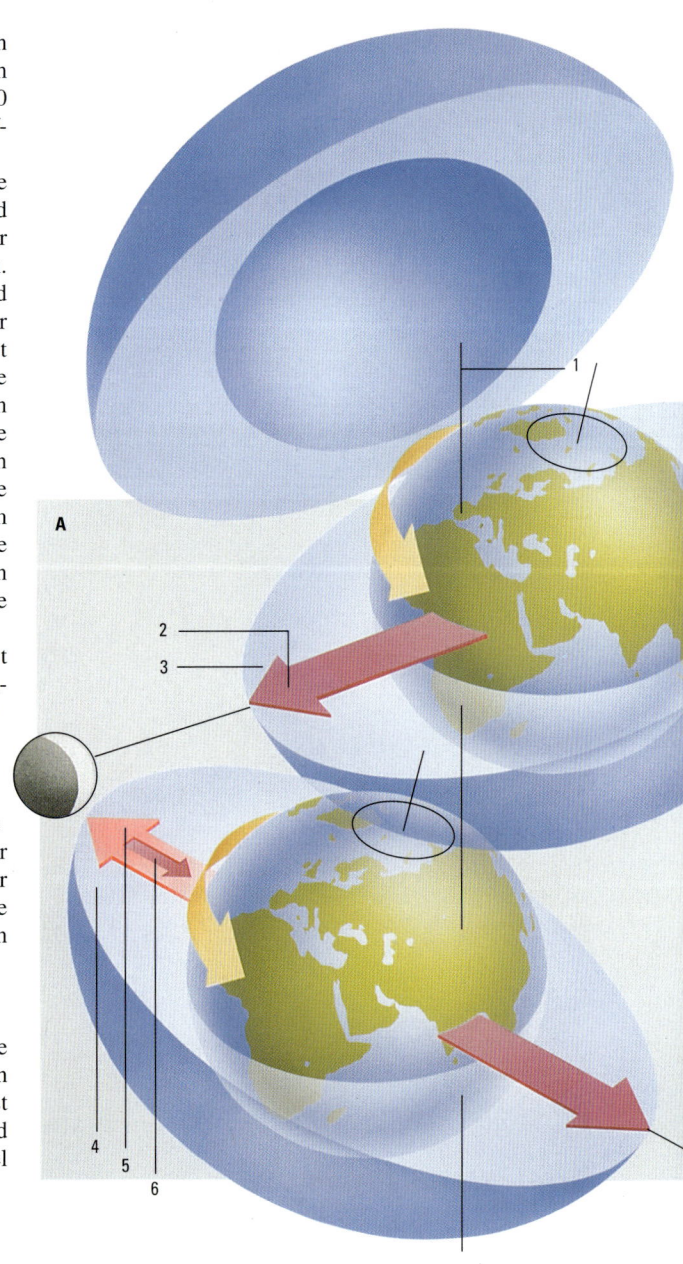

Steht der Mond über dem Äquator, ist seine Gravitationskraft auf der Erdoberfläche nicht überall gleich. Die Gravitationskraft ist am Äquator am größten und schwächt sich nach Norden und Süden hin zunehmend ab. Je weiter der Mond nördlich oder südlich (relativ zum Äquator) steht, desto größer ist die Tendenz hin zu eintägigen Gezeitenformen.

Die Orbitalebene des Mondes erreicht alle 18,6 Jahre einen maximalen Neigungswechsel von 28,5° über dem Äquator. In dieser Zeit bewegt sich der Mond während seines Zyklus zwischen 28,5°N und 28,5°S. Wenn der Winkel zwischen der Orbitalebene des Mondes und der Äquatorialebene am größten ist, sind die beiden täglichen Gezeitenmaxima unterschiedlich groß, wobei eine Flut sehr hoch und die andere niedriger ist.

Gezeitenschwankungen

Darüber hinaus können die Wassermassen der Meere nicht frei über die gesamte Erdoberfläche fließen, da sie durch die unterschiedlichen Meeresbecken und deren jeweilige topographischen Besonderheiten (z.B. mittelozeanische Rücken) eingeschränkt sind. Auf die Meere wirkt auch die Coriolis-Kraft, die durch die Eigenrotation der Erde erzeugt wird. Als Folge des Zusammenwirkens der verschiedenen beschriebenen Kräfte treten in den verschiedenen Meeren unterschiedliche Gezeitenmuster auf.

Die Gezeitenkräfte erzeugen komplizierte stehende und rotierende Wellensysteme, die für das jeweilige Meeresbecken charakteristisch sind. In den Zentren dieser Wellensysteme existieren Knotenpunkte, an denen nahezu keine gezeitenbedingten Wasserstandsschwankungen auftreten. An anderen Stellen beträgt der Gezeitenhub auf dem offenen Meer zwischen ein und drei Metern. Die Gezeiten sind in engen Buchten, wie der Fundy Bay in Nova Scotia (Kanada) jedoch erheblich höher und können bis zu 13 Metern betragen.

Meist treten halbtägige Gezeiten auf, ganztägige Gezeiten sind relativ selten. Gemischte Tiden haben typischerweise zwei Hochwasserstände am Tag, wobei der eine deutlich höher als der andere liegt.

▲ **Dieser Felsturm** in der Fundy Bay in Nova Scotia (Kanada) dokumentiert die gewaltige Erosionskraft der Gezeiten. Der Gezeitenhub wird durch eine oszillierende Welle verstärkt, wodurch der Tidenhub in dieser Region mit 13 m einer der höchsten der Welt ist.

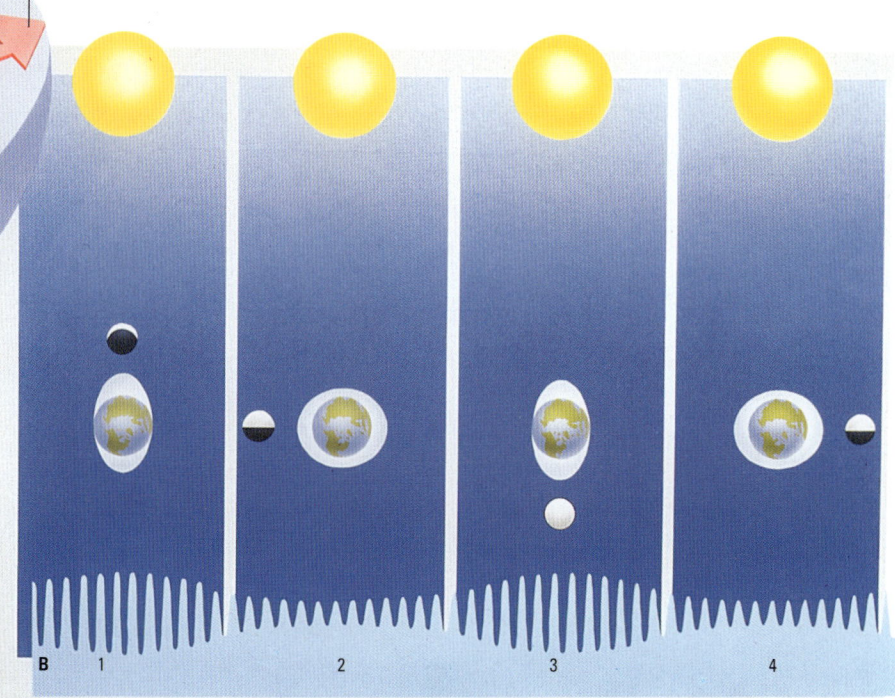

◄ **Während Erde und Mond (A)** sich um ein gemeinsames Schwerkraftzentrum drehen (1), erzeugt die Anziehungskraft des Mondes (2) eine Gezeitenwölbung (3). Die zweite Wölbung (4) scheint durch eine Antigravitationskraft (5) zu entstehen. Diese zweite Wölbung tritt aber auf, weil die Anziehungskraft des Mondes stärker auf die Erde als auf die entferntesten Wassermassen (6) wirkt. Tatsächlich beschleunigt die Erde schneller auf den Mond zu und läßt die Wassermassen zurück. Springtiden (B), die höchsten Tiden, entstehen, wenn Sonne, Mond und Erde in einer Linie stehen (1 und 3). Stehen Sonne und Mond im rechten Winkel zueinander (2 und 4), heben sich die Gravitationskräfte teilweise auf und Nipptiden entstehen.

Strömungen und Strömungskreise

Die Hauptmuster der Wasserbewegung in den Meeresbecken bestimmen die gesamte Ausrichtung der Strömungen. Entlang einer Küstenformation wird das Strömungsmuster natürlich durch die Gezeitenkräfte, Flußmündungen und die Küstenform selbst beeinflußt. Solche lokalen Muster der Wasserbewegung dominieren die Randgewässer der Kontinentalschelfe, während die Wasserströmungen des offenen Meeres von Prozessen abhängen, die sich in wesentlich größeren geographischen Maßstäben abspielen.

Die großen Strömungssysteme des offenen Meeres werden durch die atmosphärische Zirkulation gesteuert. Großräumige Strömungsmuster beherrschen die Meeresbecken. Diese Muster schließen große Strömungskreise nördlich und südlich des Äquators sowie die zirkumpolare Strömung der Antarktis und die Äquatorialströmungen, welche die pazifischen und atlantischen Meeresbecken queren, ein.

Atmosphärische Einflüsse

Die Windsysteme der beiden Halbkugeln werden bestimmt durch die äquatornahen Passatwinde, die die Oberflächenwasser nach Westen treiben, und durch die Westwinde, die in höheren Breitengraden das Wasser an den östlichen Rand der Meeresbecken zurücktransportieren. Der kombinierte Effekt von westwärts fließendem Wasser in niederen Breiten und ostwärts fließendem Wasser in höheren Breitengraden erzeugt kreisförmige Strömungsmuster. Sie sind ein geschlossenes Strömungssystem von der Größe eines Meeresbeckens, das aus einer starken westlichen Randströmung, die das Wasser in Richtung Pol transportiert, und einem weniger starken Rückfluß nach Osten besteht.

Im Nordatlantischen System fließt der Nordäquatorialstrom von Afrika nach Lateinamerika und wird zum Golfstrom, der nordwärts die nordamerikanische Ostküste entlangfließt, um dann wieder als Nordatlantischer Strom den Atlantik zu überqueren. Schließlich fließt der Strom als Kanarenstrom südwärts und stößt wieder auf den Nordäquatorialstrom, so daß sich der Kreis schließt.

Die Geschwindigkeit einer ozeanischen Oberflächenströmung beträgt in der Regel etwa 10 km pro Tag, wobei die westlichen Randströmungen, wie der Golfstrom des Nordatlantik und der Kuroschio-Strom im Nordpazifik,

Geschwindigkeiten von 95-160 km pro Tag erreichen. Auf der Südhalbkugel der Erde sind die Strömungen im allgemeinen schwächer als im Norden. Das offenere südliche System wird durch den Antarktischen Zirkumpolarstrom beherrscht.

Die Ekman-Spirale

Obgleich anhaltende Winde die Strömungssysteme der Meere antreiben, existieren noch andere Kräfte, die Richtung und Geschwindigkeit der Wassermassen beeinflussen: Die Coriolis-Kraft rührt von der Rotationsbewegung der Erde her, die jedes bewegliche Teilchen, egal ob in der Luft oder im Wasser, relativ zur Erdoberfläche ablenkt. Bewegt sich eine Wassermasse auf der Nordhalbkugel in nördlicher Richtung, so wird sie im Uhrzeigersinn, d.h. nach rechts abgelenkt, auf der Südhalbkugel gegen den Uhrzeigersinn, also nach links.

Die Spiralbewegung des Wassers in den großen Strömungen führt in der Nähe des Wirbelzentrums zu

▲ *Die Sedimentablagerungen* im Ästuar der Themse sind auf dieser Satellitenaufnahme von London deutlich zu sehen. Sie zeigt, daß die vorherrschende Strömungsrichtung dort in nordöstlicher Richtung verläuft. Weiter draußen im Meer ist die Strömungsrichtung südwärts.

▶ *Langzeitwetteraufzeichnungen* ermöglichen es, Karten mit den monatlichen Mittelwerten des atmosphärischen Drucks und der Luftzirkulation zu erstellen. Die Karte rechts zeigt die Durchschnittswerte für Juli. Im Vergleich mit einer Karte der Meeresströmungen sieht man die fast vollständige Übereinstimmung von Winden und windererzeugten Oberflächenströmungen; ihre Bahnen zeigen dabei die Wirkung der Coriolis-Kraft an. Die Windrotation im Uhrzeigersinn um die Hochdruckzonen der Nordhalbkugel stimmt mit der Richtung der Kreisströmungen in Nordatlantik und Nordpazifik und umgekehrt auf der Südhalbkugel überein.

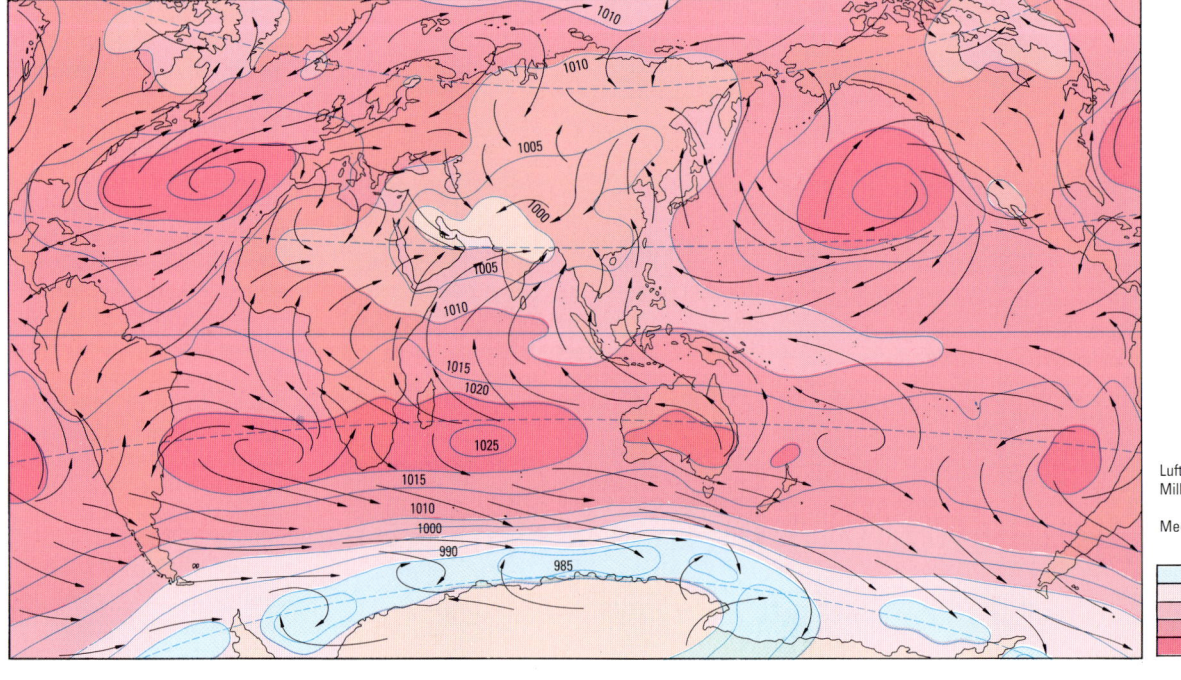

Luftdruck in Millibar

Meer   L

	990
	1000
	1010
	1020

einem Aufstauen von Wassermassen. Der Meeresspiegel in der Sargasso-See beispielsweise liegt etwa einen Meter höher als in den angrenzenden Küstenregionen. Der nach außen gerichtete Druck dieser Wasserkuppel gleicht den nach innen gerichteten Druck, der durch die Erdrotation entsteht, aus. Veränderungen im Luftdruck können ebenfalls die Höhe des Meeresspiegels beeinflussen, und um die Zentren von Regionen mit konstant hohem bzw. niedrigem Luftdruck können Rotationsbewegungen der Oberflächenschichten auftreten.

Wind, der über die Meeresoberfläche streicht, setzt durch Reibung die Wasseroberfläche in Bewegung. Die oberste Wasserschicht bewegt sich tendenziell in die gleiche Richtung wie der vorherrschende Wind. Je tiefer man jedoch in die Wassermassen vordringt, desto stärker wird die Wirkung der Coriolis-Kraft: Die Bewegungsrichtung des Wassers wird mehr und mehr von der Bewegungsrichtung des Oberflächenwassers abgelenkt. Diese sogenannte Ekman-Spirale betrifft nur die obersten 90 Meter Wasser der Meeresoberfläche. Während die Bewegungsrichtung der gesamten Wassermasse im rechten Winkel zur vorherrschenden Windrichtung steht, verläuft die Oberflächenströmung in Windrichtung. In der Tiefe kann die Wasserbewegung jedoch in umgekehrter Richtung zu den Oberflächenströmungen verlaufen.

Wirbel und Ringe

Als Folge des Wassertransportes durch die Ekman-Spirale stauen Passatwinde und Westwindsysteme Wasser in den Zentren der großen Strömungskreise auf, wobei sie an die Westränder der Meeresbecken gedrückt werden. Dieses Phänomen erhöht die Geschwindigkeiten des Golfstroms oder anderer westlicher Randströmungen. Diese schnellen und beständigen Ströme werden auf dem Weg in höhere Breiten von der Küste weg abgelenkt, wobei sie ihre Stabilität verlieren und Mäander ausbilden. Diese Mäander trennen sich zum Teil vom Hauptstrom ab und werden zu sogenannten Golfstromringen.

Die Existenz von Wirbeln und Ringen ist erst seit relativ kurzer Zeit bekannt. Die Bedeutung dieser weitverbreiteten Stömungsphänomene für den Energietransport im Meer sowie für die regional stark variierenden Produktivitätsraten der Meere werden erst langsam besser verstanden.

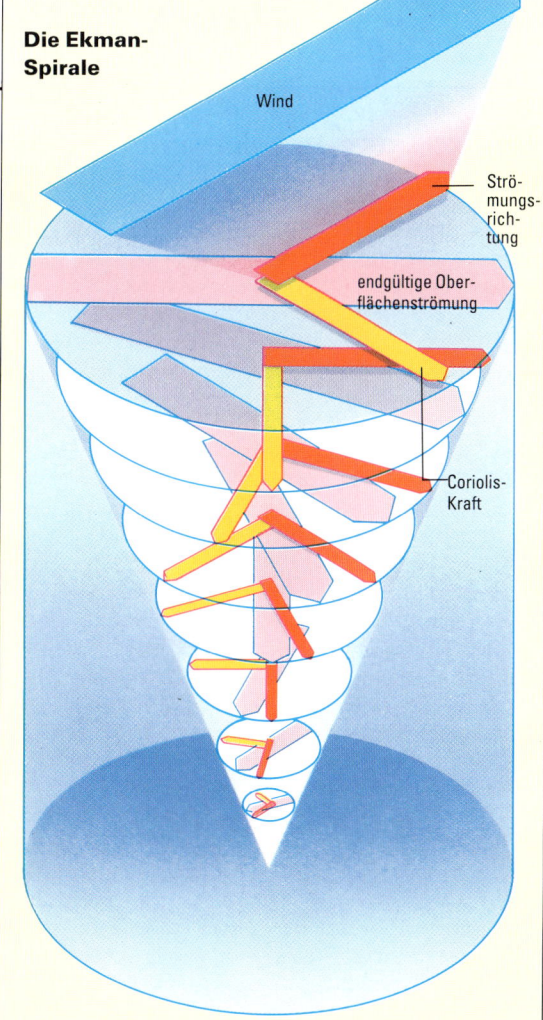

Die Ekman-Spirale

Wind

Strömungsrichtung

endgültige Oberflächenströmung

Coriolis-Kraft

An der Wasseroberfläche entspricht die Strömungsrichtung der Windrichtung. Gleichzeitig wird das Wasser jedoch durch die Coriolis-Kraft abgelenkt. Die Oberflächenschicht schleppt wiederum die darunterliegende Schicht nach, die auch abgelenkt wird. Durch die stufenweise Übertragung der Bewegung nach unten bilden die Ablenkungen die Ekman-Spirale, wobei sich das Wasser in der Tiefe gegen die Oberflächenrichtung bewegt.

◄ **38 Oberflächenströmungen** bilden fünf Strömungskreise.

1 Ostgrönlandstrom
2 Irmingerstrom
3 Westgrönlandstrom
4 Labradorstrom
5 Golfstrom
6 Nordostatlantischer Strom
7 Kanarenstrom
8 Nordäquatorialstrom
9 Antillenstrom
10 Guayanastrom
11 Karibischer Strom
12 Äquatorialer Gegenstrom
13 Guineastrom
14 Südäquatorialstrom
15 Brasilstrom
16 Falklandstrom
17 Antarktischer Zirkumpolarstrom
18 Benguelastrom
19 Mosambikstrom
20 Agulhasstrom
21 Westaustralischer Strom
22 Südäquatorialstrom
23 Somalstrom
24 Monsunstrom
25 Ostaustralischer Strom
26 Humboldtstrom
27 Perustrom
28 Äquatorialstrom
29 Südäquatorialer Gegenstrom
30 Südäquatorialstrom
31 Alaskastrom
32 Aleutenstrom
33 Ojaschio-Strom
34 Kuroschio-Strom
35 Nordpazifischer Strom
36 Kalifornischer Strom
37 Nordäquatorialstrom
38 Nordäquatorialer Gegenstrom

Nordatlantische Strömung

Südatlantische Strömung

Südindische Strömung

Nordpazifische Strömung

Südpazifische Strömung

Wind, Wellen und Tsunamis

Der Anblick von Wellen ist uns vertraut. Ihre gewaltige Energie setzt bei ihrem Auftreffen auf die Küste eine beträchtliche Zerstörungskraft frei. Wellen unterscheiden sich in ihrer Länge – der Entfernung zwischen zwei Wellenkämmen – und ihrer Periodizität – dem Zeitintervall zwischen zwei aufeinanderfolgenden Kämmen.

Kapillar- und Windwellen

Am Skalenende befinden sich die Rippel- oder Kapillarwellen. Ihre Periode ist kürzer als eine Sekunde, die Länge geringer als 1,74 cm. Am anderen Ende der Skala liegen die Gezeiten mit einer Periode von 12 oder 24 Stunden.

Kapillarwellen entstehen durch ein sanftes Streichen des Windes über die Wasseroberfläche. Charakteristisch für diesen Wellentyp sind die abgerundeten Kämme und die spitzen Täler. Das Wellenprofil wird bei Wellen bis 1,74 cm Länge durch die Oberflächenspannung bestimmt, bei größerer Wellenlänge durch die Schwerkraft. Mit zunehmender Wellenlänge werden die Wellenkämme spitzer und die Täler runder. Die Wellenhöhe wächst mit dem Winddruck auf der windwärts liegenden Wellenseite. Mit dem Anwachsen der Wellen werden die Kämme immer steiler, bis sie schließlich zu brechen beginnen.

Sturmwellen

Wellen bewegen sich ähnlich wie Segelschiffe über die Meeresoberfläche, d.h. der Wind hinter den Wellen schiebt sie vor sich her. Die Energie, die vom Wind auf die Wasseroberfläche übertragen wird, kann selbst wiederum von einer Welle zur nächsten übertragen werden. Die große Windenergie bei einem Sturm peitscht die See zu Wellen von unterschiedlicher Periode, Länge und Bewegungsrichtung auf. Das daraus resultierende chaotische Wellenmuster wird Seegang genannt.

Die Wellenhöhe (Entfernung zwischen Wellental und -kamm) ergibt sich aus der Wirklänge (die Strecke, auf der

▲ **Dieses Foto** zeigt die zerstörerische Kraft des Hurrikan Alicia, der 1983 Galveston (Texas) verwüstete. Windgeschwindigkeiten von über 117 km/h erzeugten hohe Wellen, die schwere Zerstörungen an Gebäuden entlang der Küste anrichteten.

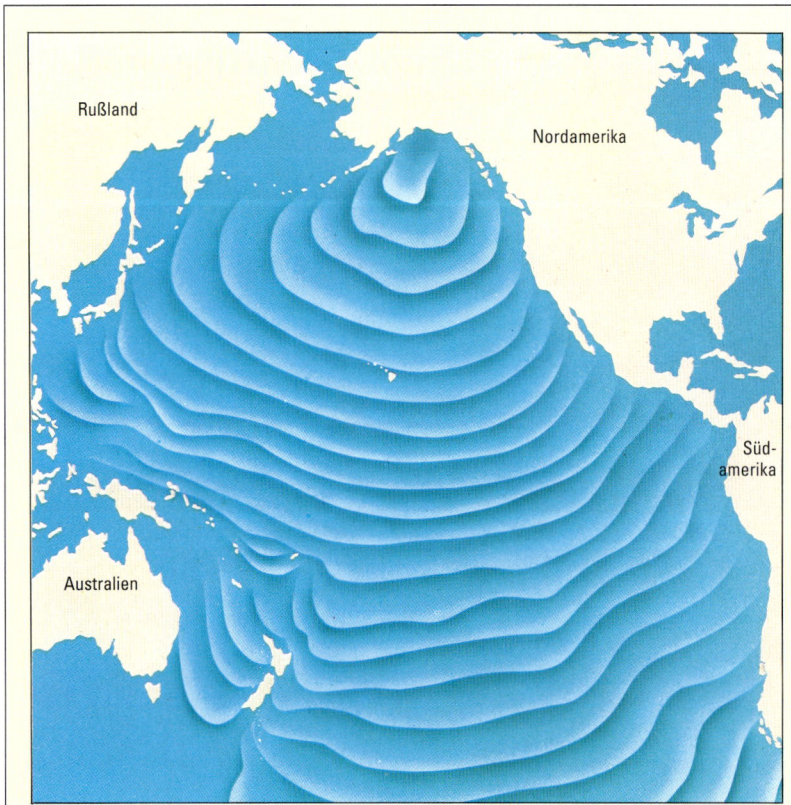

Tsunami
Tsunamis sind durch unterseeische Beben oder plötzliche Meeresbodenhebung ausgelöste riesige Wellen. Die Anhebung des darüberliegenden Wassers löst eine Serie von Wellen aus, die sich mit bis zu 750 Kilometern in der Stunde ausbreiten. Die Karte zeigt die stündliche Position eines vor Alaska entstandenen Tsunamis.

▲ **Wind** weht über Wasser und erzeugt Kapillarwellen mit runden Kämmen und spitzen Tälern, deren Form von der Oberflächenspannung abhängt.

▲ **Sobald die Wellenlänge** 1,74 cm überschreitet, bestimmt die Schwerkraft das Wellenprofil. Die Kämme werden spitzer, die Täler runder. Der Wind verstärkt durch seinen Druck gegen die Luvseite die Wellenform. Er wirbelt dabei über den Kamm und verringert den Druck auf der Leeseite der Welle.

▲ **Mit dem Anwachsen der Wellen** werden die Kämme immer spitzer. Bei einem Winkel von 120° brechen sie und erzeugen Schaumkronen.

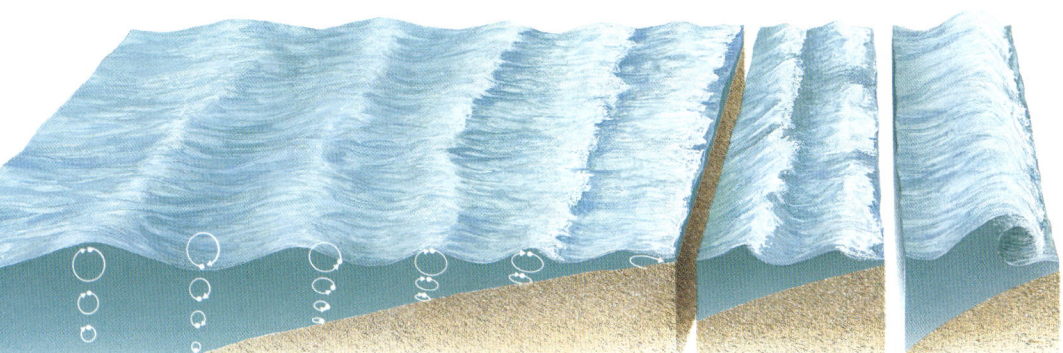

▲ **Wellen** entwickeln sich nach ihrer Entstehung weiter und legen als lange Wellen mit flachen Kämmen große Entfernungen zurück.

▲ **Die Kreisbewegung** der Wasserpartikel hat an der Oberfläche den Durchmesser der Wellenhöhe, nach unten geht er gegen Null.

▲ **Im Flachwasser** mit einer Tiefe von weniger als einer halben Wellenlänge werden die Wellen kürzer und höher. Die Teilchenbewegung wird immer elliptischer, bis die Partikel ihre Bahn nicht mehr vollenden können: Die Welle bricht.

▲ **An einer flachen Küste** branden die Wellen den Strand hinauf (links) oder brechen allmählich über die Breite des Wellenkamms. Bei steil ansteigender Küste (rechts) brechen die Wellen als Sturzsee.

der Wind weht), der Wirkdauer und der Geschwindigkeit des Windes. Im Pazifik, wo sich die größte Wirklänge aller Meere findet, erreichen Windwellen ihre größte Höhe. Im Zentrum eines heftigen Sturms werden Wellen zwischen 12 und 15 Meter hoch, wobei die höchste, je beobachtete Welle 35 Meter maß.

Hohe Wellen treten vor allem dann auf, wenn Sturmwellen gegen den Kontinentalschelf anrollen. Mit zunehmender Entfernung vom Sturmzentrum werden die Wellen zu weichen Wogen.

Brecher und Brandung

Bei der Annäherung an die Küste werden die Wellen höher und zugleich kürzer, bis sie brechen und als Brandung an der Küste auslaufen. Das Brechen einer Welle resultiert aus der kreisförmigen Bewegung der Wasserpartikel in einer Welle und der Bodenreibung, die tieferliegende Wasserschichten stärker abbremst als das Oberflächenwasser.

In jeder Welle bewegt sich das Wasser in Kreisbahnen, wobei der Kreisdurchmesser an der Wasseroberfläche der Wellenhöhe entspricht. In der Tiefe der halben Wellenlänge zeigt sich im Wasser keine kreisförmige Bewegung

mehr. Nimmt beim Auftreffen der Wellen auf die Küste die Wassertiefe auf weniger als die halbe Wellenlänge ab, so verläuft die Bewegung der Wasserpartikel zunehmend elliptisch, bis sie schließlich ihre Bahn nicht mehr vollenden können und die Welle bricht.

Tsunamis

Die als Tsunamis bezeichneten Flutwellen haben nichts mit den Gezeiten zu tun. Sie entstehen vielmehr durch Seebeben oder unterseeische Vulkanausbrüche. Auch eine plötzliche, vertikale Verschiebung des Meeresbodens entlang einer Verwerfungslinie kann an der Wasseroberfläche eine Welle entstehen lassen. Diese Wellen pflanzen sich mit bis zu 750 km/h fort. Die Amplitude solcher Wellen ist für gewöhnlich ziemlich klein, und ein großer Teil ihrer Energie verbraucht sich auf dem Kontinentalschelf. Je nach Bodentopographie verstärkt sich die Wellenenergie jedoch und zeigt an Land verheerende Auswirkungen.

Tsunamis treten im Pazifik häufiger auf als im Atlantik. Sie entstehen dort vor allem entlang des Randes der Pazifischen Platte.

Die Wechselwirkung von Luft und Meer

▶ **Diesen Wirbel** in den Wolken sieht man auf der Leeseite der 1298 m hohen Isla de Guadalope. Das Aufsteigen von kaltem Wasser, bedingt durch den Kalifornischen Strom, führt zu jener Wolkenformation, die als typisches Merkmal der Wechselwirkung von Luft und Meer in dieser Region gelten kann.

Fast jedes Jahr werden die amerikanische Ostküste oder der Golf von Mexiko von einem Hurrikan, begleitet von Regenfluten und verheerenden Winden, heimgesucht. Solche Stürme entstehen im Meer vor der afrikanischen Küste oder in der Karibik, wo die Oberflächentemperatur des Meeres hoch ist. Hurrikans sind die furchtbarste aller Offenbarungen aus der Wechselwirkung zwischen Atmosphäre und Meeren.

Die Oberfläche der Meere, die etwa zwei Drittel der Erde bedeckt, wirkt wie ein Thermostat. Sie absorbiert im Sommer Energie in Form von Wärme und gibt diese im Winter wieder frei. Die vom Meer abgegebene Energie erwärmt die darüberliegende Atmosphäre und verursacht turbulente Luftbewegungen. Auf der anderen Seite erzeugt die Atmosphäre Wellen und Strömungen. Die zeitliche Dauer dieser Phänomene hängt von Dauer und Stärke des Windes ab.

Die Reaktionen der Oberflächenwasser der Meere auf Bewegungen in der Atmosphäre sind allerdings wesentlich langsamer als die Reaktionen der Atmosphäre auf die Wärmeabgabe des Meere. Dieser Unterschied ergibt sich dadurch, daß der Wasseraustausch langsamer als der Luftaustausch stattfindet.

Küstenwinde

Die enge Wechselwirkung zwischen Oberflächenwasser und darüberliegender Atmosphäre zeigt sich vermutlich nirgendwo so deutlich wie bei Kurzzeitwetterphänomenen, wie etwa bei den täglich gleichen Windrichtungswechseln an vielen Küsten. Weil sich eine Landmasse im Verlauf eines Tages schneller erwärmt als das Meer, wird die über dem Land aufsteigende Luft durch vom Meer zuströmende Luftmassen ersetzt. Die kühle Brise vom Meer hilft, die Tageshitze zu lindern. In der Nacht kehrt sich die Windrichtung jedoch um. Wenn die Temperatur an Land unter die des angrenzenden Meeres fällt, entstehen sanfte Brisen, die vom Land auf das Meer hinaus wehen.

Neben dem Wärmetransport aus dem Meer in die Luft steigt auch noch Wasserdampf von der Meeresoberfläche auf. Dort, wo der Wind über warmes Meerwasser streicht, nimmt er Feuchtigkeit auf. Trifft er dann auf kälteres Meerwasser, kondensiert der Dampf und Seenebel entsteht, wie etwa im Nordwestpazifik, wenn Südwinde während der Sommermonate erst über den warmen Kuroschio-Strom und dann über den kalten Ojaschio-Strom wehen.

▼ **Im Gegensatz zu einem Hurrikan** wächst eine Wasserhose nicht von der Meeresoberfläche nach oben, sondern sie steigt aus einer Gewitterwolke nach unten. Man glaubt, daß der Wirbel in einer Wasserhose durch starke seitliche Winde erzeugt wird, die die Luftsäule nach unten zu einem Wirbel ablenken und dabei Gischt auf dem Meer aufpeitschen.

Ein vollentwickelter Hurrikan kann sich bis in die Tropopause zwischen 14 und 19 km Höhe erstrecken. Kühle, trockene Luft wird in der Höhe in den zentralen Trichter eingesogen.

Wände aus dichten Kumuluswolken bilden konzentrische Ringe um das Auge des Sturms, jeweils getrennt durch wolkenfreie Schichten.

Feuchtwarme Luft wird in Meereshöhe angesogen, führt dem Sturmsystem Energie zu und steigt in Spiralen auf, um sich dann in den oberen Schichten zu verteilen.

Der kräftig aufsteigende Luftstrom erzeugt im Auge des Sturms eine Zone extrem niedrigen Drucks, durch den Häuser, über die das Sturmzentrum zieht, regelrecht explodieren können.

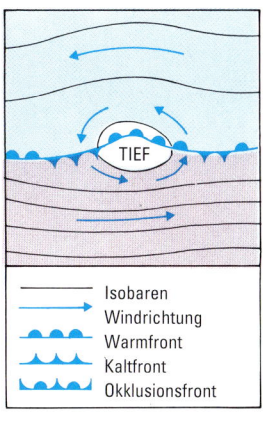

Isobaren
Windrichtung
Warmfront
Kaltfront
Okklusionsfront

▲ *Tiefdruckgebiete* verursachen das wechselhafte, regnerische Wetter der gemäßigten Breiten. Sie entstehen als Wellen in der Polarfront.

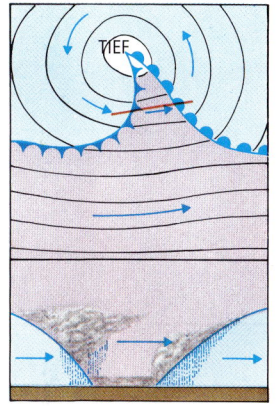

▲ *Diese Wettersysteme* sind eng mit längeren Wellen in der oberen Atmosphäre verbunden, die den Austausch von Wärme und Feuchtigkeit steuern.

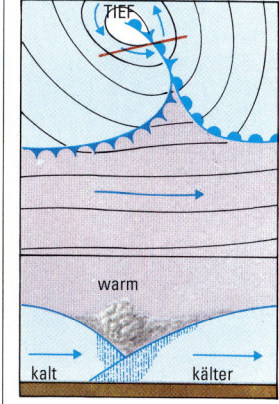

▲ *Das Tiefdruckgebiet* zieht sich in seiner weiteren Entwicklung zusammen. Im obigen Bild strömt die nachziehende Kaltluftmasse über die Warmfront hinweg.

Zyklone und Hurrikane

Die Entstehung von Stürmen (besonders von Hurrikanen) stellt eine weitere, oft gewaltige Wechselwirkung zwischen Meer und darüberliegender Luft dar. In tropischen Regionen, wo die Wassertemperatur 27 °C überschreitet, strömen Wärme und Feuchtigkeit in die Atmosphäre. Mit zunehmender Erwärmung verliert die Luft an Dichte und steigt spiralförmig nach oben. Sowie die warmfeuchte Luft aufsteigt und sich ausdehnt, wird Energie durch die Kondensationswärme frei, und die Windgeschwindigkeit nimmt zu. Das Zentrum eines solchen Sturms, auch Auge genannt, bildet eine ruhige Zone niedrigen Drucks, während die dichten Wände aus Cumulus-Wolken die Bereiche mit den höchsten Windgeschwindigkeiten und extrem dichtem Niederschlag ausmachen.

Der Hurrikan Gilbert, der 1988 durch den Golf von Mexiko fegte, hatte einen Durchmesser von 1500 Kilometern und erreichte, obwohl er sich nur mit 18–25 Kilometern pro Stunde fortbewegte, Windgeschwindigkeiten von über 320 Stundenkilometern. Der Luftdruck im Sturmauge erreichte ein Rekordtief von 885 Millibar. Windgeschwindigkeiten in solchen Tropenstürmen sind umgekehrt proportional zum Luftdruck im Sturmzentrum – je niedriger der Druck, desto höher die Windgeschwindigkeiten.

Sobald ein Hurrikan oder Taifun Land überquert, verliert er an Energie, weil das warme Wasser als Energiequelle abgeschnitten ist und die größere Reibung die Luftzirkulation abbremst. Der Hurrikan Gilbert wurde von einer 6 Meter hohen Flutwelle und 250 bis 380 Millimeter Regen begleitet, der innerhalb nur weniger Stunden fiel.

Die Formung der Küsten

Für Stunden oder Tage können atmosphärische Bewegungen beträchtliche Änderungen der Oberflächenwasser verursachen. Wo starke Winde mit Hochwasser zusammentreffen, kann die Tide an der Küste deutlich höher als normal sein, Salzwasser in die Ästuarien drängen oder Küstenregionen überfluten.

Der größte Teil der Küstenerosion entsteht allerdings über längere Zeiträume hinweg als Folge von Sturmfluten, die in bestimmten Jahreszeiten vermehrt auftreten. In vielen Regionen verändern Strände von Jahreszeit zu Jahreszeit ihre Gestalt. Dies spiegelt dann die saisonal vorherrschende Windrichtung und als Konsequenz daraus die geänderte Sedimentablagerung und Erosion an der Küste wider. Winde, die fast parallel zur Küste verlaufen, bewegen die Wassermassen die Küste entlang; die so entstehende Strömung transportiert die Sedimente.

Erforschung der Luft-Meer-Grenzschicht

Das Verständnis der Mechanismen, nach denen der Austausch von Feuchtigkeit und Wärme zwischen Meer und Luft verläuft, ist von fundamentaler Bedeutung für die mittel- und langfristige Wettervorhersage. In den letzten Jahrzehnten sind erhebliche Anstrengungen zur Erforschung von Wetter und Klima unternommen worden, wie z. B. mit dem in den siebziger Jahren ins Leben gerufenen Global Atmospheric Research Programme (GARP).

1974 untersuchte man von Schiffen, Flugzeugen und Satelliten mit dem GATE-Experiment (Global Atlantic Tropical Experiment) die Wechselwirkungen zwischen Meeren und Atmosphäre in den tropischen Regionen des Atlantiks. In den achtziger Jahren wurde das TOGA-Programm (Tropical Ocean Global Atmosphere) durchgeführt, um ähnliche Wechselwirkungen im Westpazifik zu analysieren. TOGA hat beispielsweise erheblich dazu beigetragen, das El Niño-Phänomen besser zu verstehen. Während der El Niño-Jahre zeigen sich im Südpazifik veränderte Strömungsverhältnisse, die in weiten Bereichen der Tropen Auswirkungen auf Klima, Wettermuster und den Meeresspiegel haben.

Meere und das Klima

Die Meere sind als das Schwungrad des Klimasystems beschrieben worden. Sie speichern die Energie, die am Tag oder im Sommer reichhaltig vorhanden ist und setzen sie in der Nacht oder im Winter wieder frei. Die Meere spielen für das globale Klimasystem eine viel aktivere Rolle, als es der Vergleich mit einem Schwungrad nahelegt. Durch ihre konstante Bewegung transportieren die Meere beträchtliche Energiemengen über die Erdoberfläche. Die Energiespeicherkapazität der Meere und die Zeit, welche die Meereszirkulation benötigt, spielen für regionale und auch globale Klimata eine zentrale Rolle.

Temperaturunterschiede

Bei der Abkühlung des Meeres zeigen sich Konvektionsprozesse, durch die Wärme an die Oberfläche gebracht wird. Die Gesamtabkühlung erstreckt sich deshalb über eine beträchtliche Tiefe, und der Temperaturabfall an der Oberfläche ist insgesamt ziemlich gering. Deshalb variiert die Oberflächentemperatur der Meere in geringerem Umfang als die des Festlandes, nämlich nur zwischen -2°C und 30°C. An einem einzelnen Ort sind die Temperaturschwankungen noch geringer, d.h. weniger als 1°C über einen Tag und etwa 10°C über das ganze Jahr hinweg. Im Gegensatz dazu kann die Temperaturdifferenz der kontinentalen Landmasse von einem Ort zu einem anderen 100°C betragen, an ein und demselben Ort liegen die Schwankungen über das Jahr bei 80°C.

Die thermische Trägheit der Meere führt im Vergleich zum Festland zu einem verspäteten Jahreszeitenzyklus. Dieser verzögerte Zyklus verursacht sowohl kurzzeitige als auch langzeitige Veränderungen der atmosphärischen Zirkulation. Ein bekanntes Beispiel hierfür sind die großen jahreszeitlichen Monsunzyklen.

Das Meer als Wärmepumpe

Da sich das Wasser der Meere sowohl vertikal als auch horizontal über die Erdoberfläche bewegt, werden erhebliche Wärmemengen über den Globus verteilt. Der Zustrom warmen, tropischen Wassers in die Süd- bzw. Nordpolarregion transportiert ebensoviel Wärme wie die Atmosphäre; ein Wärmetransport mit erheblichen Konsequenzen für die angrenzenden Landmassen.

Milde Winter

Im tropischen Teil des Atlantiks führt die Sonnenwärme an der Wasseroberfläche zur Verdunstung, wodurch Salzgehalt und Dichte des Wassers zunehmen. Ein Teil dieses Wassers fließt nach Norden zwischen den Küsten von Island und Großbritannien hindurch. Dort wird Wärme in die Atmosphäre abgegeben, und diese Wärme gelangt mit den vorherrschenden Westwinden nach Westeuropa. Sie bedingt die milden Winter in Westeuropa, die sie von den anderen Teilen Kontinentaleuropas des gleichen Breitengrades unterscheiden, wo die Winter viel kälter sind.

Hinzu kommt, daß sich die Oberflächentemperatur durch diese Wärmeabgabe in die Atmosphäre dem Gefrierpunkt nähert, und die Dichte des Wassers weiter zunimmt. In der Grönlandsee führen die niedrigen Temperaturen zusammen mit dem hohen Salzgehalt dazu, daß das Oberflächenwasser dichter als das darunterliegende Wasser ist. Als Folge davon sinkt das Oberflächenwasser auf den Grund, wo es als kaltes, salzreiches Tiefenwassser nach Süden fließt.

Dieses Muster der thermohalinen Konvektion im Nordatlantik, das das milde Klima Westeuropas verursacht, kann nicht am Ende der letzten Eiszeit aufgetreten sein. Das rasche Schmelzen der laurentischen Eisdecke hätte dem Oberflächenwasser des Nordatlantiks beträchtliche Mengen Süßwasser zugeführt. Unter solchen Bedingungen wäre der Nordatlantik mit einer weniger salzhaltigen Wasserschicht bedeckt gewesen, die in manchen Regionen überfroren wäre. Dieses gefrorene Wasser hätte den Wärmetransport

▼ **Die thermohaline** Zirkulation der Meere wird auch als „Großes Meeresförderband" bezeichnet. In Abtriebsregionen wird Wärme an die Atmosphäre abgegeben, und das Wasser sinkt auf den Boden. In Auftriebsregionen steigt kaltes Wasser auf, und Wärme wird aus der Luft ins Meer übertragen.

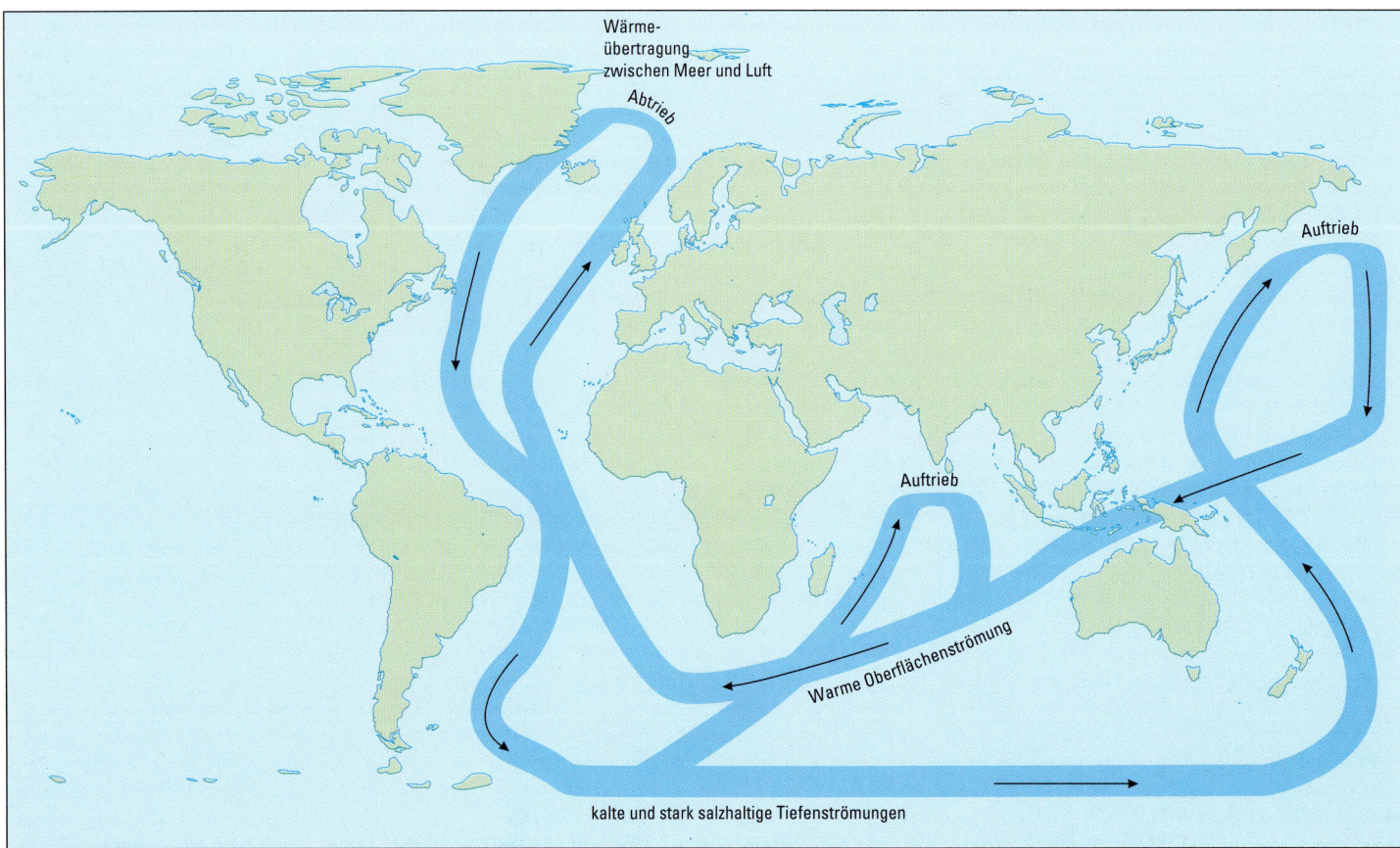

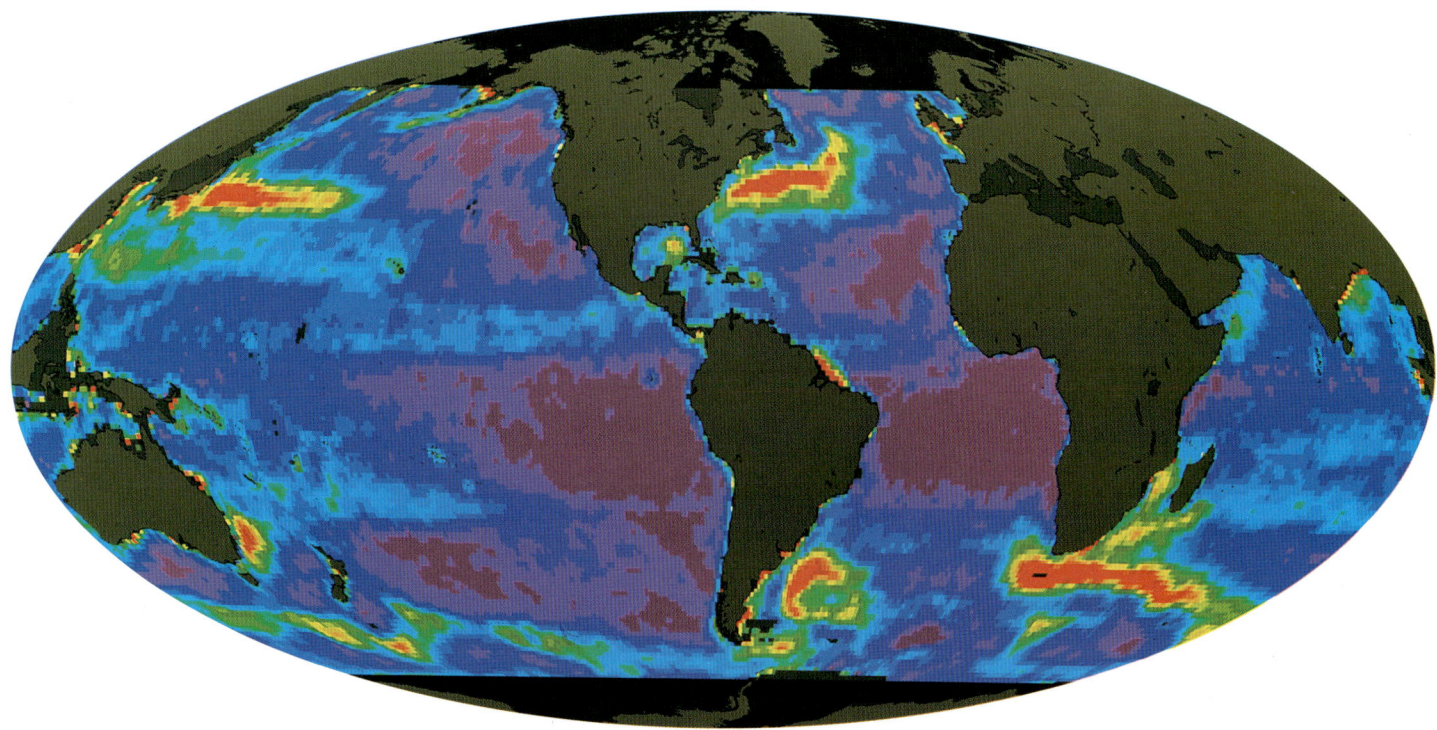

aus dem äquatorialen Atlantik verhindert und so zu einem viel härteren Winterklima in Westeuropa geführt.

Große Massen kalten Tiefenwassers bilden sich auch auf der Südhalbkugel um die antarktische Landmasse herum. Tiefenwasser aus der Nord- und Südpolarregion breitet sich in den Weltmeeren aus und vermischt sich durch das Nachströmen von kaltem Wasser mit darüberliegendem wärmerem Wasser. Über Jahrhunderte hinweg steigen diese kalten Wassermassen allmählich auf und gelangen nahe genug an die Oberfläche, um sich dort mit Oberflächenwasser zu mischen. Oberflächliche Wasserzirkulation, die nicht sehr weit in höhere Breiten reicht, aber dennoch in Richtung der Pole strömt, kühlt sich ab und sinkt durch die Konvektion schließlich ab. Dort zirkuliert das Wasser in mittleren Tiefen über Jahrzehnte hinweg.

Die Zirkulation der Tiefenwasser und die Konvektionsströmungen sind nicht nur für das Erdklimasystem, sondern auch für die marine Primärproduktion und die damit verbundenen Nahrungsketten von zentraler Bedeutung. Kurzzeitige Veränderungen in den Strömungsmustern der Meere können deutliche Auswirkungen auf die Produktion in den betroffenen Regionen haben.

El Niño

Ein Beispiel für die Auswirkung auf die Produktion findet sich vor der peruanischen Küste, wo kaltes, nährstoffreiches Wasser aus der Antarktis an die Oberfläche gelangt. Die normalen Winde, die das Oberflächenwasser westwärts über den Pazifik treiben, ziehen das kältere Wasser aus der Tiefe hoch. Während der sogenannten El Niño-Jahre fließt das warme, nährstoffarme Wasser des Westpazifiks wegen der abgeschwächten Passatwinde zur lateinamerikanischen Küste zurück. Unter diesen Bedingungen ist der Auftrieb unterbrochen und das kalte, nährstofffreie Wasser verbleibt unter der euphotischen Zone. Dieses Phänomen hat nachteilige Auswirkungen auf die marine Produktion.

Während der El Niño-Jahre wird das Klima der angrenzenden Landmassen beeinträchtigt. Es treten starke Niederschläge an der Pazifikküste Lateinamerikas und starke Veränderungen im Monsunzyklus des Westpazifiks auf.

▲ Diese Falschfarbenkarte zeigt die Oberflächenströmungen. Die starken westlichen Randströmungen sind als rote Flecken dargestellt. Diese markieren die Enden der ozeanischen Strömungen. Ihr Vorbeiströmen beeinflußt das Klima des angrenzenden Landes. Vor der Küste Japans liegt der Kuroschio-Strom, und der Golfstrom fließt die nordamerikanische Ostküste entlang. Der Agulhasstrom passiert die Südspitze von Kap Horn. Außerdem sind noch der Brasilstrom und der Ostaustralstrom deutlich zu sehen.

◄ Wie bei den Tölpeln und den Kormoranen, die in der gleichen Region Südamerikas leben, gibt es auch bei den braunen Pelikanen während eines El Niño-Jahres hohe Sterblichkeitsraten. Durch die Unterbrechung des kalten und nährstoffreichen Auftriebs bricht das Vorkommen der peruanischen Anchoveta zusammen. Das El Niño-Phänomen bedeutet eine einschneidende Veränderung der Wechselwirkung zwischen Meeren und der Atmosphäre, die drastische Auswirkungen auf das Klima zeigt.

DIE ERFORSCHUNG DER MEERE

◄ **Die im Laufe der Jahre** erzielten Fortschritte in der Unterwassertechnologie haben uns geholfen, einiges über die uns umgebenden Meere zu lernen und sie zu verstehen. Dennoch macht allein schon die ungeheure Weite der Weltmeere deren Erforschung zu einer großen Aufgabe.

Erste Begegnungen

▶ **Ausgehöhlte Kanus** wie diese in Nigeria waren einst weit verbreitet. Wahrscheinlich stellen sie eine der ersten Formen des Bootshandwerks dar. Einfache Kanus mit tiefliegenden Seiten eignen sich für geschützte Binnengewässer, sie sind jedoch nicht stabil genug für das offene Meer.

Seit Jahrtausenden haben die Menschen enge Beziehungen zum Meer und dessen Reichtümern. Leider stieg gegen Ende des Pleistozäns vor rund 10 000 Jahren der Meeresspiegel so stark an, daß zahlreiche archäologische Beweise für diese Beziehung verlorengingen. Darüber hinaus verwittern viele der im Bootsbau verwendeten Materialien wie Holz, Felle und Schilfrohr, so daß Kenntnisse über den frühen Bootsbau fragmentarisch sind. Früh bewohnte Küstenstreifen sind dennoch dank der aufgefundenen Nahrungsmittelreste bekannt und bezeugen in Südafrika und in Melanesien ein Küstenleben von über 40 000 Jahren.

Küstenregionen bieten Siedlern eine Mischung aus fruchtbarem Land und reichlich Protein in Form von Schalentieren und Fischen. Weltweit zeugen Flächen mit Muschel- und Schalenabfällen entlang alter Küstenlinien davon, daß das Sammeln von Nahrung an Ebbeständen lange Zeit sehr wichtig für die Menschen war.

Die Anfänge des Bootsbaus

Die ersten Boote waren sicherlich für den Gebrauch auf Flüssen, Seen und Sümpfen bestimmt. In den verschiedenen Erdteilen wurden und werden die unterschiedlichsten Kanus aus ausgehöhlten Baumstämmen, Schilf, Fellen oder Rinde benutzt. So waren z. B. die Baumrindenkanus der nordamerikanischen Indianer und die fellbedeckten Kajaks der Inuit zum Zeitpunkt ihrer ersten Begegnung mit Europäern dort allgemein üblich. Noch heute sind auf dem Sepik River in Neuguinea Kanus aus ausgehöhlten Baumstämmen zu sehen, die oft reich mit Ornamenten verziert sind. Fellbedeckte Boote wurden bis vor kurzem als sog. Coraclen oder Curraghs in Wales und Irland benutzt.

Obgleich leicht und gut manövrierbar, fehlt es diesen Booten an ausreichender Stabilität für die hohe See. Bewohner der pazifischen Inselwelt entdeckten früh, daß ein am Einbaum angebrachter Ausleger dessen Stabilität verbessert. Diese Erfindung erlaubte es den Insulanern, zusammen mit der Verwendung von Segeln statt Paddeln oder Rudern, sich weiter auf das Meer hinauszuwagen.

Die ersten Seefahrer

Obgleich wir keine Informationen über die ersten Meeresschiffe besitzen, wissen wir doch, daß Menschen vor über 40 000 Jahren von Südostasien nach Australien und Neuguinea übergesetzt haben. Archäologische Funde dort deuten darauf hin, daß in jener Zeit Siedlungen an weit voneinander entfernten Orten gegründet wurden. Dafür muß eine größere Anzahl Personen von Südostasien übergesetzt haben. Selbst bei niedrigstem Meeresspiegel bedeutete dies eine Strecke von wenigstens 40 km auf offener See.

Das Seefahrerhandwerk wurde unabhängig voneinander in den verschiedenen Erdteilen weiterentwickelt. Eines der ältesten erhaltenen Schiffe ist das ägyptische Cheopsschiff, das auf die Zeit um 3000 v.Chr. datiert worden ist. Die Besiedlung des zentralpazifischen Inselraumes vor rund 4000 Jahren hing von der Konstruktion seetauglicher Schiffe ab.

In Europa etablierte sich der Seehandel vor 5000 Jahren mit den Seefahrern der Ägäis, die im Mittelmeerraum Handel trieben. Auch die alten Griechen und Wikinger waren gewandte Seemänner. Aufgefundene Kolonien auf Grönland und Island sowie die Entdeckung Amerikas durch die Wikinger zeugen von der Vielseitigkeit und Seetauglichkeit ihrer Langboote.

Im Indischen Ozean müssen die Handelswege, die von der ostafrikanischen Küste bis in die arabischen Länder und an die Westküste Indiens reichten, früh eingerichtet worden sein, da die Bewohner der Malediven und Sri Lankas bereits vor über 2000 Jahren Gesandte nach Rom schickten. Als die Europäer nach Südostasien vordrangen, hatten die Araber bereits ein weitläufiges Handelsnetz aufgebaut, das Kolonien und Außenposten von der Ostküste Afrikas bis Neuguinea umfaßte. Dieses Handelsreich beweist nicht nur die Existenz seetauglicher Schiffe, sondern ebenso die Kenntnis von den wechselnden Monsunwinden im Westindischen Ozean sowie die Entwicklung von Navigationshilfen, die die Schiffe befähigten, über das offene Meer zu segeln.

◄ **Arabische Dhaus**
wurden vor über 1300 Jahren benutzt. Sie legten weite Strecken über die Meere bis an die ostafrikanische Küste, nach Indien, Südostasien und China zurück. Dabei nahmen sie arabische und persische Händler nach Guangzhou (Kanton) mit.

Pfadfinder der Weltmeere

▲ **Ferdinand Magellan,** *ein portugiesischer Entdecker, führte von 1519–1522 eine Weltumsegelung durch, die nach seinem Tod auf den Philippinen von Del Cano beendet wurde.*

▲ **Christoph Kolumbus** *entdeckte 1492 die Neue Welt, und als er von den Westindischen Inseln nach Portugal zurück navigierte, folgte er dem Breitengrad bis zum Landfall nach Osten.*

▲ **Kapitän Cooks** *drei Erkundungsreisen zwischen 1768 und 1779 führten zur Eröffnung des Pazifikhandels. Am 14. Februar 1779 wurde er von hawaiianischen Ureinwohnern getötet.*

Obgleich wir von frühen Navigationsinstrumenten wissen, wie z.B. den hilfreichen „Stöckchenkarten" der Mikronesier vor rund 1000 Jahren, segelten die ersten Seefahrer zur besseren Orientierung und um so den günstigen Wind zu nutzen, meist in Küstennähe. Die europäische Seefahrt ist ein relativ junges Phänomen, und die 500jährige Herrschaft der Europäer über die Weltmeere ist nur einen relativ kurzer Abschnitt der Geschichte.

Diese Dominanz im Seehandel beruht nicht zuletzt auch auf zahlreichen großangelegten Erkundungsreisen, die, eingeleitet durch die Portugiesen, für die europäische Geschichte des 15. und 16. Jahrhunderts charakteristisch sind. Von Heinrich dem Seefahrer in den 1420er Jahren mit dem Auftrag ausgesandt, einen Seeweg zum Ursprung des afrikanischen Goldes zu finden, entdeckten Portugiesen die Azoren und Madeira. Außerdem umrundeten sie 1434 die vormals südlichste Grenze der Seefahrt auf dem Atlantik, das Kap Bojador am 26. Grad nördlicher Breite. Dazu mußten sie unter Passatwind in südlicher Richtung segeln, dann unter Südwind gen Westen und schließlich unter Westwind zurück nach Portugal. Die Araber segelten damals bereits seit langem unter ähnlichen Windmustern im Westindischen Ozean.

Erste Navigationshilfen

Die ersten Erkundungsfahrten erfolgten unter Zuhilfenahme von Kompaß und Sanduhr. Der Kompaß diente zur Wegbestimmung, die Sanduhr zur Zeitbestimmung und maß zusammen mit Log und Faden Entfernungen. Diese einfachen, aber funktionierenden Instrumente hatten mit schriftlich festgehaltenen Routenbeschreibungen über einen beträchtlichen Zeitraum hinweg eine ganzjährige Navigation im Mittelmeer berechenbar gemacht. Die Atlantikströme waren mit diesen Hilfen aber nicht berechenbar.

Weiterentwicklungen der nautischen Astronomie brachten den größten Durchbruch in der Navigation. Indem er die Höhe des Polarsterns und später der Mittagssonne maß und mit der Anzahl von Meilen im Höhenwinkel multiplizierte, konnte ein erfahrener Steuermann eine verläßliche Aussage über die in nordsüdlicher Richtung zurückgelegte Wegstrecke machen. Schon 1480 gab es in der Astronomie Meßlatten und Tabellen, die den Steuermännern die Berechnung der Breitengrade ermöglichte. Mit Hilfe solcher Instrumente und Tabellen umrundete der Entdecker Bartolomëu Diaz 1488 das Kap der Guten Hoffnung und kehrte, nachdem er eine Seeroute gen Osten entdeckt hatte, nach Lissabon zurück. Zehn Jahre später erreichte Vasco da Gama in seinen speziell angefertigten Dreimast-Karavellen Indien, indem er den gegen den Uhrzeigersinn wehenden Wind des Südatlantiks und des Indischen Ozeans nutzte.

Das Zeitalter der Entdeckungen

Zu Beginn des 16. Jahrhunderts befähigten die weiterentwickelten Navigationshilfen die Seeleute, ihre Position auf See mit größerer Sicherheit zu bestimmen. So lieferte z. B. das Astrolabium genaue Höhenmessungen der Sterne und Planeten. Zusammen mit den Sternenkarten, die die Breitengrade angaben, konnte man so nordwärts oder südwärts segeln, bis man sich auf dem Breitengrad eines bekannten Landstreifens befand, um diesen dann auf geradem Weg ostwärts oder westwärts anzusegeln. Kolumbus nutzte diese Technik für seine Rückkehr über den Atlantik, nachdem er die „Neue Welt" entdeckt hatte.

Währenddessen setzten die Spanier die Kartierung von Entdeckungen fort und entwickelten Navigationsgeräte. Um 1516 veröffentlichte Waldseemüller die erste auf

▲ **Dieser Portolan** *von Frederici d'Ancore stammt von 1497 und zeigt den Mittelmeerraum und Europa im Detail. Ein Portolan diente zusammen mit einem Magnetkompaß und einer Sanduhr der Bestimmung von Weg und Entfernung. Der Steuermann konnte zwar auf See den Breitengrad errechnen, nicht jedoch die Längengrade. Daher waren für Seefahrten gute Karten, Segelrouten und erfahrene Steuermänner wichtig.*

diesen Entdeckungen beruhende Weltkarte. Die ganze Weite des Pazifiks wurde jedoch erst durch die Weltumsegelung Magellans von 1519-1522, die Del Cano zu Ende führte, erfaßt.

Die von dem Mathematiker Edward Wright 1599 veröffentlichten Meridionaltabellen ermöglichten den Kartographen, Karten mathematisch genau auf den Grundlagen der Zylinderprojektion des Kartographen Gerhardus Mercator zu zeichnen; die erste erschien schon 1599. Das Problem einer exakten Längengradmessung wurde jedoch erst später dank der Erfindung präziser Navigationsinstrumente gelöst.

Navigationsinstrumente

Da die genaue Zeitmessung und die Wechsel im Magnetfeld der Erde Navigationsprobleme verursachten,

nenstandes mit einem Astrolabium; nach Einführung des Gradstocks im Jahre 1514 konnte die Sonnenhöhe sofort abgelesen werden. Während die Breitengrade also seit dem 16. Jahrhundert festgelegt werden konnten, ließ sich die exakte Längenmessung bis ins 18. Jahrhundert nicht vornehmen.

Das Greenwich-Observatorium

Galileo Galilei, Erfinder der pendelgesteuerten Uhr und des astronomischen Teleskops, hatte entdeckt, daß man die Satelliten des Jupiter zur Längenbestimmung benutzen konnte, doch an Bord erwies sich diese Methode als unpraktisch. Zur Lösung dieses Problems wurde 1675 in Greenwich bei London das Königliche Observatorium gegründet.

John Harrisons vierter Chronometer und die Mondentfernungsmethode lösten das Problem der Längenbestimmung auf See. Die Verbindung des ab 1767 erscheinenden nautischen Almanachs, der für alle drei Stunden Greenwich-Zeit die Mondentfernungen von der Sonne und einigen Sternen verzeichnete, mit dem 1731 von John Hadley erfundenen reflektierenden Quadranten, der 1757 zum Sextanten geführt hatte, ermöglichte Mondbeobachtungen von Bord aus. Ein Sextant wirft die Abbildung der Sonne oder eines Sternes durch einen Spiegel auf eine Glasplatte, durch die der Horizont sichtbar ist. Anschließend kann ein beweglicher, geeichter Arm den Winkel zwischen der Sonne oder dem Stern so lange verschieben, bis das Bild am Horizont erscheint, womit der Längengrad bestimmt wird.

Kapitän Cook bediente sich bei seinen drei Pazifikreisen zwischen 1768 und 1780 der Mondentfernungsmethode zur Längenbestimmung. Seine Seekarten lieferten die Grundlage für die wirtschaftliche Nutzung dieses großen Teils der Erdoberfläche.

▶ **Dieses Modell** von Kapitän Cooks Schiff, der Endeavour, zeigt, wie zusammengedrängt die Seeleute leben mußten – und das bei zumeist mehrjährigen Reisen. Der Mangel an frischem Obst und Gemüse und eine „Diät" aus Pökelfleisch und Zwiebäcken ließ Skorbut ausbrechen. Die Einführung der Dreimast-Karavelle Mitte des 15. Jahrhunderts verlieh Europa nahezu 400 Jahre lang die Dominanz über die Weltmeere.

wurde mehrfach versucht, die Funktion der Sanduhr zu verbessern. John Harrisons Schiffschronometer war ein wesentlicher Beitrag zur Längenbestimmung, und Kapitän Cook benutzte auf seinen Reisen einen Nachbau aus der vierten Chronometergeneration. Obgleich magnetische Schwankungen den Kompaßbauern seit den 1450er Jahren bekannt waren, hielt man sie dort, wo man sie beobachten konnte, für konstant. 1635 wurde die jährliche Änderung im Magnetfeld der Erde entdeckt, und gegen Ende des Jahrhunderts beauftragte die Admiralität den Astronomen Edmond Halley, die Schwankungen im Nord- und Südatlantik zu messen. Er veröffentlichte 1701 die erste Isogonenkarte (Abweichungen zum tatsächlichen Nordpol), was er später auf den Indischen Ozean ausdehnte.

Im späten 15. Jahrhundert bestimmten die Portugiesen ihren Breitengrad durch mittägliches Beobachten des Son-

Entwicklung einer Wissenschaft

Aristoteles hatte zwar das Leben im Meer der Ägäis studiert und verschiedene Theorien über den Salzgehalt des Meeres aufgestellt, doch die ersten Erforschungen und Untersuchungen des Meeres wurden durch Navigationsschwierigkeiten und fehlende geeignete Ausrüstung behindert. Erst im Zuge der Wissenschaftsrevolution gegen Ende des 17. Jahrhunderts begann ein methodischeres Vorgehen.

Die Anfänge

Sir Isaac Newton bezog praktische Erkenntnisse über die Gezeiten in seine Gravitationstheorie ein. Diese schriftlich fixierten Informationen beruhten auf den Erfahrungen von Seefahrern. Die 1665 von der Royal Society veröffentlichte Schrift „Directions for Seamen" erläuterte, wie eine solche Sammlung aussehen sollte. Sie gab die Systematik vor, nach der die Informationen über die Tiefe des Gewässers, seinen Salzgehalt, die Gezeiten und Strömungen erfaßt werden sollten. Ungefähr zur gleichen Zeit beschäftigten sich berühmte Wissenschaftler wie etwa Robert Hooks mit Geräten zur Probenentnahme einschließlich Tiefenmessung, Wasserprobensammler und Tiefseethermometer.

Praktische Schwierigkeiten bei der Meereserforschung und rasante Informationsentwicklung über die neuentdeckten Kontinente führten dazu, daß das Interesse an der Meereserforschung nachließ und Forschungsreisen erst wieder im 18. Jahrhundert aufgenommen wurden. Von großer Bedeutung für die sich entwickelnden Erdwissenschaften war das Wissen, das Kapitän Cook bei seinen Reisen gesammelt hatte.

Das 19. Jahrhundert

Im frühen 19. Jahrhundert wurden große und wichtige wissenschaftliche Beiträge geliefert. Hierzu gehören Alexander Marcets Studie über den Salzgehalt der Weltmeere, James Renells Karten über die Atlantikströmungen und Emil von Lenz' Untersuchungen über Temperatur- und Salzgehaltsschwankungen in der Tiefsee. Letztere Beobachtungen führten zur Bestätigung der Hypothese, daß die Dichteunterschiede und weniger die Windstärke an der Oberfläche für die Meeresströmungen verantwortlich sind.

1855 veröffentlichte Matthew Fontaine Maury die erste Karte eines Meeresbeckens. Diese Karte, die den Grund des Nordatlantiks zeigt, wurde in seinem Werk „The Physical Geography of the Sea" reproduziert, und sie entstand nach Lotungen, die mit Senkblei und Faden vorgenommen worden waren. Trotz der in ihr enthaltenen Fehler zeigte sie, daß frühere, sehr tiefe Lotungen übertrieben oder ungenau waren. Dies stellte den Beginn der Bathymetrie (Tiefseeforschung) dar. Heute gibt es korrekte bathymetrische Karten für nahezu jeden Meeresboden. Eine ganze Reihe von Untersuchungstechniken trägt zur Herstellung dieser Karten bei. Unser Wissen über die physikalische Beschaffenheit des Meeresbodens spielte für die Entwicklung der Theorie über Plattentektonik und Kontinentaldrift eine große Rolle.

Die Challenger-Expedition

Die Expedition der *Challenger* von 1872-1876 war eine der wichtigsten wissenschaftlichen Expeditionen, da sie den Grundstein für die moderne Ozeanographie gelegt hat. Die Biologen W.B. Carpenter und H.W. Thomson konnten die britische Regierung dafür gewinnen, eine Meeresexpedition auszurüsten, die Tiefseeströmungen und -lebensformen erforschen sollte. Die *Challenger*-Expedition galt im späten 19. und frühen 20. Jahrhundert als Vorbild für ähnliche ozeanographische Forschungsfahrten. Während der *Challenger*-Expedition wurden zum ersten Mal – und zwar in sämtlichen Meeresbecken – Manganknollen gefunden. Die *Challenger* entnahm Proben der Meeresbodenfauna und von Fischen bis 4500 Faden Tiefe (8000 m), womit die Existenz von Lebensformen in Tiefseeschluchten bewiesen wurde. Hunderte Proben wurden zunächst an Bord untersucht und dann für eine spätere Analyse in England konserviert.

▲ *Die* Challenger-*Expedition* hatte bei ihrer vierjährigen Weltumsegelung ein Team von Wissenschaftlern an Bord.

◄ *Der Bericht der* Challenger-*Expedition* war mit Diagrammen von Organismen wie diesen Radiolarien illustriert.

► *Das beengte Labor* an Bord der HMS Challenger diente dazu, die Proben zu untersuchen, zu zeichnen und teilweise zu konservieren. Hier befand sich auch die Bibliothek.

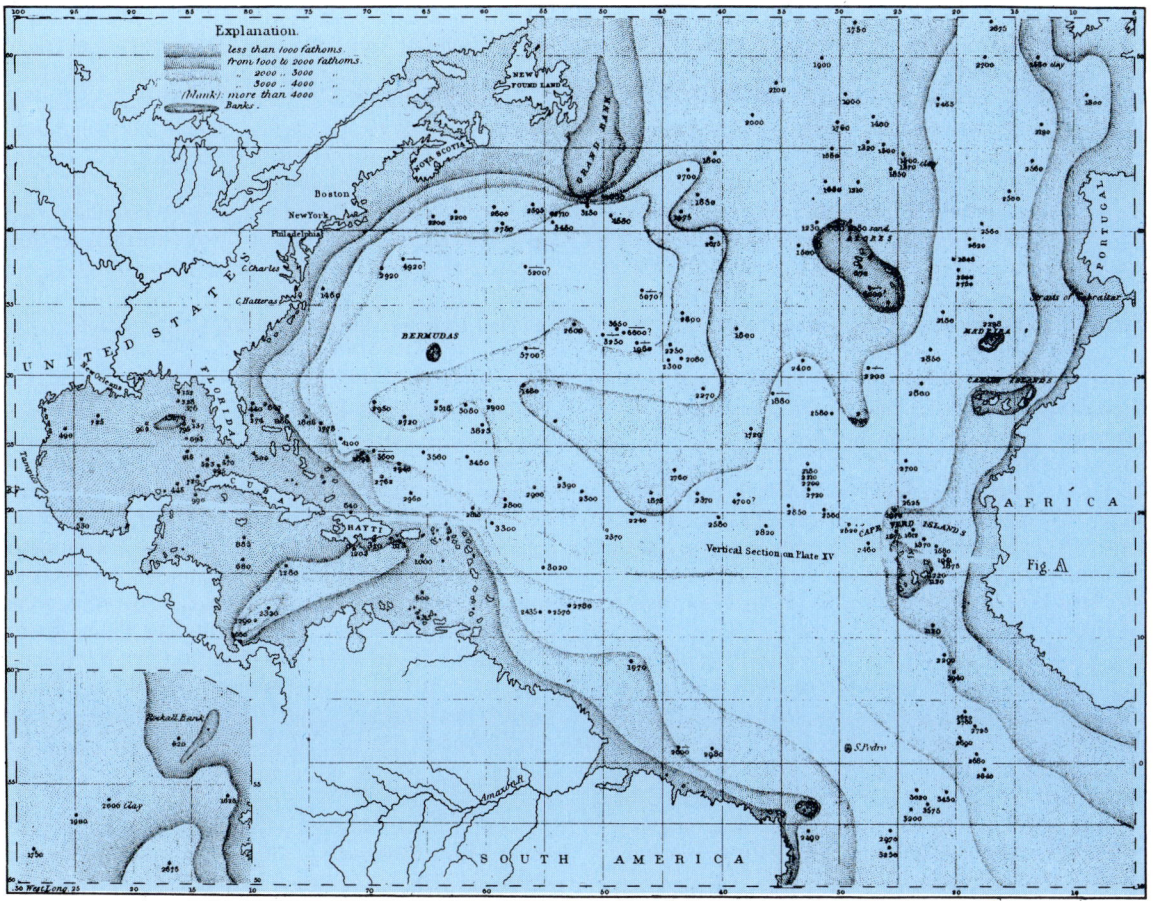

◀ **Die erste Karte,** auf der Matthew Fontaine Maury den Boden des Nordatlantiks aufzeichnete, erschien in seinem Buch The Physical Geography of the Sea. Die Karte entstand durch Maurys Lotungen mit Senkblei und Faden, und obwohl sie noch einige Fehler aufweist, zeigte sie dennoch, daß vorangegangene, in sehr tiefen Gewässern vorgenommene Lotungen ungenau und übertrieben waren.

Das Leben im Meer

Bis Mitte des 19. Jahrhunderts wurde unter Wissenschaftlern allgemein die These vertreten, daß es kein Leben unter 400 Faden Tiefe (700 m) geben könne, doch die Meeresbiologie verschob diese Grenze immer weiter nach unten. 1869 holte Wyville Thompson während der Reise der HMS *Porcupine* Lebewesen aus 2500 Faden Tiefe (4600 m). Diese faszinierende Entdeckung führte zur Fahrt der HMS *Challenger* in den Jahren 1872-1876, die als erste echte ozeanographische Expedition gilt. Viele folgten, und so trugen u.a. auch eine Reihe von Polarexpeditionen zur Erweiterung des Wissens über die Weltmeere bei. Messungen der Tiefenwasserzirkulation, die von deutschen Schiffen aus durchgeführt worden waren, führten zum ersten genauen Modell der Strömungsverhältnisse im Atlantik.

Obgleich die Meeresforschung bereits 1900 ein anerkannter Wissenschaftszweig geworden war, verlief ihre Weiterentwicklung nicht kontinuierlich. Die meisten wissenschaftlichen Einrichtungen waren nur wenig mehr als kleine biologische Meeresstationen, wie auch die vom Fürsten von Monaco in Paris und Monaco gegründeten Institute, die zahlreiche Gebiete untersuchten. Um das Interesse der Regierungen auf sich zu ziehen, bildete die Fischerei einen ersten Forschungsschwerpunkt. Grund war der seit 1870 besonders in der Nordsee besorgniserregende Rückgang der Fischbestände. 1925 richtete Großbritannien die Discovery-Untersuchungen ein, um den Rückgang der Walbestände in den südlichen Meeren zu erforschen.

Im Zweiten Weltkrieg erhielt die Ozeanographie einen größeren Auftrieb. Da der Krieg erstmals auch unter Wasser stattfand, wurde Pionierarbeit für Seewetterberichte und Schallortungsverfahren geleistet. Seitdem wurde die Ozeanographie zu einer hochtechnisierten Wissenschaft, deren Gerätschaften es den Wissenschaftlern erlauben, Gebiete zu erforschen und auszumessen, die dem Menschen nicht direkt zugänglich sind.

Die Satellitenüberwachung der Wasseroberfläche gibt sofort eine Übersicht über die Primärproduktion sowie Daten über die Oberflächentemperatur, Wellen- und Strömungsmuster und andere physikalische Eigenheiten des Meeres. So wie sich die Beobachtungsmöglichkeiten der Meeresoberfläche ausgeweitet haben, so auch die unter Wasser. Handelsschiffe, die die Meeresbecken routinemäßig durchkreuzen, nehmen an dem „ships of opportunity"-Programm teil, d.h. sie lassen an verschiedenen Punkten ihrer Seeroute Instrumente hinab, die den Durchschnittswert von Temperatur und Salzgehalt ermitteln. Die Tiefseewelt wird durch ferngesteuerte Tieftauchgeräte entschlüsselt. Das spektakuläre Auffinden der *Titanic* und Untersuchungen über Thermalquellen, die sich unter Wasser befinden, zeugen von der schnellen Zunahme unseres Wissens über die Meereswelt.

Um die physikalischen, chemischen und biologischen Prozesse der Weltmeere zu verstehen und um die Rolle der Meere im globalen Erdsystem zu bestimmen, ist ein weltweit abgestimmter Untersuchungsansatz erforderlich. Die Intergovernmental Oceanographic Commission, die sich die Koordination der multinationalen ozeanographischen Erforschung des Indischen Ozeans zum Ziel gesetzt hat, hat die Funktion, ein internationales Verfahren zu entwickeln, das die Teilnahme aller Küstenländer bei ozeanographischen Untersuchungen erleichtert. Unter ihrer Aufsicht stimmten die Länder einem standardisierten technischen Verfahren zur Datensammlung und -handhabung zu. World Oceanographic Data Centres wurden gegründet, um Verfahrenssysteme zur Handhabung und Speicherung der Daten, die im Zuge nationaler, regionaler und internationaler Forschungsprogramme gesammelt wurden, zu liefern.

Tiefseeuntersuchungen

Nach vierjähriger Fahrt, die die Geburt der modernen Ozeanographie bedeutete, warf die *Challenger* Anker. Bei seiner Abfahrt führte das Schiff eine ganze Anzahl neuer, oftmals unerprobter ozeanographischer Instrumente mit sich, von denen heute viele primitiv erscheinen. Trotzdem lassen sich viele dieser Vorläufer von vor über hundert Jahren in den heutigen Wasserprobennehmern, Loten, Dredschen und Strömungsmessern wiederfinden.

Es gibt zwei Gruppen von ozeanographischen Instrumenten für Analysezwecke: solche, die Wasser-, Sediment- und Tierproben zu Untersuchungs- und Analysezwecken aus der Tiefe heraufbringen, und solche, die die physikalischen Bedingungen unter Wasser aufzeichnen.

Zur Wasserprobennahme wird zumeist ein an beiden Enden offener Zylinder benutzt, der in der gewünschten Tiefe durch ein Füllgewicht, den „Messenger" verschlossen wird, um die Probe beim Hochziehen nicht zu verunreinigen. Planktonnetze, die in verschiedenen Tiefen Proben nehmen, funktionieren nach einem ähnlichen Mechanismus. Mehrere Netze, die entlang eines Kabels angebracht werden, können Proben in verschiedenen Tiefen sammeln, um dann geschlossen zu werden, bevor sie an Bord gezogen werden.

Zur Zählung der in der Wasserprobe befindlichen Organismen gibt es weiterentwickelte Netze, die an ihrer Öffnung eine Art Strömungsmesser besitzen, welcher die Wassermenge anzeigt, die während der Probennahme das Netz passierte. Indem man die Anzahl der Planktonindividuen zählt und sie zur Wassermenge in Beziehung setzt, kann die Dichte der vorhandenen Organismen und damit die Gesamtproduktivität von bestimmten Wassermassen geschätzt werden.

Unter allen Planktonsammlern ist der Hardy-Plankton-Probennehmer, der von dem Meeresbiologen Sir Alistair Hardy entworfen wurde, der hochentwickeltste. Von Schiffen geschleppt, sammelt er das Plankton auf kontinuierlich sich drehenden Gazestreifen, die anschließend in einen Behälter mit Konservierungsmitteln überführt werden. Die Analyse der Proben wird mit den Logbucheintragungen des Schiffes in Beziehung gesetzt, um die Probenorte auf der zurückgelegten Strecke des Schiffes zu bestimmen. Auf diese Art kann ein Bild über die Verteilung verschiedener Planktonspezies gewonnen werden. Dank der Schiffe, die diese Probennehmer über viele Jahrzehnte hinweg durch den Nordatlantik gezogen haben, konnten Schlüsse über die Wechsel in der Meeresproduktion, den Beginn der Planktonblüte und die Rolle der Wassertemperatur im Jahreszyklus gemäßigter Gewässerzonen gezogen werden.

Probennehmer und Lote

Es gibt verschiedene Probennehmer für Bodensedimente. Wenn über die Oberfläche des Meeresbodens „gekratzt" werden soll, um Oberflächenproben der Sedimente oder des Gesteins oder aber um benthonisches Getier zu sammeln, steht eine Reihe unterschiedlicher Schleppnetze und Dredschen zur Auswahl, die vom Schiff geschleppt werden. Diese grobe Technik beschädigt aber oftmals die Probenexemplare und deshalb wurden die Backengreifer entwickelt, die mit zwei oder mehr geöffneten Schaufeln vom Schiff aus ins Wasser abgesenkt werden. Sobald der Greifer den Boden berührt, schließen sich die Gelenkschaufeln um eine Sedimentprobe. Während einige mit Kabeln vom Schiff aus geführt werden, gehen andere eigenständig vor.

Die meisten für geophysikalische Analysen vorgesehenen Meeresbodenproben werden mit sogenannten Loten geholt. So wird das Schwerelot einfach über Bord geworfen. Die Lotröhre durchstößt den Sedimentkern. Das Lot wird durch eine Sperrvorrichtung verschlossen, so daß die Unversehrtheit der Probe beim Hochziehen gewährt ist. Kolbenlote können bis zu 20 m lange Kerne im Unter-

◄ **Ein Strömungsmesser** wird gelegt. Messungen solcher Posten geben Daten über Tiefenzirkulation, die die Daten der größere Areale überschauenden Satelliten und Treibbojen ergänzen. Sie ermöglichen Wissenschaftlern, Daten der Gezeitenströmungen und Jahreszeitenwechsel in Bezug zur Strömungsstärke und -richtung zu analysieren.

► **Ein Karussell-Wasserprobennehmer** wird ins Wasser hinabgelassen. Bis zu 24 Flaschen befinden sich in solch einem Instrument, von denen jede eine zeitlich beliebige Gewässerprobe nehmen kann. Die Funktion des Geräts besteht in der globalen Messung von Temperatur, Salzgehalt und chemischen Spuren. Insgesamt ergeben die Messungen eine Menge an Informationen über die Wassermassen der Meere.

◀ **Der Ozeanographie-Satellit ERS-1** wird für den Abschuß vorbereitet. Satellitenübertragungen informieren über die Oberflächentemperatur des Wassers, Oberflächenströmungen, Primärproduktion sowie viele sonstige Parameter. Satelliten dienen für einige Instrumente wie Gezeitenanzeiger und Treibbojen auch als Relaisstationen zwischen den Geräten und weit entfernten ozeanographischen Zentren.

druckverfahren gewinnen. Beim Eindringen der Röhre in das Sediment gleitet der Kolben nach oben, wodurch ein Unterdruck erzeugt wird, der den Sedimentkern „festhält". Die im Zuge der Erdölförderung entwickelten Bohrverfahren haben Probenentnahmetechniken weiterentwickelt. So hat die *Glomar Challenger*, ein Forschungsbohrschiff, Sedimentkerne aus 1290 m Tiefe heraufgeholt.

Es gibt ebenfalls mehrere Geräte, die an Ort und Stelle physikalische Parameter in verschiedenen Tiefen messen. Sie reichen von einfachen Kippthermometern, die zusammen mit Wasserschöpfern eingesetzt werden und die Wassertemperatur aufzeichnen, bis hin zu aufwendigen Bathythermographen, die unter anderem die Variablen Temperatur, Druck und Salzgehalt messen. Treibbojen werden häufig in Untersuchungen über Strömungssysteme eingesetzt. Ihre Informationen über Stärke und Richtung der Strömungen übertragen sie an Satelliten. Andere Bojen werden von einer Art Schwimmreifen in einer bestimmten Tiefe gehalten, wo sie Daten über die Tiefenzirkulation liefern.

Satellitenbeobachtung

Obgleich dank des Einsatzes von Satelliten der Untersuchungsradius vergrößert wurde, sind die Informationen über den Zustand der Meere sowie die Anzahl und Größe der Beobachtungsmöglichkeiten vor Ort noch beschränkt. Ohne größere Investitionen in Meeresbeobachtungssysteme bleibt unsere Fähigkeit, die Funktion der Meere innerhalb des Weltklimasystems zu verstehen und damit die Veränderungen vorauszusehen, die der globale Klimawechsel mit sich ziehen könnte, sehr beschränkt.

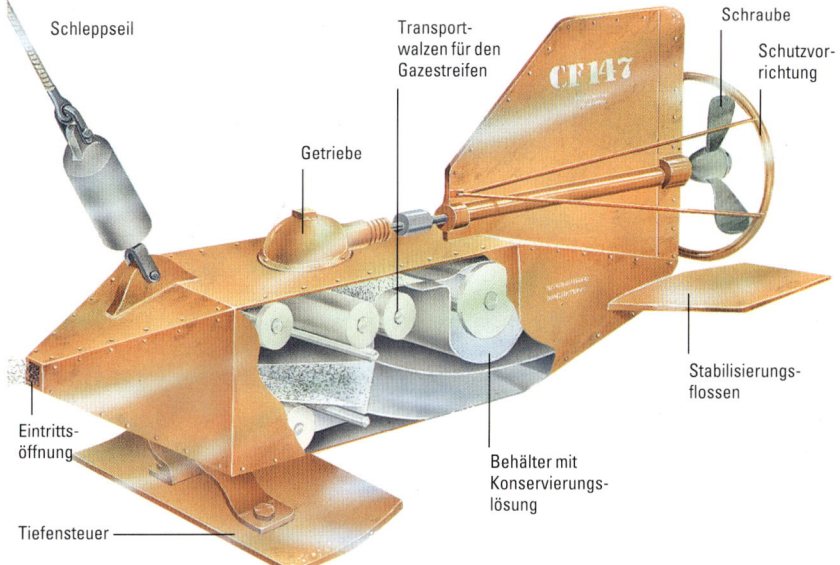

▲ **Der Hardy-Plankton-Probennehmer** wird in eine Tiefe von 9 Meter geschleppt. An der Schraube vorbei treibt fließendes Wasser Walzen an, die wiederum einen Gazestreifen transportieren. Das im Vorderteil eintretende Plankton wird von der Gaze festgehalten. Beides wird in einen Konservierungsbehälter überführt und später mit dem Logbuch verglichen, so daß eine lückenlose Aufzeichnung der Probenorte möglich ist. Diese Daten lieferten Informationen über jahreszeitlich und langfristigere Planktonveränderungen im Nordatlantik.

Der Mensch unter Wasser

▶ **Perlentauchen** war in Japan eine ausschließlich weibliche Beschäftigung. Vor der Einführung von Tauchgeräten hing die Dauer des Tauchgangs von der Lungenkapazität ab, und die war bei Frauen größer als bei Männern.

Ozeanographie ist eine relativ junge Wissenschaft. Die im Vergleich zu Geo- und Weltraumwissenschaften langsamere Entwicklung beruht auf dem bis vor kurzem nicht möglichen direkten Blick in die Tiefsee.

In den letzten Jahren sind die Möglichkeiten der Unterwasserfotografie enorm gestiegen. Erfindungen wie elektronisches Blitzlicht und Fernsehen ermöglichen die bessere Betrachtung des Meeresbodens. Die Verhältnisse der Tiefsee lassen es nicht zu, unter Wasser vergleichbare Geräte wie an Land zu benutzen. Die vom Meeresboden gemachten Fotos sind nur ein kleiner Ausschnitt und oft sind sie wegen aufgewirbelter Partikel unscharf. Trotz dieser Probleme leistete die Unterwasserfotografie einen wesentlichen Beitrag zu unserem Wissen über Tiefseefauna und kleine Bodenelemente wie Rippelmarken und Manganknollenvorkommen.

Andere indirekte Beobachtungstechniken des Meeresbodens schließen verschiedene Formen von Echoloten ein, die ab 1922 entwickelt wurden. Sie beruhen auf folgendem Prinzip: aus der Zeitspanne der vom Boden reflektierten Schallwellen wird die zurückgelegte Distanz berechnet. Die ersten Sonargeräte lieferten noch keine guten Bilder. Der erste meerestechnische Gebrauch verbesserter Geräte erfolgte zu Beginn der fünfziger Jahre. Die modernen Echolote geben zusammen mit seismischen Profilen detaillierte Profildarstellungen von Sedimenten und den Krusten.

Die ersten Taucher

Das physische Eindringen des Menschen in große Tiefen ist durch die benötigte Atemluft beschränkt. In vielen Regionen der Welt wurde freies Tauchen praktiziert, um wertvolle Gegenstände zu sammeln, wie etwa Perlen im Persischen Golf oder in Japan, oder um Speerfischfang auszuüben – doch jedes Abtauchen war zwangsläufig nur von kurzer Dauer.

Zu den frühesten Berichten über Tauchaktionen gehört die des Griechen Scyllis, der mit seiner Tochter Cyane die Ankertaue der persischen Flotte vor der Schlacht von Salamis durchschnitt. Um dabei nicht entdeckt zu werden, schwammen sie mit Hilfe eines hohlen Schilfrohres unter Wasser. Die Taucherglocke war das erste Teil in der Entwicklung einer Taucherausrüstung. Zunächst beschränk-

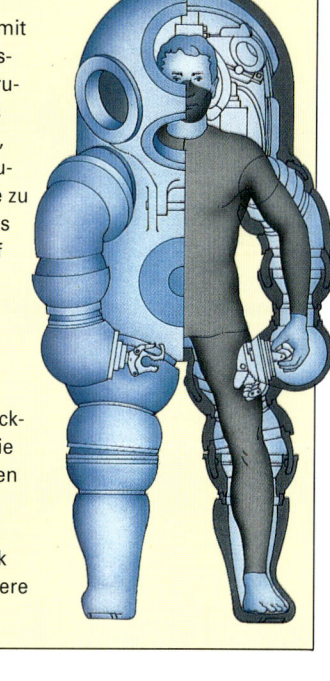

Der nach seinem Erfinder genannte Taucherpanzer JIM ist eine kompakte, roboterähnliche Hülle mit dichten Druckverschlüssen und speziell konstruierten Gelenken, die es dem Taucher erlauben, Arme und Beine zu beugen und so in der Tiefe zu arbeiten. Moderne JIMs sind aus mit Kunststoff verstärkter Kohlefaser und einer Aluminium-Legierung. Mit diesem Material kann man bis 450 m Tiefe tauchen. Einige JIMs haben Druckausgleichskammern, die das Arbeiten in mittleren Wassertiefen ermöglichen. Da der Taucher unter Oberflächendruck steht, entfällt eine längere Dekompression.

te sich die Tauchzeit auf den Sauerstoffvorrat im Helm. 1690 entwarf Edmund Halley dann einen Helm, der eine Luftzufuhr in Form einer Lederröhre besaß, die mit einem beschwerten, luftgefüllten Faß verbunden war. War dessen Inhalt verbraucht, wurde ein neu gefülltes hinabgelassen. Ende des 18. Jahrhunderts hatte man bereits Taucheranzüge entwickelt, in denen man von der Oberfläche aus Luft zugepumpt bekam.

Die Erfindung des Taucherhelms führte 1819 zu Siebes offenem Taucheranzug, der schon bald darauf bei den Bergungsarbeiten der *Royal George* gute Dienste leistete. 1837 erfand Siebe dann den geschlossenen Taucheranzug mit Taucherhelm, der für rund 100 Jahre der weltweit gültige Standard bei Taucherausrüstungen blieb.

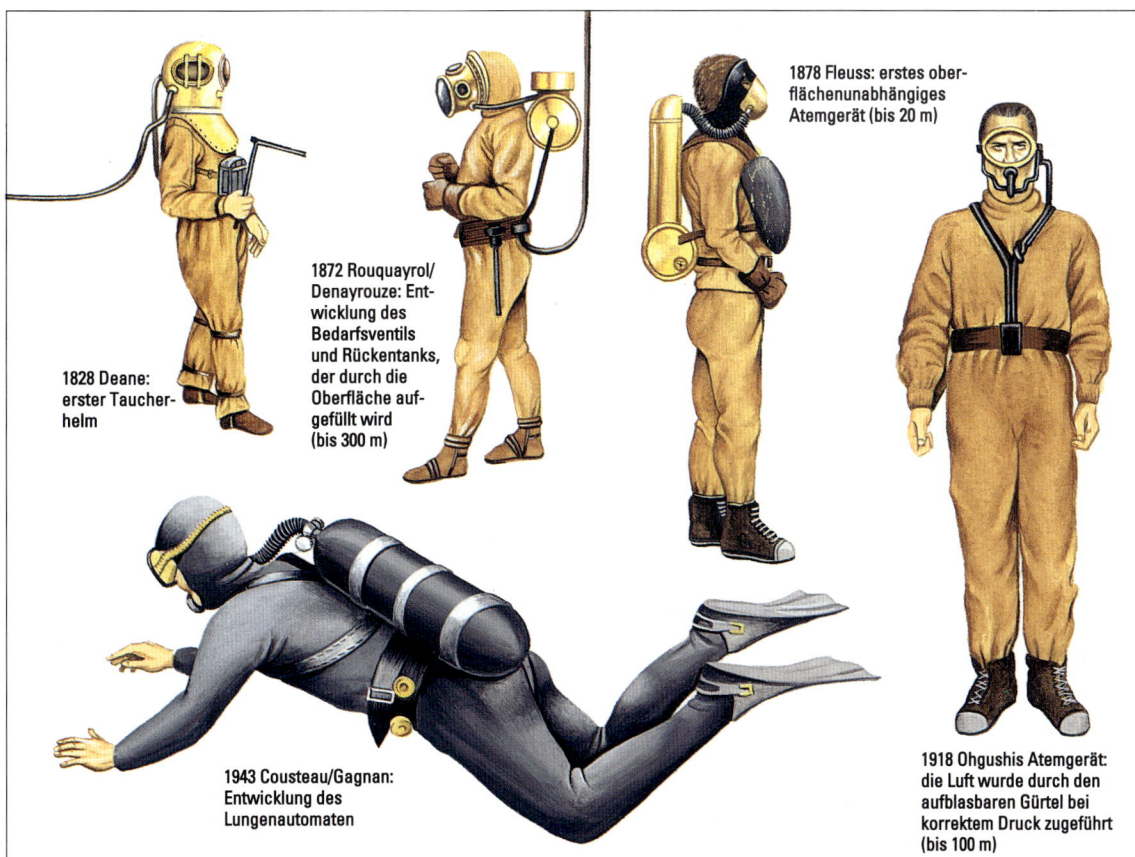

1828 Deane: erster Taucherhelm

1872 Rouquayrol/Denayrouze: Entwicklung des Bedarfsventils und Rückentanks, der durch die Oberfläche aufgefüllt wird (bis 300 m)

1878 Fleuss: erstes oberflächenunabhängiges Atemgerät (bis 20 m)

1943 Cousteau/Gagnan: Entwicklung des Lungenautomaten

1918 Ohgushis Atemgerät: die Luft wurde durch den aufblasbaren Gürtel bei korrektem Druck zugeführt (bis 100 m)

◄ *Die Weiterentwicklung* der Tauchgeräte führte zu einer Unabhängigkeit des Tauchers von oberirdischer Luftzufuhr. H.A. Fleuss stellte den ersten selbstspeisenden Tauchzylinder her. Dieser konnte das Kohlendioxid aus der verbrauchten Atemluft filtern und durch eine gleich große Menge Sauerstoff ersetzen.

SCUBA: Der Lungenautomat

1943 testeten Jacques Cousteau und Emile Gagnan erfolgreich den Self-Contained Underwater Breathing Apparatus, kurz SCUBA (selbstregulierbares Unterwasseratmungsgerät). Damit war der Durchbruch für die Unterwasserforschung erreicht. Der Taucher war jetzt sowohl von dem behindernden Taucheranzug als auch von den Luftzufuhrschläuchen befreit und hatte einen größeren Bewegungsspielraum.

Ein frei beweglicher Taucher trägt den Lungenautomaten (oder Aqualunge) in Form einer zylindrischen Flasche auf dem Rücken. Er atmet die Luft aus dieser Aqualunge durch ein Bedarfsventil. Bei den ersten Versuchen nahm man reinen Sauerstoff – doch dieser wird ab 8 m Tiefe für den menschlichen Organismus giftig. Bis zu 60 m Tiefe kann man Luft einatmen; bei größeren Tiefen besitzt Stickstoff, aus dem die Luft zu 80 Prozent besteht, eine narkotische Wirkung. Bei größeren Tiefen kann eine Mischung aus Sauerstoff und Helium verwendet werden. Sobald ein Taucher Luft oder eine Gasmischung bei gleichem Druck wie das ihn umgebende Wasser einatmet, werden Stickstoff oder Helium vom Blut absorbiert. Wenn der Taucher zu schnell auftaucht, d.h. der Druck zu schnell vermindert wird, bleibt dem Gas nicht genügend Zeit, um über die Lungenoberfläche nach außen zu diffundieren. Diese Gase werden dann in Form von Bläschen im Blutkreislauf freigesetzt, so daß die sog. Taucherkrankheit eintritt, die zu Bewußtlosigkeit oder zum Tod führen kann. Je tiefer hinabgetaucht wird und je länger man unter Wasser bleibt, desto länger muß die Dekompressionszeit sein. Beim sog. Sättigungstauchen ruht sich der Taucher zwischen den Arbeitsphasen in mit Sauerstoff-Edelgasgemisch gefüllten Druckkammern aus, so daß nur eine längere Dekompressionszeit nach Arbeitsende notwendig ist.

Dort, wo Freitaucher nicht mehr hingelangen, ist der Einsatz von Tauchbooten erforderlich, die darüber hinaus den Vorteil haben, daß für die Mannschaft keine längere Dekompressionszeit nötig ist. Dennoch wird die Geschicklichkeit geschulter Taucher u.a. zu Reparaturen bei Ölfördertürmen und zur Fertigstellung von Unterwasserkonstruktionen nach wie vor benötigt.

▲ *Die ersten Tauchausrüstungen* waren schwer, und aufgrund der zur Oberfläche führenden Luftschläuche war der Tauchradius beschränkt. Die moderne Aqualunge beendete diese Einschränkungen und ermöglicht so Reparaturen unter Wasser.

Tauchboote

▲ **Dr. Edmund Halleys**
*Taucherglocke von 1690 war
die erste, in der Taucher
nicht durch den in der Glocke
befindlichen Sauerstoff beschränkt waren. Halleys
Glocke wurde durch eine
Lederröhre, die zu einem beschwerten, luftgefüllten Faß
führte, gespeist. War es leer,
wurde es durch ein hinabge-
lassenes neues Faß ersetzt.*

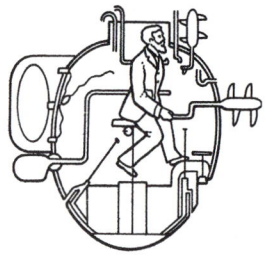

▲ **Die Turtle** *wurde 1776 als
Ein-Mann-Tauchboot konzi-
piert. Das manuell betriebe-
ne Gefährt kam im amerikanischen Unabhängigkeits-
krieg gegen ein britisches
Schiff zum Einsatz. Durch
einen Schraubmechanismus
sollten Sprengladungen an
den Schiffskörper ange-
bracht werden. Jedoch
konnte die Schraube den
Kupfermantel nicht durch-
bohren und die Ladung
verpuffte.*

▶ **Die Jason Jr.** *ist ein an
Kabel gebundenes, kleines
unbemanntes ferngesteuer-
tes Vehikel. Hier erforscht es
den Schiffskörper der Titanic
während des dramatischen
Erkundungsunternehmens
des Woods Hole Oceano-
graphic Institute 1985.*

Seit Tausenden von Jahren sind die Menschen von der Idee der Tauchapparate fasziniert. Erste Versuche in diese Richtung werden in das vierte Jahrhundert v.Chr. datiert, als Alexander der Große in einer Art Tauchglocke in das Mittelmeer hinabgesunken sein soll.

Frühe Tauchboote

Zweifellos haben die militärischen Möglichkeiten der Unterwasserfahrzeuge ihre Entwicklung enorm beeinflußt. Ein erster Schritt war die 1776 von David Bushnell gebaute *Turtle,* ein kleines Tauchboot, das im amerikanischen Unabhängigkeitskrieg gegen die Briten eingesetzt wurde. 1863 wurde die *David* erfolgreich im amerikanischen Bürgerkrieg eingesetzt, wo sie ein feindliches Schiff zum Sinken brachte. Dreißig Jahre später konstruierte Simon Lake das erste richtige Tauchboot, die *Argonaut I,* die anders als ihre Vorläufer den atmosphärischen Druck aufrechterhalten konnte. Darüber hinaus besaß das Fahrzeug handbetriebene Räder, mit deren Hilfe es am Meeresgrund zu manövrieren war. Nach diesen Pionierleistungen entwickelten nationale Kriegsmarinen U-Boote, die immer schneller, tiefer und weiter ins Meer vordringen und so die militärische Stärke steigern konnten.

Heute gibt es zwei Typen von militärischen U-Booten: die konventionellen, die an der Oberfläche einen Dieselantrieb und unter Wasser einen Batterieantrieb benutzen, und die Atom-U-Boote, die ihre Energie aus einem Atomreaktor beziehen und über Monate tauchen können.

Die Erforschung der Tiefe

Trotz ihrer ungeheuren Kraft, Geschwindigkeit und Komplexität können Atom-U-Boote im allgemeinen nur wenige hundert Meter tief tauchen. Um tiefer zu gehen, werden besondere Fahrzeuge benötigt. Der Durchbruch in der Tiefseeforschung mit Hilfe der Tauchboote gelang William Beebe und Otis Barton 1934, als sie in Bartons Tauchkugel bis 923 m hinabsanken. Die stählerne Tauchkugel war an einem Kabel befestigt und von einem Hilfsschiff an der Wasseroberfläche ins Meer hinabgelassen worden.

Professor August Piccards spätere Version einer Tauchkugel übertraf die ersten Versuche bei weitem, da nun keine Verbindungskabel mehr notwendig waren. Mit der Tauchkugel *Trieste* tauchte er 1954 an der italienischen Küste auf 3170 m hinab. 1960 führte sein Sohn Jacques eine Tauchaktion in den Marianengraben im Südpazifik, wo er bei rund 10 900 m den Meeresboden berührte und damit einen noch heute bestehenden Rekord aufstellte.

Industrielle Nutzung

Während der letzten dreißig Jahre bewirkten Wissenschaft und Industrie die wichtigsten Weiterentwicklungen im Unterwasserfahrzeugbau. In den sechziger und siebziger Jahren wurden viele Fahrzeuge entwickelt und ein Großteil davon auch gebaut. Viele Projekte scheiterten an den Umsetzungsmöglichkeiten, Geldknappheit und fehlenden Einsatzbereichen, doch einige mündeten in die derzeitige Generation hochwertiger und hochspezialisierter Unterwasserfahrzeuge.

Eines der frühesten und erfolgreichsten wissenschaftlichen Tauchboote ist die amerikanische *Alvin.* Als die *Alvin* 1964 in Betrieb genommen wurde, konnte sie auf eine Tiefe von 3000 m tauchen; durch Verbesserungen erreichte sie gar 4000 m. Unter den Tausenden von erfolgreichen Tauchbootfahrten des Typs Alvin ragt die erste direkte Beobachtung von hydrothermalen Quellen in den siebziger Jahren heraus.

In den letzten Jahren haben es einige wenige Tauchboote geschafft, die gleiche oder noch größere Tiefen zu erreichen. Die amerikanische *Sea Cliff,* die französische *Nautile,* die russische *Mir I* und *Mir II* und die japanische *Shinkai 6500* können alle auf eine Tiefe von 6 km tauchen und damit in alle Tiefen bis auf die tiefsten Meeresgräben vordringen.

Ferngesteuerte Tauchboote

Selbst in die Tiefseewelt einzudringen, ist sowohl für den Wissenschaftler als auch für den Ingenieur von großem Nutzen. Dennoch haben bemannte Tauchboote viele Nachteile: neben Umfang und Komplexität notwendiger Vorsichtsmaßnahmen ist nicht zuletzt das Sicherheitsrisiko zu nennen. Deshalb werden seit über dreißig Jahren unbemannte und ferngesteuerte Fahrzeuge (Remote Operated Vehicles) gebaut.

Diese Konstruktionen sind zumeist kleine, manövrierbare Einheiten, die Fernsehbilder oder andere Informationen übertragen und eingeschränkt auch Arbeiten durchführen können. Für gewöhnlich werden sie mittels eines Verbindungskabels von der Oberfläche oder durch ein zweites bemanntes oder unbemanntes U-Boot kontrolliert. Das vielleicht bekannteste Beispiel dieses Systems ist die Kombination der festgetäuten ROV *Argo* mit der kleinen *Jason Jr.,* die von Dr. Robert Ballard vom Woods Hole Oceanographic Institute bei den aufsehenerregenden Untersuchungen des Wracks der *Titanic* 1985 verwendet wurde. Weniger öffentlichkeitswirksame Systeme dieser Art werden routinemäßig eingesetzt. Ende 1994 waren z.B. weltweit 194 Hochleistungs-ROVs für die Ölindustrie im Wasser.

Naturgemäß sind sowohl bemannte als auch unbemannte Tauchboote in Zeit und Raum begrenzt. Um diese Beschränkungen zu überwinden, ist es Ziel der Wissenschaft, Fahrzeuge zu bauen, die weite Meereszonen in allen Tiefen durchkreuzen können. Diese Fahrzeuge würden eigenständig vorgehen, indem sie einer vorprogrammierten Route folgen und sich dank einer „künstlichen Intelligenz" u.U. veränderten Bedingungen anpassen. Diese technischen Probleme sind nicht unüberwindlich; Forschungsgruppen arbeiten derzeit aktiv an einer Lösung.

◀ ▼ *Moderne Tauchboote*
sind vielseitige Fahrzeuge,
die einer Reihe von wissenschaftlichen und industriellen Zwecken dienen können.
Die meisten von ihnen
lassen sich mit einer reichhaltigen Ausrüstung ausstat-
ten, wie Videogeräten, Fern-
sehkameras und Greifwerk-
zeugen. Tauchboote wie die
hier abgebildete Johnson
Sea Link verfügen über
Druckkammern und Druck-
schleuse, so daß die Taucher
das Boot verlassen und
wieder zurückkehren
können. Das erlaubt den
Tauchern, Arbeiten unter
Wasser auszuführen und zu
einer langsamen Dekom-
pression in das Tauchboot
zurückzukehren.

Diese hydraulisch zu betreibenden,
beweglichen Greifwerkzeuge haben
so viel Kraft, daß sie selbst die
stärksten Stahlkabel durchtrennen
können. Sie sind jedoch auch so sen-
sibel, daß sie sehr zerbrechliche
Gegenstände halten können. Greifwerkzeuge sind oftmals mit starken
Lampen ausgestattet, die das
Arbeitsfeld ausleuchten.

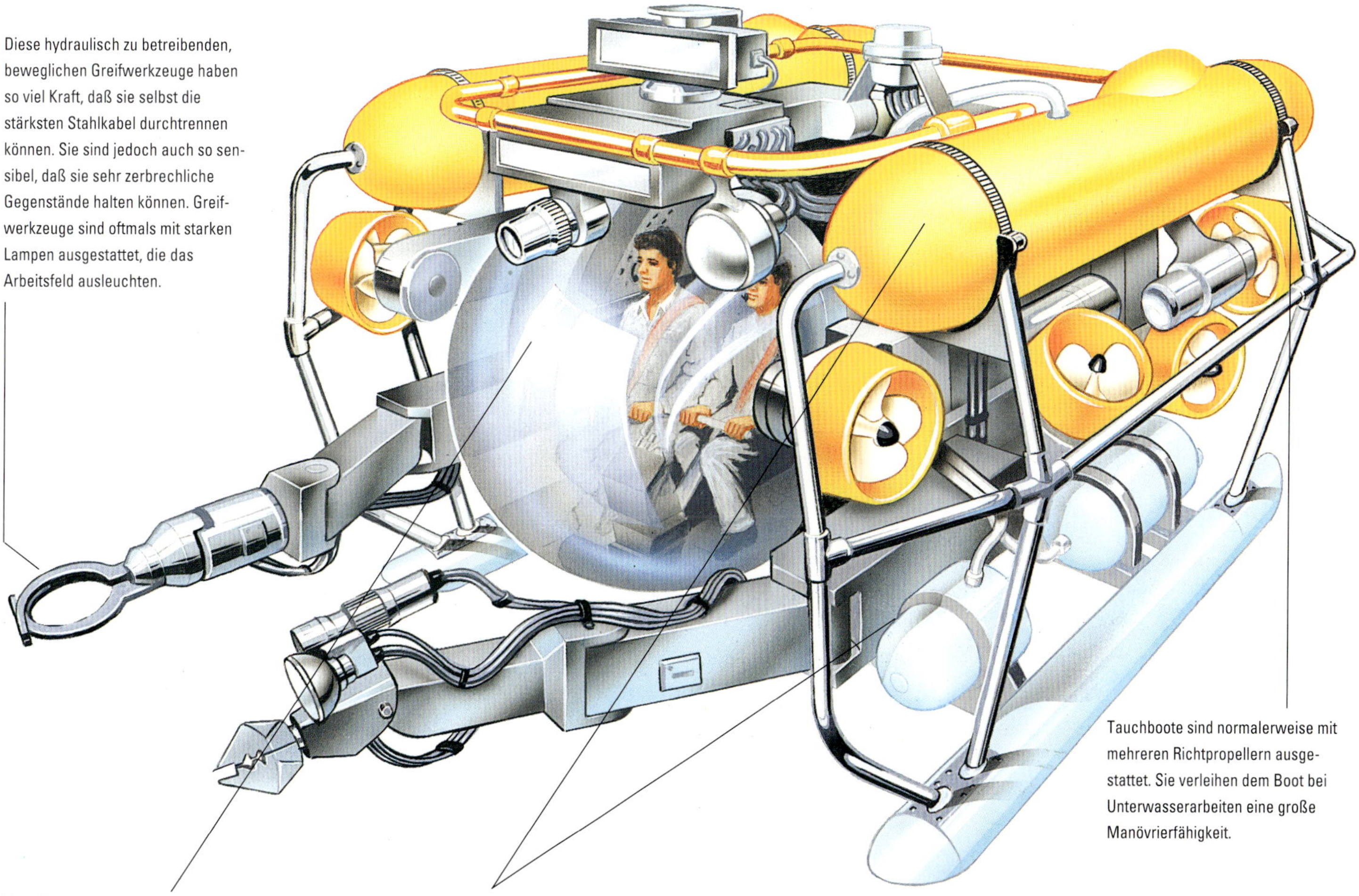

Tauchboote sind normalerweise mit
mehreren Richtpropellern ausgestattet. Sie verleihen dem Boot bei
Unterwasserarbeiten eine große
Manövrierfähigkeit.

Die computergesteuerte Naviga-
tions- und Aufzeichnungsausstattung
des Kontroll-Konsolenteils des
Bootes. Dank dieser Technologie
können einige Tauchboote sowohl
bemannt als auch unbemannt
arbeiten.

Die meisten Tauchboote haben zwei
Schwimmsysteme. Die größeren
Zylinder werden benutzt, um das
Gefährt über dem Hauptoperations-
feld zu erheben oder abzusenken; die
kleineren Zylinder sind für die Tiefen-
regulierung zuständig.

Das Seerecht

Seit über 2000 Jahren wird versucht, die Nutzung der Meere zu regeln. Das Seerecht von Rhodos, auch Codex von Rhodos, aus dem 3. oder 2. Jahrhundert v.Chr. gehört zu den frühesten Regelwerken. Erdacht zur Anwendung bei den Mittelmeeranrainern, nahmen sowohl Griechen als auch Römer die Grundsätze an und beachteten sie über 1000 Jahre.

Seit den ersten Forschungsreisen im 15. und 16. Jahrhundert gerieten die Seefahrernationen mit ihren jeweiligen Seegesetzen und ihrer Rechtsprechung miteinander in Konflikt. Die anfänglich dominante Rolle der Portugiesen und Spanier bei der Entdeckung der „Neuen Welt" und ihre europäische Führungsrolle bei der Erkundung des Indischen und Pazifischen Ozeans sowie ihr Konzept zur Aufteilung der Welt in verschiedene Einflußzonen wurde bald von den aufsteigenden Seemächten der Niederländer und Briten in Frage gestellt. Anfang des 17. Jahrhunderts veröffentlichte Hugo Grotius die Abhandlung *Mare Liberum*. Sie bildete die Grundlage für das Konzept der „Freiheit der Weltmeere", das nach und nach von allen Seenationen übernommen wurde.

Im 17. Jahrhundert wurden zwei Bereiche der Rechtsprechung allgemein anerkannt: Zum einen gab es die Territorialgewässer, die als Drei- bis Sechsmeilengrenze vor der Küste definiert wurden und der Rechtsprechung des betreffenden Staates unterliegen sollten. Damit dachte man, dem Anrainerstaat ausreichenden Schutz vor Angriffen zu gewähren. Diese Zone stand dennoch rechtlich Schiffen anderer Nationen zur freien und zivilen Durchfahrt zur Verfügung, sofern sie nicht die Sicherheit des Küstenstaates verletzten. Zum anderen anerkannte man die sog. Internationalen Gewässer, auf die keine Nation rechtlichen Anspruch erheben konnte und die allen zu Fahr- und Fischfangzwecken offenstanden.

Die marinen Ressourcen auszubeuten, wurde bis auf wenige Ausnahmen stets als ein öffentliches Recht betrachtet. So legten Seefahrer gewaltige Strecken auf der Suche nach Fischfanggründen, Walen und Seehunden zurück, ohne sich über Besitzansprüche an den betroffenen Ressourcen Gedanken zu machen. Als die Nachfrage nach Fischprodukten während der industriellen Revolution anstieg, wurden fast alle küstennahen Fischgründe überfischt. Um die Nachfrage zu befriedigen, unternahm man immer häufiger Reisen zu entlegenen Fischgründen, wie den Neufundlandbänken vor Kanada, den Walgründen der Antarktis und den arktischen Fischgründen.

Der Völkerbund – Die Vereinten Nationen

Das Walsterben begann im 19. Jahrhundert, als die Fischbestände erste Anzeichen von Überfischung zeigten, so daß Versuche einer Fischfangregelung unternommen wurden. Sie basierten auf freiwilligen Quotierungen, schlugen aber fehl, weil die Staaten mit den Quoten nicht einverstanden waren, sich von den Kommissionen zurückzogen oder die Abkommen nicht unterzeichneten.

1930 versuchte der Völkerbund, ein Abkommen über die Dreimeilengrenze der Territorialgewässer zu erzielen. Die Bestrebungen scheiterten jedoch, als einige Staaten sich weigerten, die vorgeschlagenen angrenzenden Schutzzonen anzuerkennen, in denen die Anrainerstaaten begrenzte Kontrollbefugnisse erhalten sollten.

Aufgrund der Technologieentwicklung während des Zweiten Weltkrieges und des größeren Wissens über die Öl- und Gasvorkommen im Meer verkündete Präsident Truman 1945 das ausschließliche Recht der USA auf Ausbeutung ihres Kontinentalschelfs. Bald darauf folgten die Pazifikstaaten Lateinamerikas mit der Deklaration einer exklusiven 200 Meilen-Fischereizone. Damit wollten sie verhindern, daß fremde Fischereiflotten die Sardellengründe vor der Küste Perus und Chiles ausbeuteten.

1958 beriefen die Vereinten Nationen ihre erste Seerechtskonferenz (UNCLOS I) ein, in deren Verlauf die 86 Teilnehmerstaaten vier Konventionen verabschiedeten. Die erste, die Konvention über die Territorialgewässer und die angrenzenden Schutzzonen (Anschlußzonen), legte keine Grenze für Territorialgewässer fest, doch man stimmte in den Prinzipien, nach denen die Grenzen gezogen werden sollten, überein. Die Konferenz einigte sich ferner auf eine 12-Meilen-Schutzzone, innerhalb derer der Anrainerstaat seine Zoll-, Gesundheits- und Steuerbestimmungen durchsetzen durfte. Das traditionelle Recht auf ungehinderte Durchfahrt wurde beibehalten.

Die Hochseekonvention kodifizierte vier grundlegende Freiheiten: die Freiheit der Schiffahrt, des Fischfangs, des Luftverkehrs sowie des Verlegens von Kabeln. Ferner wurde jedem Staat erlaubt, Schiffe, mit denen er eine „echte Bindung" einzugehen gedachte, zu registrieren – eine Entscheidung, die zu einer Anhäufung der fragwürdigen „Billigflaggen"-Schiffe führte.

Die Konvention über den Fischfang und die Erhaltung der lebenden Ressourcen anerkannte das Interesse eines Küstenanrainers an der Erhaltung von Fischbeständen jenseits seiner Territorialgewässer und verpflichtete andere Staaten, die in solchen Zonen fischen wollten, zur Kooperation mit dem Anrainerstaat und zur Beachtung von Erhaltungsmaßnahmen für die Fischbestände. Diese Konvention war die umstrittenste und wurde nur von 34 Staaten ratifiziert.

Die vierte Konvention anerkannte das Recht eines jeden Küstenstaates, die natürlichen Ressourcen der „unterseeischen Gebiete" des Kontinentalschelfs bis in 200 m Tiefe und, falls das Gewässer eine „Ausbeutung gestattet",

► **Die Grenzen** zwischen rechtlichen und administrativen Einheiten stimmen nur selten mit den tatsächlichen Vorgängen in der Meeresumwelt überein.

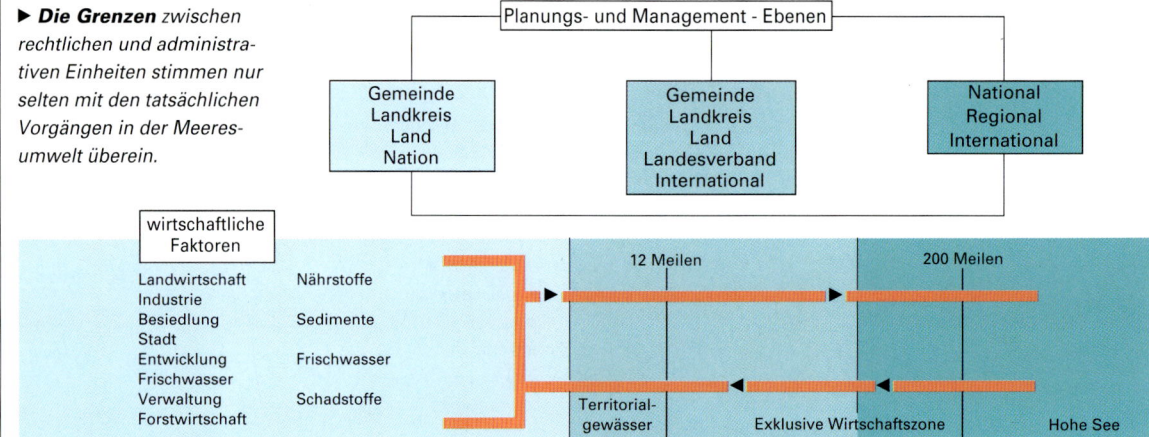

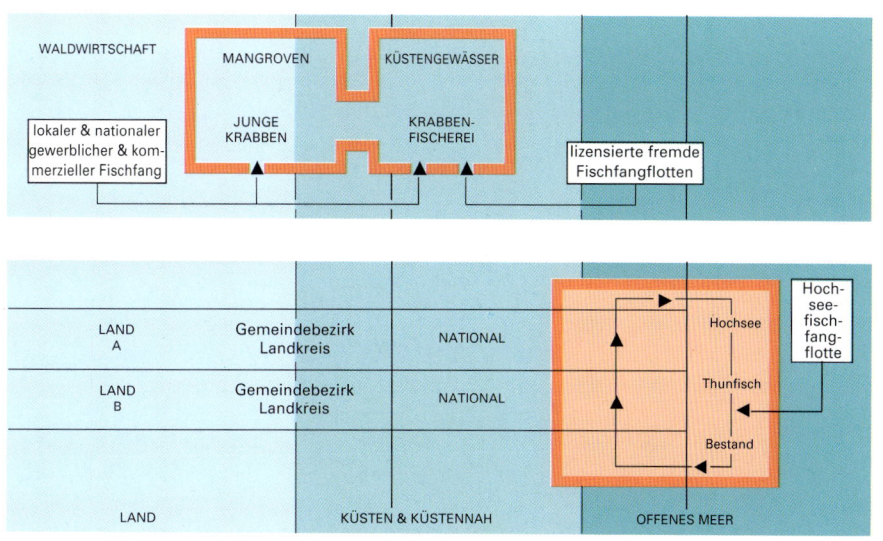

► Im oberen Diagramm beeinflußt Waldwirtschaft die Mangroven, Lebensraum für junge Krabben, und so die Schleppnetzfischerei. Im unteren teilen sich mehrere Nachbarländer grenzüberschreitende Thunfischbestände, die ebenso auf hoher See von Hochseefischern gefischt werden. In diesem Fall ist eine Thunfischbestands-Verwaltung nur mit der Zustimmung aller Länder zu erreichen, während im Fall von Krabben die Fischer keinen Einfluß auf die Landnutzung haben, die ihren Arbeitsraum beeinflußt.

darüber hinaus mit alleinigem Nutzungsrecht auszubeuten. Die Hochseegrenze blieb damit offen. Die Rechte der Küstenstaaten wurden 1969 durch ein Urteil des Internationalen Gerichtshofs im Nordsee-Fall gestärkt. Hierin wurde verkündet, daß ein Küstenstaat das Recht besitzt, „die natürliche Verlängerung seiner Landmasse unter dem Meer" auszubeuten. Daraufhin beanspruchten viele Staaten ihren gesamten Kontinentalrand.

In den fünfziger und sechziger Jahren nahmen die Nutzung der Meeresressourcen und des -raumes weiter zu. Konflikte entstanden wegen Rechten an Fischbeständen und -gründen sowie geteilten Ressourcen; ferner gab es Konflikte zwischen Einzelpersonen und Handelsgesellschaften, die um Raum und begrenzte Rohstoffe stritten.

Die dritte Seerechtskonferenz der Vereinten Nationen

Während der siebziger Jahre kam man zu der Auffassung, daß Minerale und Lebensformen der Meere die ökonomische Grundlage für die wachsende Weltbevölkerung bilden könnten. Maltas Botschafter bei den Vereinten Nationen schlug vor, die Reichtümer der Meere treuhänderisch zu verwalten und die unilaterale Kontrolle eines jeden Staates auf die Territorialgewässer zu begrenzen.

Nach Einrichtung eines Meeresboden-Komitees wurde ein Moratorium über die Ausbeutung des Meeresbodens jenseits des Kontinentalschelfs verkündet. Ferner wurde eine Deklaration angenommen, nach der der Meeresgrund als „Erbe der Menschheit" nur unter internationaler Aufsicht genutzt werden darf. 1973 kamen die Vereinten Nationen zur dritten Seerechtskonferenz (UNCLOS III) zusammen, deren Ziel war, den Grundsatz, „der Meeresraum ist als ein Ganzes zu betrachten", zu sichern.

Die Komplexität dieser Aufgabe war gewaltig: Die 148 Teilnehmerstaaten, versehen mit individuellen politischen und ökonomischen Prioritäten, sollten einen für alle akzeptablen Text erstellen, der alle Streitpunkte umfassen sowie Ordnung zwischen den Ansprüchen und Gegenansprüchen der Mitgliedsstaaten schaffen sollte. Man richtete drei Hauptausschüsse ein, um die Ergebnisse der vorherigen Konventionen zu überprüfen. Diese waren: die Erhaltung der Meeresumwelt, Veröffentlichung wissenschaftlicher Ergebnisse und Technologietransfer. Nach vielen Sitzungen, die über Jahre hinweg geführt worden waren, lag schließlich ein Verhandlungspapier vor, das 1982 von den Vereinten Nationen angenommen wurde.

Das Abkommen ist noch nicht in Kraft, da die sechzigste und damit letzte notwendige Ratifizierung den Vereinten Nationen erst am 16. November 1993 vorgelegt wurde – elf Jahre nach Unterzeichnung des Dokuments. Auf den Tag genau ein Jahr später wurde das Abkommen dann für alle Staaten bindend. Es sieht die Gründung verschiedener internationaler Institutionen vor, wie die des Internationalen Meeresboden-Büros und eines Gerichtshofes für Seerecht.

Das Abkommen lieferte den Standard für die staatliche Handhabung, und die Mehrheit der 130 Küstenstaaten nahm die maximal 12-Meilen-Hoheitszone der Territorialgewässer an. 91 Staaten verkündeten ihre 200-Meilen Exclusive Economic Zones (EEZs, exklusive Wirtschaftszonen). Damit erwarben sie das Recht, lebende und nicht lebende Ressourcen in diesem Gebiet auszubeuten; sie besitzen dort jedoch weder Territorialrecht noch rechtsprechendes Recht. Darüber hinaus integrierten einige Staaten Bestimmungen dieses Abkommens in ihre nationale Gesetzgebung.

Andere Abkommen

Die durch die Verhandlungen und Endratifizierung der UNCLOS entstandenen Verzögerungen führten zu einer Anzahl von Verträgen, Protokollen und Abkommen von weniger großer Reichweite. Darunter befinden sich elf regionale Meereskonventionen wie die des Mittelmeeres (das Barcelona-Abkommen) und des Südpazifiks (das Noumea-Abkommen). Diese Abkommen umfassen multilaterale Handlungsvorgaben zur Überwachung und Minderung der Seeverschmutzung, zur Bewahrung der Ressourcen, zur Reaktion auf Ölunfälle und zur Kooperation in der Verwendung des geteilten Meeresraumes.

Darüber hinaus entwarfen Gremien der Vereinten Nationen eine Reihe internationaler Abkommen. Diese decken so unterschiedliche Probleme ab wie Mülldeponierung (das Londoner Müllabkommen), Meeresverschmutzung durch ausgelaufene Schiffe (das MARPOL-Abkommen) oder Festlegung der Fischerei grenzüberschreitender und so geteilter Schwärme.

Die Notwendigkeit der Regulierung eines solch wachsenden komplexen Systems auf regionaler, nationaler und internationaler Ebene spiegelt den durch den unkontrollierten Gebrauch der marinen Ressourcen wachsenden Druck wider. Marine Ressourcen sind begrenzt und die Fähigkeit der Meere, die stets ansteigenden Müllberge aufzunehmen, ist an einigen Orten bereits überschritten. Wenn die Meere eine Quelle regenerierender Rohstoffe für zukünftige Generationen sein sollen, muß die Ausbeutung durch den Menschen kontrolliert werden.

LEBEN
IM MEER

◄ *Im Meer* gibt es Leben in einer unglaublichen Formen- und Größenvielfalt: vom mikroskopisch kleinen Plankton über die Delphine bis zu den riesigen Walen, die die Weltmeere durchziehen.

Plankton – Grundlage des Lebens

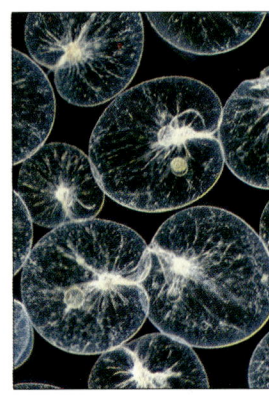

▲ **Dinoflagellaten,** *wie die* Noctiluca scintillans, *sind wichtiges Phytoplankton.*

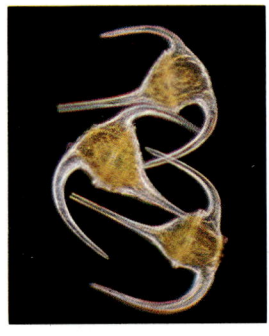

▲ **Ceratium tripos** *hat drei Fortsätze, die die Sink- geschwindigkeit bremsen.*

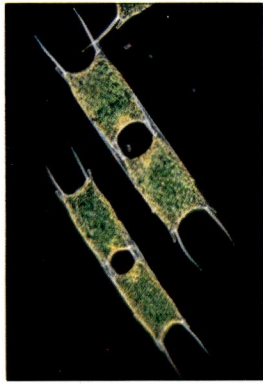

▲ **Diatomeen,** *wie die* Bidul- phia sinensia, *sind auch be- deutende Primärproduzenten.*

Anders als an Land, wo Vegetation vorherrscht und Bäume zu enormer Größe heranwachsen, sind Primär- produzenten des Meeres zumeist winzig. Die Meere beher- bergen komplexe Planktongemeinschaften, mikroskopi- sche Pflanzen und Tiere, die die Grundlage der Nahrungs- kette bilden. Das kleinste Phytoplankton, das Pikoplank- ton, ist kleiner als 2 Mikrometer (Haarbreite); das größte, das Makroplankton, ist mehr als 2 mm lang.

Nur in den flachen Küstengewässern wurden größere Pflanzen, Seetang und Seegras, gefunden, doch verglichen mit den niedrigen Landgräsern erreichen selbst sie keine be- deutende Größe. Da Sonnenlicht nur bis 200 m Tiefe vor- dringen kann, erfolgt Primärproduktion nur in Oberflächen- gewässern, wo sie durch die nur in geringem Umfang ver- fügbaren Mengen an Stickstoff, Phosphor und z.T. Eisen begrenzt wird.

Dort, wo das Sonnenlicht nicht den Meeresboden erreicht, können keine festwurzelnden Pflanzen wachsen. Deshalb basiert die Mehrheit der Primärproduktion auf einzelligen, schwebenden Pflanzen, dem Phytoplankton. Es gibt die zwei großen Hauptgruppen von Phytoplankton: die Diatomeen, die für die kälteren Gewässer typisch sind, und die Dinoflagellaten, die die Warmwasserzonen be- siedeln. Obwohl das Phytoplankton mehrheitlich einzellig ist, wachsen einige in Ketten oder bilden größere, kugel- förmige Kolonien. Große Phytoplanktonkolonien sind typisch für Küstenregionen, da sich dort mehr Nährstoffe als auf offener See befinden.

Der Anfang der Kette
Der größte Teil der Phytoplanktonproduktion der Meere wird von pflanzenfressendem Plankton, den Herbivoren, verschlungen, unter denen die Kopepoden am zahlreich- sten sind. Kopepoden sind kleine Krustazeen, deren ständig sich bewegende Glieder Phytoplankton zu ihren Mäulern treiben. Im Gegensatz hierzu speichern Landpflanzen die Energie im Zellgewebe, das nicht verspeist, sondern durch die Aktivitäten von Bakterien und Pilzen zersetzt wird. Der Umsatz einer Phyto- planktongemeinschaft erfolgt schnell, da ihr Wachstum und ihre Reproduktion auch schnell vonstatten gehen. Ohne Abgrasung durch Herbivoren würden sie sich inner- halb von zwei Tagen verdoppeln.

▼ **Die Konzentrationen** *der globalen Phytoplankton- gemeinschaft wechseln mit den Jahreszeiten, wie die Fotomontagen von je drei Monaten eindeutig belegen. A stellt die Monate Januar bis März dar, B zeigt April bis* Juni, C Juli bis September und D Oktober bis Dezember. Rot und gelb markieren die Gebiete größter Konzen- tration, türkis und blau weisen weniger Gemein- schaften auf, während die purpurroten Zonen die

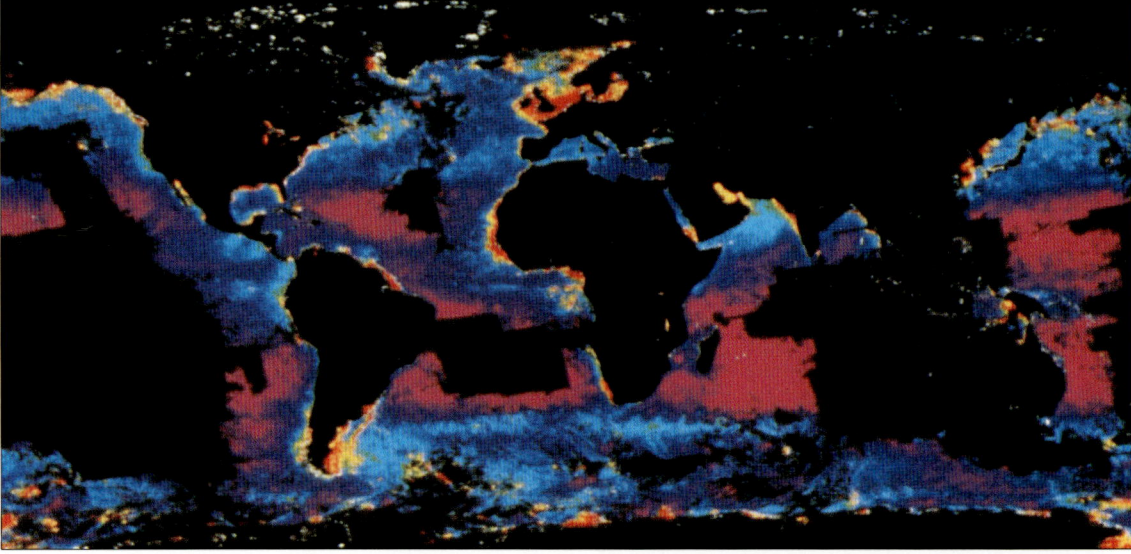

A

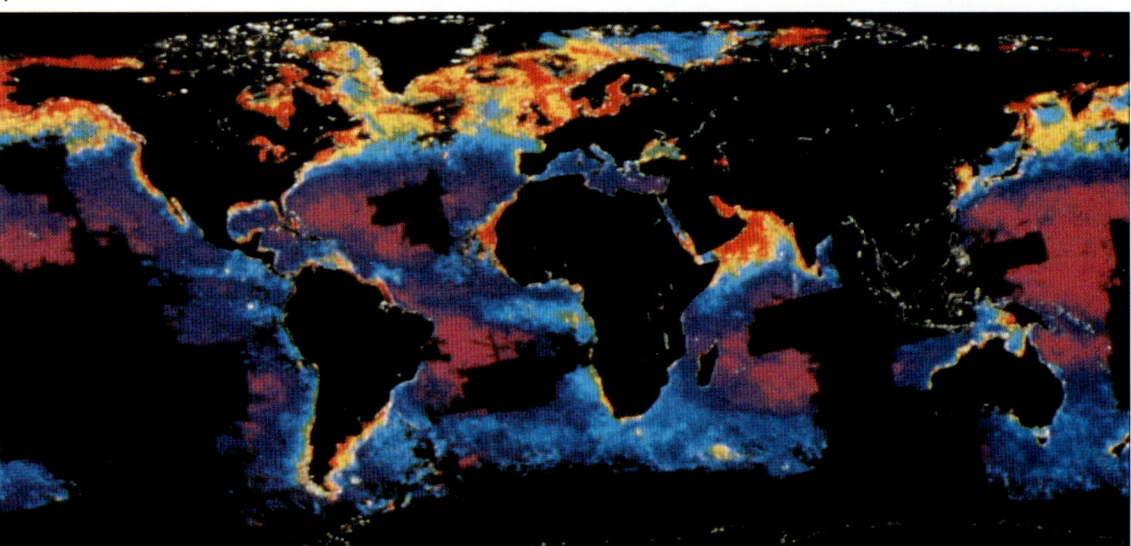

C

Als eine Konsequenz der hohen Abgrasungsraten ist der ständige Bestand an Phytoplankton überall im Meer geringer als der des pflanzenfressenden Zooplanktons, das sich von ihm ernährt. Obgleich länger als das Phytoplankton, lebt das Zooplankton auch nur relativ kurze Zeit, nämlich ein paar Wochen. In den niedrigen Breiten brüten sie das ganze Jahr über, was sie in den hohen Breiten nur in den wärmeren Zeiten tun. Das herbivore Plankton wird vom karnivoren (fleischfressenden) Zooplankton gejagt, was seinerseits als Nahrungsquelle für kleine Fische dient.

Nahrungsaufnahme

Die Herbivoren besitzen Filtermechanismen, um das schwebende Phytoplankton einzusammeln: Krustazeen fächern sich Nahrung zu, indem sie ihre haarigen, strahlenförmigen Beine einsetzen, und Tiere wie die Salpen filtern das Wasser – und damit das Phytoplankton – durch geringsten Konzentrationen besitzen. Auffallend ist die Phytoplankton-„Blüte" über dem gesamten Nordatlantik parallel mit Frühlingsbeginn auf der nördlichen Hemisphäre sowie die saisonale Zunahme der Äquator- Phytoplankton-Konzentrationen im Atlantik, Pazifik und an den Westküsten Afrikas und Perus. Zu den Auswirkungen auf das Phytoplankton während des Pazifischen El Nino-Jahres vgl. S.162.

ihre tonnenförmigen Körper. Selbst größere Tiere, wie Bartenwal und Walhai, greifen auf das Plankton als Nahrungsquelle zurück. Im Falle der Bartenwale wird Krill (Leuchtkrebse) einfach beim Maulaufreißen aus dem Wasser und durch die haarähnlichen Fransen der Barten, Hornplatten des Gaumens, gefiltert.

Planktongemeinschaften

Die Organismenvielfalt der Planktongemeinschaften ist zwar immens, doch nicht alle Arten bleiben für immer im Plankton. So wird die Planktongemeinschaft in seichten Gewässern und Küstengegenden zu manchen Jahreszeiten von meroplanktonischen Organismen beherrscht. Meroplankton gehört nur kurzfristig zu den Planktonbewohnern, da es sich hierbei normalerweise um ein Frühstadium von festwurzelnden Organismen handelt, die mit dieser Phase ihre weite Verbreitung sichern: sie verbringen ihr Larvenstadium im Plankton, das ihnen eine Fortbewegung garantiert, bevor sie sich für ihr Erwachsenendasein am Boden ansiedeln.

Zweischalige Mollusken, wie Muscheln oder Riesenvenusmuscheln, können viele Millionen Eier ins Wasser ablassen, wo sie als kleine Larven schlüpfen. Diese ernähren sich einige Tage schwebend im Plankton, bevor sie heranreifen und als Teil der benthonischen Gemeinschaft am Meeresboden haften.

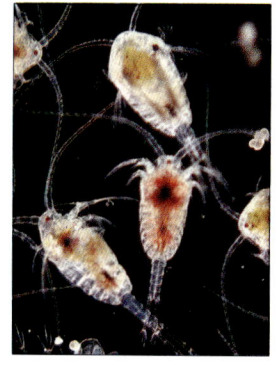

▲ **Kopepoden,** wie Temora longicornis, *sind die dominierenden Herbivoren der Planktongemeinschaft.*

▲ **Leuchtgarnelen,** wie die Thysanopoda, *ernähren sich von Kopepoden.*

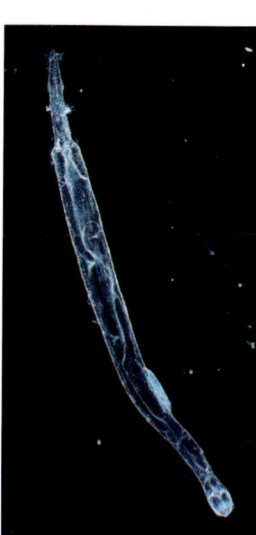

▲ **Pfeilwürmer,** Sagitta spec., *sind aktive Karnivoren (Fleischfresser) in der Planktongemeinschaft, die eine Reihe von Krustazeen (Schalentiere) fressen.*

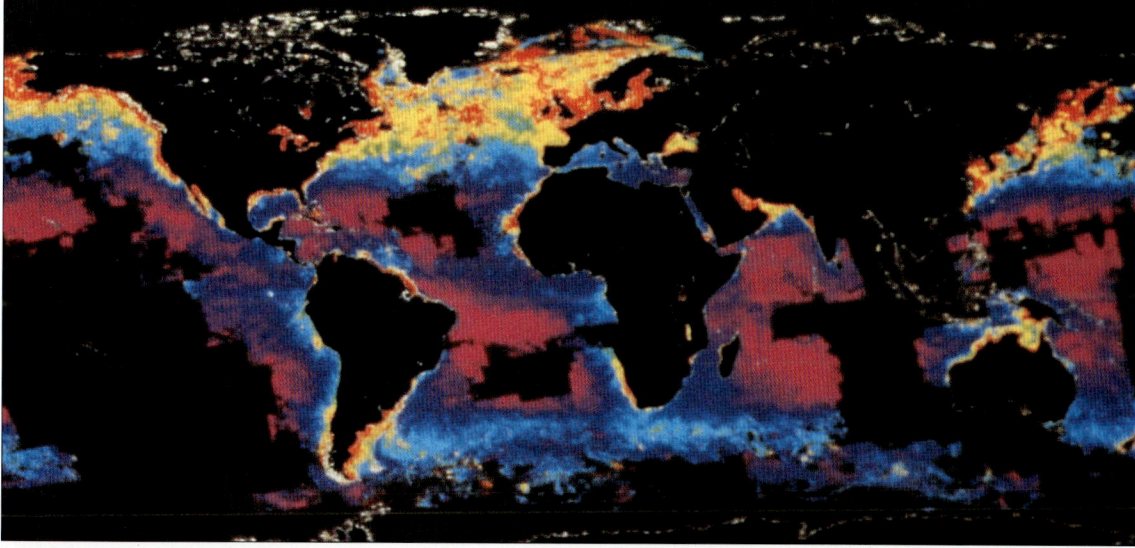

B

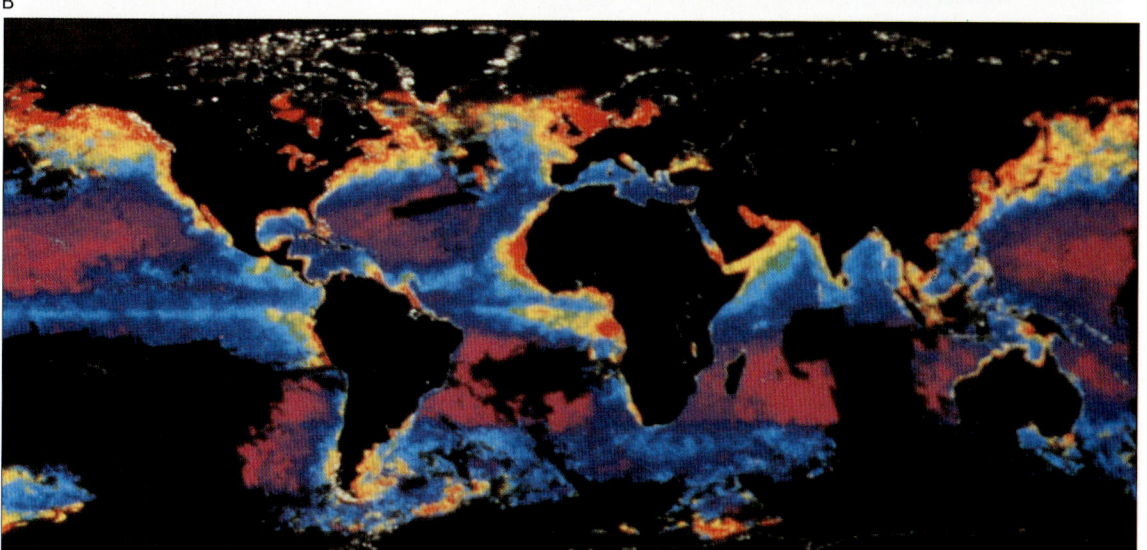

D

Die sonnenbeschienene Oberfläche

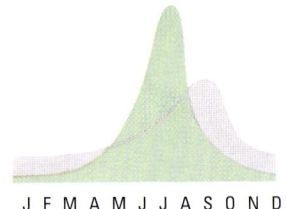

J F M A M J J A S O N D
Arktis

J F M A M J J A S O N D
Nordatlantik

J F M A M J J A S O N D
Nordpazifik

J F M A M J J A S O N D
Tropen

▲ *Der saisonale Zyklus der Planktonproduktion* *verläuft je nach Breitengrad. Der charakteristische Arktiszyklus hat einen Ausschlag im Sommer – der einzigen Zeit mit ausreichendem Licht zur Pflanzenproduktion. In der gemäßigten nordatlantischen Zone muß der Zuwachs von Zooplankton auf die Frühlingsblüte des Phytoplanktons warten. Im Nordpazifik überwintert Zooplankton als eine dünne Schicht im halberwachsenen Stadium, das sogleich einen Vorteil aus der Phytoplanktonproduktion zieht, so daß ein Phytoplanktonausschlag nicht zu verzeichnen ist. Der tropische Zyklus schließlich zeigt im Laufe eines Jahres nur geringfügige Zu- und Abnahmen des Planktons.*

Mit dem Begriff Primärproduktivität wird die Umwandlung von Sonnenenergie in chemische Energie organischer Moleküle durch die Photosynthese bezeichnet. Photosynthese kann nur bei Sonnenlicht stattfinden, und bis auf wenige Ausnahmen hängen alle marinen Gemeinschaften von der Phyto- und Zooplanktonproduktion als ihrer Ernährungsquelle ab.

Die Intensität des Sonnenlichts ist jedoch weder räumlich noch zeitlich auf allen Meeresoberflächen gleich. In hohen Breitengraden ist sie jahreszeitenabhängig – niedrig im Winter und hoch im Sommer. Deshalb verläuft die Primärproduktion in diesen Breitengraden in Zyklen, die Wachstum und Produktion der Tiergemeinschaften, die sich von Primärproduktion, dem Phytoplankton, ernähren, widerspiegeln.

Jahreszeitenmuster der Produktivität variieren je nach Breitengrad. In der Arktis gibt es nur einen Ausschlag der Primärproduktion im Sommer, der Zeit der höchsten Lichtintensität, dem ein Ausschlag der Zooplanktonproduktion folgt. Im Nordatlantik erfolgt der Phytoplanktonausschlag bereits im Frühling; ihm folgt der des Zooplanktons und ein weiterer kleiner von Phytoplankton im Herbst. Im tropischen Umfeld sind die Ausschläge der Planktonproduktion weniger eindeutig.

Aufgrund der ganzjährig hohen Lichtintensität in tropischen und subtropischen Zonen könnte man denken, die Primärproduktion sei in diesen Gebieten größer als in anderen. Dies ist jedoch nicht der Fall. Denn Primärproduktion wird ebenso durch die Nährstoffkonzentration, wie Stickstoff und Phosphor, festgelegt (in einigen Gebieten sind Kieselerde und Eisen bestimmende Faktoren). Tropische und subtropische Gewässer sind durch Nähr-

stoffarmut gekennzeichnet, die das Phytoplanktonwachstum einschränkt.

Als Konsequenz finden sich Gebiete mit den höchsten Jahresproduktionen der Weltmeere – 200 Gramm pro Quadratmeter pro Jahr – in den hohen Breiten gemäßigter Zonen (außerhalb der Polarzonen). Die Primärproduktion in tropischen Breiten beträgt weniger als ein Viertel von denen in hohen Breiten. Ein Großteil der Nahrungszufuhr erfolgt durch Abflüsse in Küstenregionen, wodurch die größten Produktivitätsgebiete in den Kontinentalschelfzonen liegen.

Vor den westlichen Kontinentalrändern befinden sich ausgedehnte Auftriebsregionen, wo durch Windkraft kaltes, nährstoffreiches Wasser an die Oberfläche gelangt; gleiches geschieht in zentralen Meeresregionen, wo durch starke Passatwinde zusammen mit der Corioliskraft tieferliegendes Wasser an die Oberfläche gelangt. In der Nachbarschaft von Inseln wird dieser Auftrieb durch starke vertikale Wirbel oder durch zwei entgegengesetzte Strömungen verursacht. In höheren Breiten kann ein solch vertikales Aufmischen aus Winterstürmen resultieren, was zu Nährstoffreichtum im Frühling führt.

Die Spezies der Planktongemeinschaften, die sich in den in ihrer Nährstoffkonzentration unterschiedlichen Zonen entwickeln, sind sehr verschieden. Hochproduktive Zonen erzeugen größere Phytoplanktongemeinschaften, und die Gemeinschaft von Phyto- und Zooplankton führt zu einer höheren Konzentration wenigerer Spezies als in nährstoffärmeren Gebieten. Dort sind die einzelnen Spezies eher kleiner, und die Gemeinschaft weist diversifiziertere Arten in geringerer Dichte auf. Eine Konsequenz hieraus ist, daß viel Phytoplankton

Subarktische Zusammenstellung

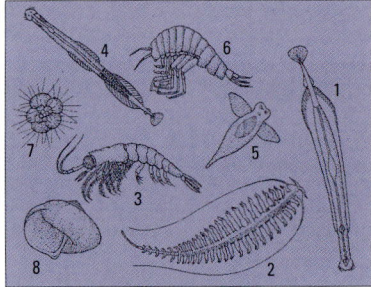

Zentrale Zusammenstellung

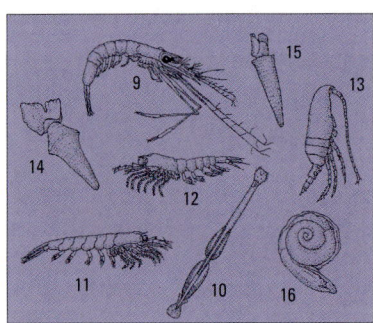

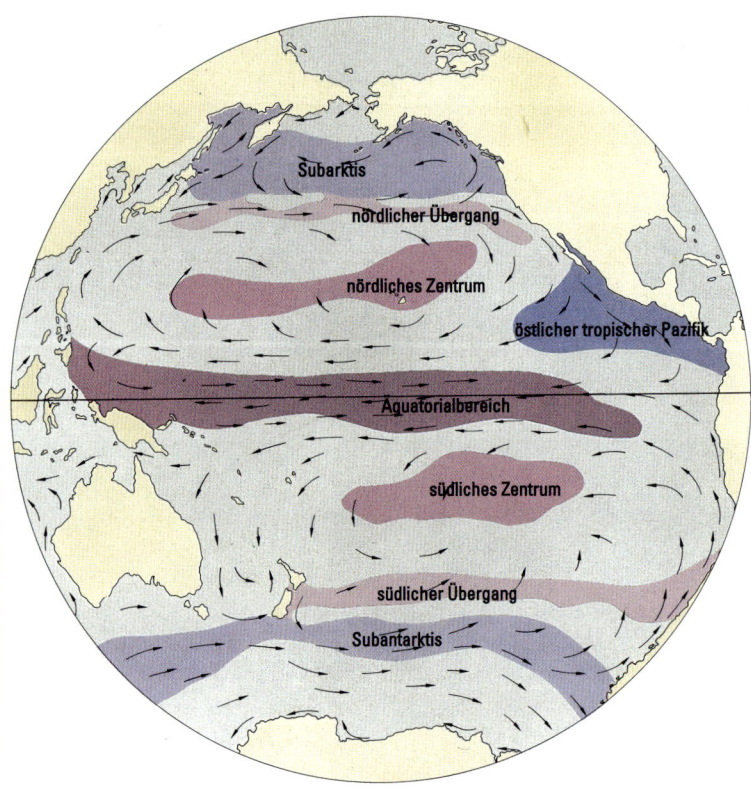

▲ *Der Pazifische Ozean besitzt acht größere Planktongemeinschaften, deren Verteilung von den Meeresströmungen kontrolliert wird. Die Karte zeigt die Kernzonen dieser Gemeinschaften und ihre Beziehung zu den Strömungssystemen: der äußerste Rand jeder Zone dehnt sich weiter aus und kann sich mit anderen Zonen überschneiden. Die Zusammenstellungen zeigen charakteristische Zooplanktonspezies des subarktischen und zentralen Pazifikraumes.*

1 Eukrohnia hamata	9 Stylocheiron suhmi
2 Tomopteris pacifica	10 Sagitta pseudoserratodentata
3 Euphausia pacifica	11 Euphausis brevis
4 Sagitta elegans	12 Euphausia mutica
5 Clione limacina	13 Clausocalanus paululus
6 Parathemisto pacifica	14 Cavolina inflexa
7 Globigerina quinqueloba	15 Styliola subula
8 Lamacina helicana	16 Limacina lesuerii

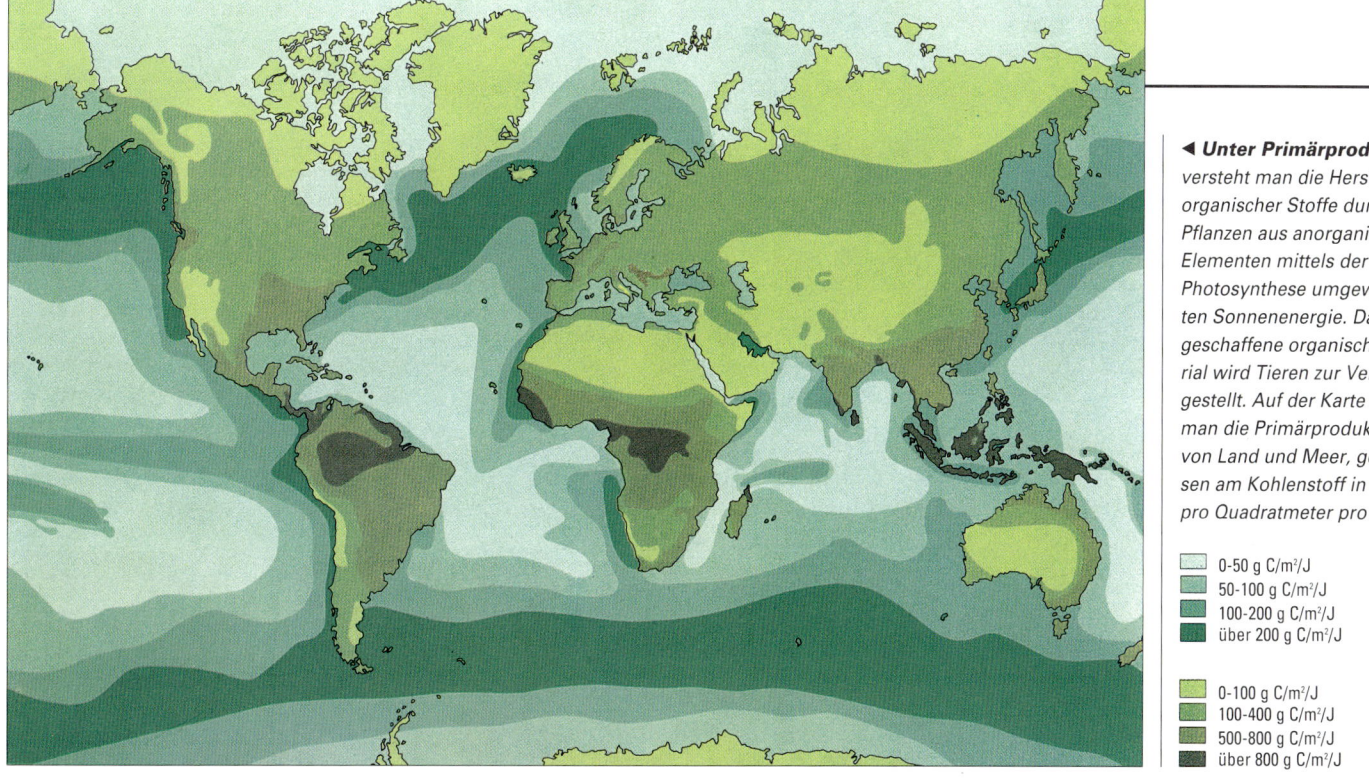

nährstoffreicher Zonen groß genug ist, um direkt von kleinen, pflanzenfressenden Fischen herausgefiltert und gefressen zu werden. Gleichzeitig steigt der Anteil des pflanzenfressenden Zooplanktons in diesen Zonen. In nährstoffarmen Gebieten überwiegen demgegenüber fleischfressende Zooplanktonspezien.

Ein anderer Faktor, der zur Verteilung der einzelnen Spezien sowie ganzer Planktongemeinschaften beiträgt, sind die Zirkulationsmuster der Meere. So können z.B. acht verschiedene Planktongemeinschaften in den verschiedenen Wassermassen des pazifischen Beckens ausgemacht werden. Hierzu gehören die subarktischen Ansammlungen zwischen 50° und 60° N und 50° und 60° S. Die südliche Ansammlung hat eine enorme Ausdehnung: da sie anders als die nordpazifische Gruppe keine behindernden Landmassen kennt, zirkuliert sie in der gesamten südlichen Hemisphäre. Da die Artenzusammenstellung dieser Gemeinschaften in Tausenden von Kilometern Meeresraum nur minimal variiert, und da die Strömungssysteme mindestens in den letzten 26 Millionen Jahren unverändert geblieben sind, müssen diese Gemeinschaften einige der ältesten unseres Planeten sein.

Pelagische Arten und Meeresproduktivität

Im Gegensatz zu kleineren Organismen der Meeresoberfläche, die zur Fortbewegung von der Bewegung der Wassermassen und damit von einzelnen Strömungssystemen abhängig sind, trifft dies für größere, pelagische Organismen nicht zu. Fische wie der Thunfisch legen jedes Jahr lange, transpazifische und transatlantische Strecken zurück, indem sie den nach Jahreszeiten wechselnden Produktivitätsmustern der Oberflächengewässer folgen. Darüber hinaus laichen Arten wie z.B. der Großaugenthunfisch in Gebieten, wo Fischeier und -larven von Strömungen getragen und mit Planktongemeinschaften verbunden in hochproduktive Zonen gebracht werden. Auch Wale folgen in ihrer Migration den Produktivitätswechseln, und die Brutzeit vieler Seevögel ist auf die Spitzenproduktion kleiner Fische, die sie jagen, abgestellt.

Unter engeren räumlichen Bedingungen laichen viele Korallenriffische in lokalen Strömungsmustern, die das Verharren der Larven in der Nähe der Rifformation sicherstellen. Diese lokalen Strömungssysteme geben auch die Bewegung der Planktonorganismen vor und damit auch

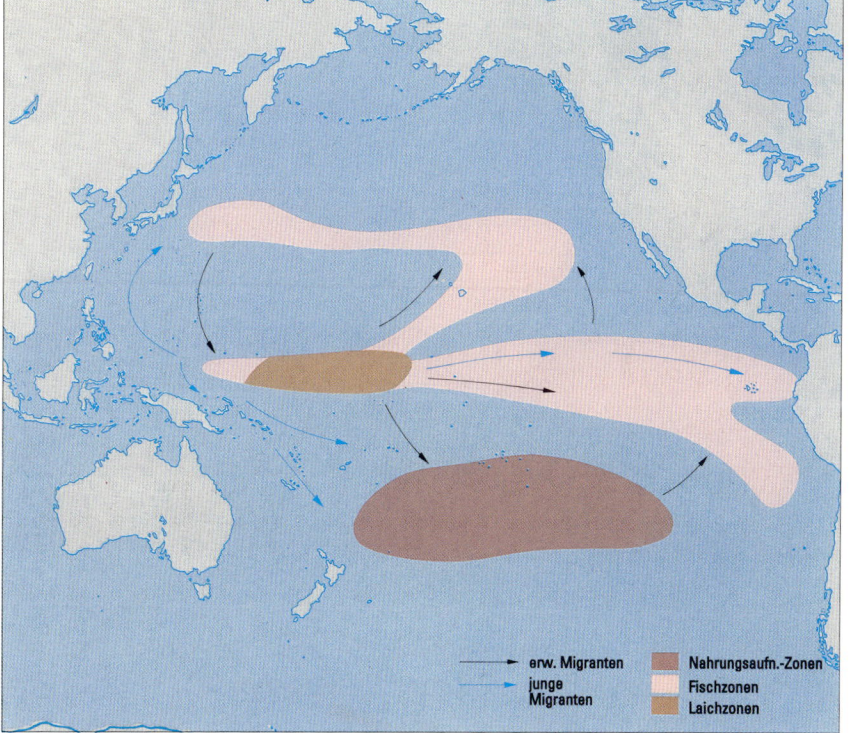

die der Fischmigrationen, die sich bei Tag von ihnen ernähren und nachts die Rifformation als Unterschlupf benutzen. So sind z.B. kleinere Thunfischarten um einige pazifische Inseln herum bekannt, die dem dortigen Strömungssystem folgen. Diese lokalen Strömungen legen die tägliche Verteilung kleiner, planktonfressender Fische fest, von denen sich die Thunfische ihrerseits ernähren.

Aus der Vogelperspektive betrachtet, sehen die Meere alle gleich aus, aber es gibt beträchtliche Unterschiede: In einigen Gebieten, wie z.B. dem Golfstrom, sind starke Strömungen zu verzeichnen, andere, wie der Sargasso See, haben nur eine geringe Wasserbewegung. Ebenso sind die Nährstoffe ungleich verteilt und die Lichtintensität wechselt. Die Pflanzen- und Tiergemeinschaften, die die sonnenbeschienene Oberfläche bewohnen, sind deshalb an viele unterschiedliche Umweltbedingungen angepaßt.

Die Nahrungskette

▲ Das antarktische Krill, Euphausia superba, *ist ein fleischfressendes Mitglied der Zooplanktongemeinschaft. Bis zu zwei Tonnen Krill wird täglich von den Bartenwalen gefressen. Der Rückgang der Walpopulationen führte wahrscheinlich zu einem Anwachsen der Krillpopulationen, die nun kommerziell für die Tierfutterproduktion gefischt werden.*

▶ Die Freßgewohnheiten *des Herings ändern sich je nach seinem Lebensalter. Mit zunehmendem Alter kann das Tier größere Opfer jagen, so daß die Anzahl der dafür in Frage kommenden Arten steigt. Der ausgewachsene Hering hat eine ganze Artenpalette zu seiner Auswahl, darunter Tiere wie den Pfeilwurm, die Larven des Sandaals sowie amphipode Krustazeen. Diese, ihrerseits Raubtiere, konkurrieren mit dem Hering bei der Jagd nach kleineren Beutetieren.*

Eine Nahrungskette kann ganz einfach als eine Reihe von Verbindungen gesehen werden. Jede Art in der Kette hängt von der sich davor befindenden Art als ihrer Nahrungsquelle ab. Am Anfang der Kette stehen die Primärproduzenten oder Autotrophen. Sie wandeln Sonnenlicht in komplexe Moleküle um, die sie zu Wachstum und Reproduktion nutzen. Größe und Anzahl bestimmen die Nahrungsquelle für Herbivoren, die eine Stufe höher auch verspeist werden.

Da in jedem Lebensprozeß Energie durch Atmung verbraucht wird, steht nicht die gesamte von den Autotrophen produzierte Energie zum Verbrauch durch Pflanzenfresser zur Verfügung. Energie kann durch Hitze verlorengehen oder durch absterbendes Phytoplankton. Pflanzen- und Tierfresser verbrauchen Energie durch ihre aktive Fortbewegung. Zudem wird nicht alles Aufgenommene verdaut, so daß Energie über die Fäkalien verlorengeht. Tote Tiere, Pflanzen und Fäkalstoffe liefern Energie für zersetzende Bakterien und bodenhaftende Filtrierer, die sich von dem hinabsinkenden organischen Material ernähren.

Nahrungsgefüge des Meeres

An Land belegt die Biomasse (das Gewicht der Lebendmasse) den Energieverlust in der fortschreitenden Nahrungskette. Die Biomasse der Primärproduzenten übertrifft die der Herbivoren, welche wiederum die der Karnivoren übersteigt. Meeresgemeinschaften unterscheiden sich davon grundlegend. In der marinen Biomasse (die Summe der im Meer zu einem gewissen Zeitpunkt anwesenden Lebewesen) ist die Anzahl der Primärproduzenten geringer als die der Herbivoren, die ihrerseits geringer als die der Carnivoren ist. Betrachtet man die Produktion jedoch über den Zeitraum eines ganzen Jahres, übersteigt die Produktion der Autotrophen die der Herbivoren. Dies spiegelt sich in den Reproduktionsraten des Phytoplanktons wider, das sich innerhalb weniger Stunden oder Tage vermehrt. Im Vergleich dazu benötigt das Zooplankton Wochen oder gar Monate zur Reproduktion, während kleine Beutefische ein Jahr oder mehr zur Reproduktion brauchen.

Tatsächlich kommt es aber nur selten vor, daß die vielschichtigen Meeresgemeinschaften aus einer einzigen Kette einzelner Artenvertreter bestehen, die sich von der Art, die sich vor ihnen in der Kette befindet, ernähren.

Solche Gemeinschaften wären extrem instabil und beträchtlichen Schwankungen unterworfen, wenn sie nicht gar bei Ausfall eines Gliedes ganz zusammenbrechen würden. Aus diesem Grund gibt es Nahrungsgefüge mit komplexen Verbindungsstrukturen zwischen den einzelnen Mitgliedern einer Gemeinschaft, und so kann sich z.B. eine einzelne Art wie die Flunder von mehreren verschiedenen Arten von Würmern und Mollusken ernähren. Für den Gebrauch dieser Ressourcen kann die Flunder in direkter Konkurrenz zu jagenden Seesternen, Aalen und anderen Fischen stehen. Selbst die am Anfang der Nahrungskette stehenden Pflanzenfresser streiten um Schwebe- und Sinkstoffe (Detritus). Um Konkurrenz zu vermeiden, haben Arten auf der gleichen Ebene verschiedene

▲ Haarsterne *gehören wie viele andere zu den Bodenbewohnern, die sich von den hinabgesunkenen Schwebeteilchen der Wasseroberfläche ernähren oder ihre* Nahrung aus der Wassersäule fangen. Zur Nahrungsaufnahme breitet der Haarstern seine Arme aus, dessen klebriger Schleim schwebende Partikel fängt.

1 Phytoplankton
2 Larve eines Weichtieres
3 Larve eines Zehnfußkrebses
4 Kopepodenlarve, Arcatia sp.
5 Larve einer "Seepocke", Balanus sp.
6 Pfeilwurm, Sagitta sp.
7 Flügelschnecke, Limacina sp.
8 Sandaallarve, Ammodytes sp.
9 Kopepode, Acartia sp.
10 Kopepode, Temora sp.
11 Kopepode, Calcanus sp.
12 Leuchtgarnele, Nyctiphanes sp.
13 Cladocera, Evadne sp.
14 Cladocera, Podon sp.
15 Flohkrebs
16 Apendicularia, Oikopleura sp.
17 junger Hering, 0,5-1 cm
18 junger Hering, 3 cm
19 junger Hering, 4 cm
20 junger Hering, 4-12 cm
21 erwachsener Hering, bis 40 cm

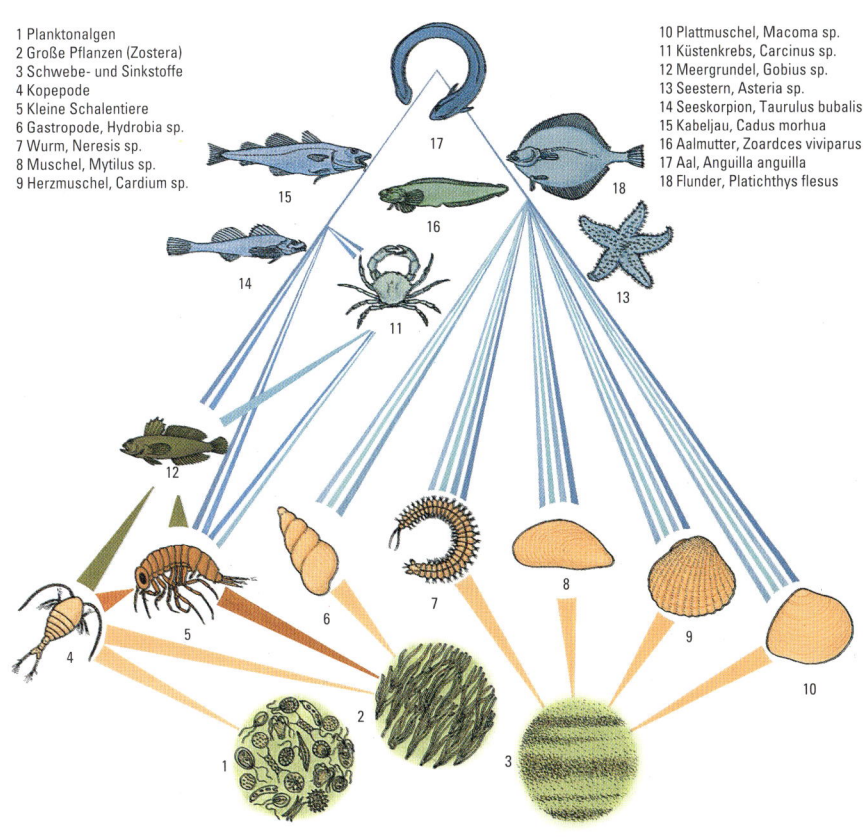

1 Planktonalgen
2 Große Pflanzen (Zostera)
3 Schwebe- und Sinkstoffe
4 Kopepode
5 Kleine Schalentiere
6 Gastropode, Hydrobia sp.
7 Wurm, Neresis sp.
8 Muschel, Mytilus sp.
9 Herzmuschel, Cardium sp.

10 Plattmuschel, Macoma sp.
11 Küstenkrebs, Carcinus sp.
12 Meergrundel, Gobius sp.
13 Seestern, Asteria sp.
14 Seeskorpion, Taurulus bubalis
15 Kabeljau, Cadus morhua
16 Aalmutter, Zoardces viviparus
17 Aal, Anguilla anguilla
18 Flunder, Platichthys flesus

◀ *Dieses komplexe Nahrungsgefüge* zeigt die Bewohner dänischer Küstengewässer und deren Beziehungen untereinander. Sowohl Phytoplankton als auch tote organische Stoffe bereichern die Gemeinschaft mit Arten, indem sie Stoffe aus dem Wasser filtern; andere wiederum ernähren sich von Aalgras, der Zostera. Aal und Flunder sind die größten Fleischfresser der Gruppe.

▼ *Die Anwesenheit* von Seevögeln deutet normalerweise auf einen Fischschwarm hin. Das Abtauchen eines einzigen Vogels zieht die anderen aus diesem Gebiet an, da sie glauben, dort Nahrung zu finden.

Verteilungsstrategien entwickelt, um die verfügbaren Ressourcen zu teilen.

Die Situation einer bestimmten Art innerhalb eines Nahrungsgefüges ist nicht konstant und kann je nach Alter schwanken. Im allgemeinen nehmen Anzahl und Größe der freßbaren Arten mit dem Alter zu.

Nahrungsketten in Auftriebsregionen

Auftriebszonen scheinen relativ einfache Nahrungsgefüge mit einer begrenzteren Artenvielfalt in jeder Ebene zu besitzen. Die Auftriebsregion vor der Küste Perus ist dafür ein gutes Beispiel. Die Sardellenschwärme (Anchovis) ernähren sich dort – vom Larvenstadium bis zur ausgewachsenen Sardelle – von den vorhandenen Planktonarten. Einmal ausgewachsen, werden viele der Anchovis ihrerseits von Tölpeln, Kormoranen und braunen Pelikanen gejagt. Diese offensichtlich einfache dreigestufte Nahrungskette bezieht aber noch eine ganze Reihe anderer Arten mit ein. Die Sardellenschwärme werden von Blaufisch und Seehecht gejagt; für Meeressäugetiere wie Seehunde und Delphine stellen sie eine wichtige Nahrungsquelle dar. Die Beziehungen der verschiedenen Arten im peruanischen System sind deshalb komplexer, und Schwankungen innerhalb einer Art spiegeln sich in Veränderungen innerhalb des Gefüges wider. Der dramatische Produktivitätsrückgang nach El Niño-Jahren führt nicht nur zum Rückgang der Anchovis und von Vogelarten, sondern trifft auch den Menschen bei der Nutzung dieser Ressource.

Überfischung stellt eines der schlimmsten Übel für das Gleichgewicht dieses Ökosystems dar. Viele Fischfangtechniken schaden und zerstören nicht nur die Umwelt, sondern durchtrennen auch viele Verbindungen innerhalb dieser komplexen Geflechte durch die gezielte Entfernung bestimmter Arten. Leider ist unser Verständnis mariner Nahrungsketten nicht groß genug, um die Wirkung des Überfischens auf andere Meeresgemeinschaften vorhersagen zu können.

Nahrungsaufnahme

Ein herausragendes Merkmal der Meereswelt ist die geringe Größe der Primärproduzenten. Viele Meeresorganismen haben deshalb einen Weg der Nahrungsaufnahme gefunden, der für die Wasserwelt einmalig ist: das Filtrieren.

Das Filtrieren von Nahrung

Zur Nahrungsaufnahme werden entweder schwebende Partikel oder kleine Organismen aus dem Wasser gefiltert, die meist viel kleiner als die Tiere sind, die sich von ihnen ernähren. Einer der extremsten Größenunterschiede zwischen einem Tier und seiner Nahrung findet sich beim über dreißig Meter langen Blauwal und seiner Nahrung, dem Krill, einer Krustazeenart von höchstens 2,5 cm Länge. Der Wal filtert den Krill, während er schwimmt. Dieser Mechanismus wird von vielen planktonfressenden Fischen benutzt, um kleine Organismen aus der Wasserströmung, die an ihren Kiemen entlangläuft, herauszufiltrieren.

Eine nicht so häufig angewandte Möglichkeit benutzen die herbivoren Kopepoden, die durch die Ruderbewegung ihrer behaarten Gliedmaßen winziges Phytoplankton aus dem Wasser sieben. Der artverwandte Rankenfußkrebs, der an Felsen befestigt bleibt, schiebt seine Glieder rein und raus, um so Schwebeteilchen in den Mund zu ziehen. Kopepoden werden vom Krill (Euphausia superba) in der gleichen Weise gesammelt, wie die Kopepoden ihre Phytoplankton-Nahrung aus dem Wasser filtern.

Passive Suspensionsfresser

Viele seßhafte und festgewachsene Organismen sind auch Filtrierer, und die zur Nahrungsaufnahme eingesetzten Strukturen sind so vielfältig und eigenartig wie diese Tiergruppen selbst. Einige, wie der Rankenfußkrebs und viele Röhrenwürmer, bewegen, obgleich an einem Ort verharrend, ihren Fangapparat im Wasser, um Nahrung zu sammeln. Andere haben eine noch passivere Art der Nahrungsaufnahme. So stellen Haarsterne Schleimstränge oder -fäden her, die Suspensionspartikel fangen. Die Schleimstränge werden dann eingezogen und durch zarte Wimpernrinnen zum Mund hin eingerollt.

Andere Tiere, wie Strudler, Schwämme, Salpen, viele Bivalven oder Seescheiden, ziehen den Wasserstrom durch Poren (Cilien) mit Hilfe eines von Wimpern betriebenen Außenstromes in ihren Körper hinein. Hier endet jedoch schon ihre Ähnlichkeit, da im Falle der Schwämme die in der Körperwand befindlichen Kammern mit Geißelzellen ausgekleidet sind, die aus dem durch die Poren eingesogenen Wasser die Nahrungspartikel absaugen, während bei Seehasen in Schleimsträngen gesammelte Partikel in den Verdauungstrakt gebracht und deren Reste ausgeschieden werden. Schwämme bieten eine Heimstätte für eine Vielzahl anderer Filtrierer, wie Kopepoden und Würmer, die in den Kammern des Schwammes als Nahrungsparasiten leben.

Das von diesen Tieren gefilterte Wasservolumen ist über einen längeren Zeitraum betrachtet sehr groß, weshalb ihnen eine wasserreinigende Bedeutung zukommt. Genauso wichtig ist aus der Perspektive der Tiere, daß sie große und nicht eßbare Partikel ausscheiden, die sonst das Filtersystem verstopfen könnten. Deshalb haben viele Filtrierer Hauptfiltermechanismen entwickelt, die nur passend großes Material hineinlassen. Die Salpen haben vielleicht das hochentwickeltste Primärfilterwerkzeug: sie filtrieren Wasser durch ein Netz, das nur Partikel von einem Mikron Durchmesser hindurchläßt. Damit haben diese Tiere die Möglichkeit, Pikoplankton zu fressen, das für die meisten anderen Filtrierer zu klein ist.

Passive Tentakel-Suspensionsfresser

Eine Abwandlung des Filtrationssystems sind die mit Tentakeln ausgestatteten Tiere, wie die Moostierchen (Bryozoa) und die Korallen, die die Tentakeln zur Nahrungsaufnahme brauchen. Im Falle der Korallen werden sie dazu benutzt, größere Planktonorganismen zu fangen, wofür die Tentakeln mit klebrigen Zellen, den Nematocysten, ausgerüstet sind. Sie immobilisieren und fangen die Beute, bevor die Tentakeln sie in den Mund

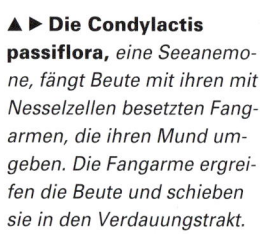

▲ ▶ **Die Condylactis passiflora,** *eine Seeanemone, fängt Beute mit ihren mit Nesselzellen besetzten Fangarmen, die ihren Mund umgeben. Die Fangarme ergreifen die Beute und schieben sie in den Verdauungstrakt.*

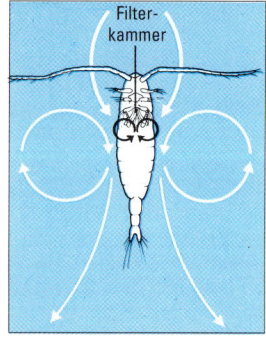

▲ ▶ **Calamus finmarchicus,** *ein Kopepode, zieht winzige Nahrungspartikel mit Hilfe der Härchen an seinen Gliedmaßen aus dem Wasser.*

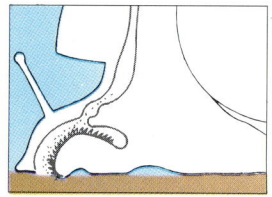

▲ *Die herbivoren Meeresschnecken kratzen mit ihrer kräftigen feilenartigen Raspelzunge (Radula) Algen vom Felsen. Die karnivore Wellhornschnecke (rechts) hält die Beute mit ihrem Fuß, während sie ein Loch in die Muschel bohrt.*

◄ *Die enorme Größe* der Bartenwale im Vergleich zu ihrer Beute, vor allem dem Krill, verlangt, daß die Wale ihre Nahrung aus dem Wasser filtrieren. Hierbei wird Wasser ins Maul gelassen, und sobald Zunge und Gaumen angehoben werden, wird dieses Wasser durch die Barten nach außen gedrückt. Krill und anderes Plankton bleiben im Maul gefangen.

bewegen. Die Arme lophophorater Tiere wie den Moostierchen sind weniger dazu da, Beute zu fangen, als die Oberfläche zu vergrößern, auf der die Ciliata (Wimperntierchen) Wasser und Partikel zum Maul fächern.

Geröllfresser

Sessile Bodenbewohner sind derart angepaßt, daß sie sich von Sink- und Schwebeteilchen (Detritus) ernähren können. Sobald der hinabsinkende Fäkalregen den Meeresgrund erreicht, dient er als Energiequelle für eine komplexe Gemeinschaft von Organismen, zwischen denen die Bakterien ein wichtiges Glied sind. Alle Oberflächensedimente beinhalten eine Vielzahl von Bakterien, die als Nahrungsquelle für kleine interstitielle Organismen vieler Stämme dienen. Die Anpassung dieser Tiere besteht darin, daß sie sich zwischen den Sandkörnern bewegen, indem sie den Wasserfilm, den jedes Sandkorn umgibt und es von den anderen trennt, ausnutzen. Tatsächlich stellt das Sediment ein Gemisch aus Organischem und Anorganischem dar, das von vielen grabenden Organismen verschlungen wird. Diese verdauen das organische Material und scheiden anorganisches Material aus.

Die wählerischen Seegurken suchen die Oberfläche nach passenden größeren Teilchen ab, die von den Tentakeln aufgenommen und einzeln gefressen werden. Viele Krabben, einschließlich einzelner großarmiger Winkerkrabben, nehmen einzelne Sedimentpartikel auf und putzen sie mit den haarähnlichen Elementen am Mundstück sauber. Diese halten das eßbare Material zurück und entfernen die Sedimentpartikel.

Kleine Seesterne haben oftmals zwei ihrer fünf Arme unter einem Stein und bewegen ihre restlichen drei Arme vor ihrer Behausung. Auf der Unterseite der Arme produzieren eine Art Röhrenfüße klebrigen Schleim, der Nahrungspartikel sammelt. Anschließend werden diese Partikel auf der Unterseite der Arme entlang zum in der Mitte gelegenen Maul geführt.

Weidegänger

Abweiden ist eine Nahrungsaufnahmeart im Meeresraum, die auf die flachen Küstengewässer beschränkt ist, wo ein-

zellige Algen auf dem Meeresboden wachsen, und wo Seetang und Seegras eine pflanzliche Nahrungsquelle sind.

Der Algenfilm, der in flachen Gewässern sämtliche Oberflächen bedeckt, ist für viele Arten eine wichtige Nahrungsquelle. Um die Pflanzenproduktion von der Oberfläche der Felsen abzukratzen, wurden verschiedene Mechanismen entwickelt.

Die Raspelzunge (Radula) der Mollusken ist eine mögliche Anpassungsform. Hierbei befinden sich kleine Zähne in strahlenförmiger Anordnung auf der Zungenoberfläche. Mit dieser Zunge können sie auch harte Algen- und sonstige Überzüge abweiden. Da die strahlenförmige Anordnung stets fixiert bleibt, haben diese Tiere eine besondere Art entwickelt, die Zunge zu bewegen. Seeigel wiederum haben ein System von Muskeln und Knorpeln entwickelt, die sog. Laterne des Aristoteles mit fünf konzentrisch angeordneten Zähnen. Diese lassen sich nach innen und außen rotieren und kratzen so wie die Radula einzellige Algen vom Felsgestein.

Anzahl und Unterschiedlichkeit der Weidegänger ist eingeschränkter als die der Filtrierer. Dennoch gibt es unter ihnen eine Gruppe kleiner herbivorer Fische, die den kurzen Algenrasen tropischer Riffe abweiden. Solche pflanzenfressenden Fische sind zum Schutz der Vielfältigkeit des Ökosystems des Korallenriffs wichtig, denn durch ihr Handeln wird ein Überwuchern durch Algen verhindert, die die zarten, jungen Korallen ersticken könnten.

▲ *Bartenwale* haben ihre Zähne verloren und Hornplatten ausgebildet, die über den oberen Kiefer hängen. Diese Bartenplatten haben Strähnen aus feinem, haarähnlichem Material, die dazu dienen, das Krill, ihre Nahrung, zu fangen.

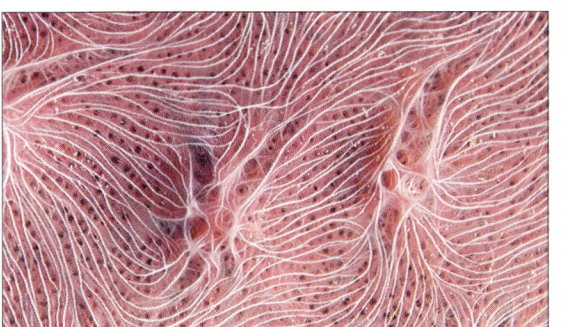

◄ *Beim Schwamm* dient der gesamte Körper als Nahrungsfilter. Ununterbrochen wird Wasser durch Poren (Cilien) in den Körper gedrückt, wo die mikroskopisch kleinen Nahrungspartikel entnommen werden. Das restliche Wasser wird durch größere Öffnungen wieder nach außen geführt.

Jäger und Beute

Die Jäger im Meer unterscheiden sich erheblich von denen an Land. In den flachen Gewässern der Kontinentalschelfe gibt es eine Vielzahl seßhafter Tiere. Diese Lebensweise führt zu einer Jagdform, die dem Abweiden von Herbivoren ähnlicher ist als dem aktiven Jagen und Fangen, wie wir es vielfach an Land vorfinden.

Das Abweiden sessiler Tiere ist in benthischen Meeresgemeinschaften, besonders in flachen Gewässern, häufig verbreitet. Korallen werden von dem Dornenkronen-Seestern, *Acanthaster plancii*, „abgeweidet". Dazu stülpt er seinen Magen über die Korallenkolonie und verdaut dann die Polypen außerhalb seines harten Kalksklerit-Kettenpanzers. Die kräftigen Papageifische sind dagegen sogar in der Lage, Korallenzweige zu zerbrechen. Diese werden dann verschlungen und durch plattenähnliche Zähne im Hinterraum der Kiefer zermalmt. Viele kleinere Fische und auch einige Mollusken weiden über die Oberflächen der Korallenkolonien und holen vorsichtig einzelne Polypen aus deren Schutzhülle heraus. Eine große Anzahl nudibranchialer Mollusken (Nacktkiemer) hat ihre Ernährung auf Fächer-, Feder- und Hornkorallen abgestellt. Einige Seeschnecken speichern die klebrigen Zellen, die sie von ihrer Korallenbeute gesammelt haben, und nutzen sie als Schutzmittel gegen andere Jäger.

Da sessile Tiere nicht vor ihren Jägern flüchten können, haben viele von ihnen andere Methoden entwickelt, um einen Angriff abzuwehren. Hierzu gehört, daß Weichtiere einen harten Kalksklerit-Panzer ausgebildet haben, in den sie sich bei Bedrohung zurückziehen können. Doch trotz ihrer harten Schalen sind Muscheln der Jagd ausgesetzt, da viele Schnecken ihre Raspelzunge zu einem Bohrer weiterentwickelt haben, der ein kleines rundes Loch durch die Muschelschale bohren kann. Durch dieses Loch gibt die Schnecke Verdauungsenzyme in die Auster, Mies- oder Venusmuschel und saugt die dabei entstandene „Proteinsuppe" heraus.

Seesterne, wie z.B. die *Asterias*, haben andere Angriffsformen entwickelt. Mit den Saugfüßchen zweier gegenüberliegender Arme greifen sie die beiden Klappen der Muschel, die sie leicht auseinanderschieben. Dann stülpen sie ihren Magen in das Muschelinnere, sondern wie beim Austerbohrer Enzyme ab, verdauen die Muschel außerhalb ihres Körpers und absorbieren die verdaute Nahrung durch die Magenwand.

Aktive Jäger

Traditionellere Jäger-Beute-Beziehungen finden wir bei den Wirbeltieren. So verfügen die Jäger der Fische über klassische Strategien, wie z.B. das aktive Jagen von Beutetieren. Drescherhaie jagen in der Gruppe. Mit ihrem peitschenartigen Schwanz treiben sie Makrelen oder Heringe zu einem dichten Schwarm zusammen, in den sie dann schnell fressend einfallen. Viele kleine Engelfische verhindern gebeutet zu werden, indem sie in der Nähe einer riffbildenden Koralle, *Acropora*, bleiben, in die sie bei Gefahr fliehen. Der bunte Anemonenfisch verwendet eine ähnliche Strategie: bei Gefahr zieht er sich in die klebrigen Anemonenarme zurück.

Aktive Jäger werden oft durch ihre Sehkraft geführt, deshalb dient die Färbung ihrer potentiellen Opfer dazu, je nach Lichtverhältnis schwächer wahrgenommen zu werden. So sind viele Planktonorganismen an der Wasseroberfläche transparent, wodurch sie kaum zu erkennen sind. In der Tiefe sind sie oft rot, erscheinen aber schwarz, da das rote Licht nicht so weit vordringen kann wie die anderen Lichtwellenlängen. In helleren Oberflächengewässern haben viele Fischarten einen Gegenschatten mit einer dunkleren blauen oder grauen Rückenoberfläche und hellen oder silbrigen Bäuchen. Dadurch können sie weder

▼ *Viele Fischschwärme*, wie hier die Makrele, weisen einen Schattenwurf mit dunklen Rückenoberflächen und helleren, silberfarbenen Unterseiten auf. Dieses Anpassungsmuster bietet Schutz von oben und unten. Die silberne Unterfläche geht in das von oben einfallende Sonnenlicht über, so daß tieferschwimmende Jäger sie nicht sehen können, während die dunklere Rückenoberfläche im Dunkelblau des Meerwassers verschwindet, das so Schutz vor Seevögeln bietet.

von unten gegen die sonnenbeschienene Oberfläche noch von oben von den Seevögeln gegen das dunklere Meer gut gesehen werden.

Die Cephalopoden-Mollusken (Kopffüßer), worunter Tintenfisch, Sepia und Oktopus fallen, sind alle Jagdtiere. Während der Oktopus, die Riesenkrake, oftmals sitzend nach Schnecken und Fischen Ausschau hält, sind Tintenfisch und Sepia aktive Schalentierjäger. Einige Tintenfischarten richten einen sanften Wasserstrahl auf die Sandoberfläche, um verdeckte Shrimps aufzuspüren, die dann mit Hilfe eines länglichen Tentakelpaares gegriffen werden. Tintenfisch, Sepia und Oktopus verhindern, selber gebeutet zu werden, indem sie bei Gefahr eine große Tintenwolke ausbreiten, schnell fliehen und ihre Farbmusterung wechseln. Damit verwirren sie den Jäger, so daß der Kopffüßer entkommen kann.

Lauernde Jäger

Lauernde Jäger sind in Seen und Meeren vor allem in großen Tiefen, in denen es nur noch wenig Beute gibt, häufig zu finden. Solche Jäger sind oftmals getarnt, wobei sie auf die Unfähigkeit der Beute setzen, sie auszumachen. Der Tiefsee-Anglerfisch ermutigt kleinere Fische mit Hilfe eines kleinen Lichtes auf seinem Kopf, das entweder nur leuchtet oder einem kleinen Wurm ähnelt, sich in Reichweite zu begeben. Der Nahrungssucher wird so selber zum Beutetier.

Viele marine Organismen haben als Beuteschutz toxische, d.h. giftige, oder schädliche chemische Stoffe sowie leuchtende Farbmuster entwickelt, mit denen sie Jäger auf diese Eigenheiten hinweisen. So sind viele giftige Seeschlangen schwarz oder dunkelblau-weiß gestreift, was sie nicht vor Tigerhaien schützt. Seeschlangen wie die *Laticauda colubrina* nutzen ihr starkes Gift, um die von ihnen gejagten Aale zu fangen. Die wesentlich größeren Seeschlangenweibchen ernähren sich von großen Meeraalen, während die kleineren Männchen Riffaale fangen.

Der Anglerfisch (*Lophius piscatorius*)
Der sitzende und auf seine ahnungslose Beute lauernde Anglerfisch ist dem Boden perfekt angepaßt. Sobald ein Fisch, der durch seinen leuchtenden Köder angezogen wird, in Reichweite ist, öffnet der Fisch schnell sein Maul und schlürft das Opfer hinein. Die gut entwickelten Zähne des Fisches verhindern dann, daß die Beute entschlüpfen kann.

▲ *Der große weiße Hai* gehört zu den gefährlichsten aktiven Jägern. Haie haben einen scharfen Geruchssinn, der sie verwundete oder sterbende Fische aufspüren läßt. Da Haie nicht kauen können, reißen sie aus größerer Beute Stücke heraus. Ihre rasiermesserscharfen Zähne sind in zwei parallelen Reihen angeordnet. Sie werden kontinuierlich erneuert, indem von hinten Zähne nachwachsen, wenn vorne ältere verlorengehen oder beschädigt werden.

Fortpflanzung

Die Fortpflanzungsstrategien mariner Tiere reichen vom „Aussäen" vieler Millionen Eier bis hin zur Brutpflege, bei der nur einige wenige Eier gelegt werden.

Die „Aussäer" vertrauen darauf, daß einige der vielen Millionen Nachkommen überleben werden. Die meisten werden aber entweder im Ei- oder im Larvenstadium zur Beute oder durch Strömung in unwirtliche Regionen getragen. Die Anzahl der überlebenden Larven kann schwanken, was dann Folgen für die Population der erwachsenen „Aussäer" hat.

Die geschlüpften Jungen von Arten, die weniger und größere Eier laichen, sind meist größer und können deshalb vermeiden, genauso stark wie Planktongemeinschaften gejagt zu werden. Die Elterntiere jener Arten schützen manchmal sogar die Eier, wie im Fall des Anemonenfisches und einiger Weichtierarten. Diese Populationen sind weniger starken Schwankungen unterworfen, da die Sterblichkeitsrate ihrer Nachkommen vergleichsweise gering ist.

Massenbefruchtung

Viele der sessilen Tiere sind „Aussäer". Die Eierbefruchtung findet durch eine chemische Stimulanz statt, die das erste reife Tier dazu veranlaßt, Eier abzulassen. Riesenvenusmuscheln z.B. sind hermaphrodite Wesen, haben also männliche und weibliche Zellen. Während des Laichprozesses produziert das reife Individuum zunächst Spermien, die in milchigen Wolken ins Wasser abgesondert werden. Chemische Substanzen der Spermien stimulieren benachbarte Venusmuscheln dann, ebenfalls zu laichen. Nach der Spermienproduktion folgt die der Eier. Das Timing ist nun so, daß sie in dem Augenblick ins Wasser gelassen werden, in dem die benachbarten Tiere beginnen, Spermien zu bilden. So kann eine optimale Überkreuz-Befruchtung stattfinden. Eine einzige Riesenvenusmuschel kann mehrere Millionen Eier heranbilden, die nach

erfolgreicher Befruchtung als schwimmende Planktonlarven schlüpfen.

Sessile Tiere nutzen ihr Larvenstadium zur Verbreitung. Die Larven schwimmen passiv in Planktongemeinschaften, wo sie als Nahrungsquelle für Larvenfische und andere Jäger dienen. Da sie passiv von den Strömungen getragen werden und innerhalb der Wassersäule nur eingeschränkt bewegungsfähig sind, sind sie davon abhängig, daß die Strömungen sie in eine zum Ansiedeln geeignete Zone transportieren. Die Dauer des Larvenstadiums bedeutet für viele Arten einen Kompromiß: einerseits müssen sie in der Nähe des geeigneten Lebensraumes bleiben, andererseits müssen sie z.T. weit entfernte Lebensräume neu besiedeln, was ein längeres Larven- und Verbreitungsstadium voraussetzt. Bei Arten mit längeren Larvenstadien ernähren, wachsen und verändern sich die Larven noch während sie Mitglieder der Planktongemeinschaft sind. Im Gegensatz dazu neigen Arten mit kurzem Larvenstadium dazu, nur vorübergehendes Mitglied der Planktongemeinschaft zu sein, sich dort nicht zu ernähren und das Larvenstadium ausschließlich zur Artenverbreitung zu nutzen.

Alle schweben während der Verbreitungsphase im Wasser, so daß Arten verschiedener mariner Organismen zum Teil ähnliche Eigenschaften entwickelt haben. So weisen sie z.B. Cilienbänder auf, die eingeschränkte Bewegungen erlauben (und die auch für die Nahrungsaufnahme wichtig sind), oder sie haben mit Stacheln ihre Oberfläche vergrößert, was ihre Sinkgeschwindigkeit vermindert. Außerdem haben diese Larven oft Augenflecken, dank derer sie sich der durchlichteten Zone zuwenden können.

Bei der Ansiedelung müssen die Larven sessiler Tiere einen geeigneten Platz finden, an dem sie sich selbst verankern. Dazu verfügen sie über chemische Sensoren und den Tastsinn. Einige von ihnen haben spezielle Drüsen,

---

Fortpflanzung Wirbelloser
Wirbellose Tiere pflanzen sich unterschiedlich fort. Einfach gebaute Tiere vermehren sich durch Knospung, wobei sich ein Körperauswuchs des Mutterorganismus bildet, der abgeschnürt wird. Andere Fortpflanzungsmethoden schliessen eine Befruchtung der Eier mit ein. Einige Arten, wie z.B. Krabben, verbringen ihre Larvenzeit im Plankton, mit dem sie durch die Oberflächenströmung fortgetragen werden.

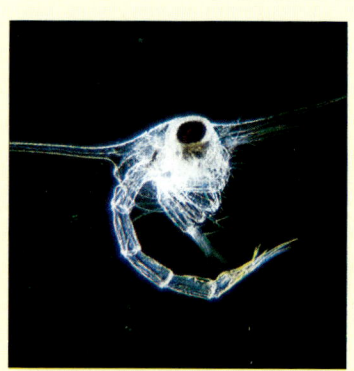

Nacktschnecke, Doto fragilis, *und Eispiralen*   *Larve einer Corystis-Krabbe*

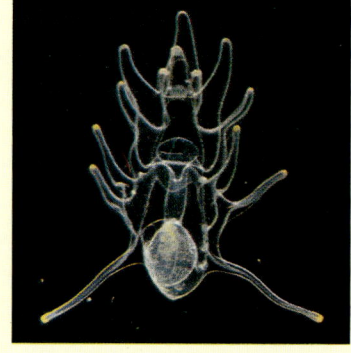

Knospung der Weichkoralle Alcyoonium sp.   *Bandartige Gelege einer Nacktschnecke*   *Larve des Seesterns* Asterias rubens

▲ Schildkrötenpartner im
Wasser. Später sucht das
Weibchen einen geeigneten
Strand zum Laichen und
vergräbt dort die Eier
oberhalb der Flutmarke.

▼ Riesenvenusmuscheln
pflanzen sich fort, indem sie
erst Spermien und dann die
Eier ins Wasser absondern,
die sich dann zu winzigen
Larven entwickeln.

die klebrige Substanzen für eine erste Haftung absondern.
Die Wahl des Ortes ist für das Überleben des erwachsenen
Tieres entscheidend. An einem ungeeigneten Ort kann das
Wachstum verzögert werden oder das Tier kann sterben.

Partnersuche

Die Fortpflanzung beweglicher See- oder Meerestiere
bedeutet zunächst, einen Partner zu finden. Damit können
marine Organismen vor riesige Probleme gestellt werden –
vor allem im tiefen Meer, wo die einzelnen Lebewesen
weit verstreut sind. Marine Tiere leben in einer
dreidimensionalen Wasserwelt, oft bei wenig oder gar
keinem Licht, in dem die Augen den Partner nicht finden
können. Deshalb haben einige Tiere chemische Stoffe
entwickelt, um den ergänzenden Geschlechtspartner zu
finden und anzulocken. Andere, wie der Anglerfisch,
haben das Problem auf andere Weise gelöst: das erheblich
kleinere Männchen klebt ständig an dem Weibchen.

Einige Korallenriffische, wie die Barsche, bilden
Laichgruppen, indem sie jedes Jahr zu bestimmten Laichplätzen zurückkehren, an denen die sonst weit über das
Riffsystem verstreuten Fische laichen. Bei vielen Inseln
befinden sich diese Laichorte in örtlichen Strömungs-
zonen, die die Eier und Larven im Kreis bewegen und sie
zu dem Zeitpunkt, an dem sie bereit sind, Riffbewohner zu
werden, in die Riffgegend bringen.

In tropischen Küstenregionen sind Mangroven und
Seegrasbecken wichtige Aufzuchtstätten für viele Fisch-
und Krabbenarten, da ihre komplexen Farnwedel- und
Wurzelsysteme viele Versteckmöglichkeiten bieten. Viele
Arten der kleineren Fische, die weit vor der Küste leben,
laichen in Binnengewässern in der Nähe von Mangrovengebieten. Hier schlüpfen dann die Larven, bevor sie
sich in die Küstengewässer begeben. Krabben, die weich-
bödige Zonen tiefer Gewässer bewohnen, nutzen ebenfalls
Mangrovengebiete als Aufzuchtstätten, in denen die
Larven in den ersten Lebensstadien Nahrung finden und
heranwachsen.

Fortbewegung Wirbelloser

▶ **Die Pyroteuthis-Tinten-
fische** haben einen Muskel-
hohlraum (1), der völlig die
Kiemen umschließt (2). Zur
Fortbewegung bläht der
Tintenfisch diesen Hohlraum
auf und saugt Wasser durch
den weiten Schlitz vorne am
Körper an (3). Dieses Wasser
kann nicht durch den Trichter
(4) durchfließen, da nur an
einem Ende eine Öffnung
vorhanden ist. Deshalb zieht
der Tintenfisch nun den
Hohlraum zusammen, so
daß das Wasser aus dem
Trichter ausgestoßen wird.
Die überlappenden Enden
der Spalten (5) sorgen dafür,
daß das Wasser in einem
feinstmöglichen Strahl
hinausgedrückt wird, um den
Rückwärtsschub zu
optimieren.

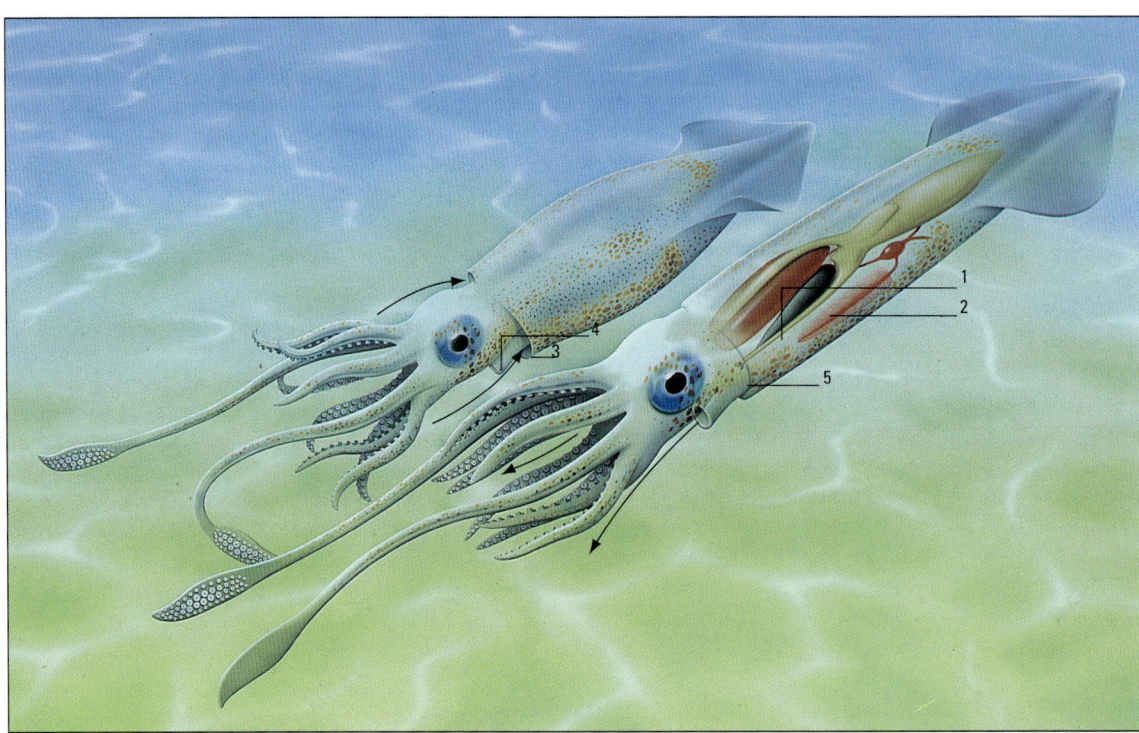

Die große Anzahl unterschiedlicher Körperformen spiegelt die verschiedenen Lebensgewohnheiten und Fortbewegungsmöglichkeiten mariner Tiere wider. Pelagische Arten sind häufig passiv und lassen sich von den Oberflächenströmungen tragen oder aber sind, wie im Fall der *Physalia*-Qualle, der Portugiesischen Galeere, mit Schwebekissen ausgestattet. Viele wirbellose Tiere des Meeresraumes sind sessil oder halbsessil, das heißt, sie bewegen sich nur beim Rückzug in einen Bau oder eine schützende Muschel. Diese Bewegungen können schnell sein – vor allem wenn sich das Tier von einem Jäger bedroht fühlt. Viele Weichtiere ohne schützendes Skelett haben das Bewegungsproblem auf die vielfältigste Art und Weise gelöst.

Im Benthos gibt es viele Tiere, die sich kriechend über die Oberfläche bewegen; eine große Gruppe bilden hier die Gastropoden, schneckenähnliche Weichtiere. Sie sind mit einem Muskelfuß ausgestattet. Die Tiere bewegen sich durch Kontraktionswellen, die sich entlang der Unterseite des Fußes formen, sowie mit Cilienbändern, die ein vom Fuß selber abgesonderter Schleimfilm umgibt. Bewegung mittels Cilien, Flimmerhärchen, ist ebenfalls in vielen Gruppen üblich. Hierzu gehören die Plattwürmer, die auch durch Schlagbewegungen des Körpers schwimmen und sich durch Muskelkontraktionen noch schneller fortbewegen können. Das am meisten entwickelte Fortbewegungssystem ist vielleicht das der Stachelhäuter, des Seesterns, des Seeigels und ihrer Verwandten. Diese Tiere besitzen einen kleinen tubenförmigen Saugfuß, der nach vorne gestreckt wird, festklebt und dann den Fuß verkleinert, um den Körper heranzuziehen. Die Schlangensterne haben Gliederarme entwickelt, die in schneckenähnlichen Bewegungen von Seite zu Seite gebogen werden können. Diese Arme sind mit kleinen Wirbeln bedeckt, so daß sich die Tiere, wenn sie Gegenstände am Boden mit ihren Armen umrollen, dann auf diese ziehen können.

Wenn sich Tiere unter der Sedimentoberfläche fortbewegen wollen, müssen sie graben. Viele Weichtierwürmer graben mittels Extension und Kontraktion von Körperteilen mit einem hydrostatischen Skelett. Jedes Segment des Wurmkörpers enthält eine nicht zusammen-

drückbare Flüssigkeit, so daß sich die Ringmuskeln der Körperwand genau dann zusammenziehen, wenn sich die Längsmuskeln entspannen und das Körperteil ausgestreckt wird. Dadurch dringt der vordere Teil des Körpers in das Sediment ein. Anschließend bewirkt die Kontraktion der Längsmuskeln die Entspannung der Ringmuskeln, das Körpersegment wird kurz und dick und das Tier verankert sich in seinem Bau. Solche Fortbewegung erfordert enorme Energie, so daß viele der grabenden Tiere konstant in einem solchen Bau leben.

Halbsessile Tiere

Sessile Tiere sind unfähig, sich von einem Ort zum anderen zu bewegen; halbsessile Tiere jedoch, wie die Haarsterne, können den Platz wechseln, wenn die Nahrungszufuhr ungenügend oder die Wellenbewegung zu stark ist. Dazu lösen sie ihre basalen Zirren und wedeln mit ihren Armen im Wasser auf und ab. So schwimmen sie auf etwas ungeschickte Weise eine kurze Strecke, bevor sie sich wieder auf dem Boden niederlassen und sich mit den geschlossenen Zirren erneut verankern. Einige Seeanemonen schwimmen, indem sie den Körper von einer Seite auf die andere werfen. Einige langsam kriechende Seeschnecken, wie der Spanische Tänzer, öffnen bei Gefahr die Hülle und schwimmen mit Klappbewegungen davon.

Im Vergleich zu Wirbeltieren ist die Bewegung von Weichtieren langsam, doch zeigen sie eine Vielfalt an Fortbewegungsmöglichkeiten und Formanpassungen. Die Krustaceen sind dagegen deutlich weiter entwickelt als die Weichtiere. Wie ihre Verwandten auf dem Festland, die Insekten, besitzen sie ein Gelenkskelett, das mittels gegenüberliegender Muskelpaare bewegt werden kann. Sie haben eine große Anzahl an Geh- und Schwimmarten entwickelt, die sich auf den Gebrauch von Gelenkbeinen und Schwimmpaddeln stützen. Die Spannbreite reicht vom Stolzieren der Seespinnen über das Krabbeln der Krabben bis zu den rasenden Schwimmbewegungen der kleinen Kopepoden, die ihre mit Gelenken versehenen Beine nach vorne schleudern, um die Wassersäule abwärts zu gehen.

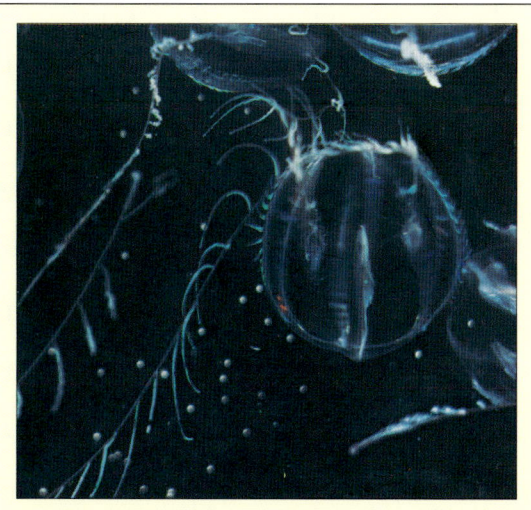

Schwimmen wirbelloser Tiere

Kammquallen schwimmen dank kammähnlicher Platten, den Ctenen (1). Reihen rhythmisch sich bewegender Cilien bewegen das Tier vorwärts. Die Schlagbewegung der Ctenen geht von der Mundöffnung aus (2). Einfache Muskeln verleihen dem Tier eine gewisse Kontrolle über die Tentakeln (3), die mit klebrigen Zellen zum Beutemachen ausgerüstet sind.

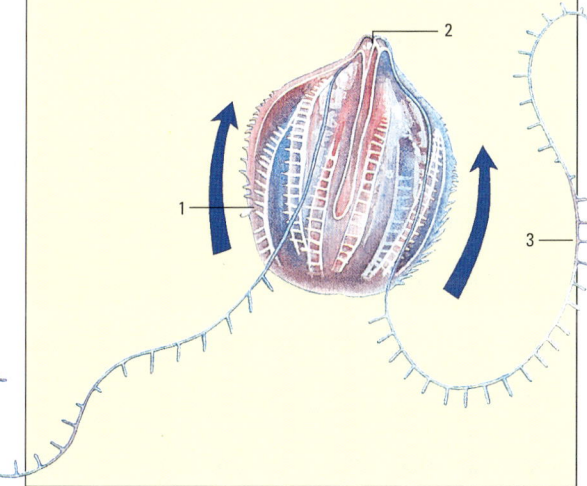

▼ **Weichtiere** wie die Kegelmuschel, Conus aulicus, bewegen sich mittels Muskelkontraktionswellen auf der Unterseite des Fußes. Die Fortbewegung wird von Cilien und Schleim unterstützt, der von besonderen Drüsen der Fußunterseite abgesondert wird.

◄ **Die Qualle,** Cassiopeia, findet sich gewöhnlich in den warmen Gewässern um Florida und den Westindischen Inseln. Zum Schwimmen zieht sie den abgeflachten Körper zusammen und preßt das darunterstehende Wasser zusammen. Das Resultat ist eine ruckartige Aufwärtsbewegung.

Aktive Schwimmer

▲ **Der Beilfisch,** Argyropelecus, bewohnt die Tiefsee, wo Nahrung rar ist. Obgleich der Beilfisch nur 9 cm mißt, kann er mit seinem weit aufgerissenen Maul mit den steil nach hinten gerichteten Zähnen große Beute fangen.

▲ **Der Thunfisch** ist ein muskulöser, ausdauernder Schwimmer, dessen Stromlinienform, halbmondförmige Schwanzflosse und teilweise anlegbaren Flossen seine Schwimmgeschwindigkeit verraten.

▲ **Die Scholle,** Pleuronectes platessa, hat sich mit ihrem flachen Körper und der Pigmentierung der Körperoberseite perfekt an ihr Bodenleben angepaßt. Junge Schollen haben normale Fischform. Beim Flachwerden rutschen die Augen auf die Oberseite.

▲ **Der Marlin** oder Schwertfisch ist ein 4 m langer, aggressiver Raubfisch. Sein perfekt stromlinienförmiger Körper und der kräftige, sichelförmige Schwanz verraten seine hohe Geschwindigkeit. Die speerförmige Schnauze benutzt er zum Räubern in einem Fischschwarm.

Das Schwimmen der Meereswirbeltiere beinhaltet den Vorwärtsschub, die Lenkfähigkeit des Körpers und dessen Richtungsänderung sowie die Fähigkeit, im Schwebezustand zu verharren. Wasserwirbeltiere haben eine beträchtliche Größe erreicht, was zum Teil auf den Auftrieb zurückzuführen ist. Dennoch sind Tiere dichter als Wasser und neigen deshalb dazu zu sinken, falls sie nicht mit schwimmenden Aufwärtsbewegungen gegensteuern. Haie, Rochen und andere Elasmobranchii verringern ihre Dichte, indem sie Öl in ihrer Leber lagern, doch trotzdem würden sie sinken, wenn sie aufhörten, zu schwimmen.

Die Schwimmblase der weiterentwickelten Knochenfische ist ein mit Luft oder Gas gefüllter Sack, der sich unter der Wirbelsäule befindet und der den Fisch gewichtslos im Wasser ruhen läßt. Je nach Tiefe kann die Blase mit Gas weiter gefüllt oder etwas geleert werden, so daß ein Knochenfisch mit seinem hydrostatischen Organ in der Schwebe bleiben kann. Dank dieser Mechanismen spart das Tier Energie, da kleine Korrekturen der Flossen ausreichen, seine Stellung zu halten.

Um eine Vorwärtsbewegung zu erreichen, greift ein aktiv schwimmendes Tier zumeist auf die Schwanzflosse zurück. Deren Form reicht von den horizontalen Schwanzflossen der Wale bis zu den homocerkalen Schwanzflossen der Knochenfische, die gleich große Lappen auf der oberen und unteren Mittellinie des Körpers besitzen. Dagegen ist der Schwanz des Hais heterozerk – der Rückenlappen ist größer als der des Bauches. Solch ein Schwanz verleiht nicht nur die Kraft für die Vorwärtsbewegung, sondern hebt auch den hinteren Teil des Tieres an und verhindert das Absinken. Die in der vorderen Hälfte in einem bestimmten Winkel ins Wasser gehaltenen Brustflossen gleichen die Hebewirkung der Schwanzflosse aus.

Da die Knochenfische mit Hilfe ihrer Schwimmblase bewegungslos im Wasser schweben, müssen sie nicht aufwärts gegensteuern, so daß die beiden Lappen der Schwanzflosse gleich groß sein können. Die fossilen, reptilienähnlichen Ichthyosaurier hatten Schwanzflossen, die genau die umgekehrte Form von denen der Haie hatten. Diese luftatmenden Tiere hatten nicht das Problem zu sinken, sondern an die Oberfläche zu schweben. Ihre Schwanzflosse war so gebildet, daß sie einen Abwärtsschub ausführen konnte, dank dem sich das Tier unter Wasser besser fortbewegen konnte.

Bewegung und Stabilität

Mit den beiden Seitenflossen steuert das Tier und verhindert ein Anstoßen; die mittleren Flossen und die Rücken-, After- oder Bauchflossen hingegen verhindern ein Hin- und Herschaukeln. Eine Kombination dieser Flossenbewegungen führt zu einer gleichmäßigen Vorwärtsbewegung. Die Schwanzflosse wird durch eine Kontraktion der in Segmenten angeordneten Muskelblöcke, den Myotomen, bewegt, die sich auf beiden Seiten des Tieres befinden. Sobald sich die Muskeln auf einer Seite zusammenziehen, biegt sich der Schwanz zu dieser Seite hin. Nach jeder Kontraktion hilft die Wirbelsäule, in die Ausgangsposition zurückzukehren, da die gerade Linienform die Ruhestellung der Wirbelsäule ist. Wale bewegen ihre Schwanzflossen durch große Muskelblöcke, die entlang der Rückenwirbel liegen und sich eher auf und ab statt hin und her bewegen. Die Schwanzbewegungen führen zur schnellen Vorwärtsbewegung des Tieres, so daß sich für Schnellschwimmer das Problem des Bremsens ergibt. Weiterentwickelte Knochenfische haben die Position der hinten gelegenen Hüftflossen so weit nach vorne geschoben, daß sie gleich unterhalb der Brustflossen liegen, die sich wiederum etwas höher auf dem Tierkörper hin positioniert haben. Indem alle vier Flossen gleichzeitig ausgebreitet werden, tritt ein vierfaches, abruptes Bremsen ein.

Nicht alle aktiven Schwimmer greifen auf Schwanzflossen zur Vorwärtsbewegung zurück. Die Kopffüßer haben für kurze, schnelle Bewegungen einen Düsenantrieb entwickelt und Seitenflossenfalten für länger andauerndes Schwimmen. Bei diesen Tieren wird das im Hohlraum

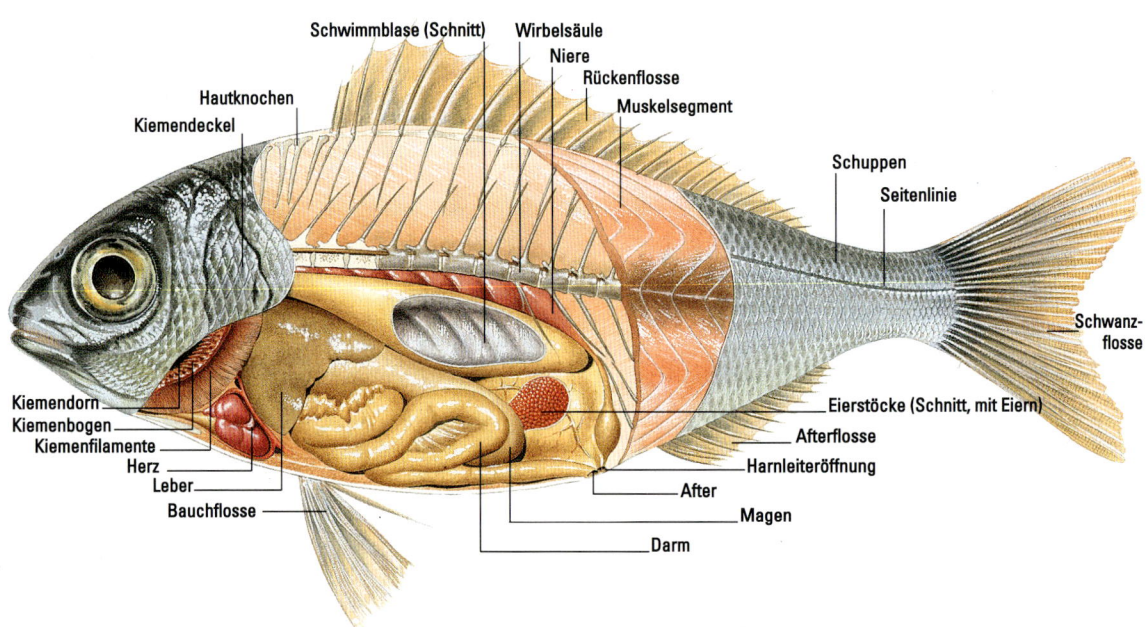

Schwimmblase (Schnitt) — Wirbelsäule — Niere — Rückenflosse — Muskelsegment — Hautknochen — Kiemendeckel — Schuppen — Seitenlinie — Schwanzflosse — Kiemendorn — Kiemenbogen — Kiemenfilamente — Herz — Leber — Bauchflosse — Eierstöcke (Schnitt, mit Eiern) — Afterflosse — Harnleiteröffnung — After — Magen — Darm

▲ **Die „echten" Fische** oder **Knochenfische** sind in Form und Fortbewegungsart unterschiedlich. Sie besitzen einen Schwanz mit gleichgeformten Hälften, die ein gleichmäßiges Schwimmen bewirken. Sie halten durch ihre Schwimmblase das Gleichgewicht. Der Fisch kann durch Gaszu- oder Gasabfuhr die Schwimmblase verändern und damit sein Volumen dem Druck anpassen und so auf das Tauchen oder Steigen einwirken.

Die Evolution des Schwimmens

A

B

C

D

◄ *Die Ichthyosaurier* (A) *bildeten eine Gruppe von Meeresreptilien, ihrer Körperform nach den heutigen Tümmlern ähnlich. Die Bauchlappen gaben einen Schub nach unten, der den Tieren beim Tauchen half. Die heutigen Wale (B) atmen wie die Ichthyosaurier Sauerstoff ein. Im Gegensatz zu jenen jedoch sind die Flossen der Walschwanzflosse horizontal angebracht, und der gesamte Schwanz wird durch das Rückgrat auf und ab und nicht hin und her bewegt. Haie (C) haben wie die Ichthyosaurier und die Wale einen stromlinienförmigen Körper; dennoch ist die obere Hälfte der Haischwanzflosse größer als die untere, die damit einen Aufwärtsschub gibt und damit der Tendenz des Tieres zu sinken entgegenwirkt. Die Plesiosaurier (D) bilden eine Reptiliengruppe, die trotz ihres Schwimmvermögens ausgestorben ist. Zum Schwimmen benutzten sie wie die heutigen Meeresschildkröten große, paddelartige Gliedmaßen statt Schwanzflossen.*

befindliche Wasser schnell durch eine Art Siphon ausgestoßen, so daß das Tier nach hinten schießt. Der Tintenfisch hat im hinteren Teil dreieckige Flossen, die wie die „Flügelflossen" des Adlerrochens zur Fortbewegung eingesetzt werden.

Im Gegensatz dazu besitzt der Tintenfisch rund um den unteren Teil des Körpers eine durchgehende Flossenfalte, die durch Muskelkontraktionswellen zur Fortbewegung führt. Diese Schwimmform ähnelt der einiger Plattfische, wie Scholle und Flunder, die ihre Rücken- und Afterflossen verändert haben und die Schwanzflosse kaum zur Fortbewegung einsetzen. Viele kleinere Knochenfische, die sich im Riff oder im Seetang verstecken, setzen statt ihres Schwanzes die Flossen rudernd ein. Aale hingegen schwimmen durch seitliche Beugebewegungen des gesamten Körpers. Meeresschnecken, die auch einen komprimierten, paddelähnlichen Schwanz an der Seite besitzen, bedienen sich der gleichen Bewegungsform. Bei

den heutigen Meeresschildkröten verhelfen die zu Paddeln veränderten vorderen Gliedmaßen zu einem Vorwärtsschub. Bei Schildkröten und Pinguinen bringen die paddelförmigen Gliedmaßen das Tier vorwärts, während die hinteren nur zum Lenken dienen. Der stromlinienförmige Schildkrötenpanzer und natürlich der Körper aller aktiven Schwimmer hat eine glatte Oberfläche, so daß keine das erfolgreiche Schwimmen beeinträchtigenden Störungen durch Strömungsturbulenzen auftreten können. Hochgeschwindigkeitsschwimmer wie der Albacore (Thunfischart) erreichen durch ihren torpedoähnlichen Körper und die sichelförmige Schwanzflosse hohe Geschwindigkeiten. Im Gegensatz zu den meisten anderen Fischen befinden sich in den roten Muskeln der Thunfische hämoglobinähnliche Substanzen, die Sauerstoff speichern. Die roten Blutgefäße wiederum erhalten die Wärme im Muskel, so daß die Fische über einen längeren Zeitraum hinweg sehr schnell schwimmen können.

Die Rückkehr ins Meer

Alles Leben kommt aus dem Wasser. Es entwickelte sich jedoch unter Bedingungen, die mit der heutigen Meeresumwelt nichts mehr gemein haben. Als die Tiere das Land eroberten, bewirkte die Evolution eine Vielzahl spezieller Anpassungen an die neue Umwelt: der an Land schwerere Körper mußte getragen werden; Gliedmaßen und nicht Flossen dienten als Fortbewegungsmittel; Luft mußte geatmet und nicht verdünnter Sauerstoff absorbiert werden; Eier mußten gelegt oder Junge geboren werden, die nicht austrocknen durften; es mußte im Freien überlebt werden, wobei der Erhalt der Körperfeuchtigkeit vordringlich wurde; es war nötig, sich an die extremen Tages- und Jahreszeitenunterschiede an Land anzupassen. Nach einer erfolgreichen Anpassung unter solchen Bedingungen verwundert es nicht, daß die Anzahl der Tiergruppen, die den Weg vom Land zurück ins Meer genommen haben, sehr klein ist.

Dennoch haben einige ausgestorbene und noch lebende Gruppen von Wirbeltieren, unter ihnen Meeressäugetiere und Reptilien, diesen Übergang erfolgreich bewältigt. Bei den Vögeln können lediglich die Pinguine, die ihre Flugfähigkeit verloren und ihre vorderen Gliedmaßen an das Unter-Wasser-Schwimmen angepaßt haben, als marine Lebewesen betrachtet werden. Es kann gesagt werden, daß die Tiere, die erst vor relativ kurzer Zeit den Weg zurück ins Meer genommen haben, nur wenige Strukturunterschiede zu ihren Verwandten an Land aufweisen. Die Seeotter z.B. verbringen ihr Leben in Seetangwiesen und fressen Weichtiere, die sie öffnen, indem sie sie auf einem Amboßstein aufschlagen.

Das Salzwasserkrokodil, Crocodylus porosus, stammt aus Südostasien und Neuguinea. Während es als erwachsenes Tier Mündungsgebiete bewohnt, sucht es als Jungtier oft Küstenstreifen nach einem bislang unbewohnten Ort ab. Bei dieser Suche können Individuen große Strecken zurücklegen; so ist aus dem letzten Jahrhundert der Fall eines Tieres bekannt, das, wahrscheinlich von den Salomoninseln ausgehend, wo die nächste Population lebte, die Fidschiinseln erreichte. Krokodile schwimmen durch Hin- und Herschlagen ihres mächtig vergrößerten Schwanzes.

Heute gibt es zwei Gruppen von Meeresreptilien: die Seeschlangen, die im Indopazifik leben, und die Meeresschildkröten, die sich hauptsächlich in tropischen und subtropischen Bereichen aufhalten. Alle Seeschlangenarten sind mit ihrem abgeflachten paddelförmigen Schwanz besser an ihre marine Umwelt angepaßt als Leguane und Krokodile. Die meisten Seeschlangenarten gebären einige wenige Junge, die schon nach der Geburt schwimmen und sich selbst ernähren können und häufig nie an Land kommen. Die Plattschwanz–Seeschlangen dagegen kommen regelmäßig an Land, wo sie ihre Eier legen und die erbeuteten Aale verdauen. Die Meeresarten der Seeschlange jagen Fisch und Fischeier, und als Verwandte der Giftnattern und Kobras sind sie sehr giftig. Die Schildkröten verfügen zwar über einen hervorragend an ihre marine Umwelt angepaßten Schwimmapparat, doch müssen sie an Land gehen, um dort ihre Eier an Sandstränden in ausgehobene Nester zu legen.

Das schützende Fell der Meeressäuger

Der Eisbär hat wie die Seeotter sein für die Säugetiere typisches Fell behalten. Dennoch bietet das Fell im Wasser keinen Schutz, da es naß wird und das Wasser bis zur Haut vordringt. Die Isoliereigenschaften des Felles rühren von den Luftschichten zwischen den einzelnen Haarfasern her; einmal naß, verliert ein Landsäugetier schnell seine Wärme. Obgleich die meisten Säugetiere gute Schwimmer sind, müssen sie irgendwann das Wasser verlassen, sich putzen und das Fell trocknen, damit es seine Luftisolation zurückgewinnt. Im Gegensatz dazu vertrauen die richtigen Meeressäuger, wie die Seerobben, Wale und Delphine, auf die unter der Haut liegende Fettschicht. Obwohl die Ohrenrobben ihren Pelz behalten haben, schützt auch sie eine dicke, isolierende Fettschicht; die meisten Seehunde und Seekühe haben ihr dichtes Fell verloren und nur noch

▶ Der Polar- oder Eisbär verbringt viel Zeit an Land oder auf dem Eis der Arktis. Beim Schwimmen setzt er seine starken Gliedmaßen ein. Anders als an Land schützt ihn sein dicker Pelz im Wasser nicht vor der Kälte. Da der Eisbär nur mäßig dem marinen Leben angepaßt ist, adaptierte er seine halbamphibe Lebensweise wahrscheinlich erst vor relativ kurzer Zeit.

▲ Die nördliche Pelzrobbe, Callorhinus ursinus, schützt sich mit einer dicken Speckschicht unter der Haut vor der Kälte. (Fotografiert auf den St. Georg Inseln auf dem Pribilof Archipel, Alaska).

▼ Die Seeschlange, Laticauda colubrina, benutzt beim Schwimmen ihren platten, paddelähnlichen Schwanz. Anders als andere Seeschlangen, die nie an Land kommen, zieht diese Art die Ufernähe vor.

Leistungen der Meeressäuger

Meeressäuger schwimmen und tauchen perfekt; dennoch schwankt ihre Tieftauchleistung erheblich.

Der Seeotter verbringt fast sein ganzes Leben im Wasser und kann mehrere Minuten lang abtauchen.

Der kalifornische Seelöwe, Zalophus californianus, hat gelernt, bis in 250 m Tiefe in den Pazifik hinabzutauchen.

Seehunde tauchen nur kurz bis zu 10 Minuten. Die Weddelrobbe, Leptonychotes weddelli, taucht bis zu 600 m Tiefe, wo sie bis zu 45 Minuten bleiben kann.

Das Walroß, Odobenus rosmarus, taucht auf der Suche nach Weichtieren bis 100 m tief und bleibt maximal 10 Minuten unter Wasser.

Seekühe, Trichechus manatus, tauchen in flachen Gewässern, wo sie Seegras abweiden und alle zwei Minuten zum Luftholen auftauchen.

eine spärliche Felldecke und rund ums Maul Barthärchen. Es gibt zwei Gruppen von Seehunden: die Ohrenrobben und die Hundsrobben; das arktische Walroß gehört zu keiner dieser Gruppen. Die Ohrenrobben halten die hinteren Gliedmaßen beim Schwimmen zusammen und machen damit wie die Walflossen Auf- und Abbewegungen. An Land können die Gliedmaßen nach vorne gerichtet werden, so daß sich die Tiere in einem etwas tolpatschigen, aber effektiven Galopp vorwärtsbewegen. Die Hundsrobben können hingegen die hinteren Gliedmaßen nicht anwinkeln; im Wasser setzen sie sie wie der Fisch seine Flossen ein. An Land müssen sich diese Tiere unter Zuhilfenahme ihrer schwach ausgebildeten Vordergliedmaßen voranschleppen. Seehunde vermehren sich an Land und bekommen dort ihre Jungen. Neugeborene Hundsrobben sind bei der Geburt bereits weit entwickelt und

können schon wenige Stunden nach der Geburt ins Wasser. Neugeborene Ohrenrobben dagegen sind in ihrer Entwicklung nicht so weit und gehen erst nach einigen Monaten in das nasse Element.

Die Seekühe, zu denen die indo-westpazifische und die amerikanische Seekuh gehören, sind ungewöhnliche Meeressäuger, die tropische Mündungsgebiete und flache Küstenseen bewohnen. Sie sind zwar weitläufig mit Elefanten verwandt, sie sind aber an ihr Leben im Wasser angepaßt. Ihre Haut ist haarlos, die hinteren Gliedmaßen gingen verloren und am Körperende haben sich wie bei Walen und Delphinen horizontale Flossen gebildet. Die Seekühe kommen nie an Land; sie ernähren sich vegetarisch von Seegras und leben in Herden. Anders als Wale und Delphine können sie jedoch nicht längere Zeit tauchen: sie müssen spätestens nach fünf Minuten an die Oberfläche.

Wale und Delphine

Unter den noch lebenden Gruppen von Lebewesen, die von einem Leben an Land ins Meer zurückkehrten, sind Wale und Delphine am stärksten spezialisiert. Ihre körperliche Anpassung an den marinen Lebensraum ist so vollständig, daß sie außerhalb des Wassers nicht überleben könnten. Der Grad der Anpassung deutet darauf hin, daß sie zu Beginn des Tertiärs, also vor rund 65 Millionen Jahren, ins Wasser zurückkehrten. Es handelt sich dennoch unzweifelhaft um Säugetiere, da sie warmblütig sind, ein vier Kammern umfassendes Herz haben, Luft atmen und Junge gebären, die von der Mutter gesäugt und von einem Familienverband beschützt werden.

Der hohe Spezialisierungsgrad der Wale umfaßt das Verschwinden von Fell und Hinterläufen und die Ausbildung einer kräftigen, waagerecht gestellten Schwanz-

flosse, die durch Biegen der Wirbelsäule auf und ab bewegt wird. Wale und Delphine bilden so eine eigene Ordnung von Säugetieren: die Cetacea. Die Vertreter dieser Gruppe unterteilt man in Odontoceti oder Zahnwale, die im allgemeinen die kleineren Arten umfassen, und Mysticeti oder Bartenwale, die ihre Zähne verloren haben und statt dessen fransenähnliche Hornplatten, die Barten, besitzen, die vom Oberkiefer herabhängen.

Bei der Nahrungsaufnahme schwimmen die Bartenwale mit geöffnetem Maul durch Plankton hindurch und schließen dann das Maul, wobei sie die Zunge und den Maulboden anheben. Dadurch wird das Wasser durch die Seiten der Kiefer hindurchgepreßt. Der Krill, von dem sie sich ernähren, verfängt sich dabei in den Barten. Auch wenn jedes Mal nur wenige Pfund Nahrung gesammelt

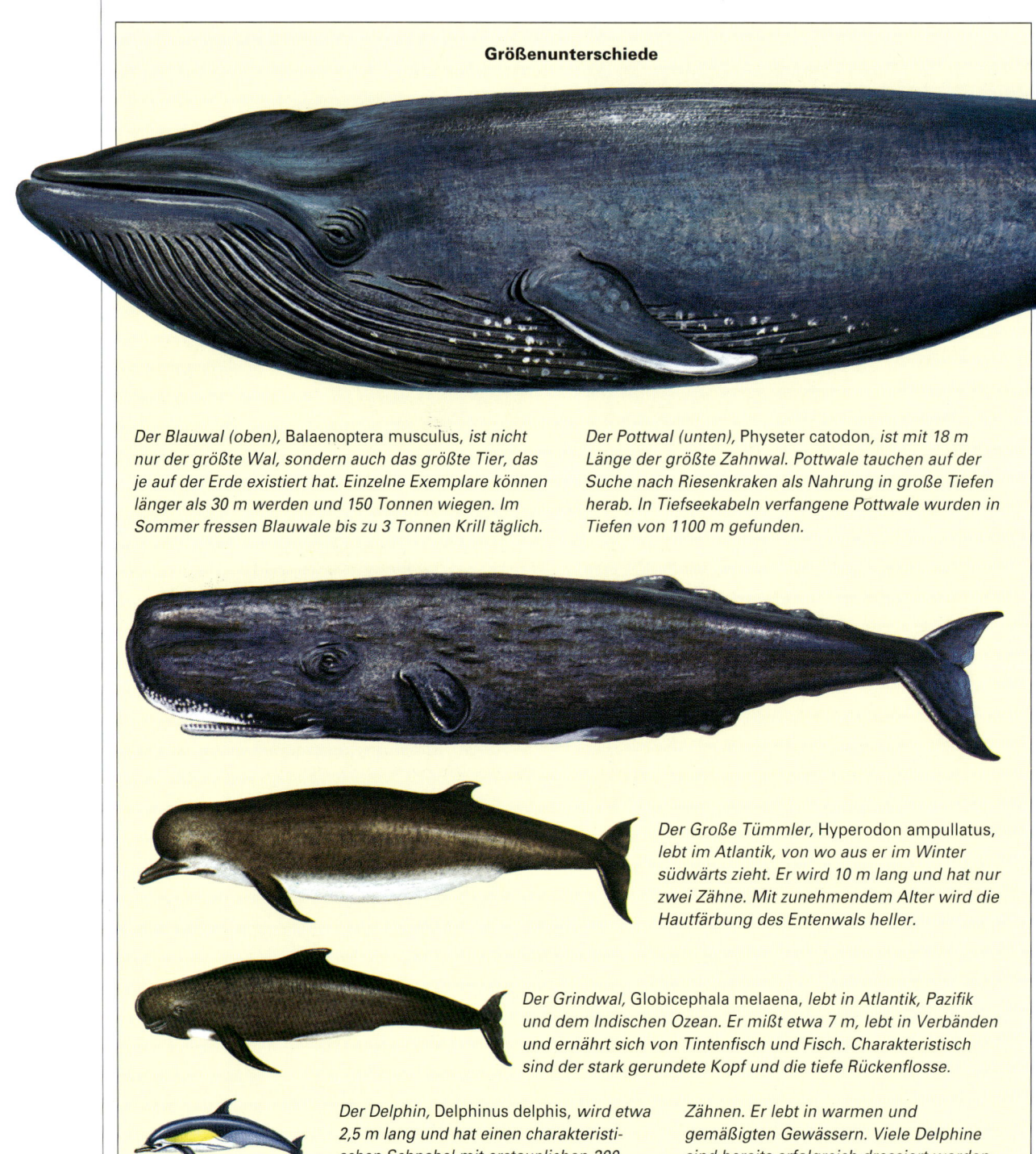

Größenunterschiede

Der Blauwal (oben), Balaenoptera musculus, *ist nicht nur der größte Wal, sondern auch das größte Tier, das je auf der Erde existiert hat. Einzelne Exemplare können länger als 30 m werden und 150 Tonnen wiegen. Im Sommer fressen Blauwale bis zu 3 Tonnen Krill täglich.*

Der Pottwal (unten), Physeter catodon, *ist mit 18 m Länge der größte Zahnwal. Pottwale tauchen auf der Suche nach Riesenkraken als Nahrung in große Tiefen herab. In Tiefseekabeln verfangene Pottwale wurden in Tiefen von 1100 m gefunden.*

Der Große Tümmler, Hyperodon ampullatus, *lebt im Atlantik, von wo aus er im Winter südwärts zieht. Er wird 10 m lang und hat nur zwei Zähne. Mit zunehmendem Alter wird die Hautfärbung des Entenwals heller.*

Der Grindwal, Globicephala melaena, *lebt in Atlantik, Pazifik und dem Indischen Ozean. Er mißt etwa 7 m, lebt in Verbänden und ernährt sich von Tintenfisch und Fisch. Charakteristisch sind der stark gerundete Kopf und die tiefe Rückenflosse.*

Der Delphin, Delphinus delphis, *wird etwa 2,5 m lang und hat einen charakteristischen Schnabel mit erstaunlichen 200* Zähnen. *Er lebt in warmen und gemäßigten Gewässern. Viele Delphine sind bereits erfolgreich dressiert worden.*

◀ *Die Buckelwale,* Megaptera novaeangliae, *sind etwa 15 m lang und weniger stromlinienförmig als andere Wale. Auffällig sind die langen, schmalen Flossen, die bis zu einem Drittel der Körperlänge betragen können. Kopf und Flossen sind mit Beulen bedeckt. Wie viele andere Wale bieten auch die Buckelwale einer Vielzahl von Krustentieren wie den Entenmuscheln Zuflucht.*

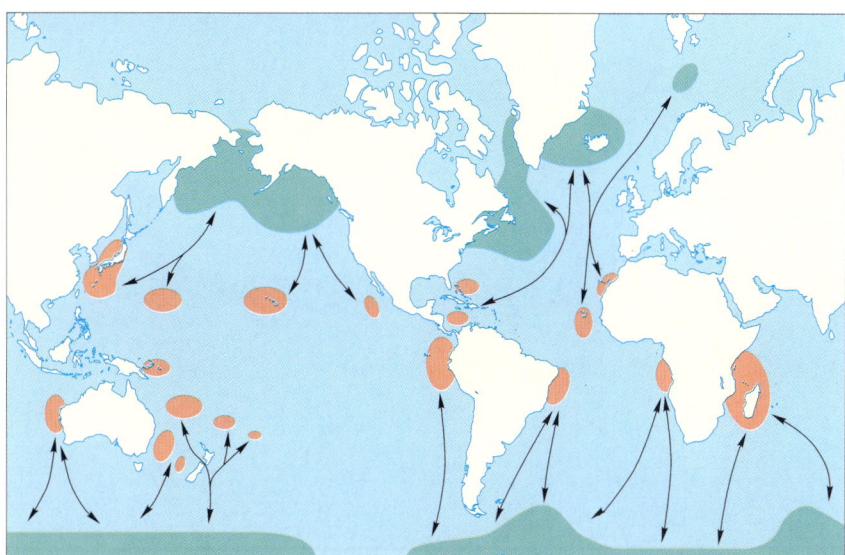

Nahrungsgebiete im Sommer

Aufzuchtgebiete im Winter

▲ *Die Migration der Buckelwale erfolgt in allen Meeren in der Regel in Nord-Süd-Richtung. Während der Sommermonate bleiben die Buckelwale in hohen Breiten, wo sich planktonreiche Nahrungsgründe finden. Im Winter ziehen sie zur Aufzucht in Regionen mit wärmerem Wasser.*

werden, kann ein großer Wal so jeden Tag zwei Tonnen Krill aus dem Wasser herausfiltern.

Die Zahnwale verfügen meist über eine große Anzahl einfacher, konisch geformter Zähne, die sich gut zum Jagen von Fischen und Tintenfischen eignen. Einige besitzen lediglich ein Zahnpaar, während andere bis zu 200 Zähne haben. Der größte Zahnwal ist der Pottwal. Er erreicht fast 20 Meter Länge und taucht in große Tiefen herab, um dort seine Beute, Riesentintenfische, aufzustöbern. Kleinere Wale und Delphine benutzen zum Auffinden der Beute ein Sonarsystem, das ihnen bei geringer Helligkeit auch zur Navigation dient. Hochfrequente Töne werden aus dem Kopfbuckel der Wale ausgesandt, und die reflektierten Schallwellen werden durch den vergrößerten Unterkiefer wieder aufgenommen.

Von den komplizierten Gesängen der Buckelwale nimmt man an, daß sie Teil eines Signalsystems sind, mit dem sich die Mitglieder eines Familienverbandes über beträchtliche Entfernungen hinweg aufspüren können. Wale und Delphine sind stark sozial lebende Tiere, bei denen sich mehrere Mitglieder eines Familienverbandes die Verantwortung für Neugeborene teilen.

Wale werden mit dem Schwanz voran geboren, wobei die Tragzeit zwischen 11 Monaten bei Bartenwalen und über einem Jahr bei Zahnwalen beträgt. Ein Wal gebärt jeweils nur ein Kalb, das in einem sehr weit entwickelten Stadium zur Welt kommt, da es sofort zum Luftholen an die Oberfläche schwimmen muß. Wale wachsen am Anfang sehr schnell; so mißt das Finnwalkalb, das mit sieben Metern Länge zur Welt kommt, schon nach sechs Monaten etwa 14 Meter.

Die Tauchleistung ist für Tiere, die ja Luft atmen müssen, beeindruckend. Vor jedem Tieftauchen leert der Wal vollständig seine Lungen, um so das Risiko der Taucherkrankheit auszuschließen. Um den Sauerstoffverbrauch während des Tauchens zu verringern, werden lediglich Herz und Hirn ständig mit sauerstoffangereichertem Blut versorgt. Die kräftige Schwimmuskulatur wird durch Sauerstoff versorgt, der im Myoglobin, einem roten Pigment, das dem Hämoglobin ähnelt, gespeichert ist.

Erholung von der Ausbeutung

Viele größere Arten folgen dem jahreszeitlichen Zyklus der Produktivität der Meeresbecken und ziehen zwischen Aufzuchtgebieten und Nahrungsregionen regelmäßig hin und her. Kleinere Arten bewohnen in den Tropen oft größere Süßwasserflußsysteme und stellen für dort ansässige Gemeinden eine wichtige Nahrungsquelle dar. Der Ertrag ist in diesen Gebieten jedoch gering und die Auswirkung auf die Populationen nicht allzu groß. Im Gegensatz dazu ist die Geschichte des kommerziellen Walfangs in der Antarktis ein Beispiel für ungehemmte Gier und Überfischung, der zu einer schwerwiegenden Dezimierung vieler größerer Arten geführt hat. Der Bestand der Blauwale ist von ehemals mehr als 20 000 Exemplaren auf etwa 500 geschrumpft. Mit Blick auf diese Probleme ist unter der Schirmherrschaft der Internationalen Walfangkommission ein Stop des kommerziellen Walfangs vereinbart worden. Das langsame Erreichen der Geschlechtsreife und die geringen Reproduktionsraten dieser großen Säuger bedeuten aber, daß wir erst in Jahrzehnten feststellen können, ob sich die einzelnen Arten erholen.

Vögel der Meere

Jagdtechniken der Seevögel

Abjagen der Beute
Große Raubmöwe

Beutejagd in der Luft
Große Raubmöwe

Stoßtauchen
Seeschwalbe

Stoßtauchen
Brauner Pelikan

Stoßtauchen
Baßtölpel

Nahrungsaufnahme von
der Wasseroberfläche
Fregattvogel

Stoßtauchen
Fregattvogel

Nahrungsaufnahme von der
Wasseroberfläche
Fregattvogel

Nahrungsaufnahme von
der Wasseroberfläche
Möwe

Überfliegen
Scherenschnabel

Oberflächenfilterer
Kapsturmvogel

Aasfresser
Möwe

Oberflächenfänger
Albatros

Oberflächenfänger
Wassertreter

Oberflächenfänger
Sturmschwalbe

Oberflächenfänger
Sturmvogel

Verfolgungs-
taucher
Sturmtaucher

Verfolgungs-
schwimmer
Lummen-
sturmvogel

Verfolgungs-
schwimmer
Kormoran

Verfolgungs-
schwimmer
Alk

Verfolgungs-
schwimmer
Pinguin

Verfolgungs-
schwimmer
Trauerente

Die Albatrosse haben sich von den 285 Arten der Seevögel am stärksten an das Meeresleben angepaßt. Sie verbringen bis zu neun Monate auf See und können sich an Land nicht gehend fortbewegen. Ihre schmalen Flügel sind erstaunlich lang, und da sie zum Flügelschlagen zu steif sind, entwickelten sich die Albatrosse zu hervorragenden Gleitern. Sie gewinnen an Höhe, indem sie gegen den Wind anfliegen, und mit fallendem Wind stürzen sie in die Tiefe – und dies scheinbar ohne Kraftaufwand. Die Gruppe der kleineren Sturmvögel hingegen überfliegt die Oberfläche der Wellenkämme oder die Tiere fliegen in den relativ ruhigen Wellentälern.

Zu diesen eigentlichen Seevögeln kommen zahlreiche Enten, Gänse, Tauch- und Watvögel hinzu, die die Küstenregionen bewohnen und besonders in den Mündungsgebieten reichlich Nahrung finden. Einige suchen dort mit ihren Schnäbeln den Boden nach Würmern und Weichtieren ab, Enten tauchen in flachen Gewässern nach kleinen Tieren und Gänse weiden die Vegetation der Salzsümpfe ab. Andere, wie der Austernfänger, haben besondere Fangtechniken für die große Vielfalt an wirbellosen Tieren, die auf den Uferfelsen leben, entwickelt. Mit ihren meißelförmigen Schnäbeln klopfen sie die Muscheln vom Felsen und knacken sie.

Um Nahrung aus der Luft auszumachen, bedarf es einer großen Sehschärfe. Viele kleinere Fische besitzen einen Gegenschatten und nur wenn ein Fisch des Schwarms umkehrt, verrät ein silberner Blitz dem überfliegenden Seevogel, daß es hier Nahrung gibt. Pinguine scheinen eine Art Sonarfähigkeit zu besitzen, da sie das Echo der Schwimmgeräusche von anderen schwimmenden Tieren aus mehreren hundert Metern Tiefe hören und so ihre Beute ausmachen können. Der Verlust ihrer Flugfähigkeit und die Umformung ihrer Flügel zu Schwimmpaddeln für die Verfolgungsjagd unter Wasser zeugen für die gänzliche Anpassung der Pinguine an ein Leben im Wasser.

Alke können ihre Flügel auch zum Schwimmen unter Wasser einsetzen. Ihren Unterwasserantrieb erreichen sie, indem sie die Flügel halb öffnen und die Hauptflügelfedern halb schließen. Die Schwimmfüße dienen eher zum Lenken als zum Antrieb. Zu dieser Gruppe gehören die Lummen, Tordalke und die kleinen Alke. Mehrere Arten hatten sich derart an eine Unterwasserexistenz angepaßt, daß sie ihre Flugfähigkeit verloren. Robbenjäger jagten diese flugunfähigen Arten, bis sie ausgerottet waren, wie z.B. die Tordalke 1844. Diese flugunfähigen Alke sind vielleicht das Gegenstück der nördlichen Hemisphäre zu den Pinguinen der südlichen.

Stoßtauchen

Einige Baßtölpel und gewöhnliche Tölpel haben eine besondere Fangtechnik entwickelt. Sie stürzen sich aus der Luft zum Fischfang in das Wasser. Da sie aus 30 und mehr Metern senkrecht eintauchen, mußte ihr Kopfskelett verstärkt werden, um den Aufprall zu überstehen. Außerdem ist ihr Körper durch eine Fettschicht und ein Kissen von pneumatischen Luftsäcken geschützt. Viele andere Arten tauchen eher, als sich nur ins Wasser hineinzustürzen. Sie fliegen nur wenig über der Oberfläche und fangen Fische

◄ *Die wichtigsten Jagdtechniken* der Seevögel sind sowohl arten- als auch meeresabhängig. Seeschwalben tauchen nur wenig ab; Baßtölpel und Tölpel tauchen bis zu einer Tiefe von 30 m hinab; Alke und Pinguine verfolgen ihre Beute sogar unter Wasser. Kormorane schwimmen mit Hilfe ihrer Füße, während Pinguine und Alke dazu ihre Flügel benutzen.

nicht in Tief- sondern in Oberflächengewässern. Die Scherenschnäbel hingegen ernähren sich regelrecht von der Oberfläche. Ihre wesentlich längere untere Schnabelhälfte wird beim Flug in das Wasser eingetaucht, um so Fische und wirbellose Tiere aufzusammeln.

Der Nahrungserwerb auf See ist meist beschwerlich und der Kraftaufwand hoch. Deshalb bekommen die meisten Seevögel nur ein bis höchstens zwei Junge. Auffallend gern nisten die Seevögel in Kolonien. Baßtölpel und Eissturmvögel nisten an Klippen, Möwen und Seeschwalben auf sandigem Boden und der Manx-Sturmtaucher auf aufgewühltem Untergrund. In Kolonien zu nisten, scheint eine gemeinsame Fortpflanzung und Aufzucht zu stimulieren und ihren Erfolg zu begünstigen, was auch für das Tauchen nach Nahrung gilt: wo einer taucht, eifern viele schnell nach.

Eine der wichtigsten Anpassungen der Seevögel an ihre Umwelt besteht in ihrer Fähigkeit, das salzhaltige Meerwasser trinken zu können. Um die hohen Salzzufuhren zu verarbeiten, haben die Tiere eine besondere Drüse entwickelt, die hilft, das Salz auszuscheiden. Sie befindet sich in der Augenhöhle und führt das überschüssige Salz durch einen Kanal zu den Nasenlöchern, wo es abgesondert wird. Einige Arten verfügen über eine Hautfalte, die die Nasenlöcher so verschließen kann, daß beim Tauchen kein Wasser eindringen kann. Wie die meisten Vögel, so besitzen auch die Seevögel am Schwanz die sogenannte Bürzeldrüse, die beim Putzen ein wasserabweisendes Fett über das Gefieder verteilt, das die Tiere vor dem Untergehen bewahren soll. Einige Arten, wie die Kormorane, besitzen keine ausreichende Fettproduktion, so daß sie ihre Flügel zum Trocknen ausbreiten müssen. Fregattvögel vermeiden schlichtweg, naß zu werden – sie fangen die Fische im Flug einfach von der Wasseroberfläche weg.

Die Populationen der Seevögel werden durch die Aktivitäten der Menschen beeinflußt. Aasfressende Vögel

sind durch die steigenden Mengen der an über Bord geworfenen Fische positiv betroffen, die Mehrheit ist jedoch durch die Dezimierung der Fischpopulationen gefährdet. Durch Tankerunfälle wie bei der Exxon Valdez werden lokal viele Seevögel getötet. Natürliche Umweltschwankungen können ebenfalls zu einer Gefährdung beitragen: Kormorane, Tölpel und braune Pelikane, die sich fast ausschließlich von der Peruanischen Anchovies ernähren, sind Beispiele für Arten, die von einer einzigen Fischart aus einer Auftriebszone abhängig sind. Nach dem El Niño-Jahr 1972-1973 sank ihre Population von geschätzten 30 Millionen Exemplaren aus dem Jahr 1950 auf 6 Millionen ab. Nach den Ereignissen von 1982-1983 sank ihre Zahl erneut, diesmal auf 300 000, ab.

▲ **Der Baßtölpel**, Sula bassana, *nistet in Kolonien. Dazu bevorzugt er Kliffe und Felsvorsprünge wie z.B. den Bass Rock vor der schottischen Küste. Daher stammt der lateinische Name "bassana".*

◄ **Die Papageientaucher,** Fratercula arctica, *verbringen den Winter auf dem Meer und kehren im Frühjahr zum Nisten ans Land zurück. Bevorzugte Nahrung der Jungtiere sind Sandaale, die die erwachsenen Vögel unter Wasser fangen.*

Migration

Unter Migration versteht man die regelmäßige jährliche oder einmalige instinktgeleitete Wanderung einer Tierart. Die im und vom Meer lebenden Tiere wandern, um geeignete Brutstätten zu finden oder um saisonalen Nahrungsplatzänderungen zu folgen. So sind die weiten transozeanischen Wanderungen der Bartenwale auf die jahreszeitlichen Schwankungen der Planktonvorkommen zurückzuführen. Die Wale schwimmen deshalb im Sommer in höhere und im Winter in niedrigere Breiten. Ein anderes Migrationsmuster kann den Wechsel von einem Brut- zu einem Nahrungsplatz erfordern. Bei manchen Tierarten macht ein einzelnes Tier die Wanderung nur einmal im Leben, bei anderen Arten wiederholen sich die festen Wanderungen Jahr für Jahr.

Meeressäugetiere und Vögel sammeln sich oft an geeigneten Nist- und Aufzuchtplätzen. Solche Aufzuchtgemeinschaften gibt es auch bei Fischen, so daß es, wie beim Riffisch, zu relativ kurzen oder, wie im Falle der Thune, Heringe und vieler pelagischer Arten, zu langen Wanderungen kommen kann. Einige kleine Küstenwatvögel unternehmen alljährlich außergewöhnliche Migrationen. Strandläufer pflanzen sich in arktischen und subarktischen Regionen fort und überwintern an der Südspitze Afrikas, Südamerikas und Australiens – was

einen Wanderweg von rund 16 000 Kilometern bedeutet. Solche Wanderungen folgen immer den gleichen, zumeist an Küsten entlangführenden Routen, und Jahr für Jahr werden die gleichen Nahrungsplätze aufgesucht. Diese Eigenheiten spiegeln die besonderen Bedürfnisse in punkto Nahrungsressourcen und Nahrungsplätzen in Küstengegenden wider.

Für die meisten pelagischen Arten unter den Meerestieren stellen Migrationsmuster einen festen Bestandteil in ihrem Lebenszyklus dar. Viele in der offenen See lebende Fischarten laichen in Strömungen, die die Fischlarven zu Planktongemeinschaften tragen, die den Jungtieren als Nahrung dienen werden. So kreuzen Thune Atlantik und Pazifik, um in besonderen Gebieten zu laichen, bevor sie zu ihren Nahrungsplätzen weiterziehen. Der junge Thun schwebt mit dem Plankton zu Aufzuchtstätten, bevor er sich zu den erwachsenen Tieren und deren Nahrungsorten gesellt. Bei den Schildkröten handelt es sich wiederum um eine fortpflanzungsbedingte Migration, da die Weibchen zur Eiablage an die Strände zurückkehren, an denen sie selbst geschlüpft sind. Die für das Eierlegen geeigneten Niststrände bestimmen die Migrationsbewegungen vieler Seevögel. Nicht alle Fortpflanzungs- und Aufzuchtmigrationen aber sind durch die Bedürfnisse der Jungtiere

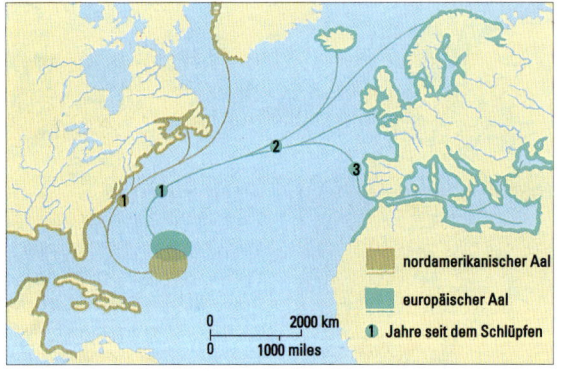

▲ **Die nordamerikanischen und die europäischen Süßwasseraale** laichen in der Sargasso-See. Die Larven der Aale werden vom Golfstrom nach Nordamerika und Europa getragen. Dort leben die Aale in Strömen und Flüssen, wo sie sich ernähren und heranwachsen. Einige Jahre später kehren sie als erwachsene Tiere in die Sargasso-See zurück, um dort zu laichen und zu sterben.

nordamerikanischer Aal

europäischer Aal

① Jahre seit dem Schlüpfen

0 — 2000 km
0 — 1000 miles

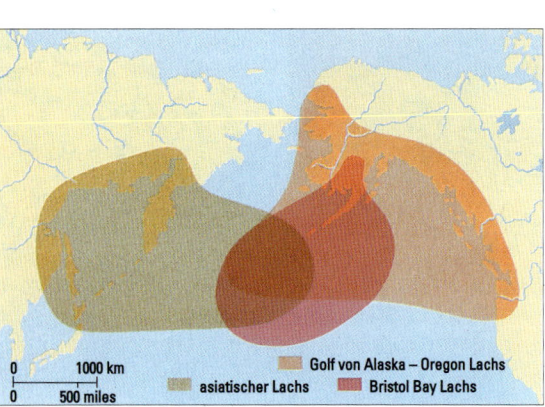

▲ **Lachse** verbringen anders als Aale fast ihr gesamtes Leben im Meer. Wenn sie geschlechtsreif sind, kehren sie ins Süßwasser zurück, wo sie laichen. Der atlantische Lachs laicht zwei- oder dreimal in seinem Leben, während der in drei Gruppen unterteilte pazifische Lachs nur einmal laicht und kurz darauf stirbt.

Golf von Alaska – Oregon Lachs
asiatischer Lachs
Bristol Bay Lachs

0 — 1000 km
0 — 500 miles

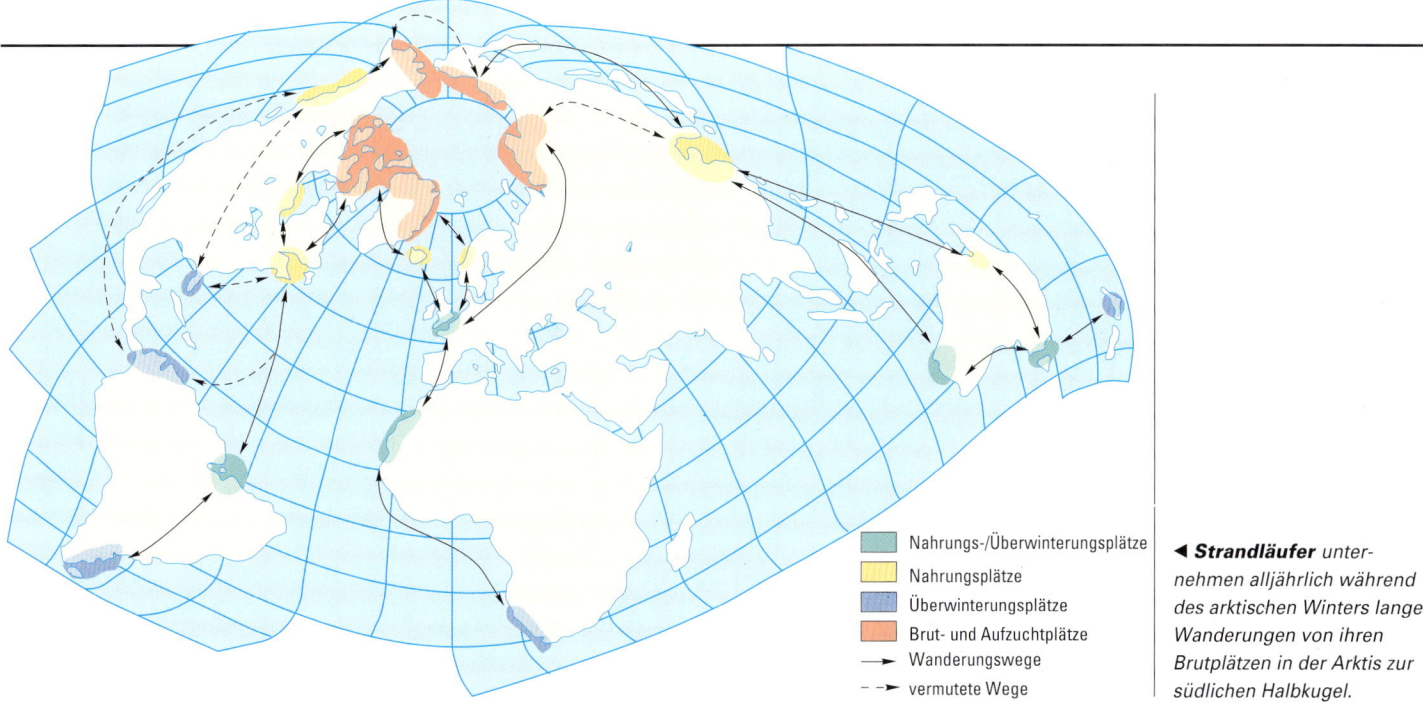

🟩	Nahrungs-/Überwinterungsplätze
🟨	Nahrungsplätze
🟦	Überwinterungsplätze
🟧	Brut- und Aufzuchtplätze
→	Wanderungswege
⇢	vermutete Wege

◄ **Strandläufer** unternehmen alljährlich während des arktischen Winters lange Wanderungen von ihren Brutplätzen in der Arktis zur südlichen Halbkugel.

bestimmt; die jungen Grauwale bleiben z.B. ihr ganzes Leben lang im Umfeld ihrer Eltern. Diese Art zieht alljährlich rund 8 000 Kilometer von der Beringsee im Nordpazifik zum warmen Wasser vor der Küste Niederkaliforniens, um sich dort fortzupflanzen.

Viele Fischarten wechseln zwischen Salz- und Süßwasser. Dafür sind die verschiedenen Lachsarten auf der nördlichen Halbkugel ein bekanntes Beispiel. Sie schwimmen die Flüsse hinauf bis zu flachen und sauerstoffreichen Stellen, um dort im Süßwasser zu laichen. Die Eier werden in Kiesbänken gelegt, und die Larven verbringen lange Zeit im Süßwasser. Dabei bewegen sie sich langsam auf die Flußmündung zu und gelangen als Jungfische in die See. Sobald sie geschlechtsreif sind, kehren sie in die Flüsse zurück, aus denen sie stammen. Der nordamerikanische pazifische Lachs besitzt die Eigenheit, gleich nach dem Laichprozeß zu sterben.

Der nordatlantische Lachs überlebt den Laichvorgang, wird ihn aber höchstens zweimal in seinem Leben wiederholen. Es konnte nachgewiesen werden, daß der Lachs seine Geburtsstätte an feinen chemischen Merkmalen, die diesen Fluß von anderen unterscheidet, wiedererkennt. Die evolutionäre Leistung in diesem Wiedererkennungsprozeß liegt auf der Hand: nur das erfolgreiche Laichen garantiert den Fortbestand der Art. Wieder lebensfähige, ehemals durch Umweltvergiftung umgekippte Flüsse können nur dann mit Lachsen besetzt werden, wenn diese als Jungtiere dort ausgesetzt werden, damit sie sich die Besonderheiten der Flüsse merken können und sie zum Laichen dann dorthin zurückkehren.

Durchqueren des Atlantiks

Bei einigen Arten verhält es sich umgekehrt. So wandern die nordamerikanischen und europäischen Süßwasseraale zum Laichen in die Sargasso-See. Die Larven werden durch Strömungen nordwärts nach Nordamerika oder westwärts über den Atlantik nach Europa getragen. Hier schwimmen die Jungtiere in die Flüsse, wo sie sich im Süßwasser ernähren und heranwachsen. Bei Geschlechtsreife unternehmen sie dann den langen Migrationsweg zurück über den Atlantik in die Sargasso-See zu ihren angestammten Laichplätzen.

Nur wenige Wirbellose unternehmen wirkliche Migrationen, da die meisten als Larven passiv in Meeresströmungen treiben. Herangereift siedeln sie sich dann an

irgendeinem geeigneten Ort an. Es gibt jedoch einige spektakuläre Ausnahmen. Viele tropische Landkrebse, die das Jahr über im Landesinneren fernab von mariner Umwelt leben, wandern alljährlich zahlreich zur See, wo sie ihre Eier ablegen. Umgekehrt wandern die Stachelhummer in Reihen oder Gruppen über den Meeresboden bis in Küstennähe. Dort werden die Eier abgelegt und die geschlüpften Hummerlarven werden passiv von den vorherrschenden Strömungen ins Meer getrieben, bevor sie sich auf dem Grund niederlassen. Garnelen im Golf von Mexiko unternehmen ähnliche küstennahe Migrationen: ihre Larven nutzen Mangrovenvorkommen als Aufwuchsgebiete. Die Jungtiere wandern in tieferes Wasser, wo sie weiter heranwachsen, um geschlechtsreif in küstennahe Räume zurückzukehren.

▲ **Diese weibliche Olive-Ridley-Schildkröte** in Costa Rica, Mittelamerika, kehrt nach dem Eierlegen bei Anbruch der Nacht ins Meer zurück. Meeresschildkröten finden ihren Partner im Meer; zum Nestgraben und zur Eiablage kommen die Weibchen an den Strand. Dort brüten sie, bis die Jungen schlüpfen, die dann den gefährlichen Weg ins Meer auf sich nehmen müssen.

Leben in verschiedenen Tiefen

Die Verbreitung der Organismen im pelagischen Raum wird durch vertikale Faktoren wie Lichtintensität, Temperatur und Salzgehalt bestimmt. Die größten Veränderungen sind an der Grenze zwischen durchmischtem Oberflächenwasser und tiefen Wassermassen zu sehen. In einigen Flachwassergebieten bildet sich eine Thermokline aus, d.h. eine Schicht schnellen Temperaturabfalls zwischen einer wärmeren Deckschicht und dem kalten Wasser darunter. Die lichtdurchflutete oder epipelagische Zone erstreckt sich von der Oberfläche bis etwa 200 m Tiefe. Daran schließt sich die mesopelagische Zone an, die zwischen 200 und 2000 m Tiefe liegt. Darunter erstreckt sich zwischen 2000 und 6000 m die bathypelagische Zone, der die abyssopelagische Zone folgt. Sie reicht von 6000 m Tiefe bis in tiefste Tiefseegräben hinab.

Jede dieser Zonen beherbergt eine unverwechselbare Artengemeinschaft, die sich den unterschiedlichen Temperaturen, Salzgehalten und Lichtintensitäten angepaßt hat. Die vertikalen Unterschiede sind im Benthos allerdings viel größer als in der pelagischen Gemeinschaft, wo einige Tiefseearten über beträchtliche Tiefenbereiche hin existieren. Die Lebensbedingungen der Tiefsee sind konstanter als die an der Meeresoberfläche. Die Temperatur schwankt nur wenig über große Tiefenbereiche im Vergleich zur Oberfläche, wo die Wärmesäule vertikal durchmischt wird. In einigen Fällen existieren Gattungen sowohl nahe der Oberfläche polarer Meere als auch in den Tiefen tropischer Gewässer, wo die Temperaturen niedrig sind.

In der Tiefe sind Wasserströmungen nur sehr schwach und aus der Perspektive der dort lebenden Arten zu vernachlässigen. Obwohl die Nährstoffkonzentration in größeren Tiefen höher ist, hat dies wenig Einfluß auf die dort lebenden Arten, weil sie nur von den Pflanzen der epipelagischen Zone direkt genutzt wird. Abgesehen von wenigen isolierten Gemeinschaften, die von der chemischen Energie der hydrothermalen Schlote leben, ernährt sich die gesamte Lebensgemeinschaft von Fäkalien und toten Organismen.

Der epipelagische Raum umfaßt den größten Artenreichtum, der direkt oder indirekt von der Primärproduktion an Plankton abhängt. Je tiefer man in dieser Zone hinabgeht, desto geringer wird die Dichte der Primärpro-

▶ **Dieser Querschnitt** einer typischen Küstenzone sowie der ozeanischen Zonen zeigt eine Auswahl der Lebensformen, die in den Gewässern vor der Pazifikküste Mittelamerikas vorkommen. Die Tiere sind nicht maßstabsgetreu gezeichnet, weil die Größenunterschiede zu groß sind. Phytoplankton und Zooplankton, die Grundlage des Lebens im Meer, sind in großen Mengen vorhanden. Einige wichtige Planktonformen sind hier dargestellt. In der oberen durchlichteten Zone ist der Artenreichtum am größten. Um eine angemessene Auswahl an Tieren dieser Zone darstellen zu können, ist die obere Zone des Diagramms stark vergrößert dargestellt.

Portugiesische Galeere · Anchovis · Seetang · Seepferdchen · Qualle · Schmetterlingsfisch · Marlin · Napfschnecken · Glasaugenschnapper · Krabbe · Seeanemone · Engelsfisch · Große Suppenschildkröte · Makrelen · Miesmuscheln · Seeigel · Schlangenaal · Sanddollars · Seestern · Plattfisch · Krake · Großmünder · Leuchtsardinen · Würmer · Tintenfisch · Schwämme · Kammuscheln · Haarstern · Stachelhai · Tiefseeplankton · Kreiselschnecken · doppelschalige Muscheln · Rochen · Börstenwürmer · Seefledermaus · Vampirkraken · Seegurken · Seespinnen · Rattenschwänze · Seelilien · Tiefsee-Aale · Halosaurus · Schwämme · bodenbewohnende Würmer · Seegurken · Schlangensterne

duzenten. Der Anteil der fleischfressenden Arten nimmt dagegen zu. Außerdem werden mit zunehmender Tiefe, d.h. abnehmender Lichtmenge, die Augen größer.

Mit der Abnahme der Lichtintensität verändern sich die Farben von Blau an der Oberfläche über Transparent in den oberen Wasserschichten bis hin zu Rot und Schwarz in Tiefen von etwa 100 m. In den Oberflächenwasserschichten bis etwa 150 m Tiefe dominieren die schnellen Jäger, wie Thune und Schwertfische, zusammen mit Schwärmen kleinerer Arten, wie z.B. Makrelen.

Das Abyssal

In den aphotischen oder abyssalen Tiefen gibt es nur durch Biolumineszenz erzeugtes Licht. Es wird vom Anglerfisch beispielsweise benutzt, um Beute anzulocken, während die Laternenfische Biolumineszenz benutzen, um Leuchtsignale an ihre Artgenossen zu geben. Viele der biolumineszenten Organe der Tiefseetiere basieren auf dem Vorhandensein symbiotischer Bakterien, die in diesen speziellen Strukturen blitzlichtartiges Leuchten oder Dauerlicht erzeugen.

| lichtdurchflutete Zone 200 m | Dämmerlichtzone 1000 m | dunkle Tiefseezone 6000 m | Tiefseegrabenzone 10 000 m |

Phytoplankton

Zooplankton

Fliegende Fische

Albacore

Tümmler

Delphin

Blauwal

Weißspitzenhai

Bonitos

Schwertfisch

Beilfisch

Pottwal

Tiefseetintenfische

Borstenmünder

Schlingeraal

Anglerfisch

Brotuliden

Gliederfüßer

Venuskörbchen

Muscheln

kurzarmige Seesterne

Seegurken

Dreistelzenfisch

87

Eine Welt der Dunkelheit

▲ **Die Atolla,** eine schön gefärbte Tiefseequalle, die in der abyssalen Zone der Weltmeere weit verbreitet ist. Die meisten Arten der Tiefseequallen haben eine rötlichbraune Farbe, da sie nicht das in der Tiefe vorherrschende blaue Licht reflektieren.

▶ **Der Beilfisch,** Argyropelecus, wird etwa 10 cm lang. Er besitzt riesige Kiefer und kann so trotz geringer Größe und abgeflachten Körpers relativ große Beute verschlucken. Wegen der geringen Beutedichte muß er von gelegentlichen Fängen leben.

Unter der euphotischen Zone, in die Licht dringt, liegt die aphotische Zone der totalen Finsternis, die sich fast von Pol zu Pol erstreckt und bis auf den Grund der Meere reicht. Sie umfaßt beinahe 90 Prozent der gesamten Wassersäule in den meisten Regionen jenseits des Kontinentalschelfs und fast 95 Prozent in der Nähe der Ozeangräben. Ohne Licht sind die Punkte, Streifen und farbigen Muster der Arten des seichten Wassers nicht zu sehen, daher sind die meisten Arten der Tiefsee nur braun, rot oder violett.

In dieser Region, die den Hauptteil des Meeresvolumens ausmacht, unterscheiden sich die Lebensbedingungen auch über große Entfernungen nur wenig. Die Temperaturschwankungen sind in der Tiefe gering; Tag und Nacht sowie jahreszeitliche Schwankungen sind nicht zu bemerken; Wasserzirkulation und Strömungen sind unbedeutend, und die Tiefsee-Ebenen sind gleichmäßig mit einer Schicht aus feinen Tonen bedeckt, die aus den Skeletten der Planktonorganismen entstanden ist, die auf den Meeresboden herabgesunken sind.

Nur dort, wo mittelozeanische Rücken und Vulkankegel auftreten, gibt es erwähnenswerte topographische Strukturen. Verschiedentlich finden sich in den mittelozeanischen Rücken hydrothermale Schlote, an denen überheißes Wasser oder Lava ausströmt. Diese Schlote sind von eigenartigen Organismengemeinschaften besiedelt, zu denen meterlange Röhrenwürmer, zweischalige Muscheln und zahlreiche Krustazeen gehören, die von chemotrophen Bakterien abhängen. Diese Bakterien nutzen den aus den Schloten ausströmenden Schwefel als Energiequelle und bilden so für die gesamte Lebensgemeinschaft eine Energiequelle. Einige Bakterien gehen symbiotische Verbindungen mit Röhrenwürmern und Muscheln ein, wobei sie einen Großteil des Energiebedarfs

dieser Tiere decken. Andere, freilebende Bakterien werden von den Filtrierern der Gemeinschaft gefressen.

Angesichts der uniformen Lebensbedingungen in der Tiefe ist es nicht verwunderlich, daß die Fauna über große Entfernungen kaum Unterschiede aufweist. Von den 11 Arten der Tierwelt des oberen Kontinentalschelfs, die in etwa 450 m Tiefe vor der Westküste Afrikas leben, finden sich nicht weniger als acht in entsprechenden Gemeinschaften vor der französischen Westküste. In beiden Lebensräumen differiert die Durchschnittstemperatur um weniger als 1°C, obwohl sie 40 Breitengrade auseinanderliegen. In der Tiefsee-Ebene am Fuß des Kontinentalabhangs unterscheiden sich die typischen Tierwelten von Meeresbecken zu Meeresbecken. Nur weniger als ein Viertel der Arten findet sich in allen Meeren. In größeren Tiefen ist jedoch in allen Ozeanen ein größerer Anteil der benthischen Arten vertreten. Die pelagischen Arten scheinen aber noch weiter verbreitet zu sein, was auf einen größeren Austausch zwischen diesen Gemeinschaften im Verlauf der Evolutionsgeschichte der Meeresbecken hindeutet.

Die Abnahme der Vielfalt

Unterhalb der lichtdurchfluteten Zone nimmt die Nahrungsversorgung mit zunehmender Tiefe ab. Dies entspricht der Abnahme des Artenreichtums. Ein scharfe Trennlinie zeigt sich am oberen Ende der mesopelagischen Zone, wo die Dichte tierischen Lebens jener der Tiefsee entspricht. Die Abnahme des Artenreichtums geschieht an der Grenze zwischen epipelagischer und mesopelagischer Zone. Unterhalb des epipelagischen Raums ist die Dichte an Exemplaren einer Spezies gering, wenngleich die Artenvielfalt dort hoch bleibt. In dieser Region, in der die Nahrungsaufnahme unregelmäßig erfolgt, haben die Tiere

▲ **Orange** oder leuchtend rote Körper sind typisch für Tiefsee-Krustazeen, wie etwa bei dieser Garnele der Gattung Benteuphausia. Da diese Arten in Tiefen leben, in die kein Licht aus dem roten Farbspektrum vordringt und nur blaues Licht vorhanden ist, erscheinen sie schwarz – eine effektive Form der Tarnung.

▼ **Viele Tiefseefische** haben große Köpfe und Mäuler sowie lange dünne Körper, die sich für die Aufnahme von Beute stark ausdehnen können. Der Viperzahnfisch, Chauliodus sp., hat große, zurückgebogene Zähne und weit öffnende Kiefer. Damit kann er Beute, die größer ist als er selbst, verschlingen.

deshalb verkleinerte Skelette und Muskulatur und reduziertes Körpergewebe. In Tiefen zwischen 1000 m und 2000 m haben viele Fische keine Schwimmblase, so daß sie ihren Auftrieb auf andere Weise – etwa über den Ammoniakhaushalt im Körper – regulieren. Viele Tiefseefische haben große Köpfe und Mäuler sowie lange, dünne Körper, die sich außerordentlich stark ausdehnen können. Tiefsee-Anglerfische werden selten länger als acht Zentimeter, verfügen jedoch über extrem elastische Mägen. Im Magen eines einzelnen Anglerfisches fand man einen Tiefsee-Aal, zwei Borstenmünder, fünf Krabben und einen Beilfisch. Während einige Anglerfische auf der Suche nach Beute durch das Wasser kreuzen, verharren andere, um Energie zu sparen, an einem Platz, um dort auf Beute zu lauern.

Langsamer Stoffwechsel und langes Leben

Der große Schlinger, *Chiasmodon niger*, kann Beute verschlucken, die fast so groß ist wie er selbst. Schlingeraale und Rattenfische haben riesige Köpfe, während der Rest des Körpers zu einem langen, fast peitschenartigen Schwanz reduziert ist. Der dünne Körper braucht zur Bewegung weniger Energie. Die Fauna des Abyssals ist zwar spärlich, aber dennoch vielfältig. Etwa 2000 Arten sind in der Tiefsee anzutreffen, während es in den oberen Regionen lediglich um die 200 sind.

Die benthische Tiergemeinschaft verändert mit zunehmender Tiefe viel stärker ihre Zusammensetzung als das bei den pelagischen Tieren der Fall ist. An den Kontinentalrändern ist der Artenreichtum viel größer als in der Tiefsee. Erhebungen während der *Challenger*-Expeditionen ergaben folgendes: Filtrierer nehmen mit zunehmender Tiefe ab, während sedimentfressende Tiere auch in größten Tiefen anzutreffen sind. Grabende Tiere finden

sich in schlammigen Böden, während der weichere Sedimentboden auf dem Grund der Tiefsee so eigenartige Spezies beherbergt wie den Dreistelzenfisch, der wie auf einem Stativ über dem Boden steht, oder Glasschwämmen, die aufrecht im Sedimentboden stecken und kleine Partikel aus dem Wasser filtern. Seegurken oder -walzen bewegen sich über den Boden, wobei sie Spuren im weichen Schlick hinterlassen.

Aufgrund der niedrigen Temperatur der Tiefsee, die zwischen 2°C und 5°C liegt, haben die Arten dort einen langsamen Stoffwechsel, d.h. die Individuen wachsen langsam und leben lange. Zweischalige Muscheln aus 3000 m Tiefe vor der nordamerikanischen Küste sind bis zu 250 Jahre alt, obwohl sie nur 2,5 cm messen.

Leben zwischen Ebbe und Flut

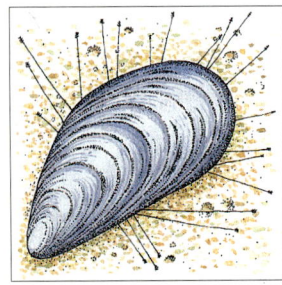

▲ **Die Miesmuschel,** Mytilus edulis, *lebt in dichten Kolonien. Die Muscheln halten sich mit starken Byssusfäden am Fels, auf dem sie leben, fest.*

▲ **Die Gemeine Napfschnecke,** Patella vulgata, *hat einen breiten, muskulösen Haftfuß, mit dem sie ihre Schale an den felsigen Grund preßt.*

▲ **Die Seepocke,** Balanus balanoides, *befestigt sich selbst auf Felsen. Unter Wasser öffnet sie ihre sechs überlappenden Klappen und nimmt mit ihren Beinen Nahrung auf.*

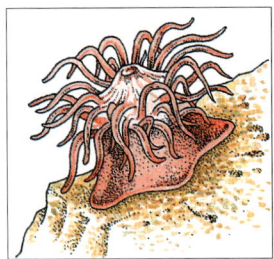

▲ **Die Seerose,** Actinia equina, *hat einen Haftfuß, mit dem sie am Fels sitzt. Bei Niedrigwasser zieht dieses Tier seine Fangarme in die Körperhöhlung zurück.*

Die Gezeitenzone ist einer der rauhesten Lebensräume auf der Erde. Die dort lebenden Tiere und Pflanzen müssen dem täglichen Wechsel zwischen Lebensbedingungen des Meeres – Überspülung durch Salzwasser bei Flut – und Lebensbedingungen des Landes bei Ebbe standhalten.

Die Tier- und Pflanzenwelt der Gezeitenzone weist deshalb eine Reihe von Anpassungen auf: Um eine Austrocknung durch Sonne und Wind zu vermeiden, pressen sich Tiere wie die Napfschnecke an den Fels, andere Schneckenarten verschließen ihr Gehäuse mit einem Deckel. Viele Organismen ziehen sich in Gezeitentümpel, Spalten, Höhlen oder unter Seetang zurück. Wenn die Flut zurückkehrt, müssen diese Organismen dem Anrollen der Wellen trotzen können. Die Seealgen sind mit starken Wurzeln verankert, während Tiere wie die Miesmuschel für ihren Halt Byssusfäden (Sekretionsfäden) entwickelt hat. Andere Tiere, wie Austern und Seepocken, zementieren sich auf der Felsoberfläche fest. Mit der Flut kehren auch jagende Fische zurück, die sich von den Weichtieren ernähren, die unter Wasser aktiv werden. Bei Ebbe bieten die Küsten Vögeln Nahrung.

Das Leben auf und unter den Sedimenten

Die Art der Bodensedimente legt fest, welche Arten einen bestimmten Küstenstreifen bewohnen. Tiere, die sich auf Brandungsfelsen halten können, sind sehr verschieden von den Arten, die sich in Sand oder schlammigen Boden eingraben. An weichen Küsten unterteilt sich die Fauna in zwei Gruppen: die über der Oberfläche aktive Epifauna und die Infauna, die die größte Zeit ihres Lebens unter der Erde zubringt. Die bohrenden Tiere müssen sich nicht nur einen Bau konstruieren, sondern auch geeignete Mechanismen zur Ernährung entwickeln. Viele dieser Tiere strecken Fangarme aus dem Boden heraus, um Partikel aus dem Wasser herauszufischen. Andere wiederum pflügen durch das Sediment und nehmen es wie die Erdwürmer auf. Die kleinsten im Sediment lebenden Tiere, die interstitiellen Tiere, bewegen sich zwischen Sandkörnern hindurch, indem sie den Wasserfilm nutzen, der jedes einzelne Körnchen umgibt. Zu der artenreichen interstitiellen Fauna gehören Protozoen, Gastrotrichen, Rotiferen, Tardigraden, Nematoden und viele andere, die sich von Bakterien und organischen Schwebstoffen aus dem Sediment ernähren.

Die Lebensbedingungen an einer Küste reichen von rein terrestrischen Bedingungen oberhalb der Spritzzone bis zu rein marinen Bedingungen unterhalb des niedrigsten Ebbewasserstandes, wobei die meisten Küstenorganismen in erkennbaren Zonen auftreten. Ein deutlich sichtbares Merkmal dieser Zoneneinteilung ist die Verteilung der Pflanzen: in der Spritzzone existieren gelbe, weiße und graue Flechten, in der oberen Gezeitenzone sind Grünalgenarten vertreten. Unterhalb dieser Zone finden sich die Braunalgen, zu denen Blasen- und Knotentang (Fucus spec.) zählen, die durch ihre gasgefüllten Bläschen bei Flut schwimmen können.

Unterhalb der Braunalgen sind die Rotalgen in der untersten Gezeitenzone anzutreffen. Weiter darunter treten schließlich die großen Seetangarten wie Blatt- oder Palmentang auf. Einzelne Arten haben ein Längenwachstum von bis zu einem Meter pro Tag. Jede Algenzone bildet eine eigene Mikro-Lebenssphäre für eine spezifische Tierartengruppe aus. Die Braunalgen der mittleren Gezeitenzone dienen beispielsweise den leuchtendbunten Strandschnecken *Littorina* als Aufwuchs- und Ernährungsregion. In den wurzelähnlichen Verankerungen

▲ **Felsige Küsten** *bieten festen Halt für Tiere und Pflanzen, wobei bei Ebbe* Risse und Spalten vielen Weichtieren feuchte Verstecke bieten.

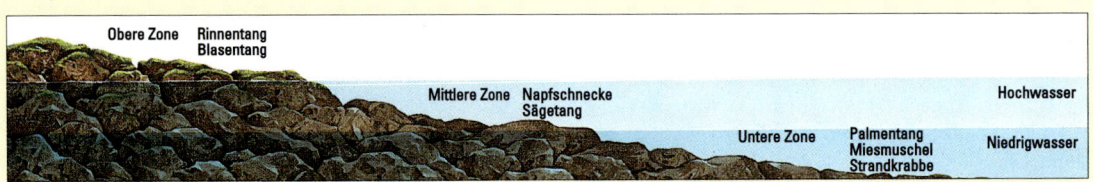

Obere Zone   Rinnentang   Blasentang

Mittlere Zone   Napfschnecke   Sägetang   Hochwasser

Untere Zone   Palmentang   Miesmuschel   Strandkrabbe   Niedrigwasser

Die Felsküste

Felsküsten beherbergen eine Vielzahl von Tier- und Pflanzenarten, die nach Gezeitenhöhe in Zonen aufgeteilt sind. Grüne Seealgen finden sich im oberen Küstenbereich; darunter leben Braun- und Rotalgen; die großen Tangarten liegen unter dem Niedrigwasserniveau. Der Fels bietet für viele Tierarten Nahrung und Unterschlupf. Bei Ebbe finden sie Schutz vor der Sonne, bei Flut kommen sie zum Weiden hervor. Die Seitenwände und Decken dunkler Felshöhlen bieten Lebensraum für Seeanemonen. In den Gezeitentümpeln leben viele Tierarten, von denen einige die Trockenheit bei Ebbe auf dem Strand nicht überleben würden.

Die Strandassel, Ligia oceanica, ist mit der terrestrischen Bohrassel verwandt und lebt in Spalten.

Die Napfschnecke, Patella vulgata, weidet bei Flut den Algenfilm felsiger Böden ab.

Obere Zone   Flohkrebse

Mittlere Zone   Sandkrabbe
ungeschützte Würmer
Tellmuschel

Hochwasser

Untere Zone   Seegurke
Blaue Krabbe

Niedrigwasser

▲ **Der Sandpapierwurm,**
Arenicola marina, *ist einer
der verbreitetsten Sandwür-
mer. Er lebt in einem gebogenen Bau und ernährt sich
von organischen Bestand-
teilen aus Sand und Schlick.*

Die Sandküste

Eine Sandküste verändert sich durch die Wirkung von
Gezeiten und Strömungen. Sie bietet keinen Halt für
Seetang und keine Unterschlupfmöglichkeiten wie die
Felsküste. Die Sandkörner halten jedoch Wasser fest, so
daß unter der Oberfläche Leben existiert, das vom Wetter
unabhängig ist. Bei Ebbe wirkt ein Strand leblos. Viele
Arten bewohnen jedoch den Raum zwischen den Sandpartikeln. Andere Tiere graben sich ein und verfügen
über Körperstrukturen, die bei Flut zur Nahrungsaufnahme aus dem Boden herausgestreckt werden. Sie filtern
die Nahrung aus dem Wasser oder verdauen organisches
Material von der Oberfläche der Sedimentpartikel.

*Eine große Anzahl Floh-
krebse,* Orchestia spec.,
*durchstöbert den Strand
nach Nahrungsresten.*

Die Sandkrabbe, Emerita
talpoida, *ist für das Eingraben in Sandstrände
hochgradig entwickelt.*

▲ **Die Herzmuschel,**
Cardium edule, *gräbt sich
mit ihrem muskulösen Fuß
ein. Bei Flut kommt sie an
die Oberfläche und filtriert
durch zwei Atemröhren
Plankton aus dem Wasser.*

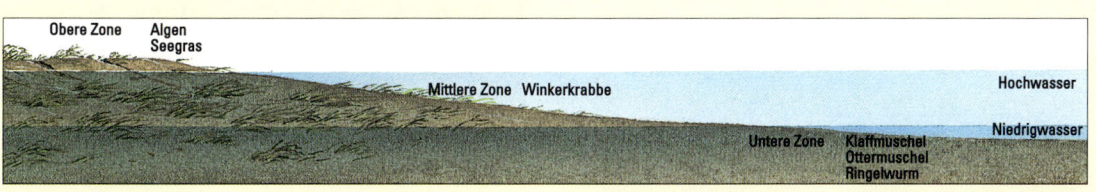

Obere Zone   Algen
Seegras

Mittlere Zone   Winkerkrabbe

Hochwasser

Niedrigwasser

Untere Zone   Klaffmuschel
Ottermuschel
Ringelwurm

Die Schlickküste

Schlickige Küstenstreifen findet man in flach abfallenden
Gebieten, wo sich feine Sedimente ansammeln konnten.
Diese Regionen weisen nur geringe Wasserbewegungen
auf und sind reich an organischen Stoffen, so daß dort
dichte Seegraswiesen entstehen können, die reichlich
Nahrung für weidende Tiere bieten. Da die Partikel
schlickiger Küsten sehr klein sind, gibt es zwischen ihnen
kaum Sauerstoff. Grabende Tiere wie die Venusmuscheln
haben eine Atemröhre, die sich aus dem Boden erstreckt
und mit Sauerstoff angereichertes Wasser aufnimmt.
Andere Arten ziehen durch regelmäßige Körperbewegun-
gen Wasser nach unten.

Die Ottermuschel, Lutraria
lutraria, *hat eine Atemröhre,
die sich aus dem Boden ins
Wasser erstreckt.*

Die Winkerkrabbe, Uca spec.,
*ist ein vertrauter Bewohner
tropischer und subtropischer
Schlickküsten.*

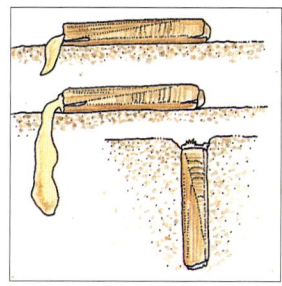

▲ **Die Scheidenmuschel,**
Ensis solen, *gräbt sich bei
Gefahr schnell ein Loch. Der
große Fuß nimmt mehr als
die Hälfte des Muschel-
raumes ein. Zum Graben
streckt sich der Fuß in den
Sand, und durch Kontrak-
tionen zieht sich das Tier
dann zum Fuß nach.*

der Seetange finden kleine Wurmarten, Weichtiere,
Krebse und Seesterne Unterschlupf.

Die Tierarten der oberen Strandzone weisen die größte
Widerstandsfähigkeit gegen Austrocknung auf. Arten wie
die *Littorina saxatalis* können auch bei nur gelegentlicher
Überspülung durch höchste Flutwasserstände überleben.
Zum Wasser hin nehmen an Felsküsten verwandte Arten
den Platz dieser Schneckenart ein. Die Konkurrenz sessiler
Tiere bezüglich des Lebensraumes spielt bei der
Zonierung eine wichtige Rolle. Die Verbreitung der beiden Seepockenarten *Balanus balanoides* und *Chthamalus
stellatus* belegt dies deutlich. Letztere Art trifft man
gewöhnlich im oberen Drittel einer Felsküste an, während
die *Balanus* tiefer vorkommt. Beide Arten haben planktonische Larven, die einen viel breiteren Küstenstreifen
besiedeln. Die *Balanus* hält jedoch Austrocknung weniger
gut stand, so daß Individuen, die sich zu hoch am Strand
anlagern, vertrocknen. Nach unten wird die Verbreitung
der *Balanus* durch eine räuberische Schneckenart, die
Thais, begrenzt, die im unteren Drittel der Gezeitenzone
lebt und *Balanus*-Larven frißt. Die *Chthamalus* ist re-
sistenter gegen Austrocknung als *Balanus,* so daß die

Larven, die sich außerhalb der Reichweite der *Balanus*
ansiedeln, gut wachsen können. Jene Larven aber, die
tiefer an der Küste siedeln, streiten mit der *Balanus* um
den Platz. Das führt zu einer höheren Sterblichkeit der
Chthamalus, weil das Profil der *Balanus* flacher ist und sie
beim Heranwachsen das aufrechtere Gehäuse der
Chthamalus von der Felsoberfläche ablöst.

Jäger und Artenreichtum

Die Beutejagd ist ein wichtiger Faktor bei der Erhaltung
des Artenreichtums der Küste, und es hat sich gezeigt, daß
die Artenvielfalt einer Felsküste ohne den *Pisaster,* einen
jagenden Seestern, abnahm. Die Beutejagd hatte die
Dichte der einzelnen Arten gering gehalten, so daß es
keine Konkurrenz bezüglich Raum und Nahrung gab.
Nach der Entfernung der Jäger wuchsen die Populationen
an, und die leistungsfähigeren Arten begannen eine weniger vielfältig gewordene Gemeinschaft zu beherrschen.

Die komplexen Wechselwirkungen verschiedener Arten
der Gemeinschaft in der Gezeitenzone spiegeln das Zusam-
menspiel der verschiedenen Organismen mit den physikalischen Bedingungen dieses rauhen Lebensraumes wider.

Das lebende Riff

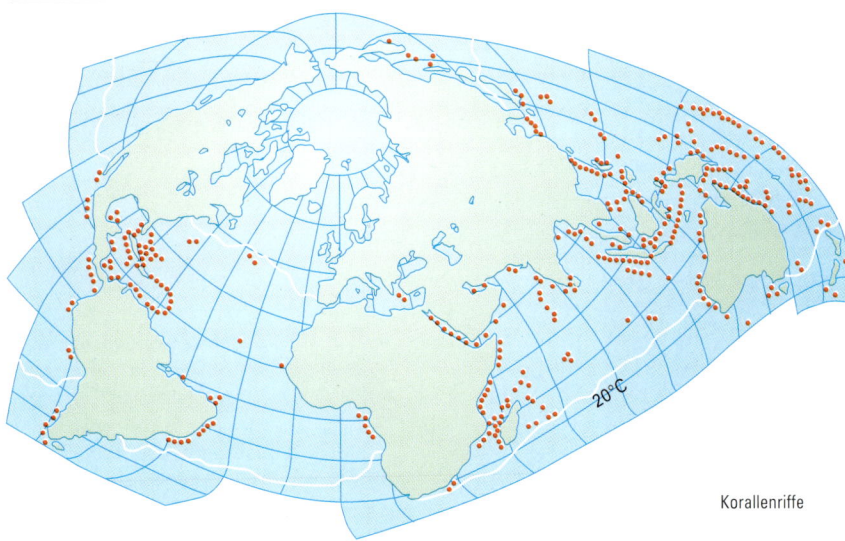

Korallenriffe

▲ **Schätzungen** zufolge
bieten Korallenriffe rund
einem Drittel aller Fischarten
und insgesamt mehr als
500 000 verschiedenen Tierarten Lebensraum. Korallen
wachsen bei mindestens
20°C Wassertemperatur und
gedeihen prächtig bei rund
24°C. Am liebsten halten sie
sich wenige Meter unter der
Wasseroberfläche auf, wo
Sauerstoff und Sonnenlicht
reichlich vorhanden sind,
doch sie finden sich auch bis
in 40 m Tiefe.

▲ **Der Dornenkronensee-
stern,** der bis zu 40 cm
Durchmesser haben kann, ist
der größte Korallenjäger. Ein
einziges ausgewachsenes
Exemplar kann bis zu 5 m^2
Korallen pro Jahr fressen. In
den letzten Jahren ist im
Indo-Pazifischen Ozean eine
Populationsexplosion dieser
Korallenjäger eingetreten,
was zur Vernichtung großer
Korallenflächen geführt hat.

Korallenriffe wurden als die Regenwälder der Meere bezeichnet, und wie Regenwälder beherbergen sie eine
enorme Vielfalt an Tieren und Pflanzen. Obgleich sie sich
zumeist in Gebieten mit geringer Produktivität befinden,
sind sie selber ausgesprochen produktiv, und zwar bei dem
Wiedergebrauch von Nährstoffen des umliegenden
Meeres.

Die Primärproduktionsrate der Korallen ist zwischen
30 und 250mal höher als die des offenen Meeres. Korallenriffe können 1500-5000 g/m^2 Kohlenstoff pro Jahr produzieren.

Riffbildung

Das lebende Riff besteht aus einem feinen Netzwerk
lebender Korallenkolonien, die auf toten Korallenskeletten
leben. Absterbende oder abbrechende Korallenstöcke
füllen die Zwischenräume der stockbildenden Korallen
auf. Wenn das Land, auf dem die Korallen wachsen,
absinkt oder der Meeresspiegel ansteigt, wächst das Riff
aufwärts. Das lebende Riff kann sich mit der Zeit in
mehrere hundert Meter dicken soliden Kalkstein verwan-
deln. Das Riff auf dem Enewetak-Atoll der Marshall-
Inseln wächst so auf einem 1370 Meter hohen Korallen-
kalkstein-Fundament. Dieses hatte sich auf der Spitze
eines 5000 Meter hohen Vulkankegels gebildet.

Riffbildende Korallen wachsen unterhalb von 20-30
Metern Tiefe nicht gut, da ihre mikroskopisch kleinen
Algen, die Zooxanthellen, Sonnenlicht für die Photosynthese brauchen. Die bemerkenswerte Verbindung zwischen
dem Korallentier und den Zooxanthellen ist für beide
Partner von Vorteil: die Algen erhalten Nährstoffe und
Kohlendioxid von der Koralle und beschleunigen ihrerseits die Skelettbildung der Koralle. Andere einzellige
makroskopische Algentypen zementieren durch Über-
krustung loses Material und tragen so zur Stabilisierung
der Riffoberfläche bei, in der sich dann Korallenlarven
ansiedeln können.

Einzelne Korallen gibt es in vielen Gebieten. Koral-
lenriffe entwickeln sich jedoch nur in den Tropen und
Subtropen bei Wassertemperaturen zwischen 20°C und
30°C. Ausnahmen gibt es z.B. an Floridas Keys, wo
Korallen bei 18°C wachsen oder am Nördlichen Großen
Barrier Riff vor Australien und am Persischen Golf.

Die Korallentiere

Bei Korallen handelt es sich um Kolonien winziger
Einzeltiere oder -polypen, die ein Skelett aus Kalziumkarbonat bilden. Korallenformen gibt es von den

Korallenbildung

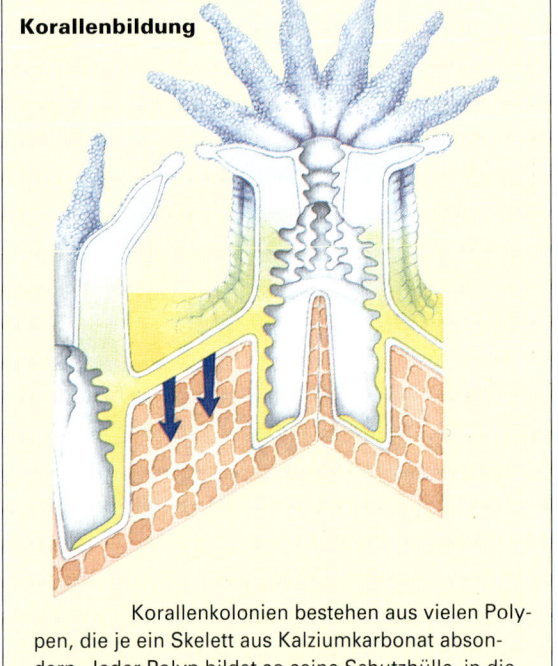

Korallenkolonien bestehen aus vielen Polypen, die je ein Skelett aus Kalziumkarbonat absondern. Jeder Polyp bildet so seine Schutzhülle, in die
er sich zurückziehen kann. Jede einzelne Koralle ist
mit Nachbarn durch ein Gewebe verbunden.

(*Scarus* spec.) direkt von Korallen ernähren, nutzen viele andere Tiere das Riff zum Festankern. Seefächer, Haarsterne und Schwämme wachsen festsitzend an der Oberfläche und filtrieren Plankton und Sinkteilchen. Über 80 Prozent des Planktons, das über ein Riff hinweggeht, wird von Korallen und anderen filtrierenden Organismen entnommen.

In sandigen Gebieten ernähren sich Seegurken von Sink- und Schwebeteilchen oder sie fressen direkt den Sand. Die von ihnen ausgeschiedenen Bakterien und Mikroorganismen wiederum leben von abgestorbenen organischen Stoffen. Weidegänger wie die Seeigel und viele Weichtiere ernähren sich von dem Algenfilm auf toten Riffoberflächen; kleine Fische ernten den feinen Algenrasen und werden ihrerseits von Jägern wie der Muräne gefressen. Die Muräne wiederum wird von der giftigen Seeschlange *Laticauda colubrina* gejagt und gefressen. Um nicht gejagt zu werden, sind viele Rifftiere auffällig bunt gefärbt. Mit der Farbe weisen sie darauf hin, daß sie ungenießbar oder giftig sind. Die auffällige Färbung vieler aktiver Rifftiere ermöglicht es auch jedem Tier, die Mitglieder seiner Art und ihr Geschlecht zu erkennen.

Aktuelle Bedrohungen

Leider ist die vielfältige und wunderschöne Korallenwelt genauso in Gefahr wie die tropischen Regenwälder. Man schätzt, daß wenigstens 10 Prozent der weltweiten Korallenriffe durch menschliche Aktivitäten vernichtet wurden. Für weitere 30 Prozent der Korallenriffe besteht die ernsthafte Gefahr, in den nächsten 20 Jahren abzusterben. Mehrere Hochrechnungen von Fachleuten ergaben, daß mehr als zwei Drittel aller Riffe in den nächsten 80 bis 100 Jahren einen ökologischen Zusammenbruch erleiden können.

Saumriff

Barrier-Riff

Korallenatoll

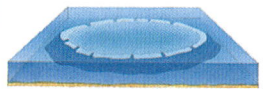

unterseeischer Berg

▲ *Bei Bildung eines Vulkans* beginnt sich ein Atoll zu bilden. Korallen siedeln sich an und schaffen ein Saumriff rund um die Insel. Wenn die Insel sinkt, wächst das Riff nach oben. Es bildet sich ein Barrier-Riff. Manchmal verschwindet die Insel ganz und hinterläßt lediglich ein ringförmiges Riff oder Atoll. Wenn die Insel schneller untergeht, als die Korallen wachsen, stirbt das Riff und hinterläßt einen unterseeischen Berg.

▲ *Der bunte Papageienfisch,* Scarus spec., ernährt sich von Korallen. Mit seinen schnabelförmigen Kiefern beißt er aus den Korallenkolonien Stücke heraus, die durch tellerähnliche Zähne im hinteren Teil des Maules zermahlen werden. Die Korallenpolypen werden verdaut und das Skelett als feine Sandpartikel ausgeschieden.

kompakten Korallenstöcken in Gebieten mit hoher Wellenenergie, über die sich stark verzweigenden, flachen Korallen im tiefen Wasser der Riffränder bis hin zu den kleineren, feinverzweigten Formen in den geschützteren Gewässern hinter den Riffkämmen. Das aktivste Korallenwachstum findet normalerweise am äußersten Rand des Riffs statt, wo die Wasserbewegung am größten ist und es besonders viel Plankton zur Ernährung der Korallen gibt.

Korallen kennen zwei Fortpflanzungsformen. Neben der einfachen Knospung, durch die sich die Kolonie vergrößert, gibt es auch eine sexuelle Fortpflanzung mit Eiern und Larven. Die Larven werden von Strömungen verteilt, bevor sie sich zur Bildung neuer Kolonien niederlassen.

Die Vielfältigkeit des Korallenriffs

Zwar stimmt es, daß Korallenriffe zu den vielgestaltigsten Meeresbewohnern gehören, doch ist ihr Artenreichtum geringer als der der Regenwälder, die über 250 Baumarten je Hektar aufweisen. Ein einziges großes Riffsystem kann rund 200 Korallenarten beherbergen; weltweit sind rund 1000 riffbildende Arten bekannt.

Südostasien ist mit 700 Arten im Indo-Pazifischen Ozean das Zentrum der Korallenvielfalt – der Atlantik weist nur rund 35 Arten auf. Auf den Philippinen vermutet man über 400 Arten von Steinkorallen.

Die große Vielfalt der Wachstumsformen verschiedener Korallen bietet zahlreiche Mikro-Lebensräume, Schutzräume und Nahrungsquellen für andere Organismen. So vermutet man, daß Korallenriffe einem Drittel aller lebenden Fischarten einen Lebensraum geben. Während sich einige Tiere, wie der Dornenkronen-Seestern (*Acanthaster plancii*) und die Papageienfische

▲ *Korallenriffe* geben einer unglaublichen Vielfalt bunter Fische eine Heimat. Die Korallen bieten den Fischen Versteckmöglichkeiten und reichlich Nahrung.

MEERES-RESSOURCEN

◄ **In den Weltmeeren**
wimmelt es von Fischen.
Über Tausende von Jahren
haben wir diese reichen
Ressourcen mit geringen
Auswirkungen auf ihre
Populationen ausgebeutet. In
jüngster Zeit führten unsere
Nachfrage und unsere
Fähigkeit, Flossenfische und
Schalentiere aufzufinden, zu
fangen und zu verarbeiten,
zu einer Überfischung.

Küstenfischerei

Schalentiere und Flossenfische stellen weltweit eine lebenswichtige Nahrungsquelle für die Bewohner von Küstenregionen dar. 1985 schätzte die FAO, die Ernährungs- und Landwirtschaftsorganisation der Vereinten Nationen, daß bei 60 Prozent der Bewohner tropischer Entwicklungsländer zwischen 40 und 100 Prozent des tierischen Proteins vom Fisch stammen.

Die Vielfalt der weltweit gegessenen Meerestiere spiegelt die Verteilung unterschiedlicher Arten wider. In gemäßigten Zonen können die Fischereien auf große Vorkommen einer einzigen Art zurückgreifen, die mit moderner Technologie kommerziell gefischt wird. In niedrigeren Breiten und in Küstennähe äußert sich die Fischvielfalt in den Techniken, unterschiedliche Fischarten zu fangen. 75 Prozent der Welternte werden innerhalb einer 9 Kilometer-Küstenzone gefischt. Der Küstenfischer ist deshalb der größte Lieferant eßbarer Meeresprodukte.

Es gibt viele Fischfangtechniken: Mit Speeren und Pfeil und Bogen lassen sich einzelne Fische fangen. Mit Haken, Leine und Rute wird vom Ufer oder vom Boot gefischt. Andere Fangmethoden nutzen Netze. Hier reicht die Spannbreite von handgeführten Rahmennetzen, die von einem einzelnen Fischer gehandhabt werden können, bis hin zu großen Netzen, die mehrere Männer auswerfen und einziehen müssen.

Fischfallen aus geschichteten Steinen wurden an flachen Stränden gebaut. Bei Ebbe fanden sich dort gestrandete Fische. Diese einfache Falle wurde seit prähistorischen Zeiten am Pazifik genutzt.

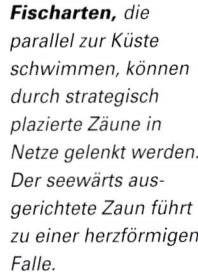

Fischarten, die parallel zur Küste schwimmen, können durch strategisch plazierte Zäune in Netze gelenkt werden. Der seewärts ausgerichtete Zaun führt zu einer herzförmigen Falle.

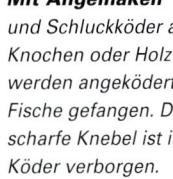

Mit Angelhaken und Schluckködern aus Knochen oder Holz werden angeköderte Fische gefangen. Der scharfe Knebel ist im Köder verborgen. Einmal geschluckt, stellt sich dieser im Maul quer.

Kleine Schwärme, die in Ufernähe schwimmen, können von einem Boot aus mit einem Zugnetz eingefangen werden. Die Fische werden durch Rufen und Platschen ins Netz gescheucht.

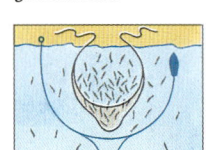

Schluckköder, Haken, Köder und Schlingen

Die einfachste, an eine Leine anzubringende Fangvorrichtung ist der Schluckköder, der aus Holz oder Knochen hergestellt und angespitzt wird. Schluckt der Fisch den Köder, stellt er sich im Maul quer und der Fisch kann eingeholt werden.

Haken sind ausgetüfteltere Fanggeräte. Je nach Herkunft variieren sie in Größe und Form. So kann der Schaft gerade oder gebogen und die Spitze mit Widerhaken versehen oder glatt sein. Manche kleine Haken wurden aus Muschelschalen gefertigt. Andere, wie *Ruvettus*-Haken, sind groß, aus geschnitztem Holz oder Muscheln.

In flachem, schlammigem Wasser oder dort, wo der Meeresgrund zu aufgewühlt für Netze ist, werden Fische oft mit Stülpkörben gefangen. Die Fischer bewegen sich langsam vorwärts und fangen die Tiere unter dem Korb.

Sacknetze bestehen aus einer Reihe kegelförmiger Netze, die ineinander überleiten und in eine zylindrische Kammer führen. Die Netzflügel sind vor dem Eingang gespreizt in Strömungsrichtung aufgestellt.

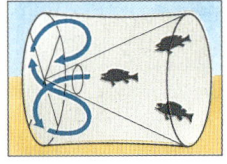

In flachem Wasser mit seichtem Grund kann man ein Netz über den Boden gleiten lassen. Die Rollen an den Rahmenenden des Netzes stellen dabei das problemlose Gleiten des Netzes über den Boden sicher.

Hummerkörbe bestehen aus einem stabilen, mit Flechtwerk oder Maschendraht bespannten Holzrahmen. Je dunkler sie sind, desto besser, da Hummer sich gerne im Dunkeln verstecken. Als Köder dienen Fischabfälle.

Elastische Zweige, zurückgebogen und mit einem Schnellauslöser versehen, können für verschiedene Fischfallen verwendet werden. Diese im Kongo übliche Falle schnappt sofort zu, wenn der Fisch am Köder zerrt.

Das Dippnetz verwendet man zum Fang kleiner, an der Wasseroberfläche schwimmender Fische, die als Köder dienen. Das Netz wird ins Wasser abgesenkt, und sobald die Fische darüber schwimmen, wird es hochgehoben.

Schleppnetze sammeln Schalentiere vom Grund. Vom Boot gezogen, brechen sie Venusmuscheln und Weichtiere los.

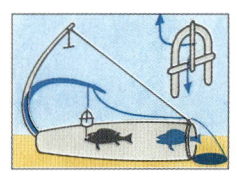

Einen Köder hinter einem Boot herlaufen zu lassen, lockt Fische an, die den Köder irrtümlich für ein Beuteopfer halten. So werden aktive Jagdfische gefangen. Unter den Fischgemeinschaften Polynesiens ist der Gebrauch der traditionellen Muschel-, Knochen- und Federköder weit verbreitet. Heute haben Plastikköder und Stahlhaken sie verdrängt.

Im Pazifik werden Haie in Faserschlingen, die von hölzernen Schwebekissen ins Wasser gehängt werden, gefangen. Der Hai wird von Ködermuscheln in der Schlinge angezogen. Die Schlinge bleibt an den Brustflossen hängen, und sobald der Hai taucht, zwingt ihn das Schwebekissen nach oben. Der ermüdende Hai wird dann ins Kanu gezogen.

Fallen und Netze

Eine alte Fangtechnik Südostasiens ist die Dornenfalle. Hierzu werden Dornenzweige mit den Dornen nach oben zu einem Kegel zusammengebunden, an dessen Spitze der Köder befestigt ist. Wenn der Fisch in die Falle geht, haken sich die Dornen in den Kiemen fest und hindern ihn, rückwärts der Falle zu entschlüpfen. In Mangroven- und Flußmündungsgebieten verwendet man größere Fallen mit Fischzäunen, in Flußkanälen Fischreusen und in flachen Riffgegenden Steinfallen. Die Fallen zielen auf Fische, die ihren Nahrungsplatz bei Hochwasser verlassen, oder aber sie nutzen deren Verhaltensmuster, dicht an Zäunen statt über das offene Meer zu schwimmen.

Kleine wie große Netze stellte man traditionell aus Pflanzenfasern her. Heute hat Nylon das herkömmliche Material ersetzt. Mit kleinen handgeführten Netzen fischt man die Tiere aus dem Wasser; größere Netze werden eine Zeitlang ins Wasser gehangen, damit sich Fische darin verfangen. Weit verbreitet ist das runde Wurfnetz mit seinem beschwerten äußeren Rand, der schneller absinkt als das eigentliche Netz, in dem die Fische gefangen werden.

▲ *Auf diesem Foto* sind Küstenfischer in Südostasien zu sehen, die in einem Mangrovengebiet Fallen für Krabben und kleine Fische auslegen.

◄ *Diese Fischer* setzen von einem Auslegerkanu aus ein rundes Wurfnetz ein, mit dem sie Schwärme kleiner Köderfische fangen.

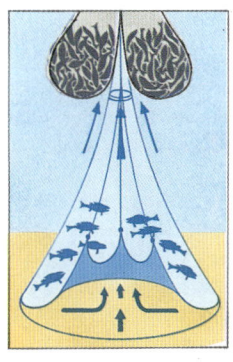

Ein Wurfnetz von 9 Meter Durchmesser so auszuwerfen, daß es sich beim Aufschlagen auf der Wasseroberfläche optimal öffnet, erfordert sehr viel Übung. Der beschwerte Rand zieht das Wurfnetz über die Fische und sinkt mit ihnen bis auf den Boden. Dann werden die Leinen eingeholt, so daß sich das Netz langsam wie ein Beutel um den Fang schließt. Weiterentwickelte Netze sind mit Taschen ausgestattet, die mit dem gleichen Mechanismus geschlossen werden.

Kiemennetze bewirken den Fang von nur einer Fischgröße, so daß das Abfischen eines bestimmten Gebietes genau kontrolliert werden kann. Diese Netze aus dünnem Garn werden von den Fischen nicht gesehen.

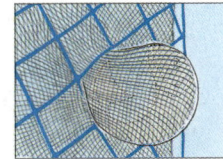

Das Fesselnetz besteht aus zwei groben äußeren Netzen, die über beiden Seiten eines feinmaschigen Netzes liegen. Die Fische würden das grobe Netz meiden, würden sie nicht durch Platschen hineingetrieben.

Fischfallen ohne mechanischen Auslösemechanismus beinhalten eine Einbahnstraßenvorrichtung: einmal gefangen, kann der Fisch nicht mehr zurück ins offene Meer. Beim Fallennetz, das in Japan für den Fang von Sardinen eingesetzt wird, werden Fische von ihrer üblichen Schwimmebene zu einer Rampe geführt. Von dort aus gelangen sie in eine tiefe Netzkammer.

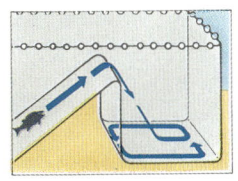

Hier können die Fische dann frei auf ihrer gewohnten Schwimmebene bleiben. Da sie diese Ebene aber nur unter Zwang verlassen, bleiben die Fische dort – ohne zu ahnen, daß nur wenig über ihnen der Fluchtweg offensteht.

Kommerzieller Fischfang

Während Küstenfischer mit kleinen Schiffen fischen, wird kommerzieller Fang mit industrieller Weiterverarbeitung auf Hochseeschiffen betrieben. Diese Flotten fangen nicht nur Fisch, sie verarbeiten ihn auch. Solche Unternehmungen erfordern hohe Investitionen in die entsprechende Technologie.

Der Hochseefischfang deckt 90 Prozent des Weltfischfangs ab, wovon 75 Prozent zum Verzehr durch den Menschen bestimmt sind. Die restlichen 25 Prozent werden zu Fischmehl als Futter für die Tierhaltung verarbeitet. Während die Fänge der Küstenfischer für den sofortigen Verzehr gedacht sind, werden die Fische der Hochseeflotten eher tiefgefroren oder in Konserven verpackt auf den Markt gebracht.

Hauptzielgruppe der industriellen Fischerei sind die pelagischen Arten, wie die verschiedenen Thune, Sardinen und Sardellen. Es gibt auch viel Fischfang der bodenbewohnenden Arten wie Kabeljau und Scholle im Bereich des Kontinentalschelfs.

Entwicklung des Hochseefischfangs

Der Beginn des Hochseefischfangs liegt im 15. und 16. Jahrhundert, als die Küstenfischer Nordeuropas zu den Fischgründen auf offener See vordrangen. Wegen des Heringsfanges gerieten die Nordseeanrainer oftmals in Konflikt. Im 17. Jahrhundert segelten britische Fischer bereits zu den Küsten Neufundlands, um Kabeljau zu fangen.

Mit der Einführung der dampf- und dieselbetriebenen Schiffsmaschinen wurden lange Fangreisen möglich. Diese Schiffe konnten jetzt nicht nur schneller und weiter

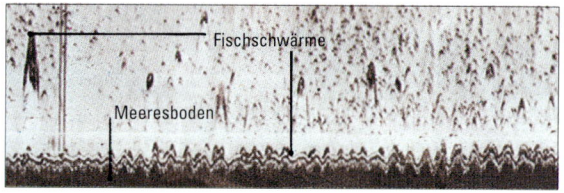

Fischschwärme

Meeresboden

▼ **Trawler,** die bodenbewohnende Fische fangen, stehen oft vor schwindenden Ressourcen. Es gibt zu viele Fangschiffe für die existierenden Fischbestände. Überdies zerstören sie den Meeresboden, wenn sie die Bodensedimente aufwühlen und die Arten stören, die nicht gefangen werden.

▲ **Die Sonargeräte** an Bord orten die Fische. Das Gerät befindet sich im Schiffskörper, von wo es Signale aussendet. Diese treffen auf den Meeresboden, der sie reflektiert und die Reflektionszeit mißt. Sie ist kürzer, wenn sich ein Fischschwarm zwischen Schiff und Meeresboden aufhält. Das Sonar macht den Schwarm durch einen Haken auf dem Bildschirm kenntlich.

fahren, sie nahmen auch Eis zum Konservieren des Fanges mit, wodurch sie das sonst frühzeitig notwendige Salzen hinausschieben konnten. Diese Neuerungen führten zu einem rapiden Anwachsen des Fischfangs im Nordatlantik, und bald drangen die Fangschiffe auf der Suche nach Kabeljau und Schellfisch bis in die hohen arktischen Breiten vor.

Nach dem Zweiten Weltkrieg ermöglichten neue Gefriertechniken den Schiffen, so lange auf See zu bleiben, bis ihre Laderäume gefüllt waren. Eine verbesserte Fangtechnologie sowie die ständige Zunahme der Schiffsgröße führten zur Ausbeutung neuer Fischbestände und zu einer Ausdehnung der Fangfahrten über den Nordatlantik hinaus.

Hochseeschiffe

Für diesen Fischfang wurden drei neue Schiffstypen entwickelt. Das große Ringwadenfangboot ging aus dem kleinen norwegischen Makrelen- und Heringskutter hervor. Es war nun in der Lage, pelagische Fischschwärme, darunter Sardinen, Sardellen und Thune, zu fangen. Die durch die Amerikaner gebauten Ringwadenfangschiffe sind besonders auf den Thunfischfang ausgerichtet und können ungefähr 2000 Tonnen tiefgefrorenen Fisch laden.

Hochseefänger mit Langleinen wurden speziell für den Fang tiefschwimmender Thune, aber auch für Schwert- und Segelfische entwickelt. Diese bis zu 30 Kilometer

◄ **Die Sozidanie** ist eines von sieben 5000 Tonnen Schiffen. Der Fang von verschiedenen Fischarten wird an Bord verarbeitet. Nach Durchlaufen der Aufbereitungsmaschinen werden die Fischabfälle ins Meer geworfen, was oft Scharen aasfressender Seevögel anzieht. Während einige Vogelarten so von der modernen Hochseefischerei profitieren, müssen andere mit dem Menschen um ihre Nahrung kämpfen. Besonders die kleineren pelagischen Arten wie die peruanischen Sardellen, die in zunehmendem Maße zu Fischmehl und Öl verarbeitet werden, sind umkämpft.

▼ **Ringwadennetze** (unten) schließen einen ganzen Schwarm, z.B. von Thunfischen, ein. Das Netz wird dabei im weiten Kreis um den Schwarm gelegt und die Enden zusammengezogen. Anschließend wird das gefüllte Netz zusammengezurrt und an Deck gehievt. Das Otterschleppnetz (ganz unten) wird über den Meeresgrund gezogen, um Fische einzusammeln, die auf oder knapp über dem Meeresboden leben oder sich dort fortpflanzen. Um den Wasserwiderstand zu verringern, ist das Netz an seiner Öffnung weitmaschig und zum Ende hin feinmaschiger.

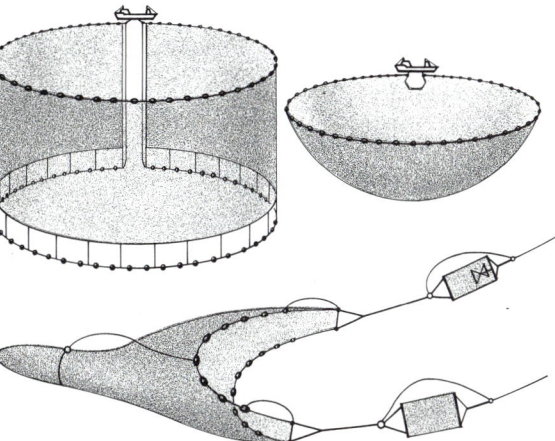

langen Leinen, bestückt mit unzähligen Haken, sind in sämtlichen Meeren der Tropen anzutreffen. Das heute häufig weit über 10 km lange Treibnetz ist jüngeren Datums. Es stammt von den wesentlich kleineren Nordsee-Treibnetzen, die dem Heringsfang dienten. Da Treibnetze außer der gewünschten Fischart auch andere Meerestiere, wie Meeressäuger und Schildkröten fangen, wurden sie im Rahmen der Südpazifischen Konvention verboten.

Hecktrawler wurden zum Fang in Bodennähe lebender Fische entwickelt und werden sehr oft in den Kontinentalschelfen eingesetzt. Diese auf lange Fangreisen ausgerichteten Schiffe stammen häufig aus Ländern Asiens und aus der ehemaligen Sowjetunion. Als Flotten agieren sie in vielen Hochseeregionen der Tropen, wo sie häufig Golfgarnelen und Stachelhummer fangen, deren Bestände extrem überfischt sind.

Die unabsichtlich mitgefischten, nicht eßbaren Arten bilden in vielen tropischen Ländern den Kernpunkt für die Arbeit von Umweltgruppen und Entwicklungshelfern. Insbesondere die großangelegten Trawlerfänge von Shrimps und tropischen Langusten schaden nicht nur der Benthosgemeinschaft, sondern fischen auch viele Tiere, die normalerweise ins Meer zurückgeworfen werden, um Gefrierplatz für die wertvolleren Hummer zu haben. Dieser Beifang ist dann allerdings schon tot. Eine alternative, sinnvollere Nutzung wäre, aus ihm Tierfutter herzustellen.

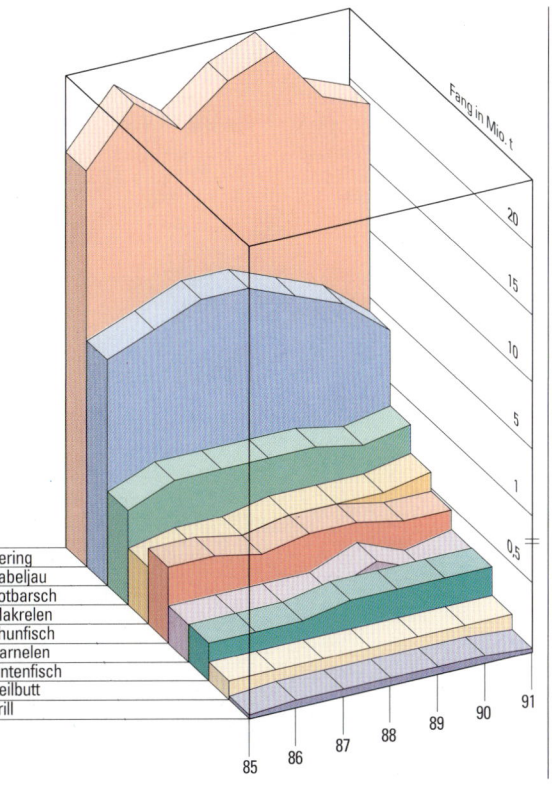

◄ **In den letzten Jahrzehnten** ließ sich ein Trend zu stets steigenden Fischfängen feststellen, der sich nun bei ca. 100 Millionen Tonnen pro Jahr zu stabilisieren scheint. Sollte die Menge der zu fischenden Tiere nicht einem stärkeren Reglement unterworfen werden, werden die Meeresfischbestände in dem Augenblick aufgebraucht sein, in dem die gestiegene Weltbevölkerung auf Nahrung aus dem Meer angewiesen sein wird. Heute werden alle bekannten Meeresfischbestände ausgebeutet und zum Teil überfischt.

Schwindende Ressourcen

Die Meere liefern gegenwärtig 5 bis 10 Prozent der weltweiten Nahrungsproduktion und 10 bis 20 Prozent der tierischen Proteine.

1967 stellte die FAO fest, daß „bei der gegenwärtigen Zuwachsrate in zwanzig Jahren nur wenig nennenswerte Fischbestände, die mit heutigem Gerät zugängig sind, noch existieren werden". Heute wissen wir, daß diese Aussage richtig war.

Man schätzt den maximalen, die Bestände nicht gefährdenden Fang auf 100 Millionen Tonnen im Jahr. Diese Menge wurde in den letzten Jahren erreicht, und man errechnete, daß 90-95 Prozent der Bestände maximal befischt oder überfischt werden.

Hochseefischfang

Der kommerzielle Fischfang erstreckt sich auf rund 35 Fischarten, von denen alleine sechs, nämlich Schellfisch, Makrele, Hering, Sardine, Kabeljau und Sardelle, über die Hälfte der Anlandung bilden.

Beim Bodenfischfang sind Krabben und Garnelen betroffen, doch die Mehrheit bilden Kabeljau, Seehecht und Schellfisch. Diese Arten machten Ende der 1980er Jahre rund 10 Prozent des weltweiten Fangs von Flossenfischen aus. Dagegen sind beim Fang von Schwarmfischen Heringe, Sardellen und Sardinen vorherrschend, die zum Verzehr und zur Öl- und Fischmehlherstellung bestimmt sind. Derartig große Fänge haben Auswirkungen auf den Weltfischfang, da Schwankungen innerhalb eines Bestandes die weltweiten Erträge berühren.

Die Prozesse, die die Größe der Fischpopulationen regulieren, sind noch nicht ausreichend bekannt, um die Abfischung innerhalb arterhaltender Grenzen zu regeln. Die Erholung der Bestände der Nordsee während des Zweiten Weltkrieges führte zu der Vermutung, daß die Fischbestände durch den Umfang des Fischens bestimmt werden. In jüngerer Zeit fand man heraus, daß sich die Eigenschaften des Meeres, einschließlich der Strömungsmuster, des Auftriebs und des Salzgehaltes innerhalb des Jahreszyklus ändern, was für das Überleben der jungen Fische und damit für die Größe des Fischbestandes von Bedeutung sein kann.

Das Prinzip der Nachhaltigkeit beim Fischfang

Nach dem Zweiten Weltkrieg und während der größten Zeit der Fischexpansion bis hinein in die 1970er Jahre nahm der weltweite Fischfang pro Jahr um 7 Prozent zu. Als der Weltfischfang in den 1960er Jahren 50 Millionen Tonnen erreichte, hatte man bereits begriffen, daß einige Bestände nachhaltig gestört waren. Der Niedergang der Kabeljau- und Schellfischbestände im Nordatlantik, der von Hering in der Nordsee und von Lachs im Nordpazifik bezeugen die zerstörerische Wirkung moderner Fangmethoden.

Mit dem Niedergang der bekannten Fischbestände hat die Fischindustrie verfeinerte Ortungs- und Fangtechniken entwickelt. Zeitweilig führten sie zu einem kurzen Ertragszuwachs, doch insgesamt erschöpften die gesteigerten Fangbemühungen die Bestände weiter. Zu dieser Zeit wandte sich der Hochseefischfang den weniger beliebten Arten wie dem Tintenfisch und den Schalentieren zu, so daß das Fangzentrum von der nördlichen zur südlichen Hemisphäre wechselte.

Viele Fischereien unterliegen einem Auf und Ab. Klassisches Beispiel hierfür ist die kalifornische Sardinenfischerei der 1930er Jahre. In Boote und Maschinen wurde so viel investiert, daß schließlich zu viele Boote den sich verringernden Beständen hinterherfuhren. In den frühen 1950er Jahren brach der Bestand völlig zusammen.

▶ *Das schnelle Bevölkerungswachstum* im Europa des 19. Jahrhunderts führte zu einer erhöhten Nahrungsnachfrage. Die Fischindustrie stieg sprunghaft an; so verzeichnete z.B. Grimsby in Großbritannien 1855 24 Fischtrawler, die auf 600 im Jahr 1877 stiegen. Zunehmender Konkurrenzdruck und abnehmende Ressourcen zwangen die Fischer, weiter auf das Meer hinauszufahren, so daß um 1900 die gesamte Nordsee abgefischt war. Dann fuhren die Schiffe noch weiter hinaus – bis zu den Grand Banks vor Kanada und in den arktischen Raum.

◄ **Die Gewässer** vor der peruanischen Küste gehören zu den produktivsten des Pazifiks. Die hohe Anchovies-Konzentration im Auftriebsgebiet vor diesem Teil der südamerikanischen Küste macht sie zu einem geeigneten Ziel für industriellen Hochseefischfang. In einem normalen Jahr werden bis zu 20 Millionen Tonnen gefangen; in El Niño-Jahren nimmt die Produktion drastisch ab, was eine Stagnation der Fischindustrie zur Folge hat.

▲ **Die kilometerlangen Komplexe** von Konservenfabriken und Verarbeitungshallen der Cannery Row in Monterey/Kalifornien wurden in den 1920er und 1930er Jahren errichtet, um große Sardinenmengen der örtlichen Flotte zu verarbeiten, die in ihrer Hochzeit 80 Ringwadennetze besaß. 1947 war die Anzahl der Konservenfabriken auf 31 angewachsen, doch bereits ab 1950 verringerten sich die Fänge und Fabriken mußten schließen.

Als Konsequenz der rückläufigen Bestände gingen Regierungen dazu über, die Anzahl der Fangschiffe zu begrenzen oder zu verringern. Einige Fischereibetriebe wurden geschlossen, andere begrenzten die Zahl der Fangboote oder das Auslaufen, um die Bestände zu erhalten.

Die notwendige Kontrolle

In der Vergangenheit, als die Fischfangtechnologie weniger hochentwickelt war, war der Grundsatz des für alle offenen Meeres umsetzbar. Die rapide Zunahme der Weltbevölkerung und damit die der Nachfrage nach Fisch- und Meeresfrüchten, macht den ungehinderten Zugang nicht länger möglich. Bereits heute sind die Erträge geringer als die Nachfrage und diese Differenz wird zunehmen. Es ist also notwendig, die lebenden Meeresressourcen effektiver zu verwalten als in der Vergangenheit.

Die Menschen befinden sich auf der Stufe der Jäger und Sammler bei der Ausbeutung der lebenden Meeresressourcen. Bestände werden befischt und abgeerntet ohne Kenntnis der Biologie oder passendes Management für die Ertragskontrolle.

◄ **Die Geschichte** des kommerziellen Walfangs ist die der maßlosen Gier, die den dramatischen Rückgang mehrerer Arten, wie z.B. des Blauwals, nach sich zog. Während die meisten Staaten das Moratorium über den kommerziellen Walfang beachten, führen ihn traditionelle Walfangnationen fort. Erlaubt ist Walfang zu Forschungszwecken.

Aquakultur

Die Idee der Meeresfarmen ist nicht neu. In Südostasien gibt es seit vielen Jahrhunderten Weichtier-, Schalentier-, Fisch- und Algenzuchten und derzeit produziert man dort zwei Drittel der Weltaquakultur-produkte. In einigen Ländern dieser Region kommen bis zu 60 Prozent des Proteinbedarfs der Bevölkerung aus Erträgen dieser Meeresfarmen. Obgleich 1987 die Weltproduktion von Meeresprodukten durch Aquakultur insgesamt nur rund drei Millionen Tonnen betrug, was 4 Prozent der weltweiten Meeresproduktion entspricht, werden Fischfarmen an Küsten ein zunehmend häufiger Anblick.

Gezüchtete Arten

Die Anbaubreite reicht von der Miesmuschel- und Austernzucht in Europa über die Venusmuschelzucht in Nordamerika bis zur Algen- und Riesenvenusmuschel-zucht in Südostasien. Schalentierzucht wie die der Mies-muscheln in Europa kann Erträge von bis zu 100 Tonnen pro Hektar pro Jahr einbringen. Diese hohe Produktivität liegt teilweise in der Natur der Nahrungskette sowie der Primärproduktion: Muscheln und andere Weichtiere ent-nehmen dem Wasser Primärproduzenten und, vorausge-setzt es liegt keine Gewässerverschmutzung vor, benöti-gen dann keine weitere Nahrung mehr.

Die Meeresfarmen für Riesenvenusmuscheln in Australien, dem Pazifik und Südostasien gehen einen Schritt weiter, da dort Riesenvenusmuscheln die mit ihnen symbiotisch lebenden Algen als eigene Primärproduzenten haben. Die Riesenvenusmuschel braucht deshalb nur in ihrem Larvenstadium eine Nahrungszufuhr von außen. Sobald die Symbiose mit den Algen eintritt, können sie in flache Gewässer ausgesetzt werden. Aufgrund der hohen Produktivität der mit ihnen lebenden Algen wachsen sie schnell heran.

Auf den Philippinen ist der Milchfisch, *Chanos chanos*, eine typische Zuchtart. Die erwachsenen Tiere verbringen die meiste Zeit im Meer, doch zum Laichen kehren sie in die flachen Küstengewässer zurück. Die Jungtiere werden mit feinmaschigen Netzen gefangen und an Brackwasserfarmen verkauft. Dort werden sie in flachen Aufzuchtteichen gehalten, bis sie tiefere Teiche benötigen. Die Jungtiere ernähren sich von den Phyto-planktonblüten der Teiche, während die erwachsenen Tiere die an den Teichböden wachsenden Algen abweiden. Der Fisch wird in allen Wachstumsstadien genutzt: Die Jungtiere werden frittiert als Beilage, die größeren er-wachsenen Tiere werden als Hauptgericht serviert.

Norwegen ist mit 150 000 Tonnen (1990) der welt-größte Zuchtlachsproduzent. Die Bedeutung der Fisch-industrie ist enorm, da 10 Prozent der norwegischen Arbeitnehmer in der Fischzucht tätig sind. Die Zucht erfolgt in geschützten Buchten der tiefen Fjorde an den Küsten des Landes. Die Lachszucht gewinnt auch für Chile, die Färöer-Inseln und Neuseeland zunehmend an Bedeutung. Eine weitere bedeutende Fischzuchtart ist die Meeräsche mit 160 000 Tonnen Ertrag (1987). In Singapur und Hongkong werden mehrere Barscharten und andere tropische Fischarten im Probestadium gezüchtet, im Mittelmeerraum hingegen Seebrasse und Schwertfisch.

Rund 30 verschiedene Meeresalgen werden vor allem in Südostasien gezüchtet. Seesenf, Seetang und die Rot-algengattung *Euchuema* werden sowohl für den mensch-lichen Verzehr als auch zur Herstellung von Alginaten zum Klären, Gelieren und Eindicken von Lebensmitteln und als Tiernahrung in der Landwirtschaft produziert. Korea und China produzieren je 250 000 Tonnen Seetang pro Jahr. Agar-Agar, eine gelatineartige Substanz, wird aus Meeresalgen gewonnen und als Nährboden für Bakterien eingesetzt.

Die große Vielfalt an marinen Produkten mit ihrer einmaligen Fähigkeit, Stoffe, die in geringer Konzentration im Meereswasser vorhanden sind, zu akkumulieren, kann zu einer Fortentwicklung der Ressourcen in diesem Bereich führen. In den letzten Jahren wurden verstärkt die Anwendbarkeit von Produkten aus marinen Organismen bei der Krebsbehandlung wie auch mögliche chemische Stoffe auf ihre Bedeutung für Industrie und Medizin hin geprüft.

Die Menge an nützlichen chemischen Produkten, die aus marinen Organismen gewonnen werden können, ist gegenwärtig kaum erschlossen.

Zuchtprobleme

Obwohl die Meeresfarmen eine wichtige Rolle für die Welternährung spielen, bereiten sie auch Probleme. Die intensive Käfigkultur führte in manchen Gebieten zu einer ernsten Umweltschädigung, da Fäkalien und übriggebliebene Nahrung in großem Umfang die bakterielle Zersetzung und einen Sauerstoffentzug der Bodengewässer bewirken. Die richtige Platzwahl wird nun eine notwendige Voraussetzung zur Unterhaltung der Farmen sein, d.h. der Wasserfluß muß das beschriebene Problem verringern oder beseitigen.

Die meisten Fisch- und Schalentierzuchtbetriebe lassen sich von darauf spezialisierten Einrichtungen mit Jungtieren beliefern, die sie bis zur gewünschten Größe weiter heranziehen. Da viele der Farmen nicht genügend Jungtiere heranziehen können, ernten sie wildlebende Jungtiere ab. Zudem werden viele der Farmen genau in den Gebieten errichtet, in denen die Jungtiere für die Farmen heranwachsen.

So zerstören die für die Errichtung von Krabben- und Meeresfarmen entfernten Mangrovensümpfe genau den Lebensraum, der für das Heranwachsen der jungen Krabben notwendig ist. Von diesen Jungtieren sind aber sowohl die Zuchtbetriebe als auch Schleppnetzfänger abhängig.

▲ **Lachse** werden in hängenden Pferchen gezüchtet wie bei dieser Fischfarm in einem norwegischen Fjord.

▼ **In Asien** werden verschiedene Seegrasarten zur Ernährung und zur Gewinnung von Alginaten gezüchtet.

Küstennahe Mineralvorkommen

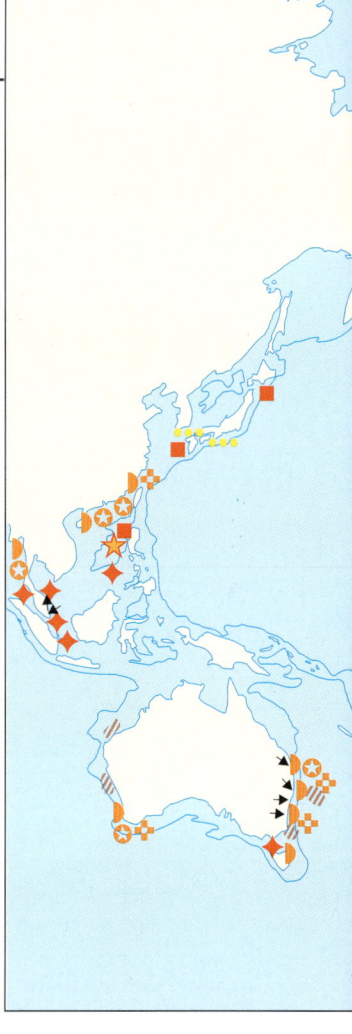

▲ **Wie diese Diamantlagerstätten** in Namibia so gibt es entlang den Küsten viele Vorkommen zahlreicher Bodenschätze, die ausgebeutet werden. In Südostasien wird im Schelfgebiet Zinn für die Blechherstellung abgebaut.

Mineralvorkommen im Meeresbereich haben drei mögliche Ursprünge. Sie können, wie bei Öl und Gas, als Sedimentablagerungen in Kontinentalschelfzonen entstanden sein; als Mineralien aus erodiertem Gestein vom Festland an den Sedimentküsten abgelagert worden sein, oder wie beim Kalkstein, Ergebnis eines chemischen und/oder biologischen Prozesses des Meeres sein.

Erst seit 30 Jahren betreibt man eine extensive Mineralausbeutung der Lagunen, Meeresbuchten, Flußmündungen und des Kontinentalschelfs. Der Schwerpunkt liegt hier bei dem raschen Ausbau der Öl- und Gasgewinnung. Weniger geläufig, letztlich jedoch weiter verbreitet und von größerer wirtschaftlicher Bedeutung, ist die Gewinnung von Sand und Kies für Bauvorhaben an Land. Der ökonomische Wert von Sand und Kies übertrifft den jedes anderen Minerals, das vor den Meeresküsten abgebaut wird.

Sand und Kies

Sand- und Kiesablagerungen auf dem Kontinentalschelf sind Verwitterungsprodukte des Festlandes. Die Ablagerungen werden durch die Strömungsbewegungen derart sortiert, daß sich an einer Stelle nur jeweils Material einer bestimmten Größe und Dichte zusammenfindet. Der aus der Nordsee gewonnene Kies ist reich an Feuersteinen, die aus Kreide- oder Kalksteinablagerungen stammen, die von Eisschichten ins Meeresbecken geschoben worden sind. Anschließend haben die Strömungs- und die Wasserbewegung die feineren Sedimente davongetragen und so sortierte, für den Bau geeignete Materialien zurückgelassen.

In einigen Fällen, wie z.B. bei der Faxa Bucht an der Westküste Islands, wird die Muschelsandbank ständig durch die Gezeitenströme und die Winterstürme wieder aufgefüllt. Letztere brechen die Muscheln ab, die im Küstengewässer an Steinbänken wachsen und schwemmen den Muschelsand in die Bucht.

An vielen Orten der Welt, z.B. an der Ostküste der USA und in den Niederlanden, schüttet man heute die Strände mit Sand auf. Dies ist kein Abbau im engeren Sinn des Wortes. Solches Strandaufschütten dient dem Küstenschutz, indem der durch Wellen- und Gezeitenbewegung ins Meer getragene Sand wieder an seinen Ursprungsort gebracht wird. Im Falle der Niederlande stellt dieses Verfahren eine von mehreren Küstenschutz

maßnahmen für ein Land dar, das unter dem Meeresspiegel liegt. In den USA werden damit die im Winter abgetragenen Strände für die Touristen wieder aufgefrischt.

Für viele kleine Inseln in tropischen Regionen ist die einzige Sandquelle für Bauvorhaben der verwitterte, kalkhaltige Sand von Korallenskeletten, Algen und Zootieren der Foraminifera. Diese Depots werden oftmals in der Nähe von Korallenriffen abgebaggert, wodurch Schwebstoffe freigesetzt werden, die die benachbarten Riffe stark schädigen. Einige Atoll-Staaten besitzen kein anderes Baumaterial als die Korallenriffe, die zu diesem Zweck abgebaut werden. Der größte Abbau im Schelfgebiet ist der Sandabbau auf den Bahamas. Dieser Sand wird an die karibischen Nachbarländer verkauft und zur Herstellung eines stark erzhaltigen Zementes benutzt. Der Gebrauch kalkhaltigen Sands zur Herstellung von Zement, der von Muscheln und Meerestierskeletten stammt, liegt von Island bis Indien in der erneuerbaren Natur der Ressource.

Salz und Phosphorit

Salz ist eine wichtige Ressource. Es macht zwei Drittel der im Meerwasser gelösten Mineralien aus. In warmen, trockenen Klimazonen kann es billig gewonnen werden: das Wasser flutet in flache Pfannen, wo es verdunstet und Meersalz zurückläßt.

Phosphoritablagerungen gibt es in vielen Küstenregionen, besonders in denen mit starken Grenzströmungen und mit Auftriebszonen. Die meisten der bekannten Phosphoritdepots sind geologisch gesehen recht alt, doch man weiß auch von einigen jüngeren. Phosphorit ist ein wichtiges Düngemittel und als chemischer Stoff wird es zur Herstellung der verschiedensten Chemikalien verwendet.

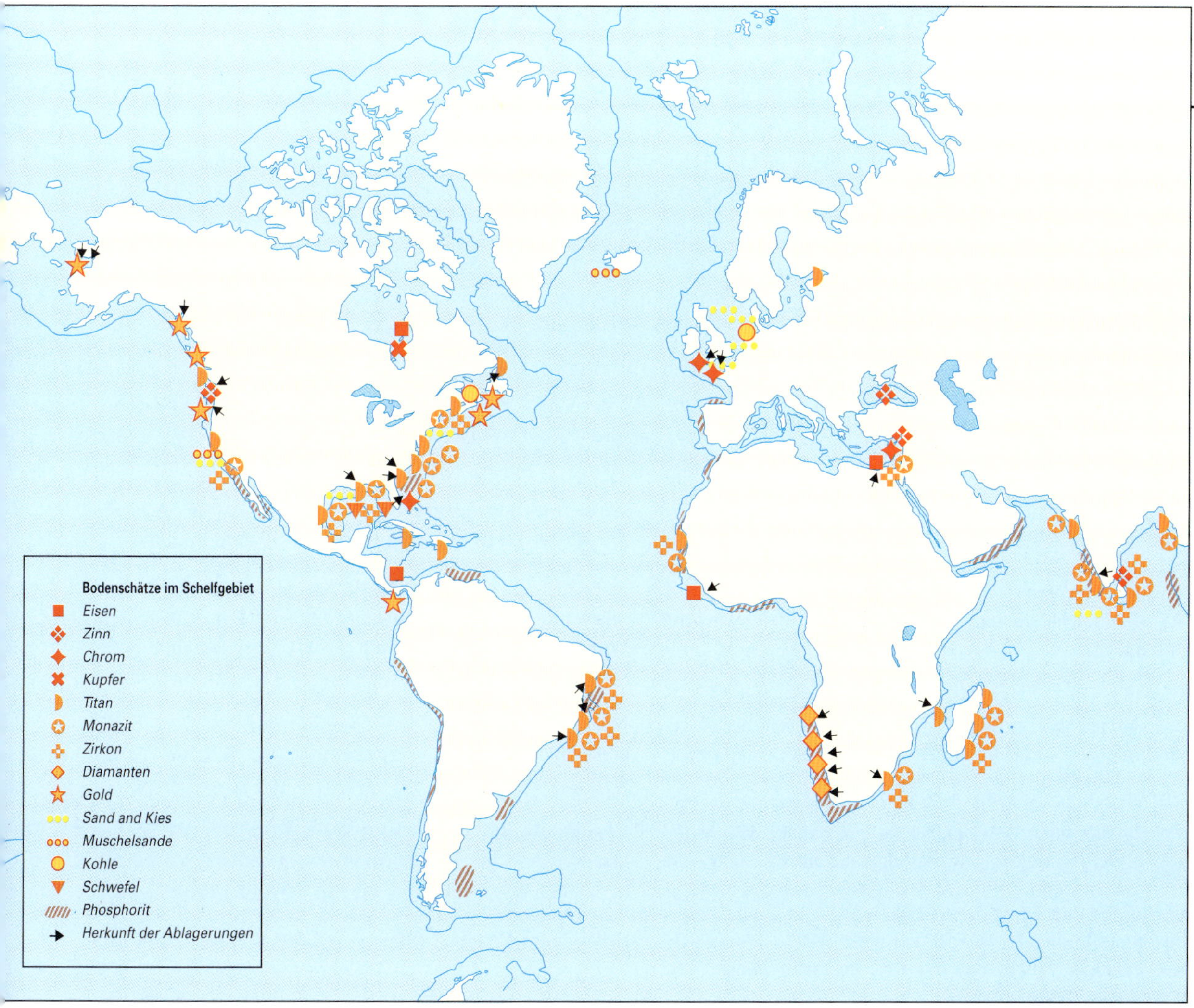
Bodenschätze im Schelfgebiet
Eisen
Zinn
Chrom
Kupfer
Titan
Monazit
Zirkon
Diamanten
Gold
Sand and Kies
Muschelsande
Kohle
Schwefel
Phosphorit
Herkunft der Ablagerungen

◀ ***Bis auf Öl und Gas*** *kommen die meisten Minerale im Schelfgebiet nicht in hoher Konzentration vor, so daß sich ihr Abbau vom wirtschaftlichen Standpunkt her rechtfertigen ließe. Dennoch werden weltweit beträchtliche Mengen Zinn, Diamanten, Gold und Titan an Stränden und in der Schelfzone abgebaut. In einer Reihe von Gebieten, einschließlich dem Golf von Mexiko, wird Schwefel gefördert. Nach Öl und Gas sind Sand und Kies die bedeutendsten Mineralressourcen, die im Küstengebiet für die Bauwirtschaft abgebaggert werden.*

Edelsteine

Für die meisten Meeresmineralien gilt (Ausnahme Salz), daß die Kosten des Abbaus den wirtschaftlichen Wert überschreiten. Aufgrund der derzeit unwirtschaftlichen Umstände können die meisten Mineralablagerungen im Schelfgebiet eher als Reserven denn als Ressourcen betrachtet werden. Ein Beispiel ist der Diamantenabbau vor der Küste Namibias. Trotz reicher Vorkommen lagen die Kosten höher als die Einnahmen, so daß die Förderung in den siebziger Jahren eingestellt wurde.

Zinn wird aus den flachen Gewässern Südostasiens abgebaut, vor allem in Indonesien und Thailand. Dazu baggert man das Erz aus den Gewässern. Leider setzt man durch diese Abbauform feine Sedimentteilchen frei, was einen negativen Einfluß auf die benachbarten Riffökosysteme hat.

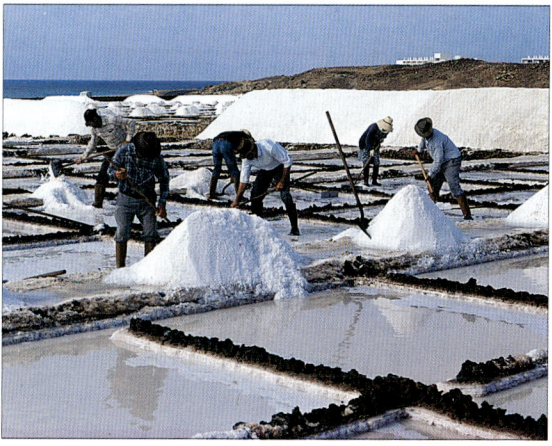

▶ ***In vielen Ländern*** *der Erde mit warmem, trockenem Klima gewinnt man Salz aus dem Meerwasser. Das Wasser der überfluteten Salzpfannen, wie hier auf Lanzarote, verdampft und grobes Meersalz kristallisiert aus.*

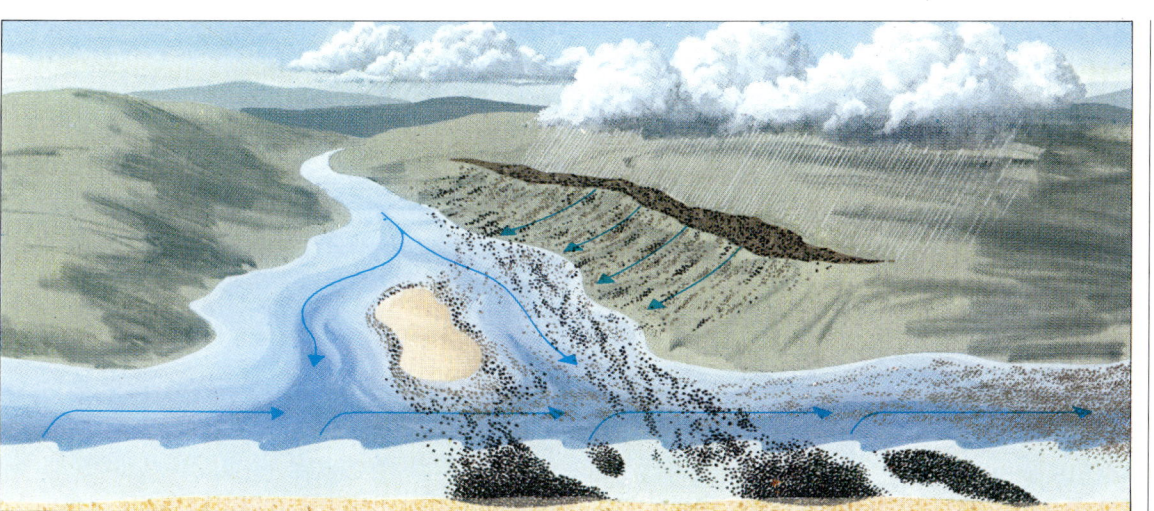

◀ ***Die meisten der Metalle*** *im Schelfgebiet treten als Wascherze auf. Das erzhaltige Gestein vom Festland wird als Verwitterungsschutt von den Flüssen ins Meer getragen. Strömungen, Wellen und die Gezeiten trennen ihn dort der Größe nach. Die schweren Metallteilchen sammeln sich in Mineralsandablagerungen. Wo sich der Meeresspiegel verändert hat, können sie sich auch weit draußen auf dem Schelf befinden. Sie werden durch Bagger gehoben.*

Bodenschätze der Tiefsee

Der Bericht über die wissenschaftlichen Ergebnisse der Forschungsreise der HMS *Challenger* (1872-76) vermerkt, daß „die Schlepp- und Grundschleppnetze eine enorme Anzahl mehr oder weniger kugelförmiger Knollen und traubenartiger Klumpen von Manganoxid zu Tage förderten. Die Erwähnung aller Regionen, in denen Mangan gefunden wurde, würde zuviel Raum einnehmen...“

Dieser erste Bericht über Erzlagerstätten in der Tiefsee führte den allgemein bekannten Begriff der „Manganknollen“ ein. Zutreffender wäre allerdings der Begriff polymetallische Knollen, da sie neben Mangan noch eine Reihe weiterer Elemente enthalten (siehe Tabelle). Die Knollen bestehen größtenteils aus Eisen- und Manganoxid, aber auch aus Titan, Chrom, Kupfer, Nickel, Kobalt und Zink in veränderlichen Anteilen. Die Zusammensetzung der Knollen erschwert eine Trennung, da Kupfer und Nickel mit Manganoxid vorkommen und nicht getrennt vorliegen.

Bis in die fünfziger Jahre war das Interesse an diesen Ressourcen gering. Die Verfügbarkeit von festländischen Lagerstätten machte eine Ausbeutung der Knollen wirtschaftlich unrentabel. Nach dem Zweiten Weltkrieg jedoch sank der Gehalt des Kupfers im Erz: von 2,6 Prozent im Jahr 1900 auf 0,7 Prozent im Jahr 1965. Der Nickelgehalt der in Neukaledonien (1600 Kilometer östlich von Australien gelegen) abgebauten Erze sank von 7 auf 2,8 Prozent. Zu dieser Zeit legten Bedarfsplanungen für Kupfer und Nickel die Ausbeutung von Lagerstätten mit immer geringeren Erzanteilen nahe. Deshalb stieg seit den sechziger Jahren das Interesse an einem Abbau der Manganknollen.

Der Durchmesser der Knollen liegt zwischen 2,5 cm und 5 cm und ihr Vorkommen reicht von verstreutem Auftreten bis zu durchgehender Bodenbedeckung. Obgleich die komplexen physikalischen, chemischen und biologischen Prozesse im Zusammenhang mit ihrer Bildung noch nicht ausreichend bekannt sind, existieren größere Untersuchungen, die ihre weite Verbreitung über die Tiefseebecken der Meere dokumentieren.

Die gehaltvollsten Knollen finden sich landfern von Sedimenteinschwemmungen und in Tiefen von mehr als 4000 Metern. Die größten Manganknollenvorkommen existieren im Pazifikbecken, wobei die größte Dichte zwischen der Clarion- und der Clipperton-Verwerfungszone südlich der Hawaii-Inseln auftritt. In dieser Region liegen schätzungsweise 8-25 Milliarden Tonnen polymetallischer Knollen.

Bergbau auf dem Meeresboden

Internationale Konsortien haben die möglichen Fördermethoden für Manganknollen untersuchen lassen, jedoch verhindern die Förderkosten einen rentablen Abbau. Der Abbau am Meeresboden wird zwei Probleme lösen müssen: das Sammeln der Knollen vom Meeresboden und ihren Transport an die Oberfläche. Unbemannte Sammelmaschinen könnten so z.B. die Knollen aufsammeln, die dann durch Ansaugen oder durch Bagger nach oben transportiert würden. Die Benutzung eines Tiefseeschleppnetzes wäre zu kostspielig, da beträchtliche Energie zum Hochziehen des Netzes nötig wäre. Außerdem würde mehr Zeit für das Herablassen und Hochziehen des Schleppnetzes aufgewendet, als am Boden für das Einsammeln zur Verfügung stünde. Die Weiterverarbeitung der Knollen vor Ort oder in einer Unterwasserverarbeitungsstation könnte den Abbau effizienter gestalten; solche Möglichkeiten werden deshalb in Erwägung gezogen.

Hydrothermale Schlote, Solen und Erzschlämme

Lange bevor eine Ausbeutung der polymetallischen Knollen in größerem Ausmaß möglich sein wird, könnte eine andere Quelle zur Metallgewinnung vom Meeresboden wirtschaftlich interessant werden. In der Nähe der hydrothermalen Schlote der mittelozeanischen Rücken finden sich Erzschlämme, die unterschiedliche Konzentrationen von Zink, Kupfer und Blei enthalten.

Die Erzschlämme entstehen durch das Eindringen von Meerwasser in die geschmolzene Meereskruste. Sowie das Meerwasser durch die Kruste dringt, wird es überhitzt und löst verschiedene Metalle aus dem geschmolzenen Basalt. Wenn diese überhitzten Solen (bis zu 104°C) in das kältere Wasser des Meeresbodens gelangen, werden die gelösten Metalle ausgefällt und metallreicher Schlamm entsteht.

Dort, wo nur geringe Wasserbewegungen auftreten, wie etwa im Längstal des Roten Meeres, dringt überhitztes Salzwasser (hier ca. 60°C heiß) bis zu 200 m tief in den Boden ein. Der Meeresboden ist mit einer metallhaltigen Schlammschicht von zwischen 2 und 25 Metern Dicke bedeckt. Diese Entdeckungen der R/V Atlantis II im Roten Meer sind von erheblichem kommerziellen Interesse, weil die Schlämme bis zu 40 Prozent Eisen, 3,5 Prozent Mangan, 2 Prozent Zink und 0,95 Prozent Kupfer enthalten.

Bergbau in der Tiefsee und Seerecht

Das Seerecht der Vereinten Nationen trat im November 1994, 12 Jahre nach seiner Unterzeichnung, in Kraft. Von den Vereinten Nationen wurde eine Kontrollbehörde (International Seabed Mining Authority) eingerichtet, um

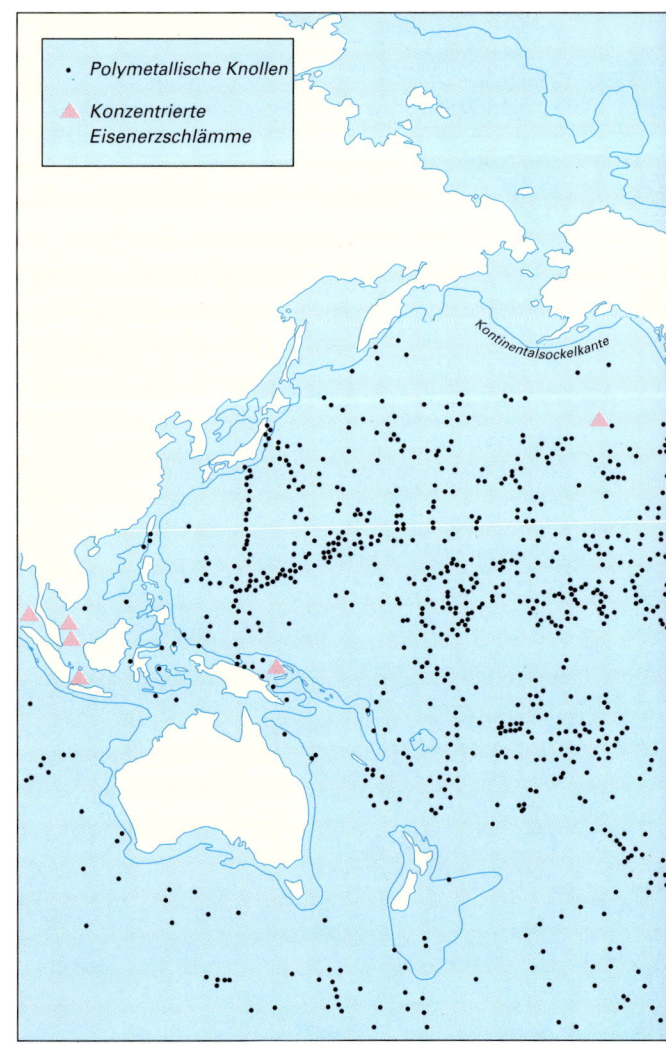

die Ausbeutung der Tiefseebodenschätze zu regeln und zu kontrollieren. Teil XI dieses Abkommens enthält detaillierte Vorschriften zur Durchführung des Abbaus, was eine Reihe von Industrieländern bewogen hat, das Abkommen nicht zu ratifizieren. In diesem Absatz werden nämlich der Meeresboden sowie die Bodenschätze unterhalb des Kontinentalschelfs zum „gemeinsamen Erbe der Menschheit" erklärt.

Die Internationale Behörde für den Bergbau des Meeresbodens wird für Lizenzvergabe und Kontrolle des Abbaus des Meeresbodens verantwortlich sein. Der Widerstand der Industrienationen geht hauptsächlich von einigen Großkonzernen aus, die die Abbautechnologien zur Ausbeutung dieser Ressourcen entwickelt haben und die lieber unter nationalem Recht als unter internationalem Recht operieren wollen. Sie befürchten zu viele Einschränkungen für den Abbau. Viele Umweltschutzgruppen haben starke Bedenken gegen jegliche Ausbeutung des Meeresbodens formuliert, denn die Sedimente der Tiefsee sind nicht fest. Werden sie aufgewirbelt, so schädigt wahrscheinlich die neue Ablagerung der Sedimente vorhandene Lebensräume.

ZUSAMMENSETZUNG DER MANGANKNOLLEN (LUFTGETROCKNET, IN % DES GEWICHTS)				
Element	Pazifischer Ozean (Nordostteil)	Pazifischer Ozean (Südteil)	Indischer Ozean (Westteil)	Indischer Ozean (Ostteil)
Mangan	22,33	16,61	13,56	15,83
Eisen	9,44	13,92	15,75	11,31
Nickel	1,080	0,433	0,322	0,512
Kobalt	0,192	0,595	0,358	0,153
Kupfer	0,627	0,185	0,102	0,330
Blei	0,028	0,073	0,061	0,034
Barium	0,381	0,230	0,146	0,155
Molybdän	0,047	0,041	0,029	0,031
Vanadium	0,041	0,050	0,051	0,040
Chrom	0,0007	0,0007	0,0020	0,0009
Titan	0,425	1,007	0,820	0,582

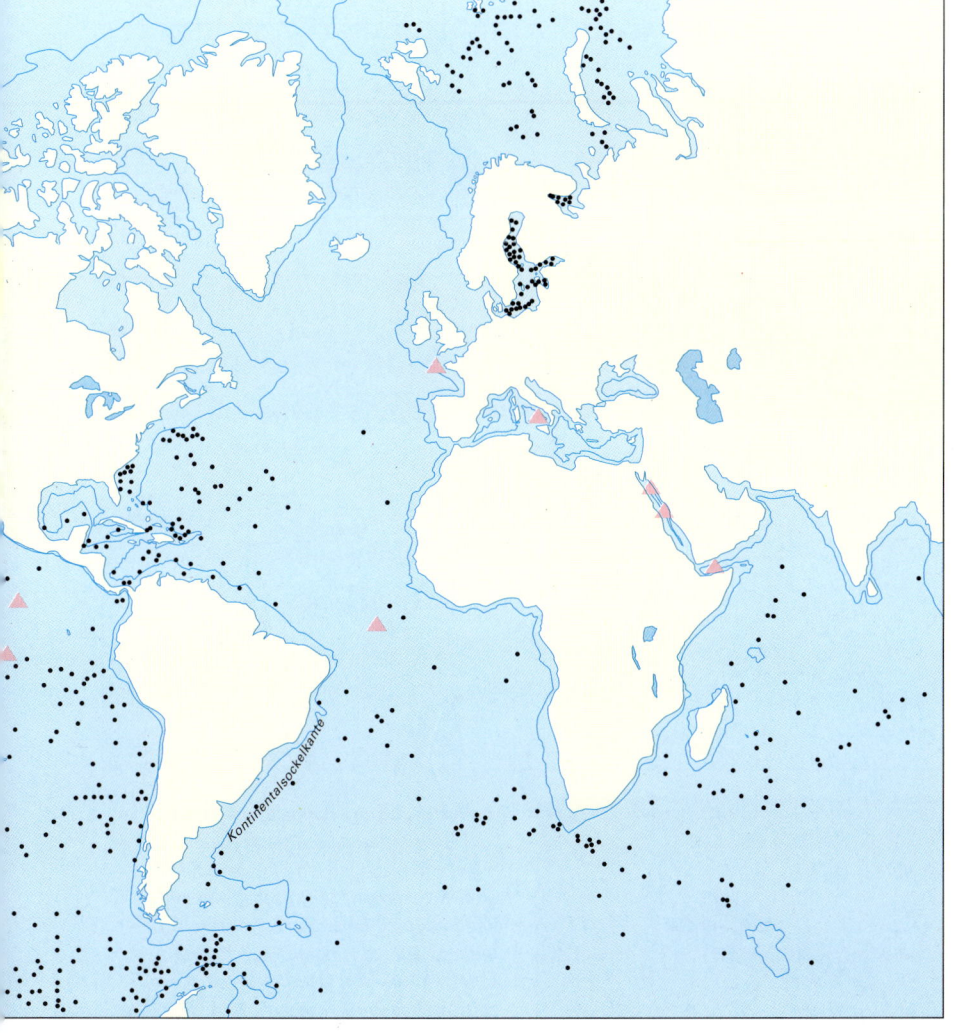

◄ **Der größte Teil** der Minerallagerstätten der Tiefsee sind eher Reserven als Ressourcen, da zur Zeit die Förderkosten für die Ausbeutung der Minerallagerstätten noch ökonomisch unrentabel sind.

▲ **Manganknollen** wurden zuerst durch die HMS Challenger-Expedition entdeckt. Die weitverstreuten Knollen entstehen sehr langsam durch schichtweise Anlagerung von Mineralen auf einem kleinen Objekt.

Erdöl und Erdgas

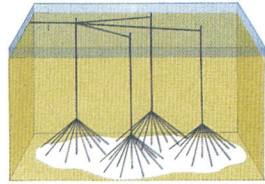

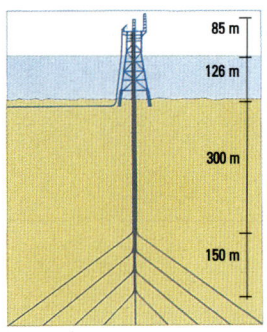

85 m
126 m
300 m
150 m

▲ **Das Forties-Ölfeld** in der Nordsee besitzt vier Plattformen, von denen jede 27 Bohrungen bis zu 3500 m Tiefe erbringen kann. Jede Bohrung erfolgt in einem Winkel nach außen, so daß ein Aktionsradius von 2700 m erreicht wird, der eine große Fläche ölhaltigen Gesteins abdeckt. Die Bohrung durchdringt lediglich die Oberfläche der erdölhaltigen Schichten, denn der Wasserdruck zwingt das Öl durch die Bohrleitung hoch bis zum Bohrkopf.

Die Kontinentalschelfe sind für die Öl- und Gasförderung vielversprechender als das Festland. Obwohl sie nur 26 Millionen Quadratkilometer einnehmen, bestehen ungefähr 15 Millionen Quadratkilometer aus Sedimentbecken, in denen normalerweise Öl- und Gaslager gefunden werden. Auf der viel größeren Festlandfläche von 150 Millionen Quadratkilometer befinden sich vermutlich nur zu einem Drittel Öl- und Gaslagerstätten.

Erdöl und Erdgas entstehen durch die Zersetzung organischen Materials im Sedimentgestein. Die geologischen Strukturen müssen für eine Ansammlung durchlässiges Gestein wie Sand- und Kalkstein aufweisen, durch das sich Öl und Gas frei bewegen können.

Ebenso ist Verschlußgestein wie Schiefer und Salz wichtig, das die Ablagerungen zum Beispiel in antiklinalen Strukturen versiegelt, um die Verflüchtigung zur Oberfläche oder die Verteilung im umgebenden Gestein zu verhindern.

Seismische Messungen dienen zur Strukturbestimmung des Gesteins und unterstützen die Identifizierung von Arealen für Versuchsbohrungen. Ein Schiff, das eine Reihe von Sonarsensoren schleppt, löst im Wasser Explosionen aus. Die Sensoren zeichnen die reflektierten Wellen auf und bilden ein „Schallbild" der geologischen Formationen. Wird eine lagerverdächtige geologische Struktur ausgemacht, kann eine Probebohrung erfolgen. Bei einem hohen Prozentsatz der so entdeckten Strukturen stellt man jedoch fest, daß sie nur Wasser oder Erdöl- und Erdgasreserven enthalten, die ökonomisch nicht verwertbar sind.

Bohrungen im Meer

1896 förderte man vom küstennahen Summerland-Feld in Kalifornien zum ersten Mal Erdöl. In jener Zeit führte man Bohrungen von Stegen aus durch, die vom Strand 250 m ins Meer hinausreichten. In den zwanziger und dreißiger Jahren dieses Jahrhunderts wurden Bohrungen in der Baku-Region in Rußland von Böcken aus, die man in das Kaspische Meer geschlagen hatte, durchgeführt. Doch erst die Entdeckung des großen Bolivar-Feldes im Maracaibo-See in Venezuela weckte das Interesse für die Erdölförderung aus dem Meer im Küstenschelfbereich. In den vierziger Jahren wurde die erste für diesen Zweck entworfene Stahlplattform in 7 Meter Tiefe im Golf von Mexiko errichtet.

Seit dieser Zeit wurden die küstennahen Ölförder- und Produktionsplattformen beständig weiterentwickelt. Die Höhe dieser Konstruktionen nahm in dem Maße zu, wie man sich bei der Suche nach Öl vom Land entfernte. 1975 gab es weltweit 77 Bohrlöcher in Wassertiefen bis zu 200 Meter. Zunächst benutzte man zur Entdeckung und Förderung des Öls aus dem Meer die für die Arbeit an Land entwickelten Gerätschaften. Die Ölbohrinseln waren jedoch mehrfach begrenzt. Sie hatten weder die für das Bohrgestänge notwendige Höhe noch verfügten sie über ausreichend lange Pfähle und Stützmaterial bis zum Meeresboden. Eine der höchsten Plattformen, die heute in Betrieb ist, befindet sich bei Santa Barbara in Kalifornien. Sie mißt 355 Meter über dem Meeresgrund bis zur Spitze des Bohrturms und ist damit nur rund 30 Meter kleiner als das Empire State Building in New York.

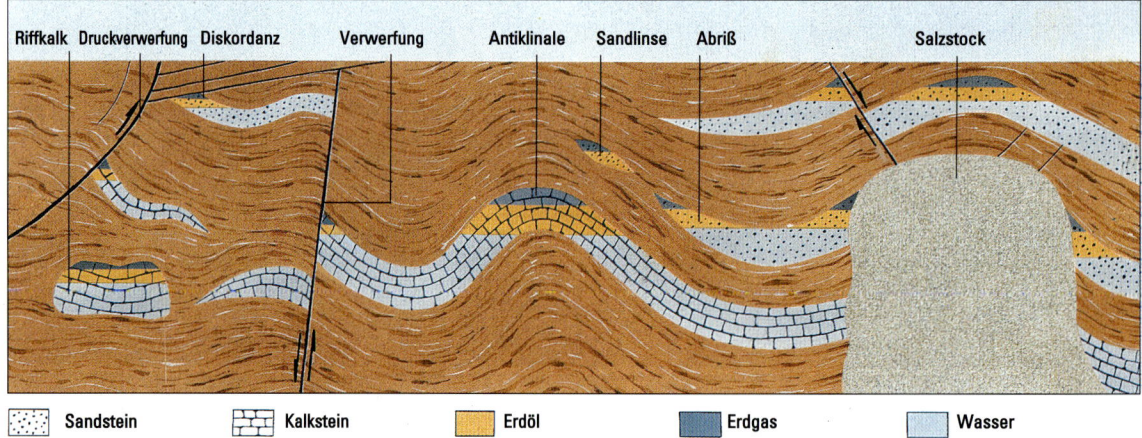

Riffkalk Druckverwerfung Diskordanz Verwerfung Antiklinale Sandlinse Abriß Salzstock

:::: Sandstein   Kalkstein   Erdöl   Erdgas   Wasser

▲ **Erdöl** bildet sich durch Zersetzung organischen Materials im Sedimentgestein, von wo es herausgedrückt wird und zusammen mit dem Erdgas durch durchlässige Schichten wandert, bis es in einer undurchlässigen Schicht eingeschlossen wird. Hier bildet es ein Reservoir, wobei das Öl über dem Wasser liegt und das Gas darüber schwebt. Durchlässiges Speichergestein wie roter Sandstein kann durch undurchlässiges Gestein wie Anhydrit oder Schiefer verschlossen werden.

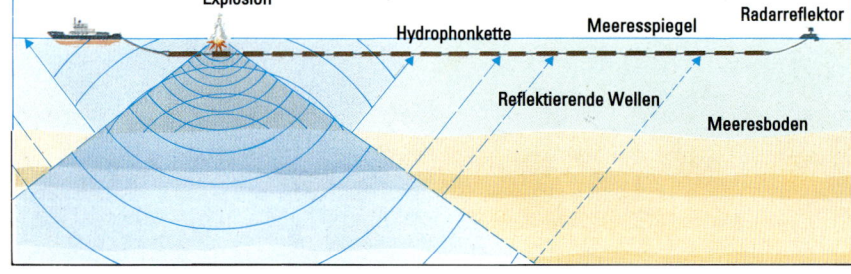

Explosion   Hydrophonkette   Meeresspiegel   Radarreflektor
Reflektierende Wellen
Meeresboden

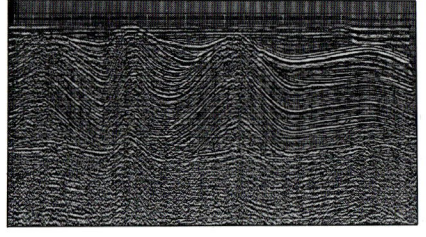

▲ **Wo in geologischen Strukturen** Öl und Gas vermutet wird, kann durch seismische Messungen ein Bild der Schichten ermittelt werden. Seismische Stoßwellen werden durch Sensoren aufgefangen, die unterschiedlich von den Gesteinsarten reflektiert werden. Dadurch entsteht ein seismisches Profil, wie es links zu sehen ist.

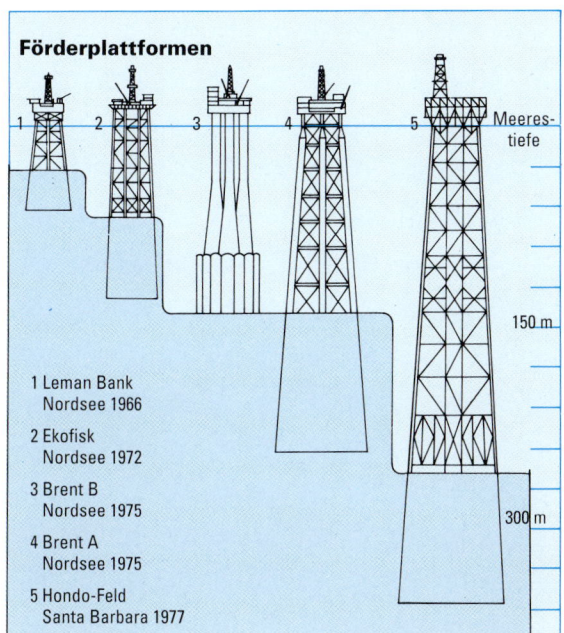

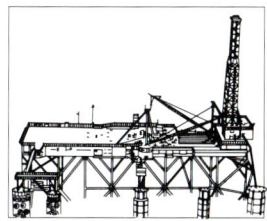

▲ *Versorgungsplattform*
Flaches/mitteltiefes Wasser

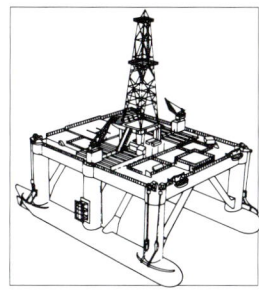

▲ *Halbtaucher*
Tiefwasseroperationen

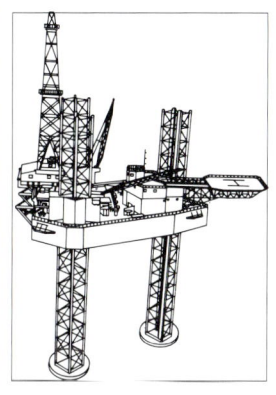

▲ *Hubplattform*
Mittlere Wassertiefen

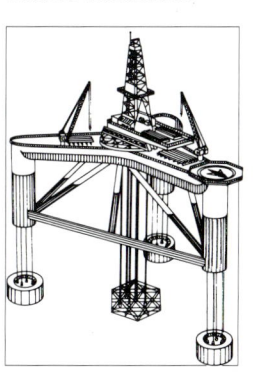

▲ *Beinverspannte Platt-form* *Tiefwasseroperationen*

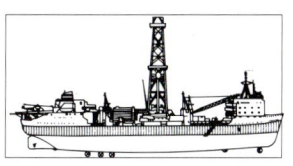

▲ *Bohrschiff*
Allgemeine Versuchszwecke

▲ **Das Foto** zeigt eine Gasförderplattform in der Nordsee aus der Sicht eines Zulieferschiffes. Die Anzahl der Gasförderplattformen im Meer hat in den letzten zwei Jahrzehnten dramatisch zugenommen – und die Nachfrage nach Erdöl steigt weiter.

▼ **Die Größe** der erdöl-fördernden Plattformen hat in den letzten Jahren in dem Maße zugenommen, in dem die Bohrungen immer größere Tiefen erreichten. Die Abbildung unten zeigt, wie die Förderplattformen von 1966 bis 1977 in die Höhe gewachsen sind.

Ab 1953 wurden Plattformen entwickelt, die in 90 m Wassertiefe arbeiten konnten, indem die Füße, auf denen dann die Plattform stand, auf den Meeresboden abgesenkt wurden. In den sechziger Jahren wurde die mit Pontons ausgestattete Halbtaucher-Plattform entwickelt. Diese Pontons tauchten halb im Wasser und waren am Grund verankert.

Mobile Plattformen

Eine Zeitlang wurden Bohrschiffe benutzt, die man am Meeresboden verankerte, damit sie ihre Position über der Quelle hielten. Heute benutzt man beliebig positionier-bare Plattformen, die zu verankernde Schiffe überflüssig machen. Diese Bohrschiffe halten ihre Position über der Quelle durch Spezialpropeller, die auf die Schallwellen von Quellen reagieren.

Das erste dieser Schiffe wurde 1971 in Betrieb genommen; 1976 war die Anzahl mobiler Plattformen bereits auf 350 angestiegen. Ende der siebziger Jahre wurden Bohrungen in 1000 m Tiefe vor Thailand durchge-führt; in den achtziger Jahren führte man Probebohrungen vor den Malediven und den Philippinen in über 2000 m Tiefe durch.

Der schnelle Anstieg von Erdölerkundung und -ausbeutung im Meer spiegelt die Dominanz fossiler Brennstoffe in der Wirtschaft der Industrienationen wider und damit die steigende Nachfrage nach dieser Energie-quelle. 1960 fanden zum Beispiel 90 Prozent aller Ölboh-rungen im Meer vor den Küsten der Vereinigten Staaten von Amerika statt. 1970 war der US-amerikanische Anteil der weltweiten Meeresölproduktion auf nahezu ein Viertel gesunken. Dieser Anteil hat angesichts der Tatsache, daß immer mehr Länder ihre Meeresressourcen entdecken und ausbeuten, noch weiter abgenommen.

Förderplattformen

Meeres-tiefe

150 m

300 m

1 Leman Bank
Nordsee 1966

2 Ekofisk
Nordsee 1972

3 Brent B
Nordsee 1975

4 Brent A
Nordsee 1975

5 Hondo-Feld
Santa Barbara 1977

Energie aus dem Meer

Die Idee, Meereskraft für die Herstellung von Energie nutzbar zu machen, gibt es schon seit geraumer Zeit. Die meisten der bis heute entwickelten Systeme arbeiten jedoch noch nicht wirtschaftlich, das heißt, es ist billiger, fossile Brennstoffe zu verbrennen als auf Meeresenergie zurückzugreifen. Bisher wurden nur wenige Systeme entwickelt. Die Sorge um die sich verbrauchenden fossilen Brennstoffe führte jedoch in den letzten Jahren zu einer verstärkten Investition in solche Anlagen.

Meeresenergie ist in allen ihren Formen eine erneuerbare Energiequelle. Die Energie kann indirekt von der Sonnenenergie, die die Erwärmung des Meereswassers bewirkt, oder aber durch die atmosphärisch erzeugte Wellenbewegung abgeleitet werden. Gezeitenenergie ist ein Ergebnis der Gravitation von Sonne und Mond, die das Meerwasser bewegt.

Wellen und Gezeiten als Energiequellen

Wellenkraftsysteme basieren auf der Grundidee, daß der Wind die Wellen ständig bewegt. Gezeitensysteme beruhen auf Ebbe und Flut, die durch die Schwerkraft und die Erdrotation entstehen. Die Wellenkraftsysteme haben den Vorteil, zusätzlich die Küsten zu schützen, da Wasser, das über oder durch solche Systeme gelenkt wird, zunächst ferngehalten und erst „beruhigt" an die Küsten gelassen wird. Bisher gibt es lediglich in vielen Ländern Prototypen solcher Elektrizitätswerke. Sie funktionieren, indem die Wellen große Schwingflügel in Bewegung setzen, die ihrerseits Wasser durch Rückschlagventile

▼ Die Ocean Thermal Energy Conversion-Projekt (OTEC) ist entworfen worden, um die große Temperaturdifferenz zwischen Oberflächen- und Tiefenwasser in einem geschlossenen Kreislauf, basierend auf Ammoniak oder einer anderen Flüssigkeit mit vergleichbaren thermischen Eigenschaften, zu nutzen. Kaltes Tiefenwasser wird genutzt, um den Dampf zu kondensieren, der dann durch die vom Oberflächenwasser gewärmten Verdampfer geleitet wird. Dieser Kreislauf treibt Turbinen an, die wiederum mit Generatoren verbunden sind.

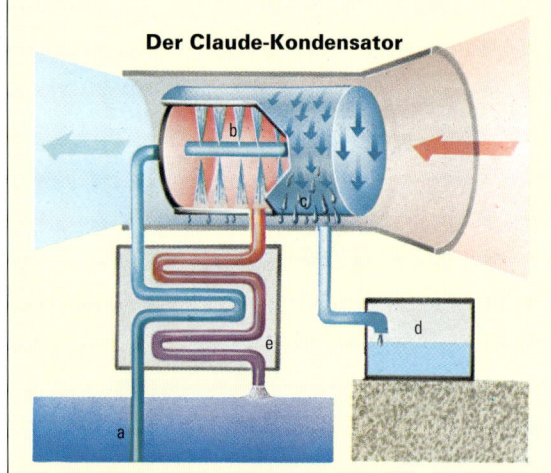

Der Claude-Kondensator

Ein genialer Vorschlag, das Wärmegefälle der Meere zu nutzen, ist die Entsalzung des Meereswassers zur Trinkwasserherstellung in trockenen Regionen. Kaltes Tiefenwasser (a) wird an die Oberfläche gepumpt, wo es die Oberfläche einer Sprühkammer (b) abkühlt. Durch die warme, feuchte Luft, die in den Apparat hineingepumpt wurde, bildet sich Kondenswasser, das in Tanks (d) gesammelt wird. Das in der Kammer aufgewärmte, kalte Wasser wird in einem Wärme-Austauschgerät (e) vor der Rückführung abgekühlt.

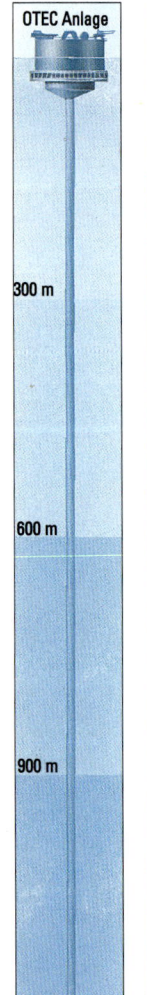

OTEC Anlage

300 m

600 m

900 m

1200 m

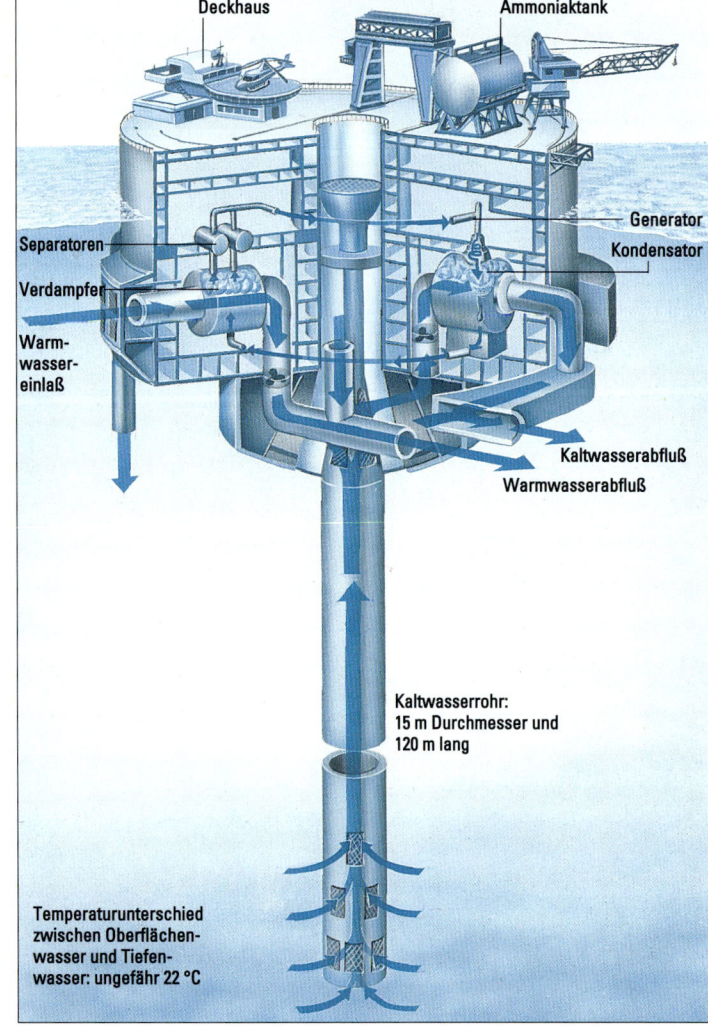

Deckhaus

Ammoniaktank

Generator

Kondensator

Separatoren

Verdampfer

Warmwassereinlaß

Kaltwasserabfluß

Warmwasserabfluß

Kaltwasserrohr: 15 m Durchmesser und 120 m lang

Temperaturunterschied zwischen Oberflächenwasser und Tiefenwasser: ungefähr 22 °C

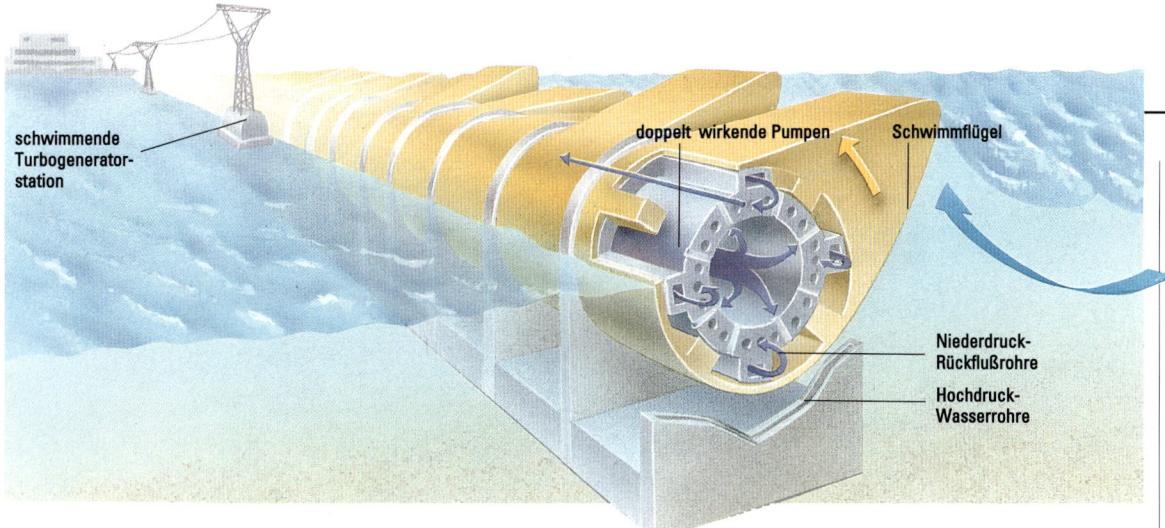

schwimmende Turbogenerator-station

doppelt wirkende Pumpen

Schwimmflügel

Niederdruck-Rückflußrohre

Hochdruck-Wasserrohre

◄ Zur Nutzbarmachung der Wellenenergie wurden verschiedene Entwürfe entwickelt. Einer davon beinhaltet den Bau großer Schwimmflügel, die Wasser durch Rückschlagventile pumpen. Dieses durch enge Rohre gepreßte Wasser treibt Turbinen an. Solche Systeme wären nur in Gebieten mit ständigem starkem Wellengang sinnvoll, wie im Atlantik vor der britischen Küste.

pumpen. Dadurch werden Turbinen angetrieben, die zum Erzeugen von Elektrizität eingesetzt werden.

Das erste Gezeitenkraftwerk arbeitete mehrere Jahrzehnte lang an der Rance-Mündung in Nordfrankreich. Dieses System gewinnt Energie durch Turbinen, die an dem die Mündung verriegelnden Damm angebracht sind. Die Turbinen werden hier durch die Ebbe-und-Flut-Bewegung der Gezeiten angetrieben.

Ocean Thermal Energy Conversion

Es wurde mit Systemen wie der Umwandlung der Ozeanischen Wärmeenergie (OTEC, Ocean Thermal Energy Conversion) experimentiert. Dieses System basiert auf dem Temperaturunterschied zwischen dem warmen Oberflächengewässer und dem kalten Tiefenwasser.

Dieser Temperaturunterschied kann bis zu 20 °C betragen. Das kalte Tiefenwasser kondensiert Ammoniak oder andere ähnliche Flüssigkeiten, das anschließend durch Verdampfer geleitet wird, die durch die warmen Oberflächenwasser erwärmt wurden. Der Kondensationskreislauf des Gases dient dem Antrieb von Turbinen, die Elektrizität herstellen. Obwohl die Effizienz solcher Systeme relativ niedrig ist, wird der Claude-Kondensator zur Trinkwassergewinnung eingesetzt.

Andere Energieformen

Wäre es nicht ineffizient, zur Segelschiffahrt zurückzukehren, so könnten Strömungen für den Seetransport genutzt werden. So nutzen beispielsweise Unterseeboote den Tiefenwasserabfluß des Mittelmeeres, indem sie beim Passieren der Straße von Gibraltar ihre Motoren ausschalten. Es wurde errechnet, daß die Wellenenergie, die ein Schiff beim Auf- und Abtauchen erzeugt, höher als die zum Antrieb benötigte ist. Würde diese Energie ausreichend nutzbar gemacht, könnten die Transportkosten bei weiten Strecken gesenkt werden. Auch könnten kleine, vom Menschen erzeugte Strömungen dazu benutzt werden, die Richtung zu beeinflussen, in der die Gezeiten Sedimente forttragen. Eine effizientere Entwicklung könnte das Baggern und Auffüllen der Strände ersetzen, wofür unter Energieaufwand Sand aus dem Meer gepumpt und an erodierende Küstenstreifen aufgehäuft wird.

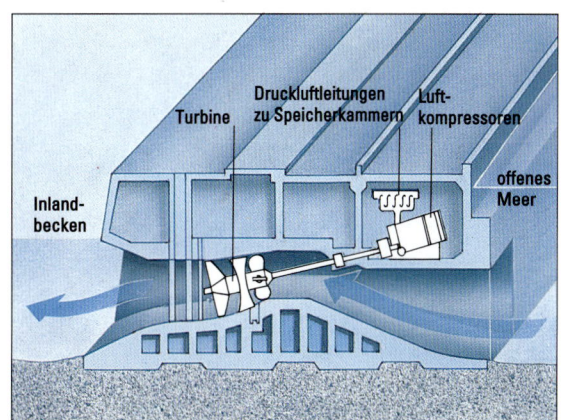

Turbine

Druckluftleitungen zu Speicherkammern

Luft-kompressoren

Inland-becken

offenes Meer

◄ Das Gezeitenkraftwerk an der Rance-Mündung in Frankreich war das erste seiner Art. Der Damm riegelt die Mündung ab, doch unterhalb der Wasserlinie befinden sich Turbinen, die von der Ebbe-und-Flut-Bewegung angetrieben werden.

▲ Eine mögliche Weiterentwicklung der Gezeitenkraft ohne Dammbau wäre, die Gezeiten dazu zu benutzen, Luftkompressoren in Gang zu setzen, welche ihrerseits wiederum Gasturbinengeneratoren antreiben.

Meeresverschmutzung

Als 1972 in Stockholm die Konferenz der Vereinten Nationen über die Umwelt des Menschen tagte, wurde die Verschmutzung der Meere als größte Gefahr für den Lebensraum Meer erkannt. Schiffs-, städtische und Industrieabfälle wurden für die merkliche Verschlechterung der marinen Umwelt verantwortlich gemacht.

Obwohl Meeresverschmutzung noch ein Hauptgrund zur Besorgnis ist, wissen wir, daß auch andere menschliche Aktivitäten, wie kommerzieller Fischfang und Veränderungen der Küstenräume, großen Einfluß auf die Qualität der Meere haben.

1990 kamen Experten, die im Auftrag der Vereinten Nationen arbeiteten, bei der wissenschaftlichen Untersuchung der Meeresverschmutzung zu dem Schluß, daß „die Fingerabdrücke des Menschen im Jahre 1989 überall in den Meeren zu finden sind. Chemische Verschmutzung und Abfälle finden sich von den Polen bis in die Tropen, von den Stränden bis hinab in abyssale Tiefen. Die Verhältnisse der marinen Umwelt variieren jedoch erheblich."

Diese Wissenschaflergruppe stellte zudem fest, daß die größten Umweltverschmutzungsprobleme in den Küstenregionen auftreten, während das offene Meer noch relativ sauber ist. Viele Küstenräume sind durch Hafen- und Industrieanlagenbau, die Entwicklung von Siedlungen und Städten (einschließlich der Touristeneinrichtungen) und die verstärkte Meeresnutzung unwiederbringlich verloren.

1992 erkannte man auf der Konferenz über Umwelt und Entwicklung, daß die vom Festland herrührende Verschmutzung die Hauptursache für die Meeresverschmutzung ist. Von noch größerer Bedeutung war jedoch die Erkenntnis der Notwendigkeit, eine rationalere Verwaltung für die Nutzung der Küstenzone und der Ressourcen an Land schaffen zu müssen. Eine von allen Regierungen angenommene Vereinbarung sieht vor, daß alle Küstenländer bis zum Jahr 2000 Küstennutzungspläne vorlegen.

▲ *Das Auslaufen der* **Exxon Valdez** *vor Alaska hatte verheerende Auswirkungen. Insgesamt nahm die Verschmutzung durch Öl jedoch ab.*

▼ **Ein Schiff** *läßt vor der australischen Küste Tankreinigungswasser ab. Dieses Ablassen verursacht regional begrenzte Verschmutzung.*

◀ **Die Antarktis** ist gegen Verschmutzung auch nicht immun, wie dieses Bild von einem mit Abfällen übersäten Küstenabschnitt im Ross-Meer zeigt. Ein Großteil des Mülls in der Antarktis stammt von den Forschungsstationen, obwohl aller Müll gemäß den Bedingungen des Antarktisabkommens ausgeschifft werden sollte.

Verschmutzung durch Chemie und Öl

In der jüngeren Vergangenheit wurden Schwermetalle wie Quecksilber, Kadmium und Blei zu den durchdringendsten Schadstoffen gerechnet. Heute ist bekannt, daß eine Reihe von Meeresorganismen diese Elemente auf natürliche Weise in sich konzentrieren, und hohe Konzentrationen deshalb nicht notwendigerweise auf vom Menschen verursachte Verschmutzung zurückgehen. Trotzdem bleiben diese Elemente ein Problem für Regionen mit großen Industrieabsonderungen. Chlorierte Kohlenwasserstoffe aus Pestiziden verursachen entlang tropischer Küsten Probleme. Im entwickelten Norden hat ihre Konzentration hingegen durch Kontrollen und Nutzungseinschränkungen abgenommen.

Verunreinigungen gelangen entweder durch direktes Einlassen oder indirekt durch Flüsse und den atmosphärischen Transport von Partikeln in Aerosolen und Gasen ins Meer. Rund 80 Prozent der Meeresverschmutzung rühren vom Festland her, 10 Prozent vom direkten Abladen von Abfall ins Meer und die restlichen 10 Prozent vom Verklappen von Abwässern auf See.

Durch internationale Abkommen hat das Abladen von Abfällen gegenüber früher stark abgenommen. Jedoch können Schiffsunglücke, wie die *Exxon Valdez*-Katastrophe, regional verheerende Auswirkungen haben. Obwohl Öl, besonders nach Tankerunglücken, als deutlich sichtbarer Meeresverschmutzer angesehen werden kann, gibt es im allgemeinen weniger Anlaß zur Sorge als andere Stoffe. Schwimmendes Öl verursacht weniger große Schäden als Öl, das in direkten Kontakt mit bodenbewohnenden Organismen gelangt. Der Schaden durch solche Unglücke ist gewöhnlich nicht irreversibel, wenngleich eine Erholung der Natur nur sehr langsam erfolgt.

Die meisten ins Meer gelangenden Stoffe bleiben in der Kontinentalschelfzone und in halbumschlossenen Buchten und Meeren, wo sie sich auf dem Boden absetzen und beispielsweise bei Stürmen wieder aufgewirbelt werden. In einigen dieser halbumschlossenen Gebiete, wie der Nordsee, hat die Schadstoffanhäufung unakzeptabel hohe Konzentrationen erreicht, so daß es zu Algenblüten und durch Viren verursachtem Tod von Meeressäugern kommt.

Plastik und anderer Müll

Das wahllose Wegwerfen von Plastik an Land oder von Schiffen führt zur Verunreinigung von Stränden und einer Bedrohung für insbesondere Meeressäuger, Tauchvögel und Schildkröten. Diese Tiere können sich im Müll verheddern und ertrinken.

Eine Anzahl von Fischereiausrüstungen geht jedes Jahr verloren. Es wurde berichtet, daß verlorengegangene „Geisternetze" Jahre später Fisch eingefangen haben.

Nährstoffe

Das gegenwärtige Einlassen von geklärten und ungeklärten Abwässern stellt nicht nur ein mögliches Gesundheitsrisiko für Badende und Verzehrer von Meeresfrüchten dar, sondern ist auch für eine Steigerung der Primärproduktion in Küstengewässern verantwortlich. Abwässer und weggespülter Dünger enthalten viel Stickstoff und Phosphor, die die Phytoplanktonproduktion anregen. Daraus resultiert die Algenblüte, die einen unansehnlichen Teppich bildet. Wenn die Algen sterben und auf den Boden absinken, braucht die dann beginnende bakterielle Zersetzung den verfügbaren gelösten Sauerstoff auf und erzeugt einen Sauerstoffmangel im Bodenwasser, der im Extremfall zum Fischsterben führen kann. Die Algenarten der Algenblüte produzieren giftige Substanzen, die von Schalentieren aufgenommen werden können und sie so für den menschlichen Verzehr ungeeignet machen.

Bewirtschaftung der Meere

▲ **Der Great Barrier Riff-Meerespark** vor Australien steht unter der Obhut einer einzigen Behörde, die die Benutzung des Gebietes durch Fischer und Touristen regelt. Sie kontrolliert die Anzahl der Besucher der Küsteninseln, um die Auswirkungen des Tourismus auf diese einzigartige Umwelt so gering wie möglich zu halten.

Die Idee der Freiheit der Meere bildete die historische Grundlage für die Entwicklung ihrer Verwaltung sowie die ihrer Ressourcen. Sie wurde von niederländischen und britischen Seefahrern zu einer Zeit formuliert, in der sich Spanier und Portugiesen die Neue Welt in zwei Einflußzonen teilten. Diese Idee wurde auch auf die Meeresressourcen angewandt, die jedem zur Verfügung stehen sollten, der sie ausbeuten könne.

Dieses Prinzip war nur so lange gültig, wie die Nutzung der Meere durch den Menschen nicht zu Konflikten und zu einer Ausbeutung der Meere führte. Als die Weltbevölkerung niedriger und Technologien nicht so hoch entwickelt waren, war das Ausmaß der Ausbeutung der Weltmeere begrenzt. Die Bevölkerungsexplosion zusammen mit modernen Technologien für den Transport, für die Ausbeutung der Bodenressourcen und für den Fischfang hat heute einen solchen Umfang erreicht, daß das Überleben der Ökosysteme und die langfristige Nutzung der Ressourcen durch den Menschen bedroht sind.

Bewirtschaftung der lebenden Ressourcen

Die Geschichte des Walfangs verdeutlicht das Problem des freien Zugangs zu den Ressourcen. Sobald eine neue Fischressource entdeckt wird, investieren Fischer in Schiffe und Ausrüstung. Wird die Fischerei nicht reguliert und kontrolliert, nimmt die Anzahl der Boote so lange zu, bis der Fischfang zurückgeht. Dies kann anfangs nur die durchschnittliche Fischgröße der Population betreffen, zurückgehende Fänge können aber bald folgen. Intensiviert sich der Fischfang weiterhin, kommt es zum Kollaps der Fischerei mit entsprechenden wirtschaftlichen und sozialen Folgen.

Wo der Zugang zu den Fischgründen nicht kontrolliert wird, ist die Wahrscheinlichkeit der Überfischung hoch. Die Devise lautet: „Wenn ich sie nicht abfische, tut's ein anderer." Der Fischfang wird nicht mehr als eine langfristig angelegte Ressource und lebenserhaltende Basis betrachtet, sondern als eine kurzfristige und auf den wirtschaftlichen Gewinn angelegte Ressource.

Die exklusiven Wirtschaftszonen

Der Versuch, diese Probleme zu lösen, führte zur Entwicklung des Konzepts der Wirtschaftszonen (EEZ, Exclusive Economic Zone). Diese Zonen verleihen eine Art Eigentum über ein Gebiet mit beschränktem Zugang für einheimische und für ausländische Fischer mit besonderer Genehmigung. Leider schützen die Zonen nicht vor Über-Kapitalisierung der nationalen Fischereiflotten und damit vor dem Problem der Überfischung. Diesem Problem muß unbedingt auf allen Ebenen Beachtung geschenkt werden, ebenso auch der Tatsache, daß viele gängige Maßnahmen wie „Ruhetage im Hafen" und Netzgrößen- und Nutztungsvorgaben den Niedergang einiger Fischbestände nicht aufgehalten haben.

Nutzungskonflikte

Nicht nur die Ausbeutung der Meere übersteigt mittlerweile ihre Kapazität, auch die Konflikte zwischen den Fischereinationen nehmen zu. Sichtbar ist dies besonders in Küstenregionen, wo rund 60 Prozent der heutigen Weltbevölkerung leben. Zwei Drittel aller Städte mit mehr als 2,5 Millionen Einwohnern befinden sich an der Küste, oftmals in fruchtbaren Mündungs- oder Deltagebieten.

Städtische und industrielle Entwicklung stehen in Konflikt mit Küstenlandwirtschaft und Fischerei. Der Schadstoffausstoß beeinträchtigt Befinden und Genießbarkeit freilebender und auch gezüchteter Meeresnahrung. Die Förderung des Tourismus hängt von intakten Korallenriffen, sauberen Stränden und Gewässern ab. Meeresfarmen und der Ausbau von Häfen und Industriehäfen wirken dem aber entgegen.

Um diese Probleme zu lösen, bedarf es solider wissenschaftlicher Informationen und Kenntnisse wie auch der Erkenntnis, daß der Meeresraum und seine Ressourcen nicht unendlich sind. Viele Probleme der Meeresverschmutzung resultieren aus der nicht länger gültigen Annahme, daß die Meere so weit sind, daß sie eine unendliche Gift- und Schadstoffmenge aufnehmen können. Das Meer ist zwar weit, doch nicht gut durchmischt, und die große Abfallmenge, die in Küstenregionen ins Wasser gelangt, bleibt in Küstennähe. Hier wird sie zwischen Sedimenten, dem Wasser und lebenden Organismen oft in Jahrzehnten der Umwandlung wiederaufbereitet, bevor sie etwas weniger schädlich ist. Besonders empfindlich sind umschlossene Buchten und halbumschlossene Meere mit begrenztem Wasseraustausch. Ostsee, Schwarzes Meer und die Nordsee haben alle ein kritisches Stadium erreicht

◄ *Weltweit* *sind Korallen-*
riffe durch die steigende
Bevölkerung der in den
Tropen liegenden Entwick-
lungsländern gefährdet, da
deren Ernährung von den
zerbrechlichen Riffsystemen
abhängt. Wie Regenwälder
sind Korallenriffe Gebiete mit
einer hohen Artenvielfalt und
das reichhaltigste marine
Ökosystem überhaupt.

▼ *Meerestiere* *beachten die*
politischen und administrati-
ven Grenzen ihrer Unterwas-
serwelt nicht. Zur Arterhal-
tung von Arten mit weiten
Lebensräumen, wie z.B. Wale
und andere Migrationsarten,
bedarf es der Absprache und
Zusammenarbeit aller
Länder, durch deren Gebiete
die Tiere ziehen.

oder schon überschritten, wo dem betroffenen marinen
Ökosystem ein nicht wieder gutzumachender Schaden
zugefügt wurde.

Räumliche Grenzen und Verwaltungseinheiten

Eines der größten Probleme bei der Entwicklung vernünf-
tiger Verwaltungsinstrumente und -strategien ist die Festlegung der zu verwaltenden Einheit. Verwaltungsgrenzen
zwischen Städten und Dörfern, zwischen privatem und
öffentlichem Land und Küstenregionen entsprechen selten
den biologischen und physikalischen Grenzen, durch die
Populationen von Organismen oder funktionale Meeres-
einheiten getrennt werden. In Ländern wie z.B. Australien
beansprucht jeder Bundesstaat Rechte über Territorialgewässer, während die Bundesregierung die 200-Meilen-
Wirtschaftszone beansprucht. Die künstliche Grenz-
ziehung zwischen den Territorialgewässern und der Wirtschaftszone hat keine biologische oder physikalische
Bedeutung und kann so rein willkürlich zur Trennung von
Beständen oder ganzen Ökosystemen führen. Deshalb
können z.B. grenzüberschreitende oder in zwei Staats-
bereichen lebende Fischpopulationen sowie deren Nah-
rungs- und Aufzuchtregionen nur durch gegenseitige
Konsultationen, Übereinkommen und Zustimmung der
betroffenen Gruppen verwaltet und damit geschützt
werden.

Dieses Problem wurde im allgemeinen und in bezug
auf die pelagischen Thunfischbestände im besonderen
anerkannt. Deshalb wurden regionale Fischereikommissio-
nen gegründet, in deren Forum über die Fischfänge der
einzelnen Staaten verhandelt wird. Leider kann heute
außerhalb der 200-Meilen-Zone jede Nation auf der
Hochsee fischen, und damit ist eine Regulierung des
Fischfanges grenzüberschreitender Fischschwärme durch
Hochseefischfangflotten nicht möglich.

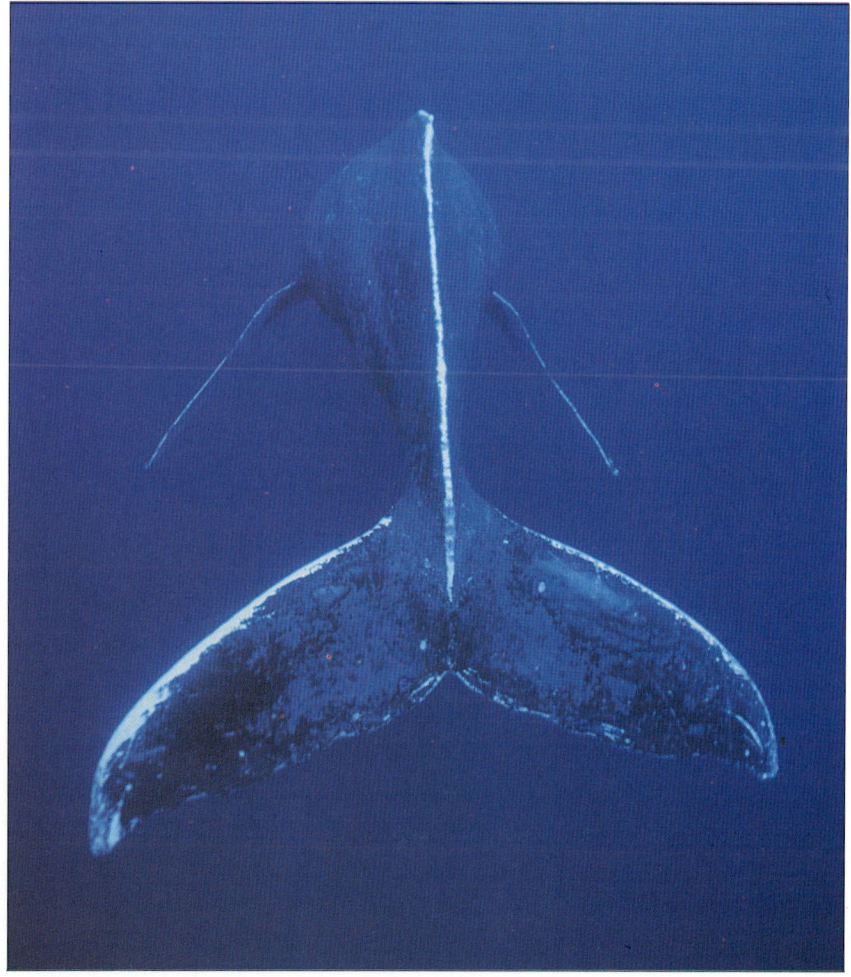

MEERES-ATLAS

◄ *Die Weltmeere* reichen von den eisigen antarktischen Gewässern bis zum warmen tropischen Karibischen Meer, vom extrem salzhaltigen Roten Meer bis zu beinahe süßwasserähnlichen Delta-Küstenregionen; einige Gegenden wimmeln nur so von Lebewesen, während andere völlig unfruchtbar sind. Die Unterschiede sind gewaltig.

Das Weltmeer

Der Atlantik

▲ Der Atlantik
Fläche: *82 000 000 km²*
Durchschnittliche Tiefe:
3330 m
Volumen: *321 930 000 km³*
Max. Tiefe *(südlicher Sandwich-Graben) 9144 m*

Der Atlantik, fast 84 Millionen Quadratmeter kleiner als der Pazifik, bezieht aus einer viel größeren Landmasse Süßwasser. In der Tat ist diese viermal so groß wie die, die in den gesamten Pazifik fließt. Der Salzgehalt des Wassers in Regionen mit hoher Regenfallquote und Süßwasserabläufen vom Land her ist allgemein niedriger als in anderen Regionen. Da der Atlantik zahlreiche Süßwasserläufe auffängt, herrscht an der Oberfläche dieses Meeres ein relativ niedriger Salzgehalt.

Im Norden, im Bereich des Grönlandmeeres, ist der Atlantik mit dem fast vollständig von Land umsäumten Nordpolarmeer verbunden. Über diesen Kanal finden ca. 80 Prozent des Wasseraustausches mit dem Nordpolarmeer statt. Hier liegt auch die kalte, besonders dichte nordatlantische Tiefsee. Diese Wassermassen sinken ab, breiten sich in einer Tiefe von etwa 1500 bis 4000 m aus und bilden eine südwärts gerichtete Strömung, die dann bis zum Äquator zieht.

Entstehung des Atlantiks

Der Atlantik bildete sich vor 195 bis 135 Millionen Jahren im heutigen Zentrum des Nordatlantik. Damals löste sich Nordamerika von der verbundenen Landmasse Afrikas und Südamerikas mit einer geschätzten Geschwindigkeit von etwa 3 Zentimetern pro Jahr. Vor ungefähr 150 Millionen Jahren hatte sich der Zentralatlantik schließlich auf etwa 30 Prozent seiner gegenwärtigen Größe ausgedehnt.

In der Kreidezeit, als die Trennung Südamerikas und Afrikas begann, bildete sich der Südatlantik. Der Nordatlantik entstand vor ca. 60 Millionen Jahren durch die Ausbreitung des Meeresbodens zwischen Grönland und dem Rockall-Plateau.

Die Atlantikwirbel

Der Nordatlantikwirbel dominiert das Strömungsmuster im Nordatlantik. In Form eines fast zirkulären Systems warmer Oberflächenwasserströmungen wird er von der atmosphärischen Zirkulation des Nordost-Passatwindes, der zwischen 10° und 30°N über den Atlantik weht, und den Westwinden, die zwischen 40° und 60°N wehen, stetig angetrieben.

Im Süden trägt der antarktische Zirkumpolarstrom tiefe antarktische Bodenwasser in den Atlantik und bewirkt die enorme Kraft des Benguelastromes, der vor der afrikanischen Westküste anzutreffen ist. Anders als der Nordatlantik bildet der Südatlantik eine ozeanographische Einheit. Auch er wird von einem Warmwasserwirbel beherrscht und angetrieben von den zirkulierenden Südost-Passatwinden und den Westwinden.

Die offenen Gewässer des Nordatlantiks schließen sich im Westen den halbumschlossenen Karibik und dem Golf von Mexiko an, während sich im Nordosten die Nordsee durch die Meerenge von Skagerrak der Ostsee anschließt. Weiter südlich bezieht das Mittelmeer durch die Straße von Gibraltar Wasser aus dem Atlantik. Es ist mit dem Schwarzen Meer über die Dardanellen, mit dem Roten Meer über den Suezkanal verbunden.

Der Westatlantik und die Sargassosee

Das Oberflächenwasser des westlichen Atlantiks ist durch einen hohen Salzgehalt und hohe Temperaturen als Folge hoher Verdunstung und niedriger Süßwasserzufuhr gekennzeichnet. Diese dichten und warmen Wassermassen werden im Nordatlantik zunehmend dichter, beginnen zu sinken und fließen schließlich nach Süden. Die Unterschiede in Dichte und Salzgehalt bestimmen die thermohaline Zirkulation des Nordatlantiks.

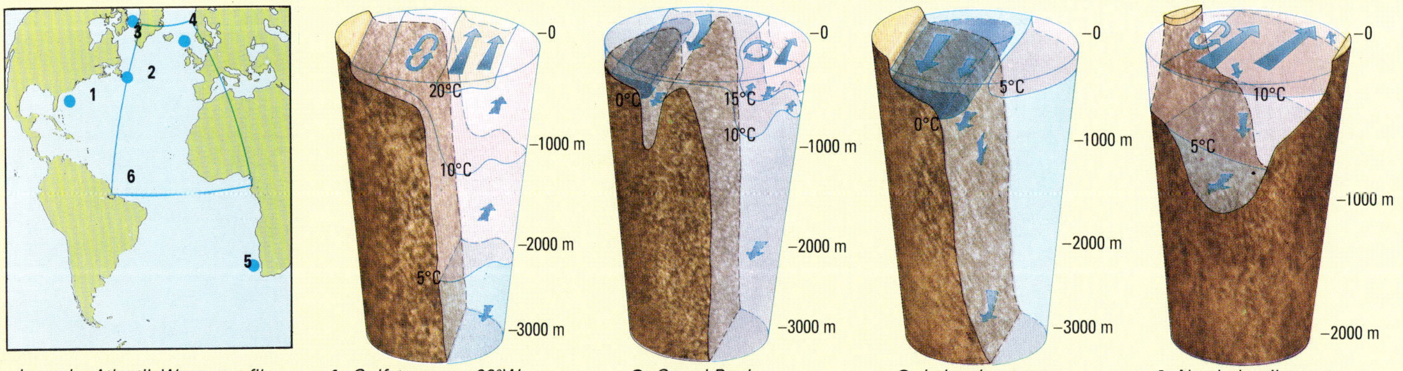

Lage der Atlantik-Wasserprofile

1 *Golfstrom um 66°W*

2 *Grand Banks*

3 *Labradorstrom*

4 *Nordatlantikstrom*

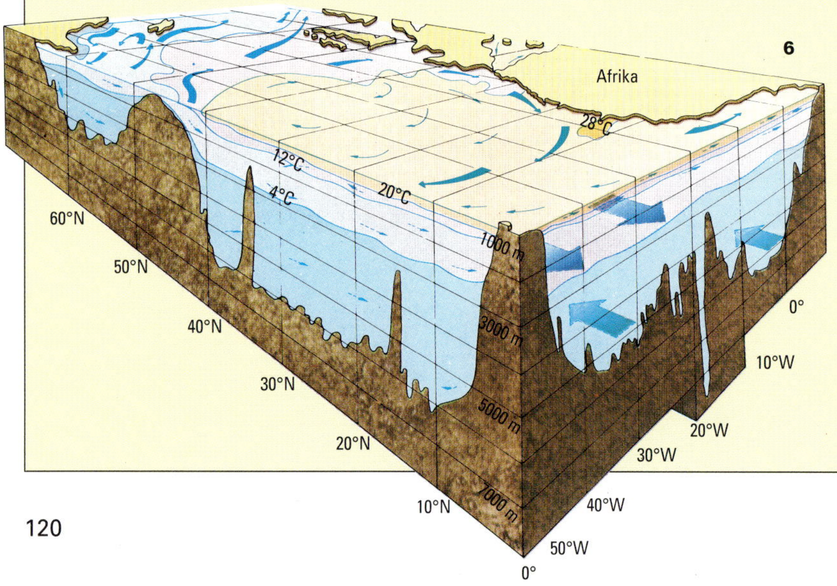

6

Afrika

Der warme Golfstrom bildet die nördliche Grenze des Nordatlantikwirbels, unter dem das nordatlantische Tiefenwasser sichtbar nach Süden in eine Region jenseits des Äquators fließt. Diese Kaltwassermasse bildet eine südlich ausgerichtete, entlang dem westlichen Rand des Meeres fließende Strömung.

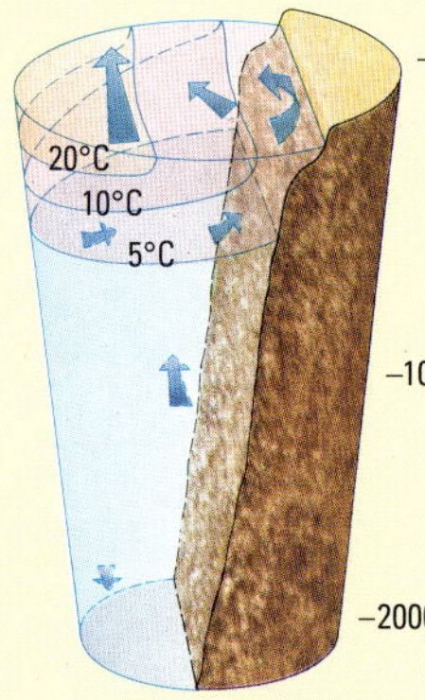

5 *Benguelastrom*

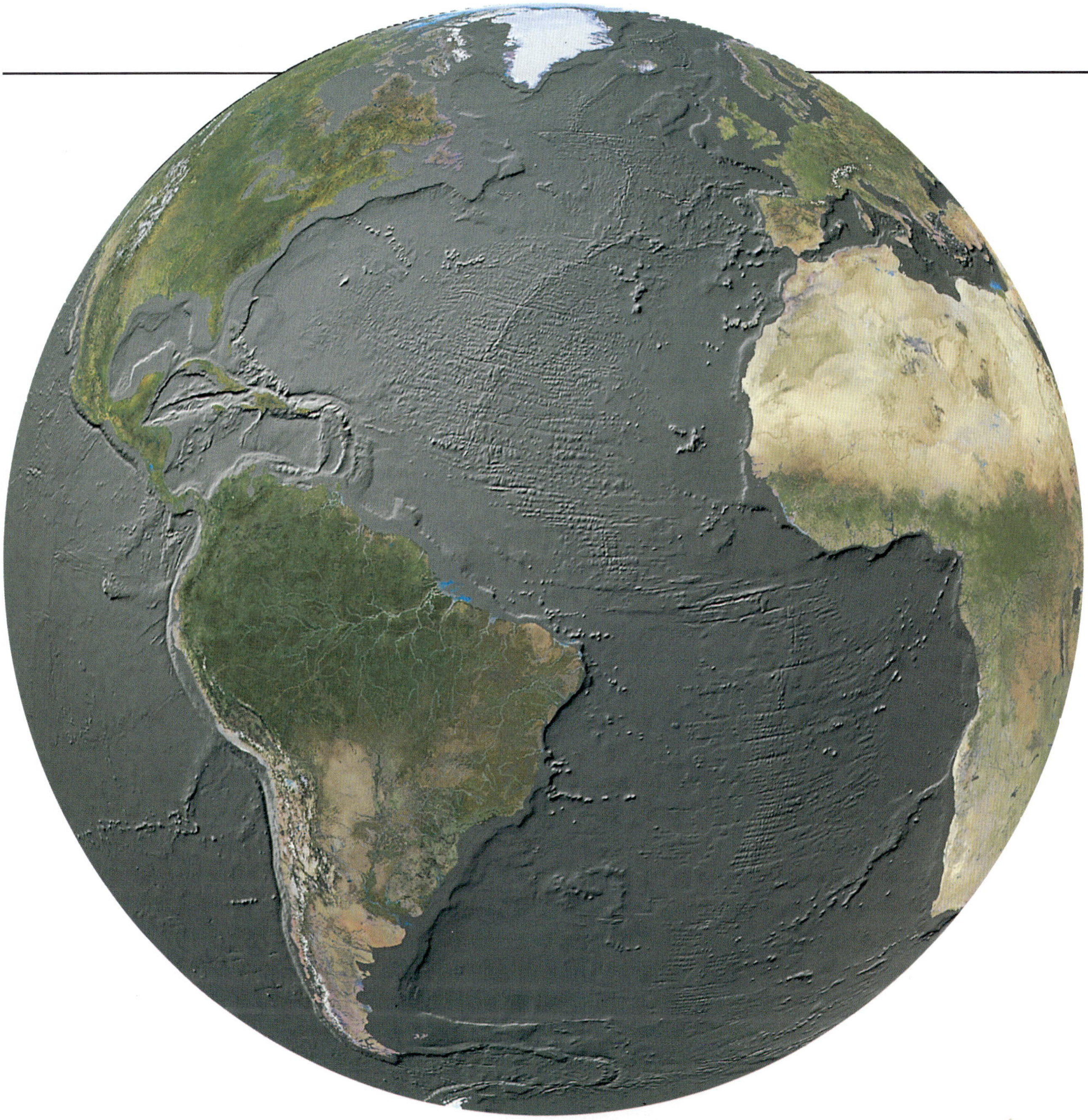

Aufgrund der kreisenden Oberflächenströmungen in einem Wirbel ist in Richtung des Zentrums die Oberfläche oft weniger in Bewegung und kann höher liegen als die, die durch die Coriolis-Kraft reguliert wird. Der Wasserspiegel der Sargassosee ist ungefähr 1 m höher als der der Nachbarküsten.

In dieser relativ ruhigen Region lebt ein System, basierend auf schwimmendem Sargassumkraut, das mit dem braunen Seegras an gemäßigteren Küsten verwandt ist. Das Sargassumkraut bildet nicht nur eine wichtige Nahrungsquelle, sondern auch ein Versteck für Krusten- und Weichtiere, Seeanemonen und Sargasso-Fische (*Histrio histrio*) sowie einen Haftgrund für Entenmuscheln und Algen. Diese Gemeinschaft unterscheidet sich erheblich von den umliegenden Gewässern, wo große Algen eine der Hauptnahrungsquellen für die Pflanzenfresser bilden.

Die Sargassosee beheimatet nicht nur die ständige Seegrasgemeinschaft, sondern auch Süßwasseraale aus Nordamerika und Westeuropa, die sich auf ihren alljährlichen Laichwanderungen befinden. Ihre Larven werden von den Strömungen des Nordatlantikwirbels nordwärts an der Atlantikküste der USA hinüber nach Westeuropa getragen.

◀ *Die atmosphärische Zirkulation des Atlantiks* spiegelt die Oberflächenströmungen wider. Die Nordostpassate treiben den Kanarenstrom und den Nordäquatorialstrom von Ost nach West durch den Nordatlantik, und der Westwind treibt den Golfstrom nach Norden. Die Südostpassate im Südatlantik treiben den Südäquatorial- und Brasilstrom voran, während die Westwinde der südlichen Hemisphäre den Kreislauf der Südatlantikkreisbewegung vervollständigen.

Das atlantische Becken

Die Ebene des Atlantiks wird von einem in der Mitte gelegenen, S-förmigen Rücken beherrscht. Dieses ausgedehnte Unterwassergebirge zieht sich von Nordisland bis zur Bouvet-Insel im Südpolarmeer. Bekannt als mittelatlantischer Rücken trennt er das atlantische Becken in zwei parallele Tröge, die wiederum durch Querrücken unterteilt sind.

Einige Gipfel entlang des Rückens tauchen in Form der Azoren, Ascension und Tristan da Cunha auf, doch der Großteil des Rückens liegt 1,5 bis 3 km unter der Wasseroberfläche.

Entlang des Zentrums des Rückens verläuft ein tiefes Spaltental, dessen Breite zwischen 24 und 48 km variiert. Das Tal wird durch sich ost-westlich dehnende Falten durchzogen, sichtbar in Form von schmalen Rücken und tiefen Klüften, an einigen Stellen mehr als 2000 km vom Zentrum des Rückens entfernt.

Der Atlantik breitet sich infolge der Ausdehnung des Meeresbodens um 1–2 cm pro Jahr weiter aus. Der Vulkanausbruch in Südisland im Jahre 1963 ließ die Insel Surtsey entstehen und ist ein lebendiges Beispiel für diesen aktiven Ausdehnungsprozeß.

Mit zunehmender Entfernung vom Rücken in Richtung der Kontinentalanstiege sinken die zwei Tröge weiter ab und die seitlichen Rücken und Klüfte werden unklarer durch tiefer sinkende Ablagerungen, die vom angrenzenden Land und Kontinentalsockel von Bodenströmungen herangetragen werden.

Die erodierten Sedimente gelangen über tiefe Einschnitte im Kontinentalsockel in die Meeresbecken. Bodenströmungen sammeln am Fuße der kontinentalen Erhebungen die Sedimente wieder ein, um diese in bestimmten Regionen, wie in der nordöstlich der Falkland-Inseln liegenden Argentinischen Höhe, abzulagern.

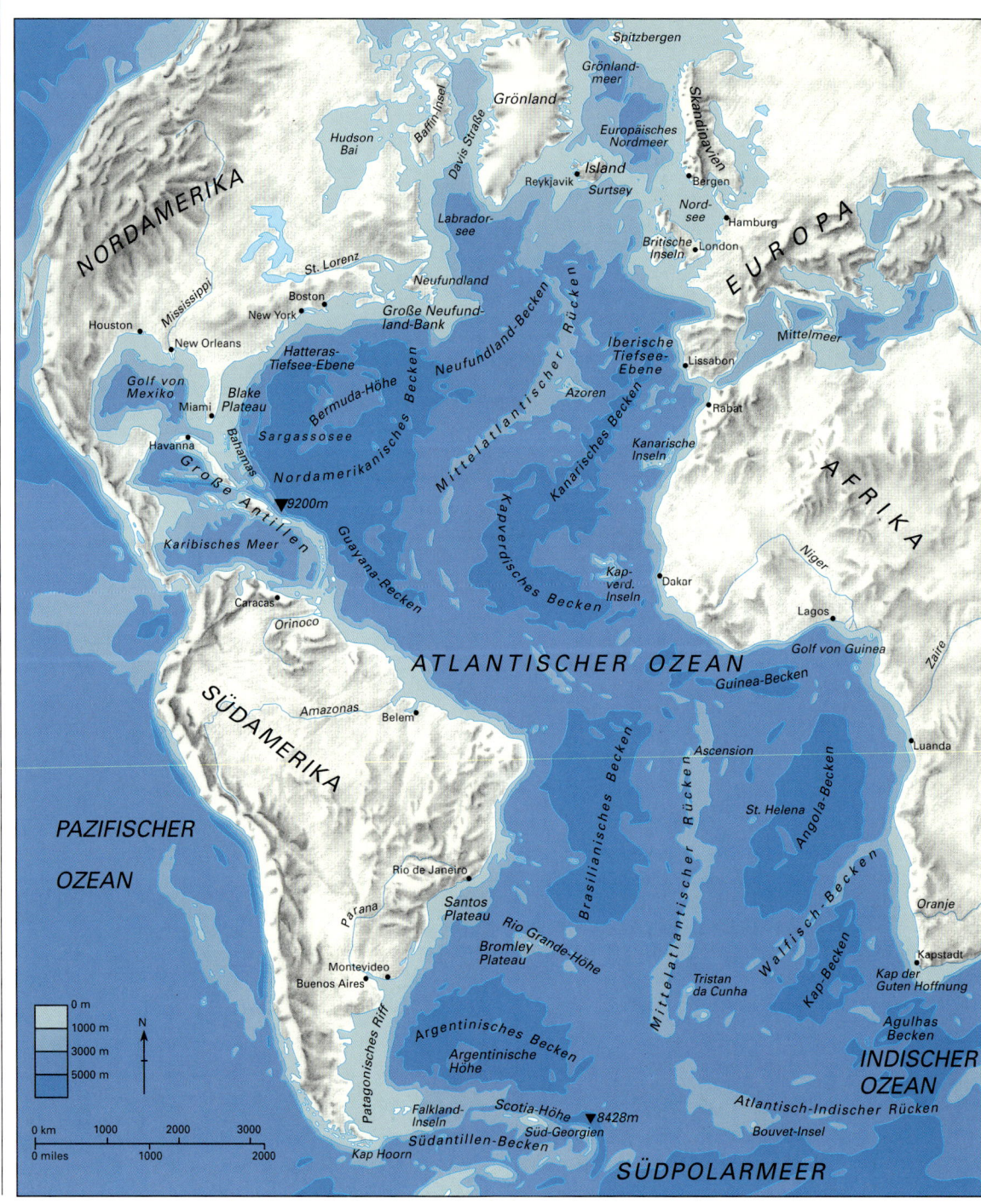

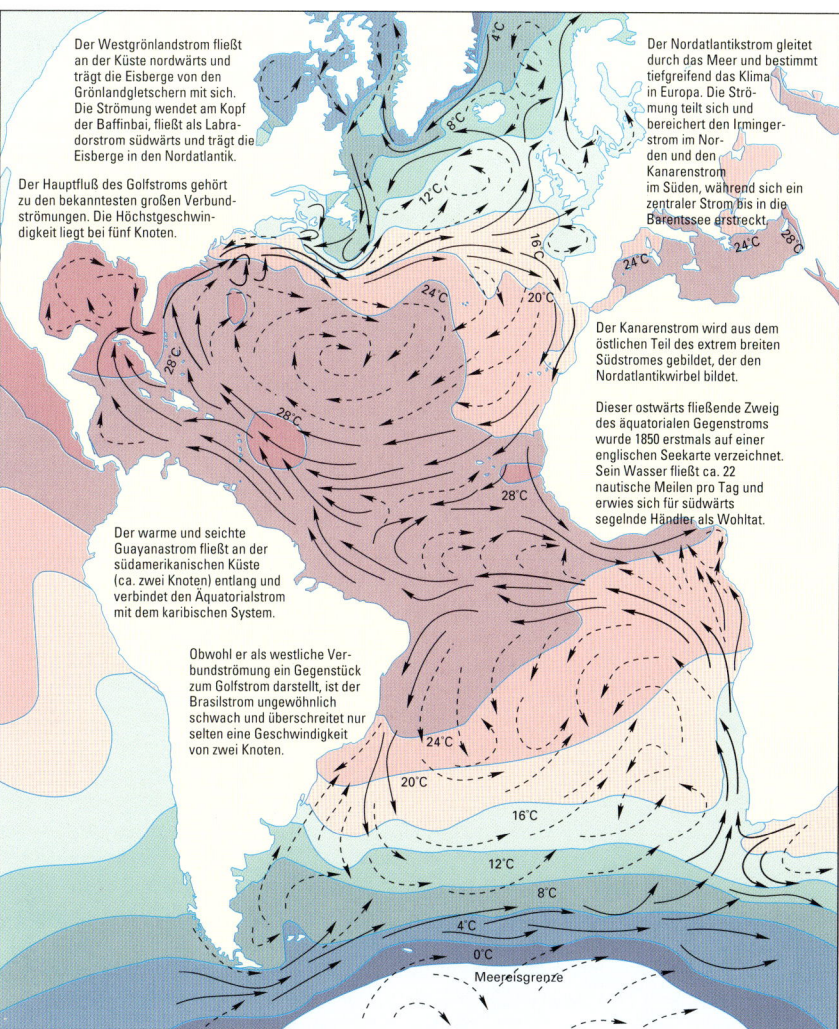

Der Westgrönlandstrom fließt an der Küste nordwärts und trägt die Eisberge von den Grönlandgletschern mit sich. Die Strömung wendet am Kopf der Baffinbai, fließt als Labradorstrom südwärts und trägt die Eisberge in den Nordatlantik.

Der Hauptfluß des Golfstroms gehört zu den bekanntesten großen Verbundströmungen. Die Höchstgeschwindigkeit liegt bei fünf Knoten.

Der Nordatlantikstrom gleitet durch das Meer und bestimmt tiefgreifend das Klima in Europa. Die Strömung teilt sich und bereichert den Irmingerstrom im Norden und den Kanarenstrom im Süden, während sich ein zentraler Strom bis in die Barentssee erstreckt.

Der Kanarenstrom wird aus dem östlichen Teil des extrem breiten Südstromes gebildet, der den Nordatlantikwirbel bildet.

Dieser ostwärts fließende Zweig des äquatorialen Gegenstroms wurde 1850 erstmals auf einer englischen Seekarte verzeichnet. Sein Wasser fließt ca. 22 nautische Meilen pro Tag und erwies sich für südwärts segelnde Händler als Wohltat.

Der warme und seichte Guayanastrom fließt an der südamerikanischen Küste (ca. zwei Knoten) entlang und verbindet den Äquatorialstrom mit dem karibischen System.

Obwohl er als westliche Verbundströmung ein Gegenstück zum Golfstrom darstellt, ist der Brasilstrom ungewöhnlich schwach und überschreitet nur selten eine Geschwindigkeit von zwei Knoten.

Meereisgrenze

▲ **Mäander und Strudel** des Golfstroms werden in der leuchtenden Falschfarbensatellitenaufnahme dargestellt. Der Golfstrom erzeugt dabei als roter (warmer) Strom warme (3) und kalte (4) Strömungen.

Am Rand der Kontinentalabhänge können Sedimentalablagerungen mächtiger als 5 Kilometer werden. Jenseits der Küsten Nordamerikas und Nordafrikas datieren die Ablagerungen zurück bis zum Jura (vor 170 bis 160 Millionen Jahren). Die Ablagerungen jüngerer Meeresböden sind meist dünner als 1 Kilometer und bestehen aus pelagischem Schlamm und Ton.

Strömungen und Zirkulation

Die vielleicht bekannteste Strömung des Nordatlantiks ist der Golfstrom, ein starker schmaler Warmwasserfluß, der in Richtung Norden täglich weiter als 130 Kilometer fließt. Entlang der Ostküste Nordamerikas fließend, verläßt er die Küste mit den Westwinden (40-60°N), quert den Atlantik als Nordatlantikstrom, der nördlichen Grenze des Warmwasser-Nordatlantikwirbels. Ohne den enormen Einfluß des Golfstroms wäre das Klima Westeuropas im Winter strenger als gegenwärtig.

Der Südatlantikwirbel entstammt dem nördlichen Teil der antarktischen Zirkumpolarströmung, die an der Ostküste Afrikas als Benguelastrom entlangfließt, bevor sie den Atlantik in Form des Äquatorialstromes überquert und sich an der Küste Lateinamerikas teilt. Der nördliche Zweig geht in das karibische Meer als Guayanastrom über, der Südzweig zieht entlang der Küste als schwacher Brasilstrom nach Süden.

Ein zweiter Warmwasserwirbel liegt im Süden: Der äquatoriale Gegenstrom, der die nördlichen und südlichen Warmwasserwirbel voneinander trennt, fließt an der Oberfläche der Küste Nordamerikas. Diese Strömung überlagert den starken äquatorialen Unterstrom, ein Wasserkörper, der ca. 200 Kilometer breit ist und in einer Tiefe von etwa 100 Metern ca. 80 Kilometer pro Tag ostwärts fließt.

In höheren Breiten treiben die Westwinde zwei Kaltwasserwirbel an. Der nördliche subpolare Wirbel setzt sich aus dem Irmingerstrom, dem Grönlandstrom und dem Nordatlantikstrom zusammen. Auf der südlichen Halbkugel gibt es einen ähnlichen Wirbel im Bereich der Weddelsee.

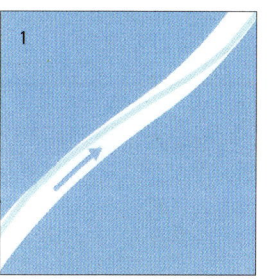
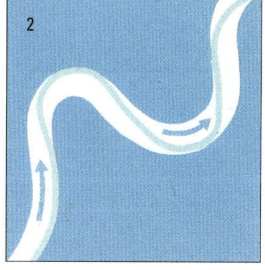
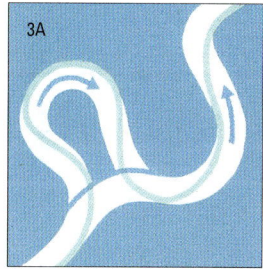

▲ **Zunehmende Instabilität** verursacht im Golfstrom Mäander, deren Größe (1–2) zunimmt, bis sie als unabhängige Strudel ausbrechen. Wenn die

Mäander an der Nordseite des Golfstroms ausbrechen (3A), besitzt der Strudel einen warmen Kern aus dem Wasser der Sargassosee und rotiert antizyklisch (4A).

Falls die Mäander nach Süden ausbrechen (3B), rotiert der Strudel zyklisch um einen Kaltwasserkern (4B). Nördlich gerichtete Strudel ziehen nach

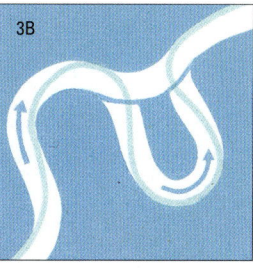
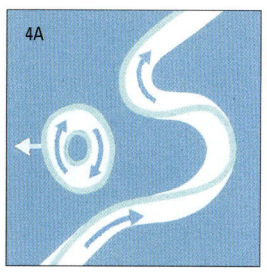
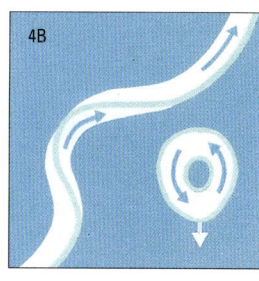

Westen und kehren in den östlich ausgerichteten Golfstrom bei Kap Hatteras in North-Carolina zurück und werden schließlich ein Teil des Nordatlantikwirbels. Dabei bilden an der Südseite

liegende Strudel eine lange unregelmäßige, südwärts gerichtete Schleife und kehren in der Nähe Floridas in den Golfstrom zurück. Die Strudel, die bis zu 320 km im Durch-

messer und 2 km tief werden können, bleiben bis zu zwei Jahren bestehen. Es wird vermutet, daß diese Wirbel eine wichtige Rolle für den Rückfluß des Golfstroms spielen.

Ressourcen im Atlantik

Die meisten mineralischen Ablagerungen im Atlantik, außer Öl und Gas, sind wirtschaftlich nicht nutzbar. Jedoch werden auf den Meeresterrassen von Oranjemund an der Südwestküste Afrikas mit die reinsten Diamanten der Welt gefunden. An dieser Küste werden hochwertige Diamanten auch an gehobenen Stränden und unterhalb der Gezeitenlinie liegenden Lagerstätten gefunden.

Die Ausbildung dieser Mineralien konzentriert sich auf die relativ flachen Gewässer des küstennahen Kontinentalsockels. Die Öl- und Gasgewinnung ist in der weiteren Karibik, der Nordsee und entlang der Küste Westafrikas angesiedelt.

Neben Gas und Öl verfügen Sand und Kies über einen höheren Wert als andere gemischte Mineralien. Zur größten Entnahme kommt es an der Küste Nordwesteuropas, wo aus der Nordsee im Jahr etwa 10 Millionen Tonnen Kies gebaggert werden. Der Aragonitsand aus der Großen Bahama Bank ist ebenfalls von großer wirtschaftlicher Bedeutung.

Erschöpfte lebende Ressourcen

Der meiste Fischfang im Nordatlantik findet auf Kontinentalsockeln statt, die an Nordwesteuropa, Ostkanada und die USA angrenzen. Der Nordatlantik ist das meistbefischte Weltmeer, worunter zahllose Fischreviere wegen Überfischung erheblich leiden. Der Lachsfang im Nordatlantik z.B. ist in den letzten Jahren erheblich zurückgegangen. Obwohl der Lachs in Flüssen an beiden Seiten des Atlantiks laicht, verbringt er einen Großteil seines Lebens vor Grönland, wo der Fischfang zu völlig erschöpften Fischrevieren geführt hat. Diese Lücken schließen Zuchtlachse aus Skandinavien.

Die wichtigste Fischerei, gemessen am Fanggewicht, ist die Hochseefischerei im Nordatlantik, angeführt von Sardinen und Sardellen. Bodenfische, besonders Kabeljau, Flunder und Scholle im Norden und Seehecht in Nordeuropa, Nordafrika und Amerika, werden stark befischt. Eine wichtige Rolle spielt auch der Thunfischfang in Pazifik und Atlantik.

Weit verbreitet ist auch der Fang von Krustentieren wie Hummer, Garnelen und Krabben. Der Großteil des Hummers stammt aus Nordostamerika, der Karibik, Nordbrasilien und von der südafrikanischen Küste. Golfgarnelen werden an der Küste Westafrikas und in der Karibik gefischt, Krabben an der Ostküste Amerikas und in der Nordsee, dort jedoch von geringerer Größe.

Der reiche Fischfang an der Westküste Afrikas ist bedingt durch aufsteigende kalte, nährstoffreiche Wassermassen vor Senegal und Zaire. Zusätzlich tragen nährstoffreiche Zuflüsse aus den Abfließbecken von Kongo und Zaire zu der hohen Produktivität dieser Region bei.

Bebauung des Meeres

Meereszucht ist im Nordatlantik weit verbreitet mit Lachs- und Forellenzucht in Kanada, Skandinavien und Westschottland. Der Ertrag an pazifischen Austern in Frankreich lag 1985 bei mehr als 125 000 Tonnen, und Spanien produzierte gleichzeitig mehr als 240 000 Tonnen Miesmuscheln. Die Zucht von Muscheln, Austern und diversem Fisch expandierte in den achtziger Jahren in den USA. Die Verschlechterung der Wasserqualität beschränkte jedoch das Wachstum dieses Industriezweiges.

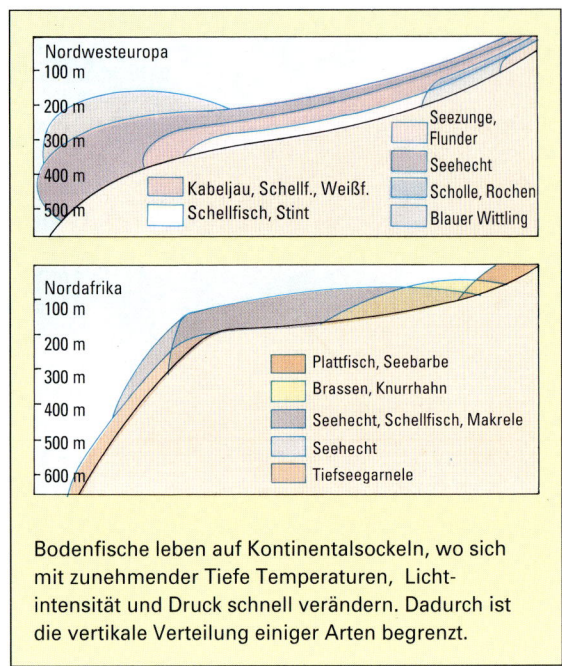

Nordwesteuropa
- 100 m
- 200 m
- 300 m
- 400 m
- 500 m

Kabeljau, Schellf., Weißf.
Schellfisch, Stint
Seezunge, Flunder
Seehecht
Scholle, Rochen
Blauer Wittling

Nordafrika
- 100 m
- 200 m
- 300 m
- 400 m
- 500 m
- 600 m

Plattfisch, Seebarbe
Brassen, Knurrhahn
Seehecht, Schellfisch, Makrele
Seehecht
Tiefseegarnele

Bodenfische leben auf Kontinentalsockeln, wo sich mit zunehmender Tiefe Temperaturen, Lichtintensität und Druck schnell verändern. Dadurch ist die vertikale Verteilung einiger Arten begrenzt.

▲ *Der größte einzelne* küstennahe Abbau der Welt findet bei Ocean Cay statt, einer künstlichen Insel, die aus Aragonitsand aus der Großen Bahama Bank besteht. Aragonit ist Kalziumkarbonat und wird z.B. zur Erzeugung von Zement, Glas und als Beimischung zur Tiernahrung verwendet.

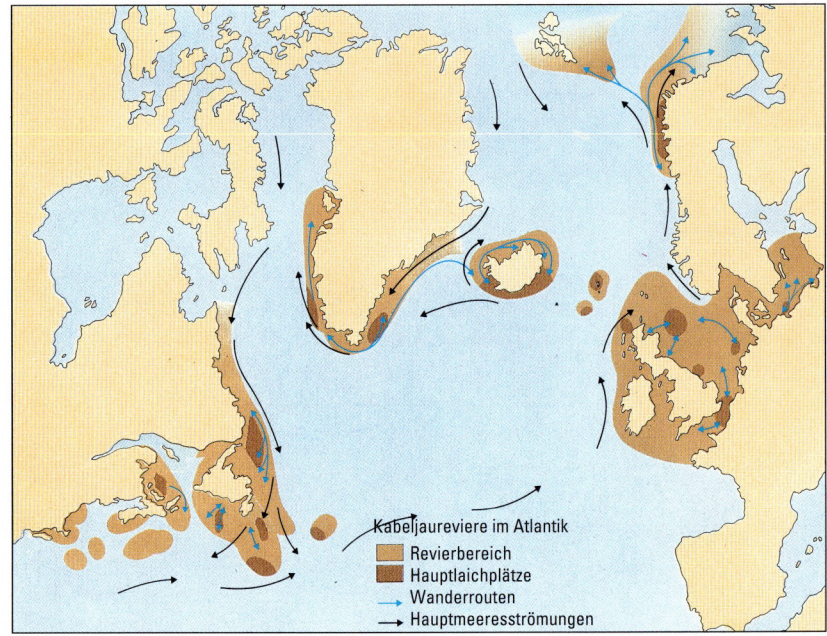

Kabeljaureviere im Atlantik
- Revierbereich
- Hauptlaichplätze
- Wanderrouten
- Hauptmeeresströmungen

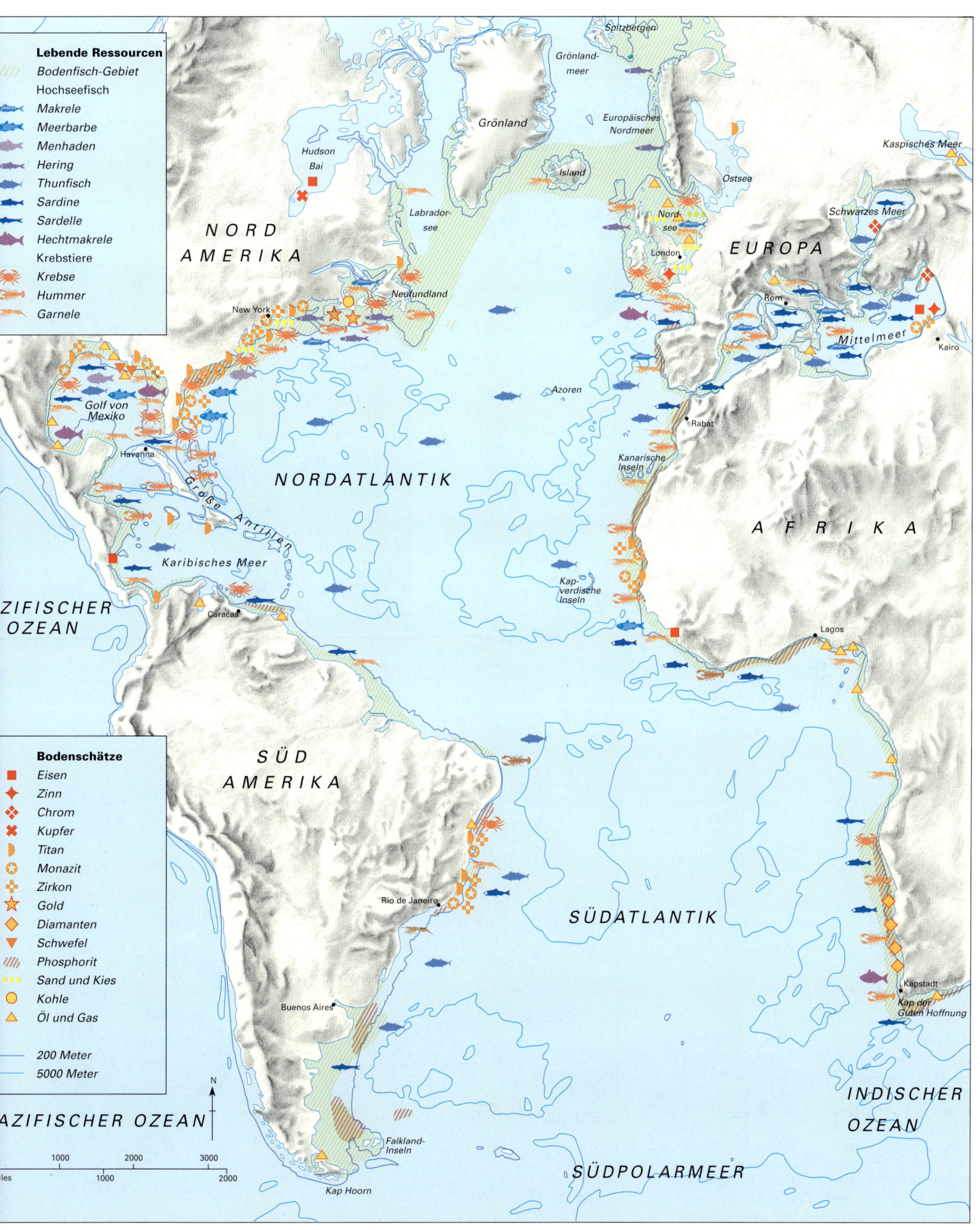

Lebende Ressourcen

- Bodenfisch-Gebiet
- Hochseefisch
- Makrele
- Meerbarbe
- Menhaden
- Hering
- Thunfisch
- Sardine
- Sardelle
- Hechtmakrele
- Krebstiere
- Krebse
- Hummer
- Garnele

Bodenschätze

- Eisen
- Zinn
- Chrom
- Kupfer
- Titan
- Monazit
- Zirkon
- Gold
- Diamanten
- Schwefel
- Phosphorit
- Sand und Kies
- Kohle
- Öl und Gas

200 Meter
5000 Meter

1000   2000   3000
1000   2000

N

Spitzbergen
Grönland-meer
Grönland
Europäisches Nordmeer
Island
Ostsee
Kaspisches Meer
Hudson Bai
Labrador-see
Nord-see
London
EUROPA
Schwarzes Meer
NORD AMERIKA
Neufundland
Rom
New York
Mittelmeer
Kairo
Golf von Mexiko
Havanna
NORDATLANTIK
Azoren
Rabat
Kanarische Inseln
AFRIKA
Große Antillen
Karibisches Meer
Kap-verdische Inseln
ZIFISCHER OZEAN
Caracas
Lagos
SÜD AMERIKA
SÜDATLANTIK
Rio de Janeiro
Kapstadt
Kap der Guten Hoffnung
Buenos Aires
INDISCHER OZEAN
AZIFISCHER OZEAN
Falkland-Inseln
SÜDPOLARMEER
Kap Hoorn

Das Karibische Becken

Das Karibische Meer liegt am südwestlichen Rand des Nordatlantiks, wird jedoch durch die Bahamas sowie die Großen und die Kleinen Antillen von ihm getrennt. Diese Gegend, die das Karibische Meer und den Golf von Mexiko umfaßt, ist eine relativ junge Meeresregion, die ihre gegenwärtige Form erst vor ca. drei Millionen Jahren infolge des Verschlusses des Isthmus von Panama annahm.

▲ Der Golf von Mexiko
Fläche: 1 543 000 km²
Volumen: 2 322 000 km³
Durchschn. Tiefe: 1512 m
Maximale Tiefe: 4029 m
Das Karibische Meer
Fläche: 2 640 000 km²
Maximale Tiefe: (Cayman-Graben) 7686 m

Bathymetrie
Der karibische Meeresgrund ist in vier Hauptbecken unterteilt: den Golf von Mexiko im Norden, das Yucatan-Becken im Zentrum und das Kolumbien- und das Venezuela-Becken im Süden, die mit dem Grenada-Trog im Osten das Karibische Meer bilden. Vermutlich war der Grund des Karibischen Meeres ein Teil der Kruste des Pazifiks und löste sich, als sich Südamerika Zentralamerika anschloß.

Im Osten verlagert sich die Atlantikkruste hinter die Kleinen Antillen und verursacht vulkanische Ausbrüche wie den am Mt. Pelée, der den 30 000 Bewohnern von St. Pierre auf Martinique am 8. Mai 1902 den Tod brachte. Im Westen gleitet die Pazifikkruste unter die Landmasse Zentralamerikas, so daß es auch hier zu Beben und Vulkanausbrüchen kommt. Entlang des nördlichen Randes verbindet diese zwei Zonen eine riesige Kluft, an der Nordamerika westwärts an der karibischen Platte entlanggleitet. Eine plötzliche Bewegung von 3 Metern entlang dieser Kluft verursachte in Guatemala City 1974 ein Erdbeben. Entlang der Nordküste Südamerikas sind die Klüfte komplexer, obwohl Südamerika, wie Nordamerika, normalerweise westwärts an der karibischen Platte vorbeizieht.

Unterteilung der Becken
Die Aves-Schwelle, die den Grenada-Trog vom Venezuela-Becken trennt, besteht zum Teil aus kontinentalem Gestein, wogegen der Beata-Rücken, der das Venezuela-Becken und das Kolumbien-Becken voneinander trennt, aus Meereskruste besteht, die sich bei der Trennung der karibischen Platte vom Pazifik ablöste. Die Nicaragua-Erhebung ist

geologisch wesentlich komplexer, ihr geologischer Ursprung ist jedoch bis jetzt noch unbekannt.

Zirkulation
Das Oberflächenwasser der ersten hundert Meter des Karibischen Meeres stellt eine Erweiterung des Nordatlantiks dar. Der Guayanastrom und ein Teil des Nordäquatorialstromes fließen an St. Lucia vorbei in das Karibische Meer mit einer hohen westwärts gerichteten Geschwindigkeit von 32 Kilometern pro Tag.

Im Westen des Karibischen Meeres treiben die Passatwinde die Oberflächenströmungen von der südamerikanischen Küste fort in Richtung Norden, indem sie

▲ **Sedimentfracht,** Strudel und Wirbel, gezeigt auf einem Satellitenbild von Mobile Bay, Alabama. Schlammiges Wasser, das vom Alabama und vom Tombigbee in den Golf von Mexiko fließt, wird von den Strömungen südwestwärts getrieben.

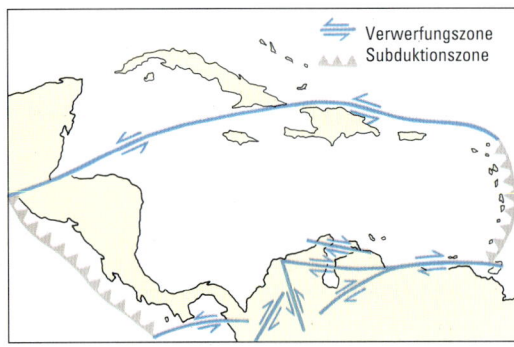

▲ **Die längliche Platte** der Karibik ist im Osten und Westen von Subduktionszonen begrenzt, an denen Hauptplatten hinter dem Karibischen Becken eintauchen. Eine Verwerfungszone im Norden und ein komplexes System in Südamerika absorbieren die Seitenbewegungen.

▶ **Die Zirkulation** des Oberflächenwassers im Karibischen Meer wird vom warmen Golfstrom bestimmt. Der Golfstrom verläßt den Golf von Mexiko und folgt dann der Nordostküste Amerikas, bevor er den Atlantik überquert und nach Westeuropa gelangt.

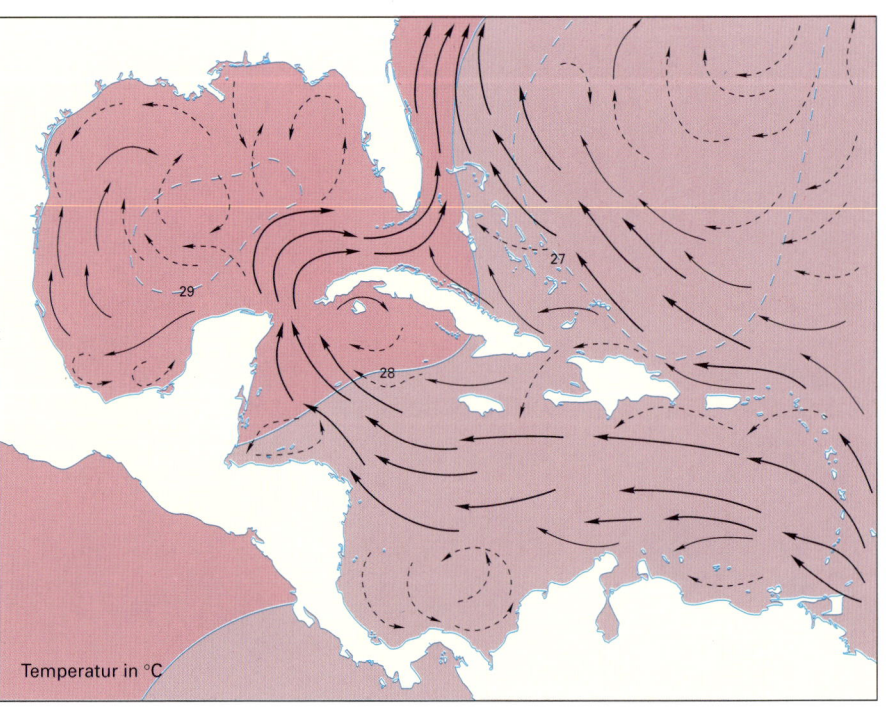

Verwerfungszone
Subduktionszone

Temperatur in °C

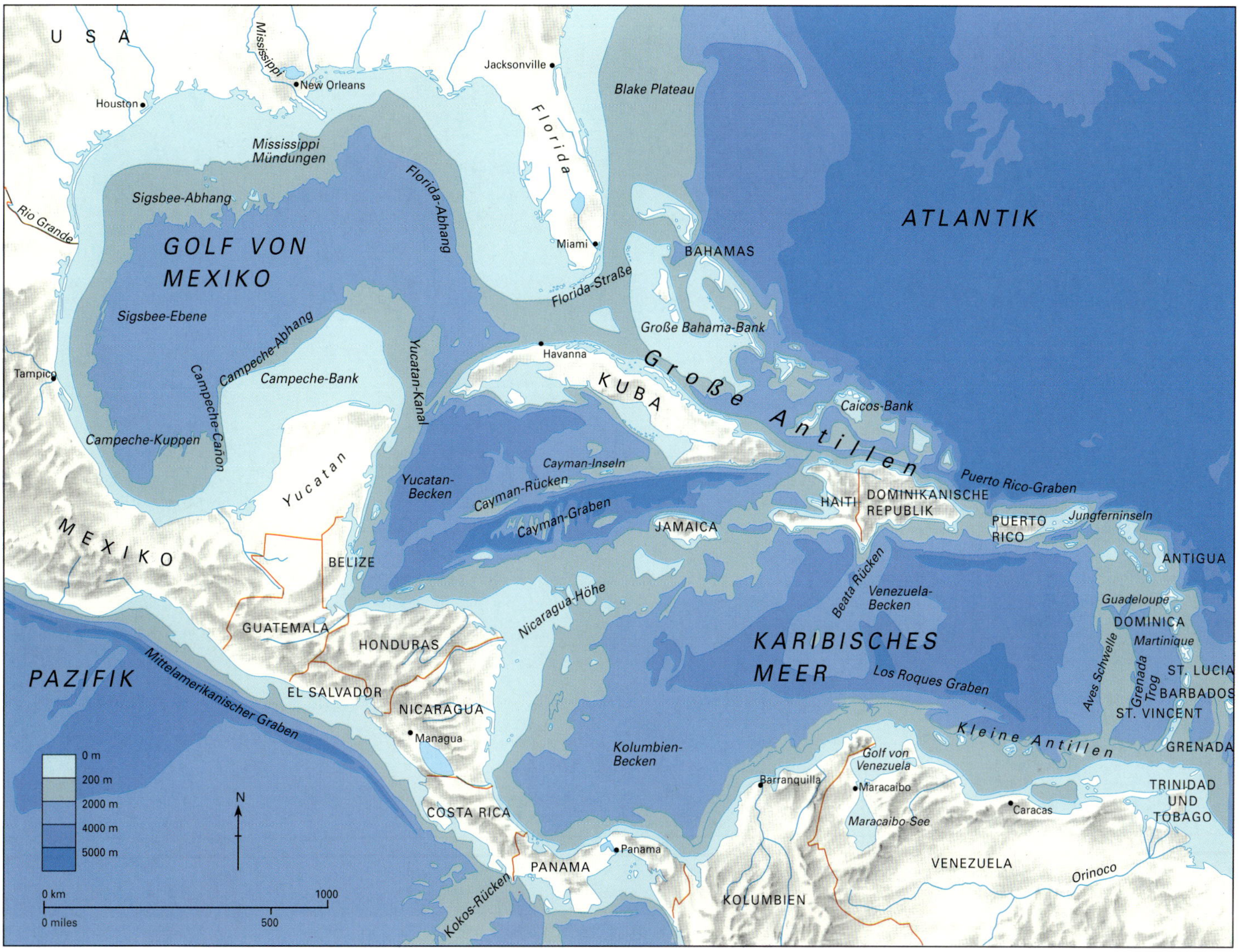

Map labels (Gulf of Mexico / Caribbean region):

U S A · Mississippi · Houston · New Orleans · Jacksonville · Mississippi Mündungen · Blake Plateau · ATLANTIK · Sigsbee-Abhang · Rio Grande · GOLF VON MEXIKO · Florida · Florida-Abhang · Miami · BAHAMAS · Sigsbee-Ebene · Florida-Straße · Große Bahama-Bank · Große Antillen · Tampico · Campeche-Abhang · Campeche-Bank · Yucatan-Kanal · Havanna · KUBA · Caicos-Bank · Campeche-Cañon · Campeche-Kuppen · Yucatan · Yucatan-Becken · Cayman-Inseln · Cayman-Rücken · Puerto Rico-Graben · MEXIKO · Cayman-Graben · JAMAICA · HAITI · DOMINIKANISCHE REPUBLIK · PUERTO RICO · Jungferninseln · BELIZE · ANTIGUA · Beata Rücken · Venezuela-Becken · Guadeloupe · GUATEMALA · Nicaragua-Höhe · DOMINICA · Martinique · HONDURAS · KARIBISCHES MEER · Los Roques Graben · Aves Schwelle · Grenada Trog · ST. LUCIA · BARBADOS · PAZIFIK · Mittelamerikanischer Graben · EL SALVADOR · ST. VINCENT · NICARAGUA · Managua · Kleine Antillen · GRENADA · Kolumbien-Becken · Golf von Venezuela · TRINIDAD UND TOBAGO · Barranquilla · Maracaibo · Caracas · Maracaibo-See · COSTA RICA · Kokos-Rücken · Panama · PANAMA · VENEZUELA · Orinoco · KOLUMBIEN

Legende (Tiefenskala):
0 m · 200 m · 2000 m · 4000 m · 5000 m

N

0 km — 1000
0 miles — 500

kältere nährstoffreiche Gewässer, ca. 200 m tief, durch-mischen. Dies erklärt den reichhaltigen Fischfang in diesem Gebiet.

Im Yucatan-Becken fließt das Oberflächenwasser nordwärts durch den Yucatan-Kanal in das Becken des Golfs von Mexiko, wo es über die Meerenge von Florida nach Osten gelangt. Diese scharfen Mäander können in Form von warmen Strudeln westwärts durch den Golf von Mexiko abdriften. Die Aufheizung des durch das Karibische Meer und den Golf von Mexiko strömenden Ober-flächenwassers trägt im wesentlichen zur Erwärmung des Golfstroms bei.

Die karibischen Tiefenwasser

Die tiefen Becken der karibischen Region sind mit bis zu 5000 m genauso tief wie die des Nordatlantiks. Sie sind durch Inselbögen vom Atlantik und durch Rücken von-einander getrennt. Sie haben bei einer Tiefe von 1590 m etwa gleich hohe Temperaturen (4,85°C) wie der Atlantik, und vermutlich läuft dieses Wasser periodisch über und bildet die karibische Tiefsee.

Die Trennung des Karibischen Meeres vom Atlantik zeigt sich anhand ihrer Gezeitenmuster. Im Karibischen Meer ist der Gezeitenhub geringer als im Atlantik, und es herrscht ein einmaliger täglicher Gezeitenwechsel von Flut und Ebbe vor. Im Atlantischen Ozean wechseln die Gezeiten täglich in Form von zwei Ebben und zwei Fluten.

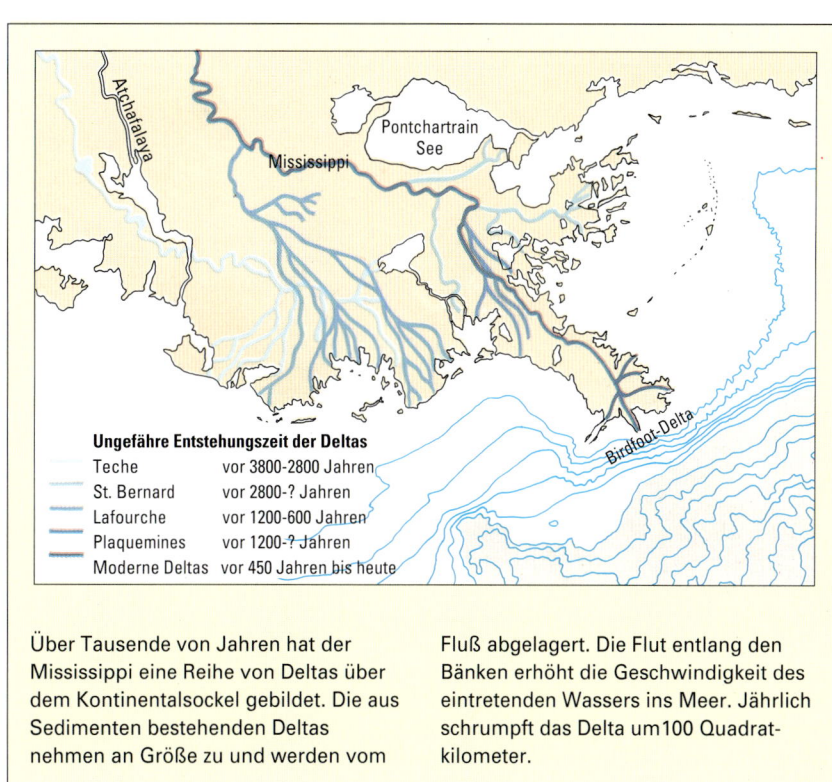

Ungefähre Entstehungszeit der Deltas

Teche	vor 3800-2800 Jahren
St. Bernard	vor 2800-? Jahren
Lafourche	vor 1200-600 Jahren
Plaquemines	vor 1200-? Jahren
Moderne Deltas	vor 450 Jahren bis heute

(Inset-Beschriftungen: Atchafalaya · Pontchartrain See · Mississippi · Birdfoot-Delta)

Über Tausende von Jahren hat der Mississippi eine Reihe von Deltas über dem Kontinentalsockel gebildet. Die aus Sedimenten bestehenden Deltas nehmen an Größe zu und werden vom Fluß abgelagert. Die Flut entlang den Bänken erhöht die Geschwindigkeit des eintretenden Wassers ins Meer. Jährlich schrumpft das Delta um 100 Quadrat-kilometer.

Ressourcen in der Karibik

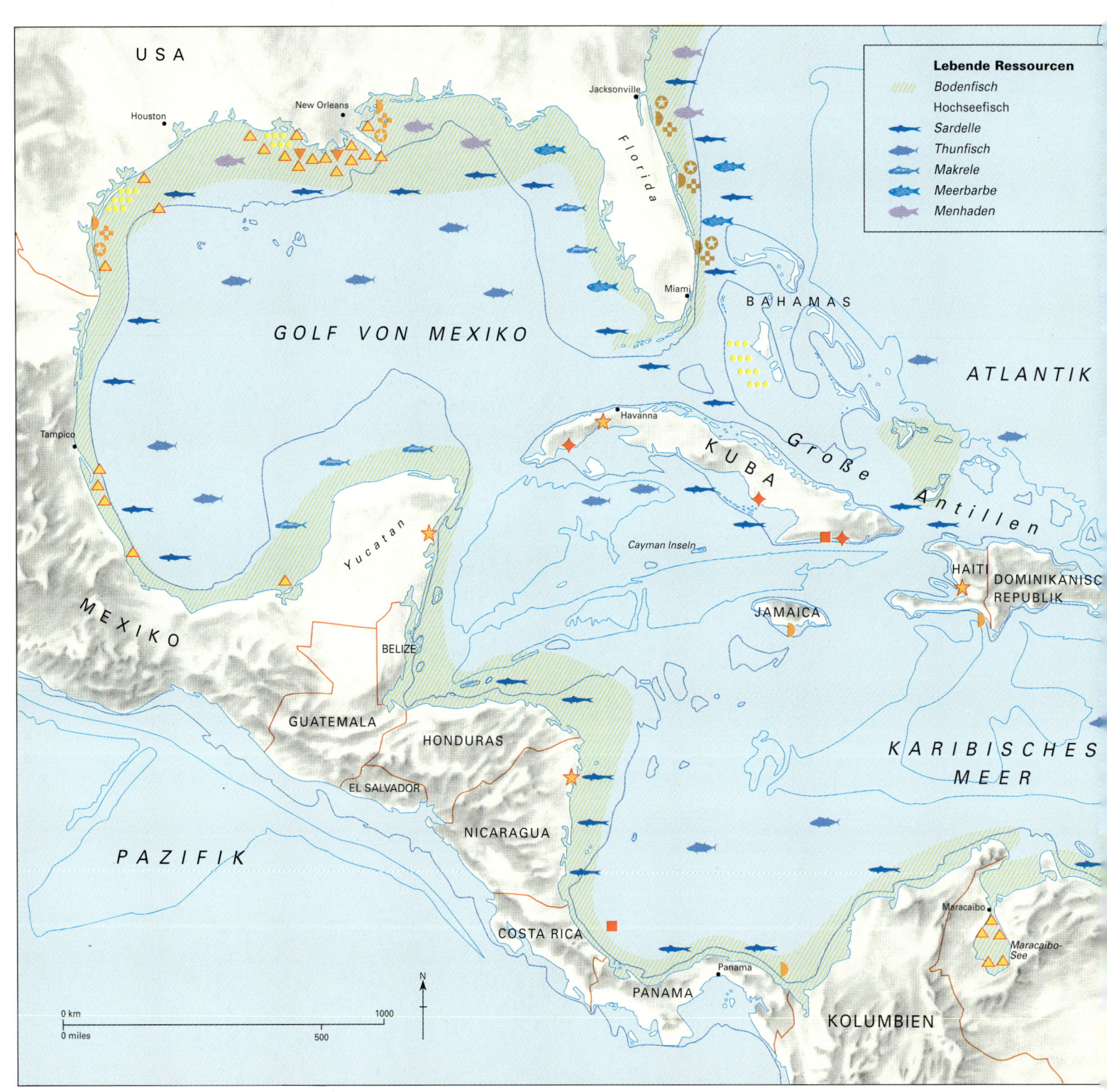

as Karibische Meer und der Golf von Mexiko weisen eine lange komplexe Sedimentgeschichte auf. Diese Tatsache und die begrenzte Wasserzirkulation zwischen den Becken erklären die äußerst vielfältigen und wertvollen Bodenschätze.

Öl und Gas

Seit den späten dreißiger Jahren stellt der Golf von Mexiko ein bedeutendes Zentrum der Öl- und Erdgasförderung dar. Die Gewinnung dieser Ressourcen hat zunehmend zu Verunreinigungen des Golfs mit verheerenden Folgen für den Fischfang geführt. Am stärksten betroffen ist der von den Mangrovensystemen extensiv abhängige Fischfang.

Die bedeutendsten Öl- und Gasfelder liegen vor den Küsten von Louisiana und den mexikanischen Staaten Veracruz und Campeche sowie vor Venezuela und dem Inselstaat Trinidad und Tobago, der vor der Küste Venezuelas liegt.

Schwefelablagerungen

Am Nord- und Westrand des Golfes von Mexiko befinden sich enorm große Verdunstungsbetten aus sedimentärem Gestein. Sie sind durch Meerwasserverdunstung entstanden und hinterließen Salzablagerungen. Diese Betten enthalten Wölbungen und Pfröpfe aus erstarrter vulkanischer Magma. Diese Dome und Pfröpfe beinhalten bedeutende

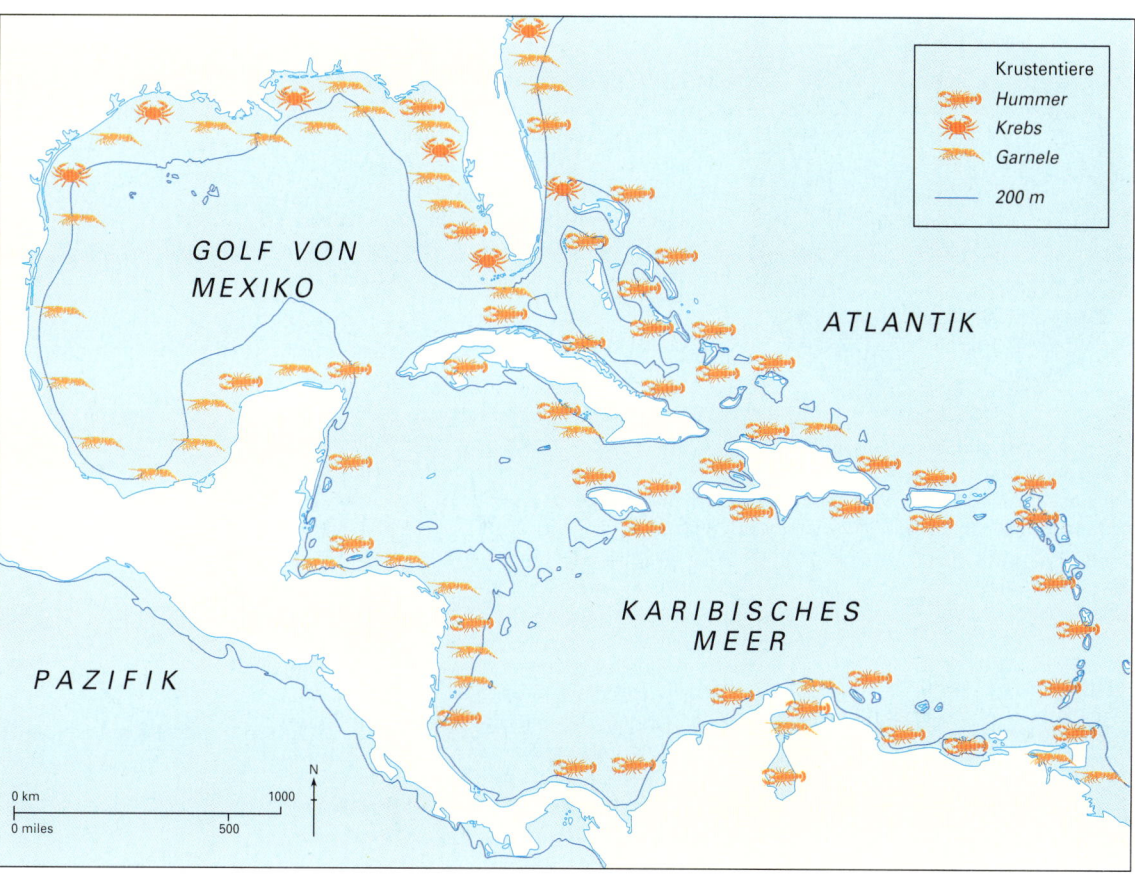

Bodenschätze

🟥 *Eisen*

🔶 *Chrom*

🌙 *Titan*

✴️ *Monazit*

✳️ *Zirkon*

⭐ *Gold*

🟡🟡🟡 *Sand und Kies*

🔻 *Schwefel*

▨ *Phosphat*

🔺 *Öl und Gas*

— *200 m*

— *4000 m*

GOLF VON MEXIKO

ATLANTIK

PAZIFIK

KARIBISCHES MEER

Krustentiere

Hummer

Krebs

Garnele

— *200 m*

0 km ____ 1000

0 miles ____ 500

N

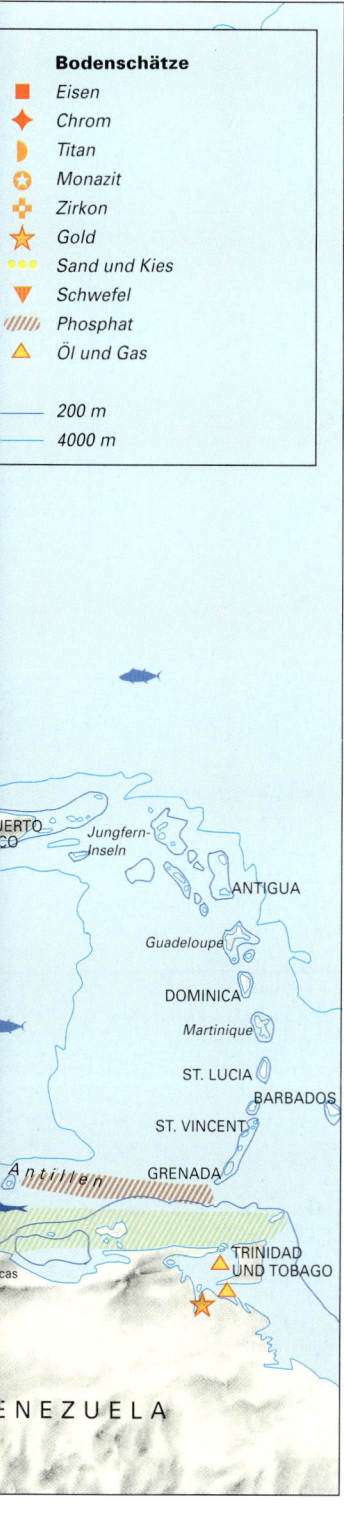

▼ **Die Ölfelder** im Mara-caibo-See machten Vene-zuela in den siebziger Jahren zum drittgrößten Ölprodu-zenten der Welt, direkt nach den Vereinigten Staaten und der Sowjetunion. Sie produ-zierten 1970 3,7 Mio. Tonnen pro Tag.

▲ **Der Hauptfischfang** im Karibischen Meer ist auf Garnelen ausgerichtet, be-sonders im Golf von Mexiko. Der Garnelen- und Krab-benfang wird seit vielen tausend Jahren an der Küste und in Meeresarmen durchgeführt.

Mengen an Salz, Kaliumkarbonat und Magnesium, während die Ahydridlager Schwefel (in Form von Kalziumsulphat) enthalten, der als Steinhut über den Salzdomen liegt. 1960 begann die erste Schwefelmine der Welt, 11 Kilometer vor der Küste Louisianas gelegen, mit ihrer Produktion. Der Schwefel wird mit Hilfe der sogenannten Frasch-Methode gewonnen: unter Druck wird heißes Wasser in die Bohrlöcher gepumpt und der geschmolzene, jetzt flüssige Schwefel hochgepumpt.

Erzhaltige Ablagerungen aus Monazit, Zirkon und Titan finden sich an den Nordrändern des Golfs von Mexiko. Am Kontinentalsockel vor den Küsten Costa Ricas und Kolumbiens lagern Eisen und Titan. Erzhaltige Lager mit Chromit, Titan und Gold finden sich auch in den Schelfsedimenten vor Kuba und Haiti.

Küstenfischerei

Das Karibische Meer ist gekennzeichnet durch kleine, kommerzielle und handwerkliche Fischerei. Der Fischfang spiegelt die wirtschaftliche Komplexität der Region wider, die etwa 14 Prozent aller Riffe der Welt umfaßt.

Die Küsten umsäumende Mangrovenwälder, Salz-sümpfe und Seegras fördern die Produktivität. Die Vielfalt dieses Standortes erklärt auch die vielen Fischarten, unter ihnen Barsche, Schnappbarsche, Grashechte, fliegende Fische und Thunfisch.

Das arktische Becken

Das Nordpolarmeer ist das kleinste Meer der Welt. Es ist umgeben von Eurasien, Grönland und Nordamerika und ist durchschnittlich etwa 1000 m tief, obwohl seine Tiefe stellenweise den sechsfachen Wert erreicht. Es besteht aus vier Hauptbecken, die durch drei ozeanische Rücken voneinander getrennt sind. Der größte von ihnen, der Lomonossow-Rücken, erstreckt sich von Nordwesten nach Südosten über 1750 km und erhebt sich bis 3000 m über der Poltiefsee-Ebene.

Unterwasserebenen

Parallel zum Lomonossow-Rücken verläuft der Mittelarktische Rücken, eine Abzweigung des Mittelatlantischen Rückens. Dazwischen liegt die Poltiefsee-Ebene. Das Meer erreicht hier stellenweise eine Tiefe von mehr als 4500 m. Zur russischen Seite hin liegt die seichtere Barentstiefsee-Ebene, deren Tiefe bei durchschnittlich 3500 m liegt. Die Barentstiefsee-Ebene wird von der Kara- und der Barentssee durch eine Inselkette getrennt. Diese umfaßt Sewernaja Semlja, Franz-Josef-Land und Spitzbergen.

Auf der kanadischen Seite des Lomonossow-Rückens liegen die Fletcher- und die Wrangel-Tiefsee-Ebenen. Sie werden durch die Kanadische- und die Mendelejew-Tiefe vom Alpha-Rücken getrennt, der möglicherweise einen inaktiven Teil eines ehemaligen Mittelozeanischen Rückens darstellt. Die Kanadische Tiefsee-Ebene, durchschnittlich ca. 3600 m tief, ist das größte arktische Teilbecken.

Flache Gebiete

Die Kontinentalsockelregionen des Nordpolarmeeres gehören zu den ungewöhnlichsten Charakteristika der Weltmeere überhaupt. Während der Kontinentalsockel vor den Küsten Alaskas und Kanadas durchschnittlich 50 bis 125 km breit ist, ist der Kontinentalsockel vor der nordasiatischen Küste weitaus größer. Er erreicht eine maximale Breite von 1600 km und ist nirgendwo schmaler als 480 km. Dieser enorm ausgedehnte Schelfbereich ist von vielen kleinen Inselketten in die flachen Meeres-

▲ **Nordpolarmeer:**
Fläche: *12 173 000 km²*
Durchschnittliche Tiefe:
990 m
Max. Tiefe: *(polare Tiefseeebene) 4600 m*

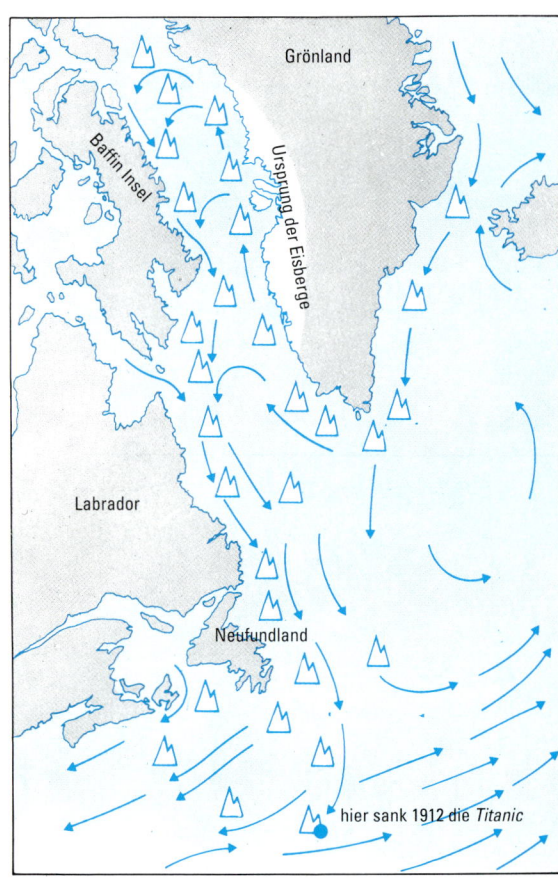

▲ **Tückische Gefahren** lauern im Nordatlantik südöstlich der Neufundland-Bänke. Die Ursachen sind eine Kombination aus Nebel, entstanden durch feuchte Winde, die über warme und kalte Strömungen wehen, und Eisbergen, die vom Labradorstrom aus der Davis-Straße herangetragen werden. Neu abgespaltene Eisberge wiegen gewöhnlich 1,5 Mio. Tonnen und ragen 80 m aus dem Wasser. Sie erstrecken sich unter Wasser auf mehr als 370 m. Bis sie den Atlantik erreichen, geht ihr Gewicht auf ca. 150 000 Tonnen zurück.

regionen der Tschuktschen-, Ostsibirischen- und Laptew-See unterteilt.

Arktische Zirkulation und Eisberge

Im Vergleich zu den anderen Weltmeeren ist das Nordpolarmeer relativ stark isoliert. Die größten Wassermassen, insgesamt etwa 80 Prozent des Wasservolumens, fließen über das Grönlandmeer durch einen schmalen Spalt zwischen Grönland und Spitzbergen, übrigens der einzigen Tiefwasserverbindung zum Weltmeer.

Zwei Prozent des Wassers, das das Nordpolarmeer verläßt, tut dies in Form von Eisbergen. Diese werden von der Grönlandeiskappe abgestoßen und vom Labradorstrom, der zwischen Grönland und Baffin Island fließt, in den Nordatlantik getragen. Die arktischen Eisberge haben verschiedene Farben. Sie variieren von fast reinem Weiß über grünblau bis braun und schwarz. Die Farben hängen von der Menge und der Art der Verschmutzung und/oder des Schutts ab, die dem Eis beigemischt sind. Die meisten arktischen Eisberge gehören dem „Gletscher"-Typ an, ragen ungefähr 80 m aus dem Wasser heraus und sind über 1000 m lang. Der andere weitverbreitete Eisbergtyp findet sich in der Antarktis. Bekannt als Tafel-Eisberge, sind seine Seiten eher steil und seine Spitzen relativ abgeflacht. Der dritte Typ Eisberg schließlich stammt ausschließlich vom

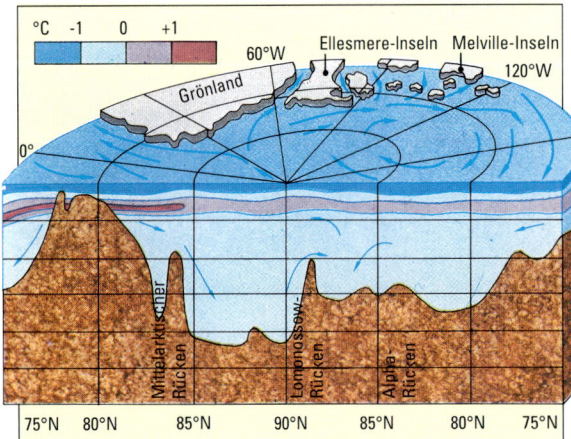

Das fast völlig isolierte Nordpolarmeer ist durch zwei Oberflächenströmungen gekennzeichnet: durch den sich im Uhrzeigersinn drehenden Wirbel, der einen Großteil der kanadischen Seite des Meeresbeckens versorgt, und eine transarktische Strömung, die vom Chukchimeer ins Grönlandmeer zieht. Die tiefere, wärmere Schicht stammt aus dem Nordatlantik.

Eisschelf der nördlichen Ellesmere-Inseln und Nordgrön- lands, Diese „Eisinseln" bestehen aus sehr alten Eismassen, bleiben mit 5 m Höhe zwar nur relativ klein, sind aber bis zu 200 m breit.

Gefährlicher für die Schiffahrt ist die Oberbauver- eisung. Wenn sich der Oberbau eines Schiffes mit Eis bedeckt, verlagert sich sein Schwerpunkt, das Schiff verliert an Stabilität und droht zu kentern.

Arktisches Meereis

Im Winter zieht sich über ein Gebiet des Nordpolarmeeres von etwa 15 Millionen Quadratkilometern eine Meereis- schicht. Das Ausmaß des Meeres schrumpft infolgedessen etwa auf die Hälfte des Sommerwertes. Die Eisbedeckung beeinflußt die Oberflächenzirkulation der Arktis durch

eingeschränkten Wärmeaustausch zwischen Meer und Atmosphäre. Direkt unter dem Eis ist das Wasser bezüglich Temperatur und Dichte variabler als übliches Oberflächen- wasser.

Das flache und kalte Oberflächenwasser bedeckt eine tiefe Schicht aus Wasser, das schwach salzhaltig ist und das aus dem Nordatlantik stammt. Diese Schicht kann sich von 180 bis 900 Meter unter der Oberfläche ausdehnen, wird dann kälter und dichter und durchkreuzt das Meeresbecken.

Auf der kanadischen Seite des Nordpolarmeeres herrscht ein rechtsdrehender Wirbel. Ein direkter Fluß strömt in großem Bogen an dem flacheren Kontinen- talsockel der angrenzenden asiatischen Landmasse ent- lang.

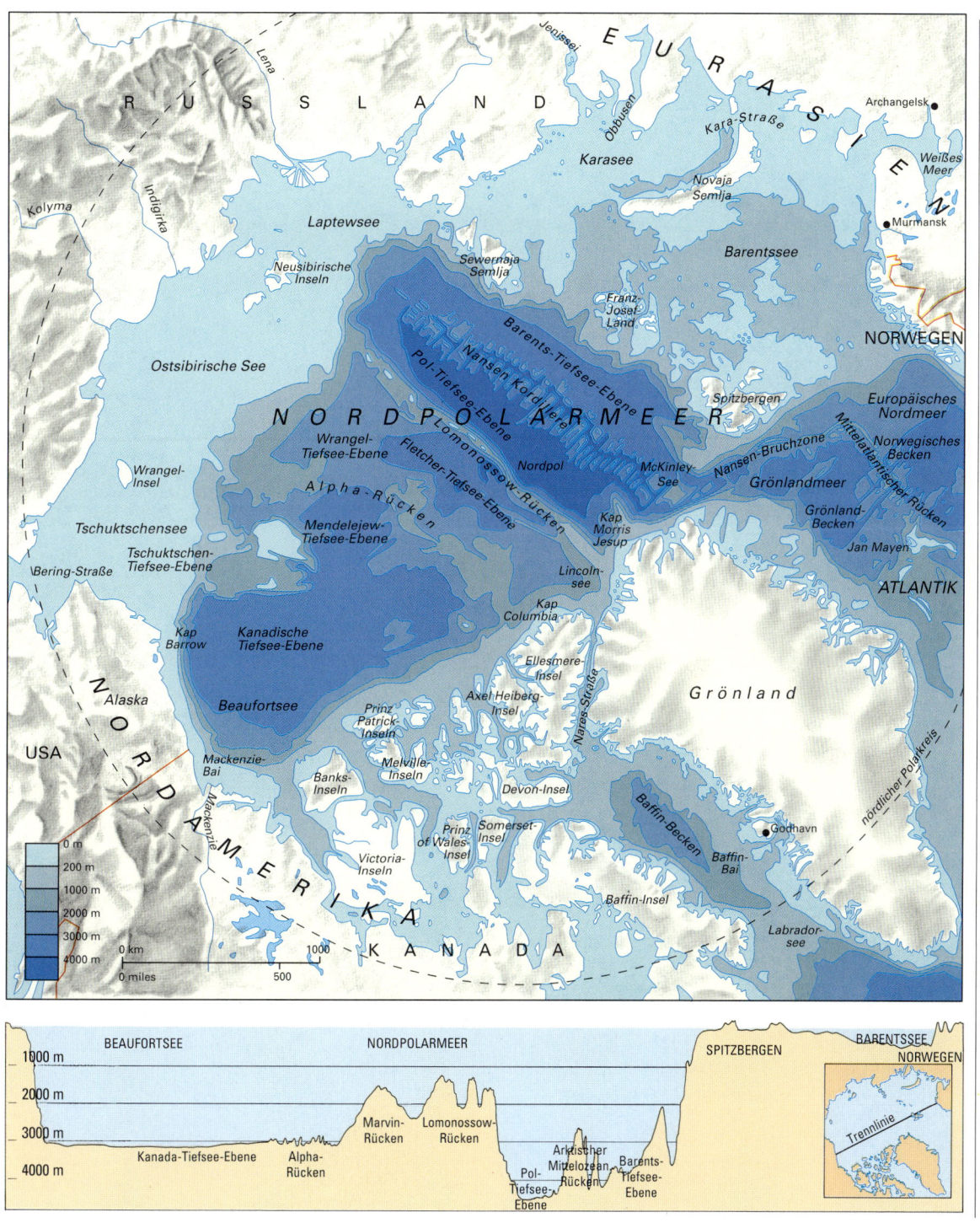

Ressourcen in der Arktis

Trotz der unwirtlichen Bedingungen in der arktischen Region besitzt das Nordpolarmeer geologische Schichten mit Öl und Gaslagerstätten. In der Laptewsee und vor der Küste Kanadas liegen Anhydritablagerungen. In der Beaufortsee sind riesige Ölvorkommen entdeckt worden, und in der Region der Melville-Insel finden sich gewaltige Gasreserven.

Ölgewinnung

An der arktischen Küste von Alaska wurde 1968 Öl gefunden, und neun Jahre später wurde die 1270 km lange Trans-Alaska-Pipeline errichtet. Diese Ölleitung transportiert das Rohöl vom arktischen Prudhoe Bay nach Süden.

An der russischen Küste sind die vorhandenen Öl- und Gasvorkommen bisher nicht ausgebeutet worden.

Probleme bei der Öl- und Gasgewinnung sind extreme Kälte, heftige Winde und das sich ständig verschiebende Meereis. Häufig wurden künstliche Inseln aus Kies und Sand errichtet, die aus dem Meeresgrund gebaggert und hochgepumpt wurden, um eine stabile Basis für Bohrtürme zu schaffen. An Land installierte Pipelines haben sich als technisch und wirtschaftlich effektiver erwiesen als das Vorhaben, Rohöl mit Unterwassertankern unter der arktischen Eisdecke hindurch zu transportieren.

Aufgrund der schwachen Besiedelung und der schwierigen Bedingungen ist die Mineralgewinnung in der Arktis gegenwärtig vergleichsweise unbedeutend.

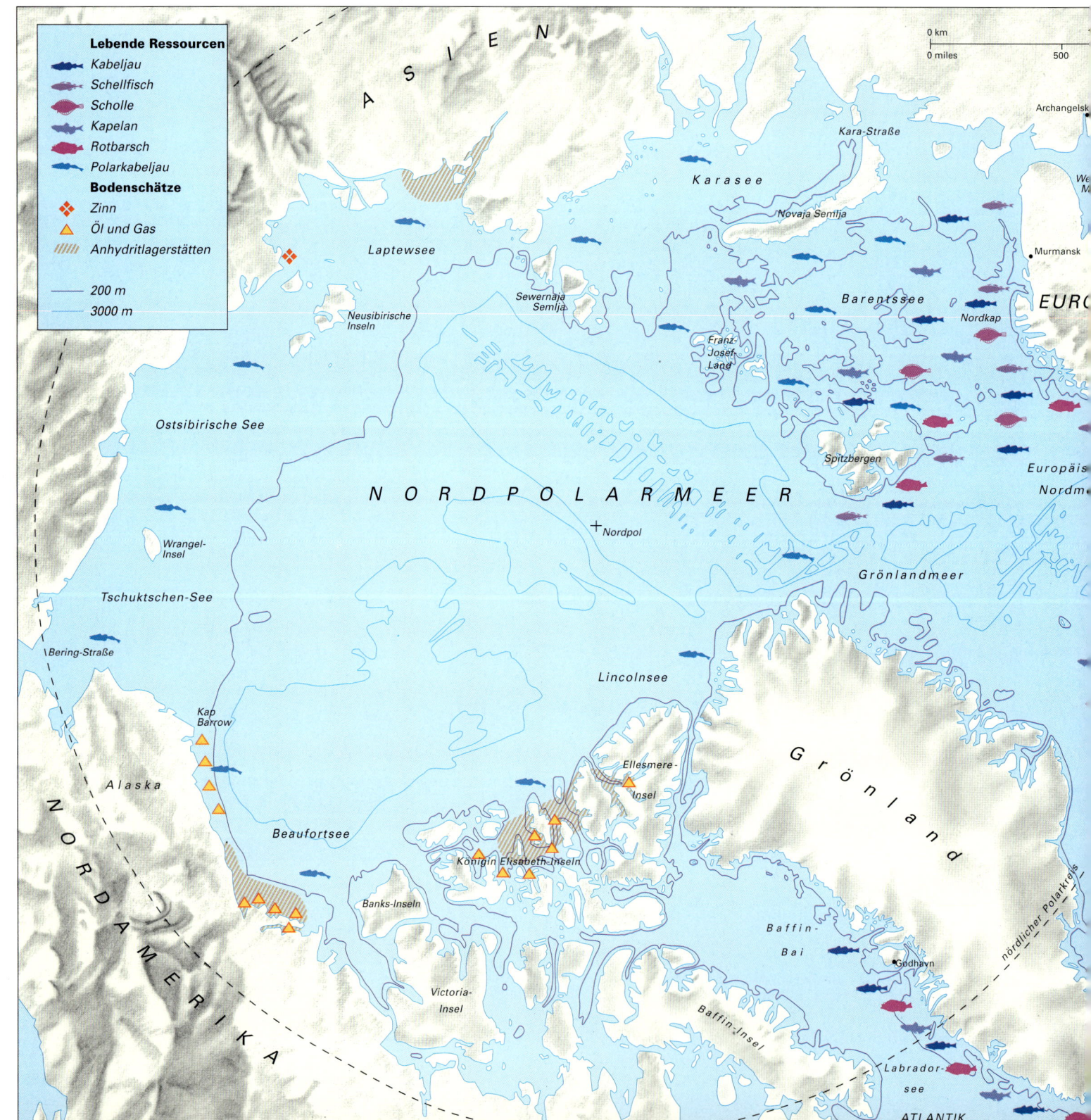

Lebende Ressourcen
- Kabeljau
- Schellfisch
- Scholle
- Kapelan
- Rotbarsch
- Polarkabeljau

Bodenschätze
- Zinn
- Öl und Gas
- Anhydritlagerstätten

— 200 m
— 3000 m

▲ **Die Eskimos** im äußersten Norden haben eine enge Beziehung zu ihrer Umwelt. Sie erhalten von ihr Nahrung und Kleidung, ohne sie jedoch auszubeuten.

◄ **Tausende von Sattelrobben** wurden während der siebziger und achtziger Jahre getötet, um den Pelzmarkt zu befriedigen. Vor kurzem, sicher teils infolge der Anti-Pelz-Kampagne, wurde die Robbenjagd gänzlich eingestellt.

▼ **Eisbrecher** bahnen sich ihren Weg durch das Eis der Arktis. Ihre wichtigste Aufgabe besteht darin, die Fahrrinnen offen zu halten, sie spielen aber auch bei der Erforschung dieser unwirtlichen Region eine wichtige Rolle.

Lebende Ressourcen

Die lebenden Ressourcen der Arktis hängen von einem Primärproduktionssystem ab, das saisonal nur mit wenig oder ohne Photosynthese im Winter auskommen muß. Die Primärproduktion umfaßt nur ca. ein Zehntel der gemäßigten Meeresregionen.

Im Februar, wenn das Licht die Arktis wieder erreicht, erhöht das Phytoplankton, hauptsächlich die Kieselalgen, seine Produktivität. Auf der Eisunterseite und im offenen Wasser liegend, bilden sie auf dem Boden des Eises eine 30 cm dicke, gelb-braune Schicht aus. Das Phytoplankton ernährt den arktischen Kabeljau, die einzige wirtschaftlich bedeutende Fischart im zentralen arktischen Becken. Im flachen Kontinentalschelf dominieren hingegen Saibling und Kapelan.

Im Nordpolarmeer existieren zwei große Fischgemeinschaften: Kabeljau, Schellfisch und Scholle, die in den wärmeren Gewässern Westspitzbergens und den Nordkap-Strömungen zu Hause sind, und der arktische Kabeljau, der in kälteren Regionen vorkommt. Infolge der langfristigen Klimaschwankungen des Gebietes verändern sich Verteilung und Fülle dieser Fischgemeinschaften in den Strömungssystemen.

Fischfang und Jagd

Obwohl Kabeljau seit dem 12. Jahrhundert um die Lofoten herum an seinem Laichplatz gefangen wurde, wurde er erst in den zwanziger Jahren nahe der Barentssee gefangen, zu einer Zeit, als die Temperatur im Nordatlantik ihren Höhepunkt erreichte. Während der sechziger und siebziger Jahre gewann der Kapelan an Bedeutung. Dieser Wechsel zeigt eine Periode kälteren Klimas an.

In den frühen siebziger Jahren führten steigende Treibstoffkosten und kanadische Beschränkungen für den Fischfang im Nordatlantik zu Fischfangbemühungen in der Barentssee. Die Nordostatlantische Fischereikommission limitierte die Fangquote der arktisch-norwegischen Kabeljaubestände 1975 auf 810 000 Tonnen.

Der Fischfang in der Barentssee ist saisonabhängig. Kabeljau, Schellfisch und Rotbarsch werden zwischen Februar und September, Kapelan in den Wintermonaten gefangen.

Schon im 16. Jahrhundert fanden in der Arktis Jagdexpeditionen auf Fellrobben statt. Die kommerzielle Jagd auf Meeressäuger wurde mittlerweile eingestellt. Nur die Einheimischen in Nordamerika, Sibirien und Grönland jagen auch weiterhin Meeressäuger und Vögel zur Existenzsicherung. Die Eskimos weit im Norden jagen nur zu ihrem eigenen Bedarf und nehmen so nur wenig Einfluß auf den Tierbestand der Region.

Das Nordseebecken

▲ **Im Perm** vor ungefähr 250 Millionen Jahren war die Nordsee eine Wüstenebene, die von Bergen umsäumt wurde. Im Innern lagen Seen und Salzseen, und das damals entstandene Gestein bestand vorwiegend aus Sandstein und Anhydrit, wichtig für Öl- und Gasfallen.

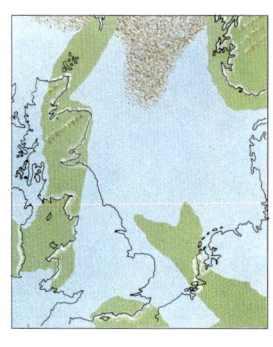

▲ **In der Kreidezeit,** vor 100 Millionen Jahren, wurde ein Großteil des Tieflandes der nördlichen Hemisphäre, einschließlich des Nordseebeckens, von flachen Meeren überflutet. In dieser Periode entstanden übrigens auch die Kalkablagerungen.

▲ **Während des Tertiärs** hatte das Nordseebecken eine Form angenommen, die der heutigen nahe kommt, und dicke Schlamm- und Lehmablagerungen angesammelt. Die Sedimente wurden von Flüssen herangetragen.

Die große Nordseeregion ist das Ergebnis der Überflutung eines riesigen Gebietes der kontinentalen Kruste. Dieses Becken senkte sich im Verlauf seiner langen Geschichte, und die relativ einförmige Topographie verbirgt ein tiefes Ablagerungsbecken, das Sedimente von mehr als 6100 m Mächtigkeit enthält, abgelagert in den letzten 250 Millionen Jahren.

Nahe der norwegischen Küste verläuft die Norwegische Rinne. Sie erstreckt sich vom Nordatlantik bis zum Skagerrak im Norden Dänemarks, wo sie eine Tiefe von 700 m erreicht. Obwohl dieses Tal ein auffälliges Merkmal der Nordsee darstellt, liegt ein wesentlich tieferes Tal versteckt unter den Ablagerungen, die den Hauptteil des Nordseegrundes bedecken. In diesem Trog befinden sich die größten Öl- und Gaslager.

Im Westen Irlands verläuft eine Linie tiefer Meereströge von Norden nach Süden und markiert so den Rand des europäischen Kontinentalsockels. Die Unterwassertopographie der Nordsee ähnelt dem Wüstenland am Ende der letzten Eiszeit.

Vergangene Eiszeiten

Während der Eiszeiten bedeckten Eiskappen einen großen Teil der Britischen Inseln und dehnten sich in die umliegenden Becken bis zum Keltischen Meer und der Themsemündung aus. Weiterhin erstreckten sich die gewaltigen Eismassen auch von Skandinavien bis hin zur heutigen Nordsee.

Die bekannten „Bänke" der Nordsee, wie die Dogger-, Fischer- und Jütland-Bank, sind Gletschermoränen, die aus Haufen eiszeitlichem Lehm bestehend, von den Eiskappen vorgeschoben wurden. Der Fladen-Grund war möglicherweise von einem See bedeckt, der an drei Seiten von den Rändern der Eisplatte umzäunt war.

Als der Meeresspiegel mit der Erwärmung des Weltklimas und mit der Abschmelzung der Eisbedeckungen stieg, verteilten Wellen und Strömungen die losen Ablagerungen; ein bis heute fortdauernder Prozeß. Die feinsten Sedimente bewegen sich in Suspension nordwärts und lagern sich in tieferen Teilen der nördlichen Nordsee ab. Ständig wird Sand von Gezeitenströmungen am Meeresgrund entlang bewegt, besonders dort, wo starke Strömungen mit großen Sturmwellen zusammentreffen. Ausbaggerungen, die Sand entfernen, um so die Schiffahrtsrouten frei zu halten, haben im Laufe der Jahre Millionen verschlungen.

In der Straße von Dover befinden sich parallel zu den Strömungen, die durch die Meeresenge fließen, lange Sandbänke. Die Goodwin-Sande und die Norfolkbänke bergen für die Schiffahrt erhebliche Risiken. Die häufigen Verlagerungen des Sandes erfordern also regelmäßige Vermessungen der Schiffahrtsrouten zu den großen europäischen Häfen.

Zirkulation

Die Bewegungen des Nordseewassers werden von den Gezeiten, heftigen Winden und Dichteunterschieden bewirkt. Im allgemeinen variiert das Muster sowohl lokal als auch saisonal. Von Norden zwischen den Orkney- und den Shetland-Inseln her fließt Wasser in die Nordsee und zieht zur schottischen und englischen Ostküste. Gleichzeitig fließt wärmeres Wasser aus dem Nordatlantikstrom durch den Kanal in die Nordsee. Der Zufluß warmen Wassers stellt sicher, daß die gesamte Gegend das ganze Jahr über durchgehend eisfrei bleibt. Die Warmwasserströmung fließt an der Küste der Niederlande entlang bis nach Dänemark und Norwegen in die südliche Nordsee hinein. Die Winde setzen eine linksgerichtete Zirkulation in Gang.

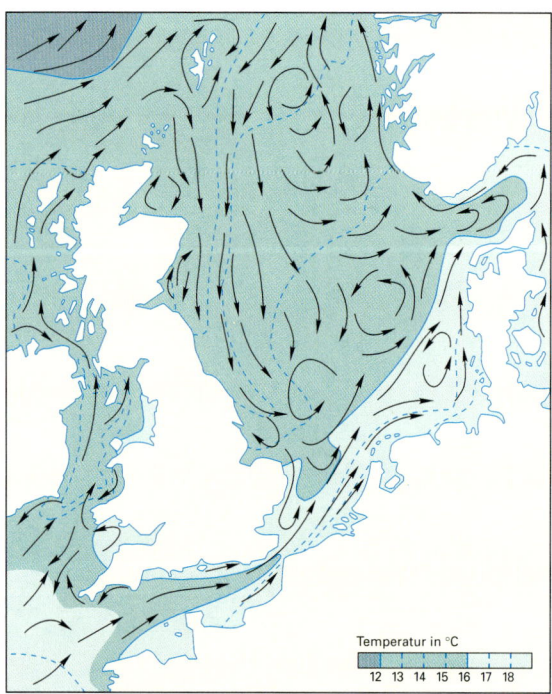

Temperatur in °C
12 13 14 15 16 17 18

▲ **Die gegenwärtige Strömung** der Nordsee wird angetrieben durch die Gezeiten, vorherrschende Winde sowie durch unterschiedliche Wasserdichte. Das Muster variiert lokal und saisonal bedingt. Die lokale Küstenform spielt eine wichtige Rolle bei der Fließrichtung der Küstenströmungen.

▼ **Verschiedene Arten** Plankton zeigen für gewöhnlich verschiedene Wassermassen an, ein Phänomen, das auf nahezu alle Weltmeere zutrifft. In der Nordsee leben drei verschiedene Pfeilwürmer der Gattung Sagitta: Durch diese Pfeilwürmer lassen sich ozeanische und gemischte Gewässer sowie Küstengewässer unterscheiden.

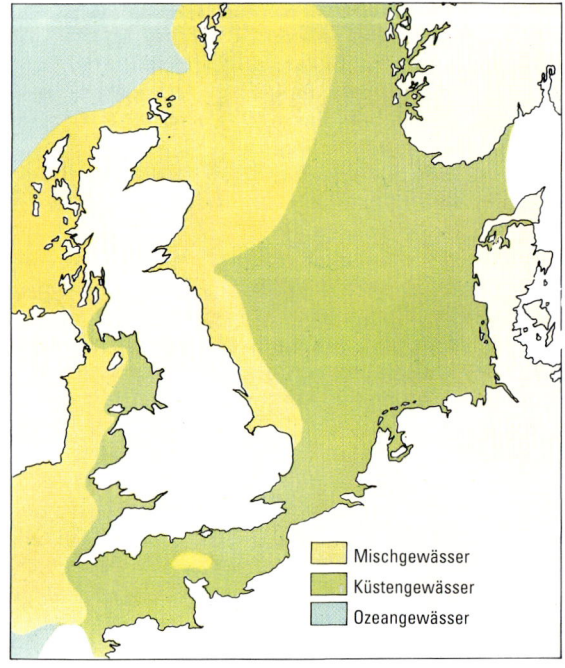

Mischgewässer
Küstengewässer
Ozeangewässer

NORDATLANTIK

Shetland-Inseln

Viking Bank

NORWEGEN

Bergen

Hardanger Fjord

Norwegische Rinne

Orkney-Inseln

Bokner Fjord

Stavanger

Pentland Firth

Fladen-Grund

Äußere Hebriden

Nordminch

Moray Firth

NORDSEE

Buchan-Tiefe

Innere Hebriden

Aberdeen

Teufelsloch

Große Fischerbank

Kleine Fischer-bank

Skagerrak

Jütland-Bank

Hebridensee

Glasgow

Firth of Forth

Edinburgh

DÄNEMARK

Farne-Tiefen

Nordkanal

Newcastle

Nord-friesische Inseln

Middlesborough

Belfast

Doggerbank 20m

Isle of Man

GROSS

Kingston-upon-Hull

Outer Silver Pit

Friesische Inseln

Irische See

Sole Pit

BRITANNIEN

Liverpool

Norfolk-Bänke

Ems

IRLAND

Dublin

The Wash

NIEDERLANDE

St.-Georgs-Kanal

Ouse

Rhein

Severn

Rotterdam

BUNDES-REPUBLIK DEUTSCH-LAND

Keltisches Meer

Themse

Themsemündung

Cardiff

London

Goodwin-Sande

Maas

Bristolkanal

Antwerpen

0 m
50 m
100 m
200 m
300 m

Southampton

BELGIEN

0 km   100   200

Straße von Dover

0 miles   100

N

Ärmelkanal

FRANKREICH

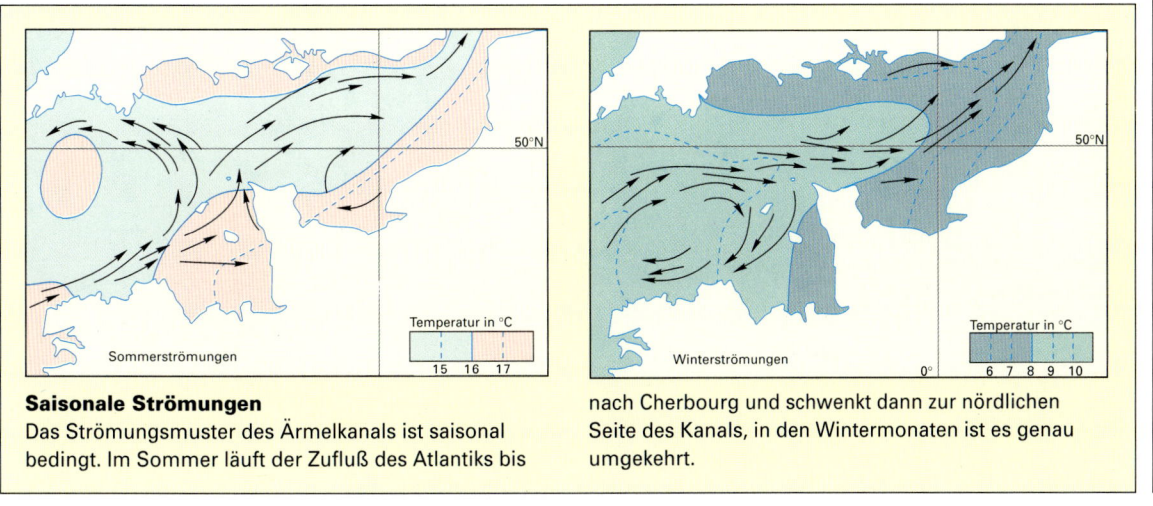

Temperatur in °C
15 16 17

Sommerströmungen

50°N

Temperatur in °C
6 7 8 9 10

Winterströmungen

0°

50°N

Saisonale Strömungen

Das Strömungsmuster des Ärmelkanals ist saisonal bedingt. Im Sommer läuft der Zufluß des Atlantiks bis

nach Cherbourg und schwenkt dann zur nördlichen Seite des Kanals, in den Wintermonaten ist es genau umgekehrt.

Ressourcen in der Nordsee

Die Öl- und Gasgewinnung in der Nordsee ist seit den siebziger Jahren angestiegen. Die umfangreichste Ölproduktion befindet sich im Shetland-Becken, wo das Wasser bis zu 200 Meter tief ist. Die Gasgewinnung erfolgt andererseits in der flacheren und weniger als 50 Meter tiefen Südbucht.

Bis 1989 gab es in der Nordsee 149 Bohr- und Förderplattformen, 92 britische, 36 holländische, die restlichen norwegische, dänische und deutsche. Etwa 8000 km Pipelines wurden verlegt, und bis heute sind mehr als 75 Milliarden US-Dollar investiert worden. Inzwischen verdienen rund 50 000 Menschen ihren Lebensunterhalt in dieser Industrie, die jährlich mehr als 150 Millionen Tonnen fördert. Bisher sind ungefähr 20 Prozent der Reserven ausgebeutet worden, weitere liegen in tieferen Gewässern vor den Faröer-Inseln.

Die Öl- und Gasgewinnung in der Nordsee stellt zwar eine enorme wirtschaftliche Quelle dar, verursacht leider aber auch schwerwiegende Umweltschäden. Aktuelle Daten belegen einen erschreckenden Rückgang der Tierbestände vor den Bohrinseln, bedingt durch die chronische Umweltverseuchung.

Sand und Kies

Neben Gas und Öl spielt die Entnahme von Sand und Kies aus der Nordsee eine bedeutende Rolle. Nirgendwo wird jährlich so viel Sand und Kies gewonnen wie dort. Obwohl große Mengen entnommen werden, benötigt man hier bei der hohen Qualität des Materials nur wenige Arbeitsschritte beim Sortieren.

Die meisten Bagger der Nordsee arbeiten in weniger als 35 m Wassertiefe und relativ nahe an der Küste, was vermehrt zur Erosion der benachbarten Küste führt. Der Kies wird wiederum im Bereich der britischen Küste ausgebaggert und enthält einen hohen Anteil an Feuerstein und Quarz, die aus der Verwitterung der kretazeischen Kalke im Tertiär (vor 65 bis 2 Millionen von Jahren) herrühren.

Lebende Ressourcen

Der Fischfang in der Nordsee reicht bis ins frühe Mittelalter zwischen 500 und 1000 n.Chr. zurück. Im Vordergrund stand der Hering, der nachts mit Treibnetzen gefangen wurde. Es folgten die Napoleonischen Kriege. Durch die wachsende Stadtbevölkerung in Europa nahm der Fischfang zu. Der erste Dampf-Trawler wurde im Jahr 1881 eingesetzt. Der Einsatz von Beutel- und Schleppnetzen erhöhte den Fischfang so stark, daß in den letzten 100 Jahren der Bestand des Nordseeherings ausgelöscht wurde. 1977 wurde der Heringsfang in der Nordsee generell verboten.

Der wichtigste in der Nordsee gefangene Plattfisch ist die Scholle. Der zentrale Laichgrund liegt im Süden vor den Küsten der Niederlande und Belgiens. Die Eier treiben mit der Strömung jeden Tag einige Kilometer Richtung Dänemark. Die ausgeschlüpften Schollen besitzen runde Körper, ihre flache Form nehmen sie erst im Alter von vier bis sechs Wochen an. Obwohl der südliche Laichgrund am bedeutendsten ist, finden sich auch einige vor der Ostküste Englands zwischen Flamborough Head und Doggerbank und in der Deutschen Bucht.

Überfischung

In den letzten Jahrhunderten hat sich die Nordseefischerei stark verändert. Seit 1955 ist der Kabeljaufang stetig gestiegen, und in den sechziger Jahren blühte der Schellfischfang. Gleichzeitig konzentrierte sich der industrieller Fischfang auf Arten zur Fischmehlherstellung, wie dem

▲ **Seit dem Niedergang** der Nordseefischfangflotten konzentrieren sich viele ehemals blühende Häfen wie Kingston-upon-Hull wieder auf die Einkaufs- und Unterhaltungsbranche.

▼ **Die Nordsee** besitzt nährstoffreiches Wasser mit hoher Planktonproduktion. Somit bietet sie vielen wirtschaftlich wichtigen Fischarten eine geeignete Brutstätte.

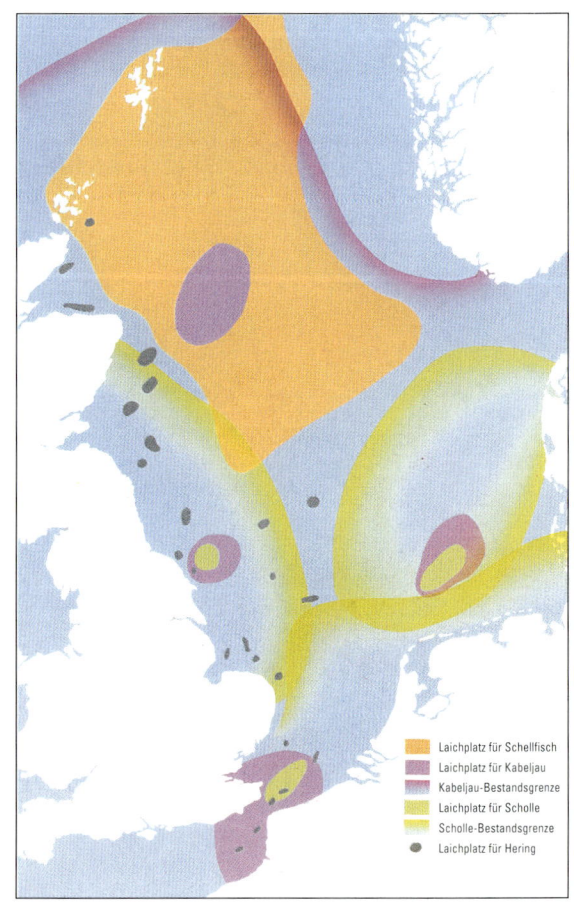

Laichplatz für Schellfisch
Laichplatz für Kabeljau
Kabeljau-Bestandsgrenze
Laichplatz für Scholle
Scholle-Bestandsgrenze
Laichplatz für Hering

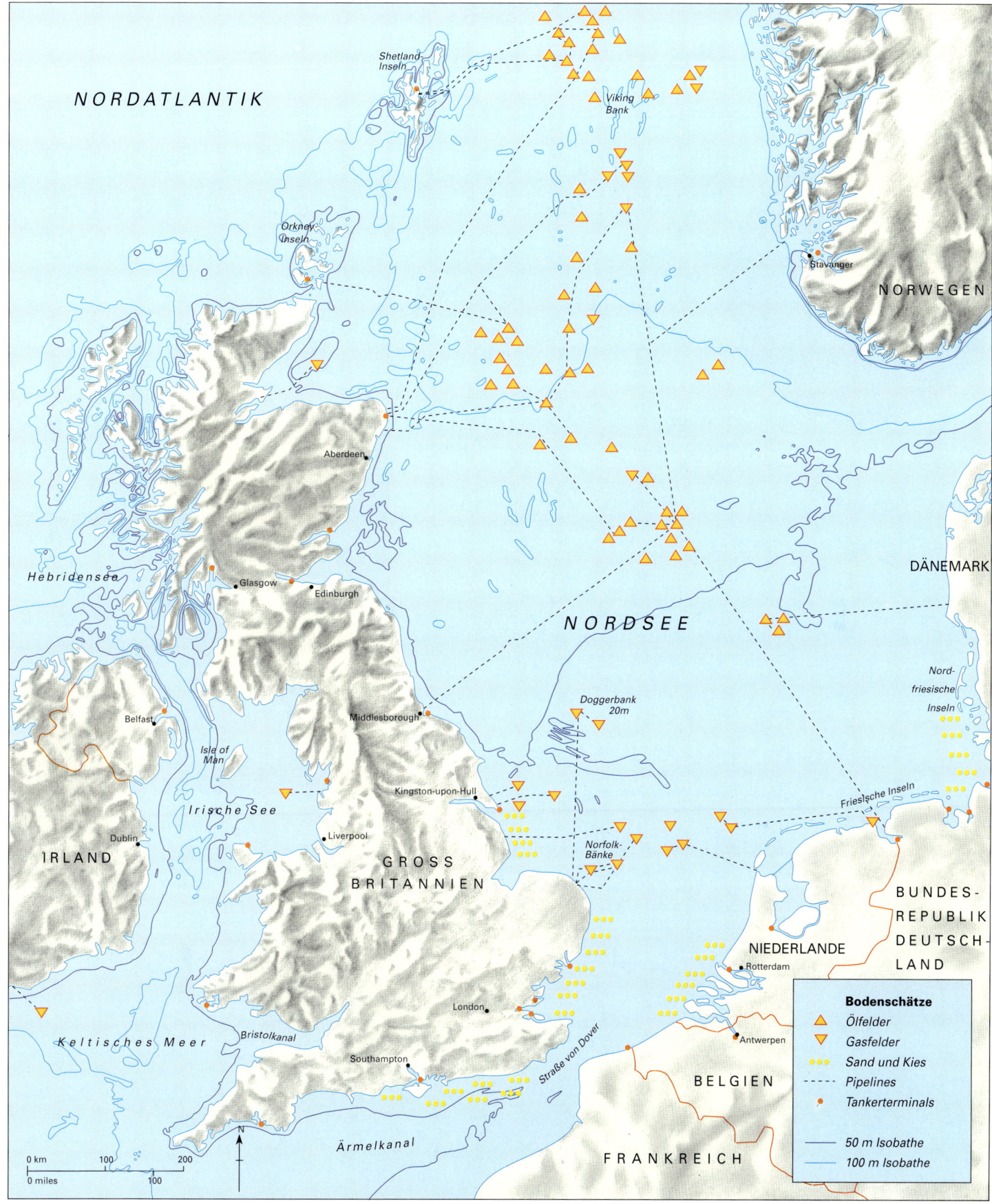

NORDATLANTIK

Shetland
Inseln

Viking
Bank

Orkney
Inseln

Stavanger

NORWEGEN

Aberdeen

Hebridensee

Glasgow

Edinburgh

DÄNEMARK

NORDSEE

Nord-
friesische
Inseln

Belfast

Middlesborough

Doggerbank
20m

Isle of
Man

Irische See

Kingston-upon-Hull

Friesische Inseln

Dublin

Liverpool

Norfolk-
Bänke

BUNDES-
REPUBLIK

IRLAND

GROSS

BRITANNIEN

NIEDERLANDE

DEUTSCH-
LAND

Rotterdam

London

Antwerpen

Keltisches Meer

Bristolkanal

Straße von Dover

BELGIEN

Southampton

N

0 km   100   200

0 miles   100

Ärmelkanal

FRANKREICH

Bodenschätze

△ Ölfelder

▽ Gasfelder

●●● Sand und Kies

- - - Pipelines

● Tankerterminals

—— 50 m Isobathe

—— 100 m Isobathe

norwegischen Schellfisch. Der Herings- und Makrelenfang halbierte sich hingegen. Der intensive Fischfang beeinflußte zweifellos die Fischbestände dieser Region, wie auch die Meeresbedingungen und -zirkulation. Letzteres wirft zahlreiche ungeklärte Fragen auf.

Moderne Trawler, die schweres Bodenfischfanggerät benutzen, beschädigen den Meeresboden und beeinträchtigen somit die gesamte Fischwelt. Obwohl ein spezielles europäisches Quotensystem zur Regulierung der Fischbestände eine bestimmte Fangmenge festlegt, gehen die beliebten Fischarten, darunter u.a. Makrelen, Schellfische, Stinte und norwegischer Schellfisch trotzdem weiterhin zurück.

Lachszucht

In der schottischen See und in den skandinavischen Fjorden wird eine intensive Lachszucht betrieben. Die Eier werden in Zuchtbecken ausgebrütet, und die einjährigen Tiere werden drei Wochen lang auf die natürlichen Bedingungen vorbereitet, bevor sie dann in Netzkäfigen in das Meerwasser ausgesetzt werden.

Die natürliche Wasserbewegung sorgt zum einen für Sauerstoff und entsorgt den Abfall. Zu intensive Zucht kann aber auch zu Umweltproblemen führen, wie z.B. zur Anoxie, das heißt zu Sauerstoffmangel, der Bodengewässer.

Das Mittelmeerbecken

D as Mittelmeer liegt in einer 4000 km langen Senke, die von der Küste Israels, Libanons und Syriens im Osten zur engen Straße von Gibraltar im Westen verläuft, die die einzige natürliche Verbindung zwischen dem Mittelmeer und dem Atlantik darstellt. Obwohl dieses Meer ein fast 3 Mio. km² großes Gebiet bedeckt, ist es dennoch bedeutend flacher als die meisten anderen Meeresgebiete. Das Mittelmeer ist vermutlich ein kleiner Überrest des früheren tropischen Thetysmeeres.

▲ **Mittelmeer:**
Fläche: 2 966 000 km²
Durchschnittliche Tiefe:
1500 m
Max. Tiefe: (Hellenischer Trog) 5092 m
Verdunstung fast dreimal so hoch wie die Niederschläge und der Abfluß

Mittelmeerbecken

Die enge Straße von Sizilien teilt das Mittelmeer in zwei klar erkennbare Becken. Das westliche Becken besitzt eine breite glatte, abyssale Ebene, die von ca. 25 Millionen Jahre alten Ablagerungen bedeckt ist. Im Gegensatz dazu wird das östliche Becken vom mediterranen Rückensystem zerteilt, das aus zusammengefalteten und aufgerichteten Sedimenten besteht. Diese werden durch die nordwärts gerichtete Bewegung Afrikas in Richtung Eurasien noch bis heute zusammengedrängt. Die hier befindlichen Ablagerungen sind etwa 70 Millionen Jahre alt.

Im westlichen Becken werden das Balearische und das Tyrrhenische Teilbecken von den Inselketten Korsikas und Sardiniens getrennt, die sich von der Küste Spaniens und Frankreichs weggedreht haben. Im Gegensatz zu dem relativ flachen Profil der Bodentopographie des Balearischen Beckens wird das Tyrrhenische Becken, das mit einer Tiefe von bis zu 3600 m die tiefste Region des westlichen Beckens darstellt, von Rücken, unterseeischen Bergen und aktiven Vulkanen, darunter Vesuv, Ätna und Stromboli, beherrscht.

Im östlichen Mittelmeerbecken, zwischen dem mediterranen Rückensystem sowie Griechenland und der Türkei, liegen die tiefsten Teile des neueren Mittelmeeres, die Tiefen von bis zu 5000 m vorweisen. Die ionische Tiefsee-Ebene ist die größte Tiefenregion des Ostteiles des Beckens und wird wiederum von einer Reihe von Rücken und Meeresbergen unterteilt.

Ungleich vielen anderen Meeresregionen ist der Kontinentalsockel schmal. Die größte Ausdehnung flacher Küstengewässer im westlichen Becken ist verbunden mit den Deltas der Rhône und des Ebro. Größere Schelfbereiche finden sich vor der Küste Nordafrikas, in der Adria und der Ägäis, während das breite Nildelta beachtliche Anteile zu den Ablagerungen des östlichen Beckens und des Rückensystems beigetragen hat.

Von Menschenhand geschaffene Verbindungen

Neben seiner natürlichen Verbindung mit dem Atlantik über die Straße von Gibraltar ist das Mittelmeer über den im Jahre 1869 eröffneten Suezkanal mit dem Indischen

▲ *Dieses Satellitenbild zeigt Wellen in der Straße von Gibraltar, die durch den Gezeitenfluß in der engen Straße erzeugt werden. Das Oberflächenwasser fließt normalerweise vom Atlantik ins Mittelmeer, während bei Tiefen von 80 m die Strömung den umgekehrten Weg nimmt.*

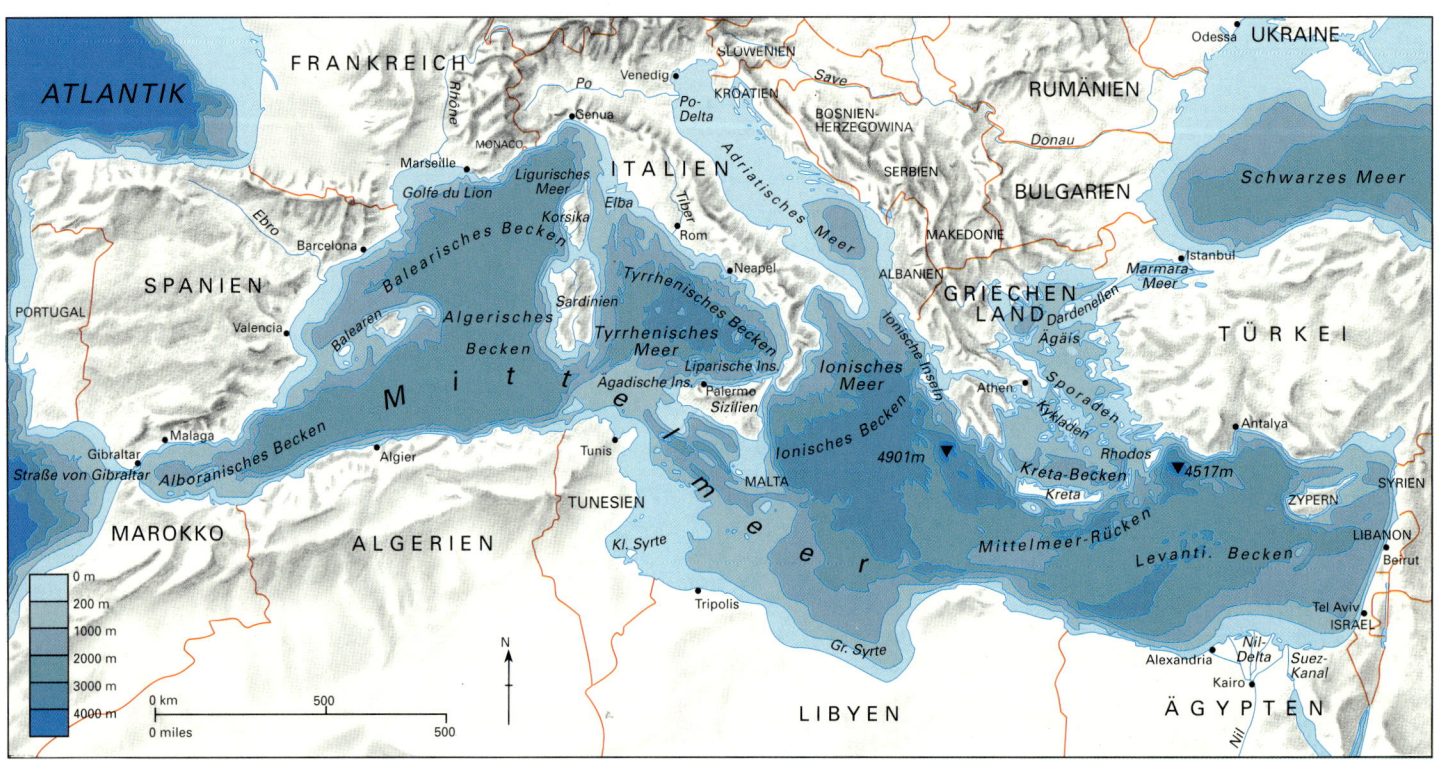

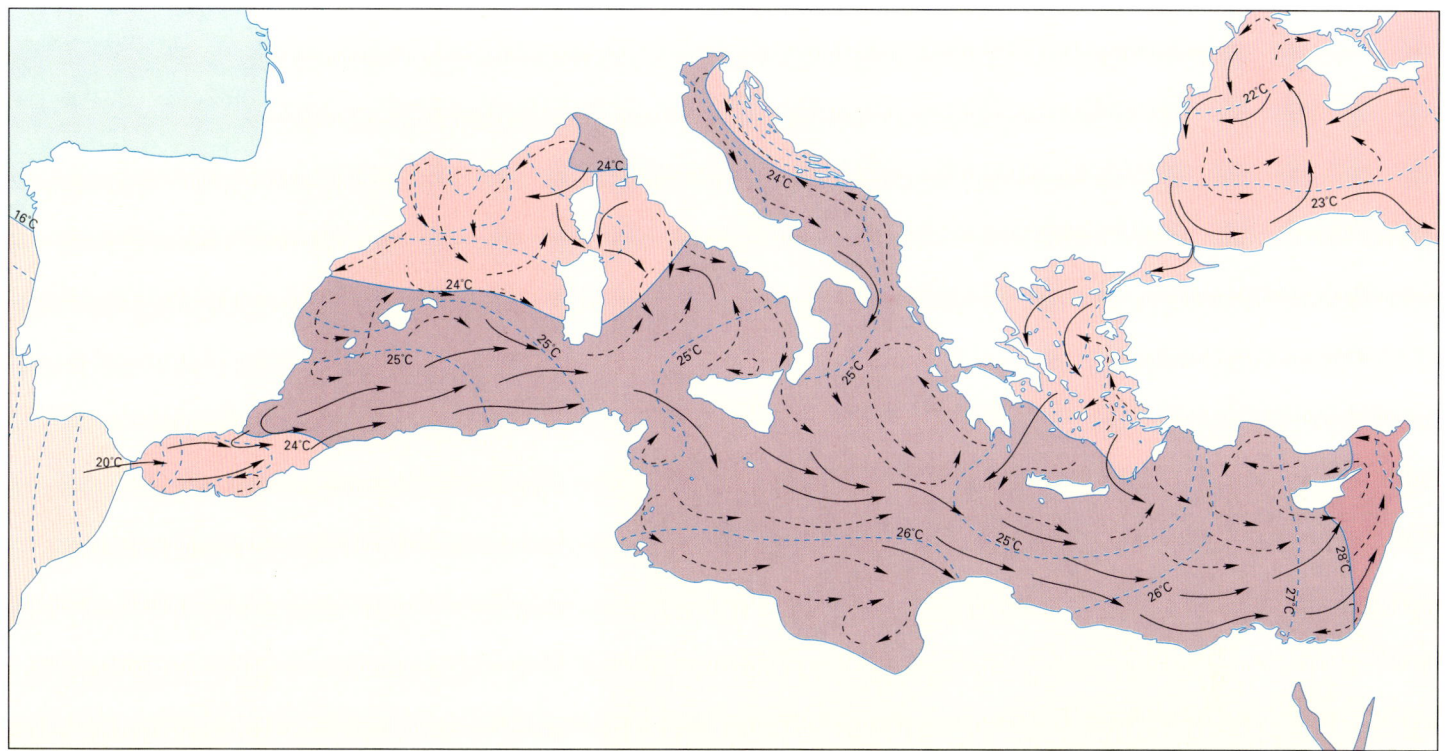

Ozean verbunden. Trotz geringem Wasseraustausch dringen viele Arten des Roten Meeres durch den Kanal ins östliche Mittelmeerbecken vor.

Das binnenländische Schwarze Meer ist über Dardanellen, Marmara-Meer und Ägäis mit dem östlichen Mittelmeer verbunden. Die für die Ägäis typischen Zooplanktonarten existieren auch im Schwarzen Meer. Dies liegt an der Eindämmung der ins Schwarze Meer fließenden Flüsse, die den Zustrom durch die Dardanellen verringert und die Zufuhr des ägäischen Wassers erhöht.

Zirkulation

Obwohl Oberflächenwasser aus dem Atlantik durch die Straße von Gibraltar ins Mittelmeer eintreten, kommt es auf dem selben Wege zu einem immensen Ausfluß von wesentlich salzhaltigerem und dichterem Mittelmeerwasser. Nach einer Legende sollen die Phönizier diesen Tiefenwasserausfluß nutzbar gemacht haben, indem sie ihre abgenommenen Segel mehrere Faden tief ins Wasser herabließen, um mit dieser Strömung gegen die vorherrschenden Winde in den Atlantik zu gelangen. Diese Strömung wird heute noch von U-Booten genutzt, die lautlos, mit abgeschalteter Maschine, die Straße passieren.

Das in das Becken einfließende Wasser des Atlantiks zieht ostwärts und wird mit zunehmender Verdunstung stufenweise salzhaltiger. Der Salzgehalt kann im östlichen Mittelmeer 39,5 Promille erreichen. Im Sommer führt die Erwärmung der Oberflächenwasser zu einer Zone deutlichen Temperaturanstieges bei einer Tiefe von 20 bis 40 m, die das wärmere, stark salzhaltige Wasser vom kühleren Wasser darunter trennt. Im Winter verursachen trockene Winde eine verstärkte Verdunstung, erhöhen den Salzgehalt und kühlen das Wasser an der Oberfläche ab, das nun dichter wird und zu sinken beginnt. Diese Wassermassen fließen westwärts durch die Straße von Gibraltar oder sinken ab, um das dichte Bodenwasser des östlichen Beckens zu bilden.

Das Mittelmeer verliert durch Verdunstung fast dreimal so viel Wasser, wie es durch Regen und Zuflüsse vom Lande erhält. Dies wird allerdings durch zuströmendes

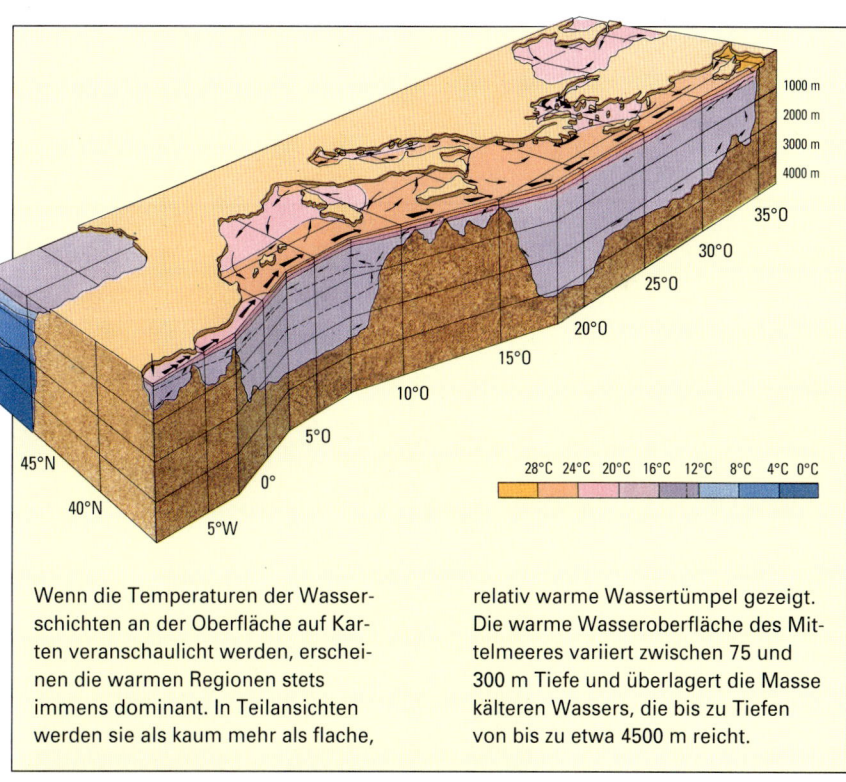

Wenn die Temperaturen der Wasserschichten an der Oberfläche auf Karten veranschaulicht werden, erscheinen die warmen Regionen stets immens dominant. In Teilansichten werden sie als kaum mehr als flache, relativ warme Wassertümpel gezeigt. Die warme Wasseroberfläche des Mittelmeeres variiert zwischen 75 und 300 m Tiefe und überlagert die Masse kälteren Wassers, die bis zu Tiefen von bis zu etwa 4500 m reicht.

Atlantikwasser ausgeglichen. Nach der Durchquerung der Straße von Gibraltar fließt das Wasser ostwärts an Nordafrikas Küste vorbei und bildet die einzige genau zu bestimmende Mittelmeerströmung. Sie nährt die linksläufigen Zirkulationsmuster des westlichen Beckens, der Adria und des Ionischen Meeres. Der Austausch mit dem Atlantik ist begrenzt, und die Austauschzeit für das Mittelmeer wird auf 150 Jahre geschätzt. Der Gezeitenhub ist mit ca. 30 cm schwach ausgeprägt. Auch der Wasseraustausch zwischen den halbgeschlossenen Küstenbuchten bleibt gering, was zur Umweltverschmutzung in Küstennähe führt.

Ressourcen im Mittelmeer

Seismische Studien im Mittelmeer belegen eine weit-verbreitete Schicht von Evaporiten (Salz- und Kalk-krusten), die durch Bohrungen auf ein Alter von etwa 5 Millionen Jahre datiert wurden. Entstanden durch die Verdunstung des Meeres, ist diese Schicht bis zu 915 Meter dick und ist überwiegend aus Halogeniden oder Steinsalz zusammengesetzt.

Die Evaporitlager repräsentieren wichtige Ressourcen an Steinsalz, Schwefel und Kali, die gegenwärtig nur auf Sizilien und anderen Mittelmeerinseln ausgenutzt werden. Das gesamte Volumen dieser vergrabenen Meereslager-stätten wird auf insgesamt etwa 1 Million Kubikkilometer geschätzt.

Die Mittelmeerregion verfügt auch über immense Öl- und Gasreserven, die allerdings bis heute ausschließlich im Küstenschelfbereich gewonnen werden. Obwohl das Mit-telmeer keine bedeutenden polymetallischen Knollenlager-stätten besitzt, verfügt es über reiche Mangan- und Eisen-erzlager, die infolge der hydrothermischen Lösungen ent-stehen, die aus noch rezent aktiven Unterwasservulkanen ausflossen.

Tourismus

Eine der vielleicht wertvollsten Ressourcen dieser Region bildet die Kombination von warmen trockenen Sommern und dem Mittelmeer selbst. Gemeinsam bilden sie die Basis einer ausgedehnten Tourismusindustrie. Mit über 70 Pro-zent des gesamten Welttourismus stellt der Tourismus einen entscheidenden Wirtschaftsfaktor der Mittelmeerlän-der dar.

Lebende Ressourcen

Das Mittelmeer beherbergt ca. 500 Fischarten, von denen etwa 120 wirtschaftlich genutzt werden. Obwohl die mei-sten Fischbetriebe klein und mehr Handwerksbetriebe sind, führen die hohen Marktpreise und der saisonale Bedarf durch Millionen Touristen zur Überfischung.

Gegenwärtig ist der Fisch entlang der südeuropäischen Küste, also Seehecht, Seezunge und die rote Meerbarbe, am stärksten betroffen. Der aktuelle Fang von über 2 Millionen Tonnen pro Jahr überschreitet bei weitem die auf 1,1 bis 1,4 Millionen Tonnen geschätzte, der Region zumutbare Menge.

In einigen Gebieten des Mittelmeeres resultieren die stei-genden Fischfangquoten aus den zufließenden Nährstoffen

▲ **Thunfisch** wird im Mittelmeer seit Jahrhunder-ten gefangen. Dieses Foto zeigt den letzten Thun-fischfang nach traditioneller Art von 1989 auf Sizilien. Fischer treiben den Fisch in flache Kanäle, auf deren Böden bereits Netze ausgebreitet sind. Beim Hochziehen der Netze zerren die Fischer den schweren Fisch mit Stangen, an denen scharfe Haken sitzen, ins Boot. Wie viele andere Meeresorganismen auch konzentriert der Thunfisch Schwermetalle und verfügt über einen hohen Grad an Quecksilber.

Meergras
Das Meergras *Posidonia* bildet dichte Büschel in sandigen Regionen des Mittelmeeres. Es dient vielen Bewohnern des Meeres als Heimat und Nistplatz. Seine langen Wedel umschlingen Ablagerungen, und seine kriechende Wachstumsform hilft, weiche Böden zu stabilisieren.

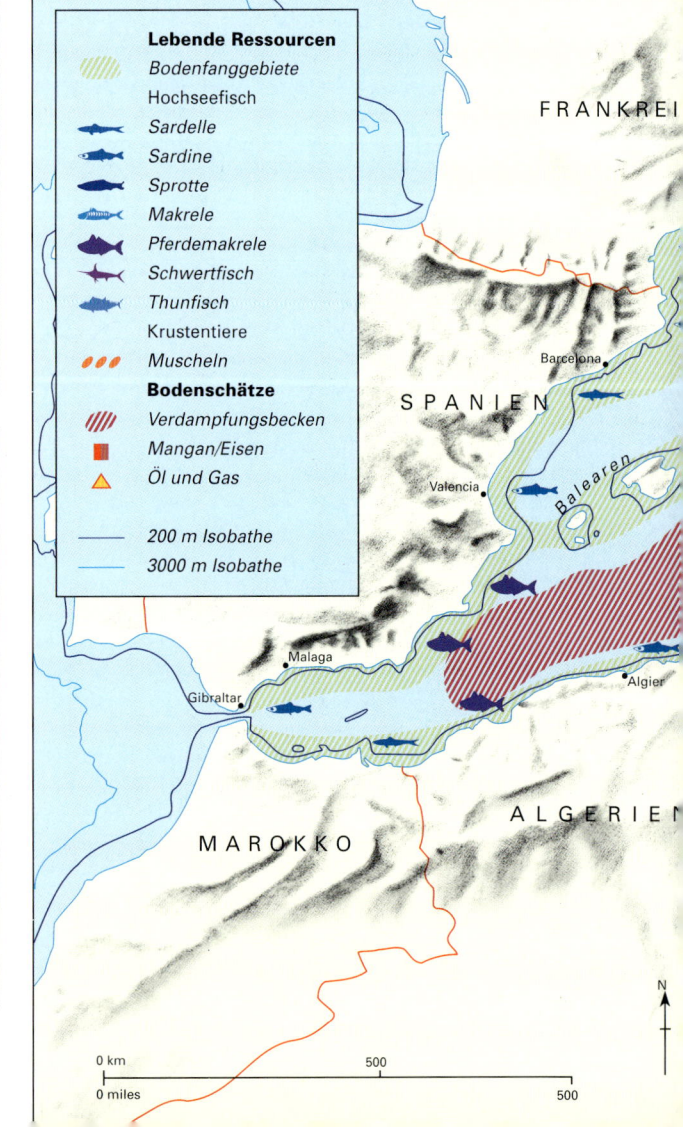

Lebende Ressourcen
Bodenfanggebiete
Hochseefisch
Sardelle
Sardine
Sprotte
Makrele
Pferdemakrele
Schwertfisch
Thunfisch
Krustentiere
Muscheln
Bodenschätze
Verdampfungsbecken
Mangan/Eisen
Öl und Gas

200 m Isobathe
3000 m Isobathe

FRANKREI
Barcelona
SPANIEN
Valencia
Balearen
Malaga
Gibraltar
Algier
MAROKKO
ALGERIEN

0 km   500
0 miles   500

aus Abwässern, die die Phytoplanktonproduktion als Basis der marinen Nahrungskette fördert. Mehr als eine halbe Milliarde Tonne Abwasser, davon 80 Prozent ungeklärt, gelangen ins Mittelmeer.

Im allgemeinen ist die Phytoplanktonproduktion im Mittelmeer begrenzt. Der Austausch von Nährstoffen aus dem kalten Bodenwasser mit Nährstoffen der Oberfläche ist eingeschränkt, und es gibt nur wenige Flüsse, die Nährstoffe ins Meer schwemmen. Der Bau des Assuan-Staudammes und anderer Dämme am Nil hat entscheidend den Nährstoffzustrom ins östliche Becken verringert und zum Niedergang des Sardinenfangs in der Deltaregion beigetragen. Da an der nordafrikanischen Küste die Fischgründe noch nicht überfischt sind, nimmt auch in diesem Gebiet der Fischfang zu.

Meereskultur

In dieser Region haben Meereskulturen mit fast 10 000 km² Küstenlagunen erhebliches Gewicht für eine zukünftige Zucht von Flossenfischen und Schalentieren. Die bedeutendste Art ist die Mittelmeermuschel, die überwiegend in Italien gezüchtet wird.

Andere wichtige Arten sind Meerbarbe, Goldbrasse und Seebarsch, die alle in geschlossenen Lagunen mit Hilfe alter römischer Techniken gezüchtet werden. Einige Arten, wie Seebrassen, werden in Käfigen gezüchtet, die von Schiffen herabhängen. Deshalb sind große Teile der Adria durch schwimmende Ringe gekennzeichnet, an denen Netzkäfige hängen.

Tourismus

Der Tourismus ist eine Haupteinnahmequelle der Mittelmeerländer. Die Infrastruktur kann die vielen Besucher nicht tragen, und die daraus entstehenden Umweltprobleme können schwerwiegend sein. Ungefiltert ins Meer gelassene Abwässer führen zu vermehrter Phytoplanktonbildung und Algenblüten und, in halbeingeschlossenen Buchten, zu Sauerstoffmangel und damit zum Massenfischsterben.

Der Indische Ozean

Der Indische Ozean ist das drittgrößte Meer (nach dem Pazifik und dem Atlantik) und nimmt ca. 20 Prozent des gesamten Meeresraumes der Welt ein. Der Boden des Indischen Ozeans wird von einem zentral gelegenen Rücken beherrscht, der eine umgekehrte Y-Form aufweist. Der westliche Arm, um den die südliche Spitze von Afrika verläuft, trifft auf den mittelatlantischen Rücken. Der Ostarm verläuft im Süden Australiens und verbindet sich mit der ostpazifischen Erhebung.

Die Bedingungen an der Oberfläche des Indischen Ozeans werden von den Monsunwinden bestimmt, die je nach Jahreszeit ihre Richtung ändern. Dieses Meeresbecken ist zum Süden hin offen und mit den südlichen Meeren verbunden, so daß kaltes, tief fließendes antarktisches Wasser nördlich in die tieferen Meeresbecken eindringt. Stürme, die in der turbulenten Atmosphäre in hohen Breiten entstehen, führen zu langen, nordwärts gerichteten Wellengängen im westlichen Teil des Indischen Ozeans, die zeitweise Überflutungen auf Inseln wie Sri Lanka und den Malediven auslösen.

Geologische Geschichte

Die Entwicklungsgeschichte des Indischen Ozeans ist äußerst komplex. Seine Entstehung begann mit dem Aufbrechen von Gondwana, als sich afrikanische Kontinent vor 140 bis 130 Millionen Jahren vom antarktischen Kontinent und Australien abtrennte. Vor 70 Millionen Jahren lag Indien südlich des Äquators. Im Norden stieß der Kontinent mit der eurasischen Kontinentalplatte zusammen, was zur Bildung des Hindukusch und des Himalaya führte.

Die Trennung Australiens vom antarktischen Kontinent vollzog sich vor 50 Millionen Jahren. In seiner gegenwärtigen Gestalt ist das Meeresbecken des Indischen Ozeans ca. 36 Millionen Jahre alt.

Einige Bodenmerkmale, wie der Östlich-Indische Rücken, lagen ursprünglich am oder nahe dem Meeresspiegel. Dieser 2720 km lange Rücken entstammt vermutlich einer einzigen vulkanischen Quelle und liegt am nördlichsten und ältesten Teil mehr als 1,5 km unter dem Meeresspiegel. Einige der flach unter Wasser gelegenen Plateaus sind kontinentale Fragmente aus jener Zeit, als sich der Meeresboden auszubreiten begann und die sanken, als die größere Landmasse abdriftete.

Atolle

Ein Merkmal des Indischen Ozeans, wie auch des Pazifiks, sind die Atolle – das Wort bedeutet im Maledivischen „Ort" –, ringartig aufgebaute, lebende Korallenriffe. Diese von Riffbewohnern auf unterseeischen Bergen oder Vulkanen aufgebauten festen Kalkgesteine stützen schmale Sandinseln. Die Hauptatolle des Indischen Ozeans sind die Malediven und die Seychellen, deren Atolle sich in ihrer Form von denen im Pazifik unterscheiden.

▲ **Indischer Ozean:**
Fläche: 73 600 000 km²
Durchschnittliche Tiefe: 3890 m
Volumen: 292 131 000 km³
Max. Tiefe: (Java-Graben) 7450 m

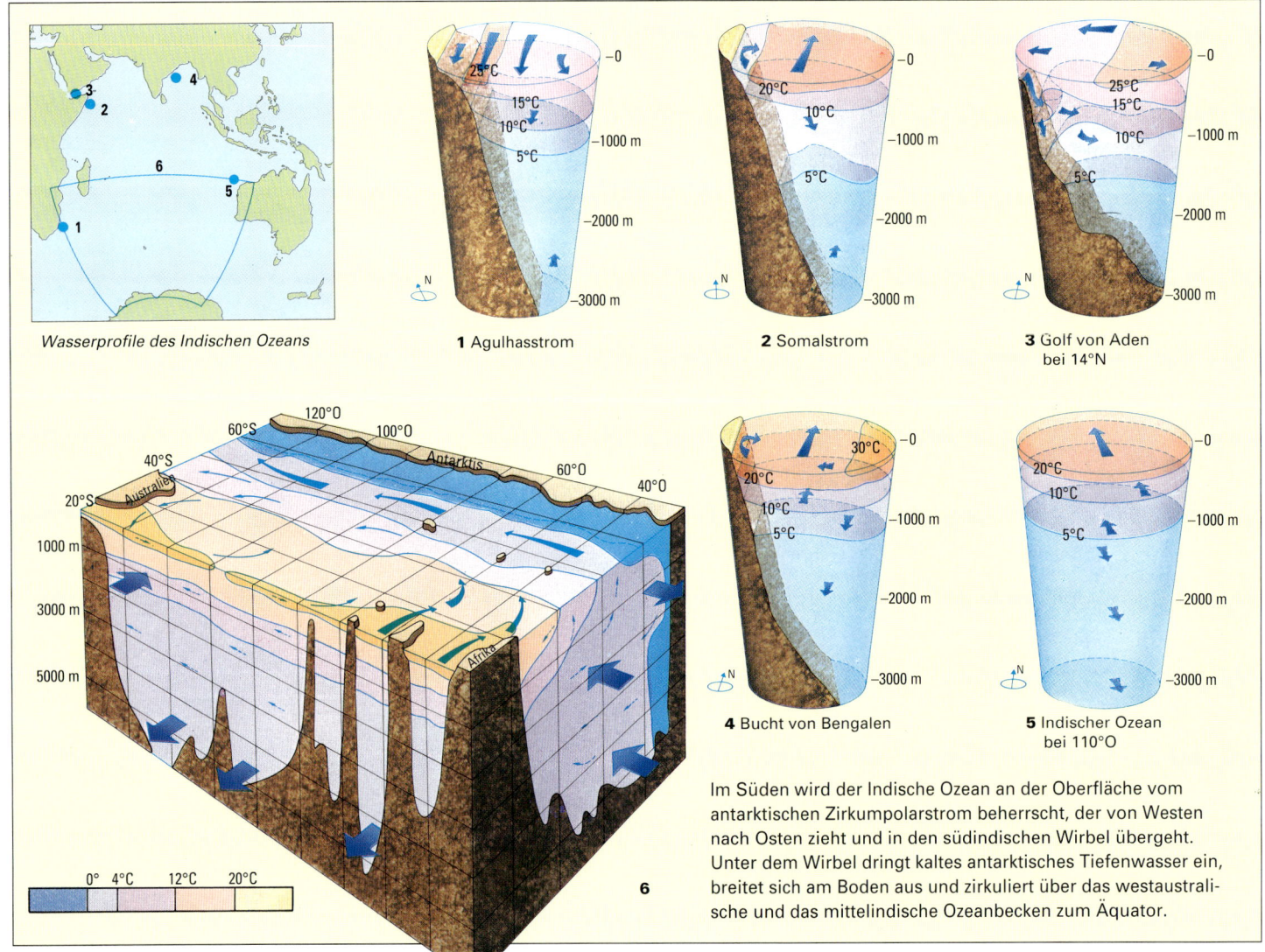

Wasserprofile des Indischen Ozeans

1 Agulhasstrom

2 Somalstrom

3 Golf von Aden bei 14°N

4 Bucht von Bengalen

5 Indischer Ozean bei 110°O

6

Im Süden wird der Indische Ozean an der Oberfläche vom antarktischen Zirkumpolarstrom beherrscht, der von Westen nach Osten zieht und in den südindischen Wirbel übergeht. Unter dem Wirbel dringt kaltes antarktisches Tiefenwasser ein, breitet sich am Boden aus und zirkuliert über das westaustralische und das mittelindische Ozeanbecken zum Äquator.

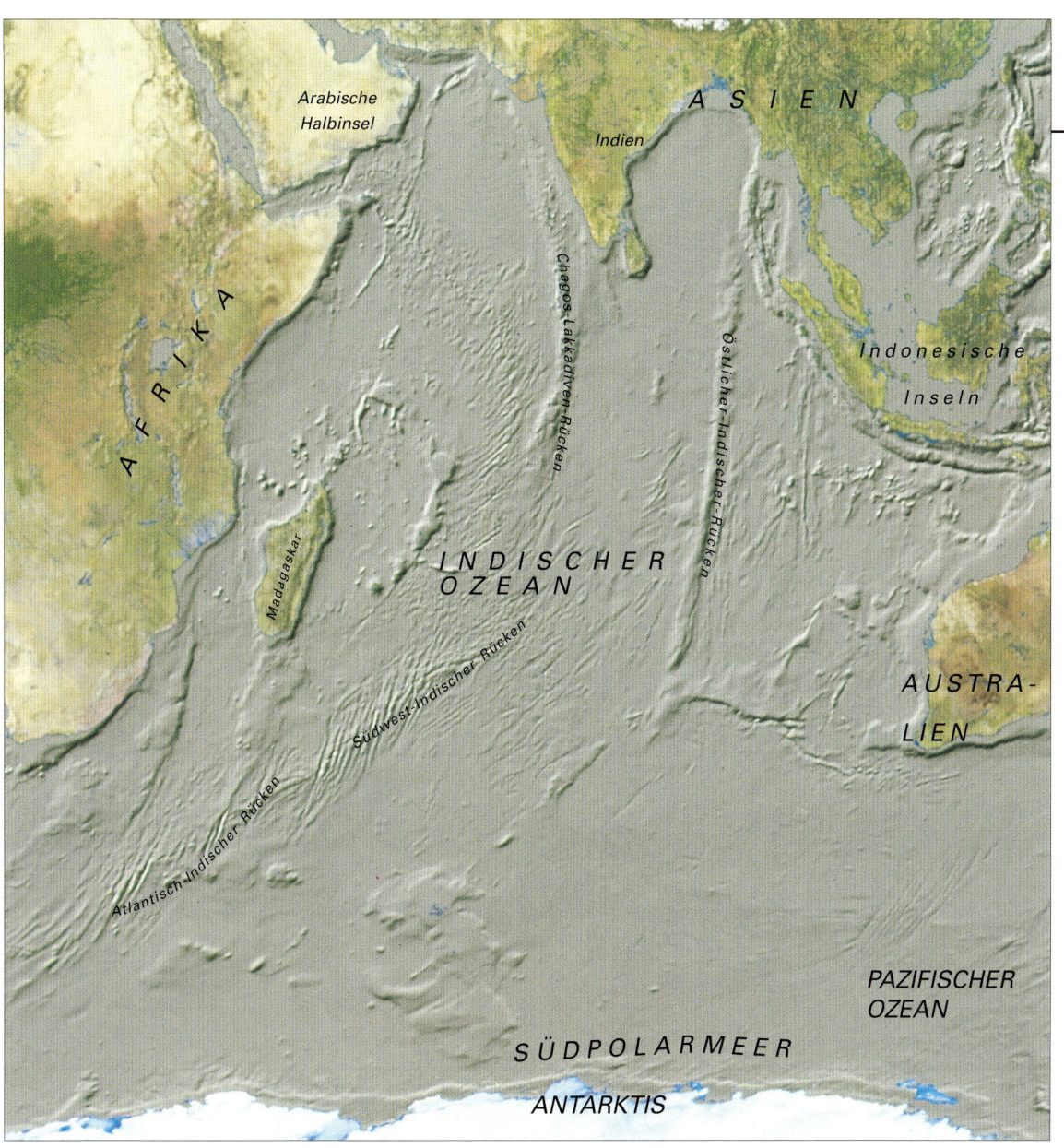

Arabische
Halbinsel

A S I E N

Indien

A F R I K A

Chagos-Lakkadiven-Rücken

Östlicher-Indischer-Rücken

Indonesische
Inseln

Madagaskar

I N D I S C H E R
O Z E A N

Südwest-Indischer-Rücken

AUSTRA-
LIEN

Atlantisch-Indischer Rücken

PAZIFISCHER
OZEAN

S Ü D P O L A R M E E R

ANTARKTIS

◄ Der Boden des Indischen Ozeans ist weniger durch Rücken und Gräben durchzogen wie der Pazifik und Atlantik. Charakteristisches Merkmal ist der Östliche-Indische-Rücken.

Im Pazifik besteht ein typisches Atoll aus einer Ringstruktur und schließt nahe an der Meeresoberfläche eine von Kalksand umsäumte Lagune ein. Die Lagune weist selten erhabene Strukturen auf, obwohl bei einigen aufgesetzte Riffe und Mikroatolle zu finden sind. Die Atolle der Malediven umfassen vielfältige Strukturen wie Faros, Mikroatolle und aufgesetzte Riffe. Die sogenannten Faros, für die Lagunen auf den Malediven besonders typische Gebilde, bestehen aus Miniatollen – gemeint sind kleine ringförmige Gebilde –, die oft eine kleine Insel beherbergen und durch ein lebendes Korallenriff mit einer kleinen flachen Lagune verbunden sind. Die Lagune eines Faros ist häufig bedeutend flacher geformt als die der Hauptlagune, und viele der Touristenanlagen wurden auf solchen Faros im Innern des zugehörigen Hauptatolls errichtet.

Bodenablagerungen
Die ersten auf dem Meeresboden des Indischen Ozeans abgelagerten Sedimente waren Torf und mindere Kohle, beide charakteristisch für Flachwasser. Die flachen, unter Wasser gelegenen Plateaus sind meistens mit Kalkschlamm bedeckt, wogegen die tieferen Becken nur rötlich-braunen Lehm sowie Silikatschlamm beinhalten.

Zwei der größten Flußsysteme der Welt, nämlich der Indus und der Ganges-Brahmaputra, die beide in den Indischen Ozean fließen, haben im Laufe ihrer Entwicklung enorm dicke Sedimente durch die Erosion des Himalayas abgelagert. Der Bengalische Fächer ist der

größte seiner Art, und das Gesamtvolumen seiner Ablagerungen wird auf etwa 5 Millionen km^3 geschätzt. Die Menge des einfließenden Süßwassers in die Bucht von Bengalen hat einen Oberflächensalzgehalt von etwa 34 ppm zur Folge – im Vergleich beträgt der Wert im Arabischen Meer 36 ppm.

Der Indo-West-Pazifik
Der Indische Ozean bedeckt ein riesiges Gebiet und ist im Osten durch den Südostasiatischen Archipel mit dem pazifischen Meeresbecken verbunden. Als tropisches Meer beherbergt es unzählige Arten von Korallen, Fischen und anderen Meeresorganismen, die in den flachen Gewässern an der ostafrikanischen Küste und der indischen Halbinsel zu finden sind. Generell nimmt die Vielfalt von Norden nach Süden im Bereich des Äquators ab, obwohl im nördlichen und zentralen Roten Meer über 200 Korallenarten anzutreffen sind.

Die relativ große Abgeschlossenheit des tropischen Indischen Ozeans vom Pazifik und seine völlige Isolation vom tropischen Atlantik hat die Entstehung bestimmter Flachwasserarten im Westbecken des Indischen Ozeans ermöglicht. Die Isolation des Zentralpazifiks führte hingegen zur Entwicklung endemischer Arten. Zwischen den beiden Becken befindet sich der Indo-West-Pazifik, eine einzigartige biogeographische Region, die zahlreiche Tierarten aus dem östlich gelegenen Zentralpazifik und dem westlich liegenden Indischen Ozean miteinander vereinigt.

Das Becken des Indischen Ozeans

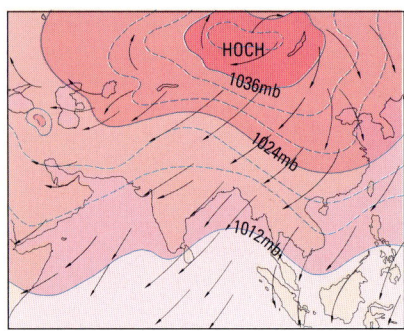

▲ ▶ **Nordostmonsun:** *Extrem hoher Druck über Nordasien verursacht einen allseitigen Luftabfluß, der die Oberflächenströmungen südwestwärts treibt.*

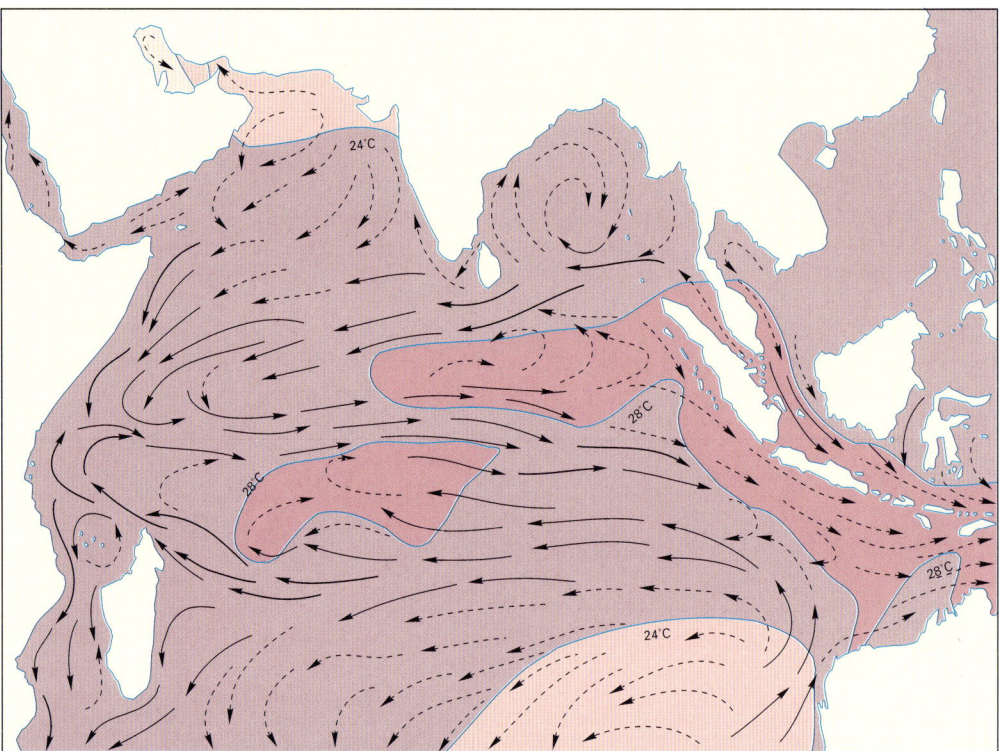

Vom Verbindungspunkt der zwei mittelozeanischen Rücken, der die Rücken des Indischen Ozeans mit denen des Atlantiks und des Pazifiks verbindet, verläuft der mittelozeanische Rücken nordwärts, schwingt als Carlsberg-Rücken nach Westen und schließt an das Grabensystem des Roten Meeres an. An seinem Eintrittspunkt ins Rote Meer begannen sich vor 25 Mio. Jahren Afrika und die arabische Halbinsel zu trennen.

Vor der Küste Südostafrikas liegen das Agulhas-Plateau, der Mosambique-Rücken und die Madagaskar- und Maskarenen-Plateaus. Diese aseismischen Strukturen bergen Inseln und sind vermutlich Fragmente kontinentaler Kruste. Der Chagos-Lakkadiven-Rücken vor der Westküste Indiens ist stabil gebaut und birgt eine Atollinselkette. Im Osten dieses Rückens senkt sich der Meeresboden in Form des Chagos-Grabens.

Weiter östlich, südlich des Inselbogens, liegt der einzige wirklich große Graben des indonesischen Indischen Ozeans, der Sunda-Graben. Er reicht bis in eine Tiefe von 7300 m und markiert die Subduktionszone, in der die australische Platte unter die eurasische gleitet, ein Prozeß von nur 2 Mio. Jahren Dauer.

Die große vulkanische Aktivität hat um Indonesien am Meeresgrund zu gewaltigen Aschelagern und anderen vulkanischen Ablagerungen geführt. Der Ausbruch des Krakatoa im Jahre 1883 bewegte in vier Explosionen, von denen die lauteste bis Australien (4800 km Entfernung) hörbar war, 17 km³ der bergigen Insel.

Zirkulation

Die Zirkulation im nördlichen Indischen Ozean ist einzigartig, denn seine Oberflächenströmungen ändern sich zweimal jährlich unter dem Einfluß der Monsunwinde. Von November bis April erzeugt der Nordostmonsun den Nordäquatorialstrom. Dieser führt Wasser durch den Indischen Ozean zur afrikanischen Küste. Hier dreht die Strömung nach Süden und bildet eine westliche Verbundströmung, die an der somalischen Küste entlang zum Äquator zieht, wo sie sich dem Südäquatorialstrom anschließt und als äquatorialer Gegenstrom nach Osten fließt.

In der indonesischen Inselregion trennt sich die Strömung. Ein Teil fließt nordwärts und geht wieder in den Nordäquatorialstrom über, der andere fließt als Java-Küstenstrom ostwärts.

Im April wird der Nordostmonsun durch den Südwestmonsun ersetzt, der an der somalischen Küste eine gewaltige Nordströmung erzeugt; ab Juli fließt die Monsunströmung dann ostwärts. Nach Erreichen der indonesischen Inseln dreht die Wassermasse in südliche Richtung ab und kehrt als Teil des wesentlich stärkeren Südäquatorialstroms zurück.

Auftriebswasser

Während des Südwestmonsuns sind nicht nur die Strömungen stärker, sondern es entstehen an der arabischen Halbinsel und Somalia große Gebiete von Auftriebswasser, wo warmes Oberflächenwasser an der Küste durch aus 100 bis 200 m Tiefe hochströmendes, kälteres Wasser ersetzt wird.

Südlich des Äquators wird die Zirkulation des Indischen Ozeans von den West- und den Passatwinden beeinflußt, die einen linksgerichteten Warmwasserwirbel vorantreiben. Der Südäquatorialstrom fließt nach Afrika, wo der Teil, der nicht den Somalistrom nährt, nach Süden zwischen Afrika und Madagaskar zieht und in den Agulhasstrom eintritt. Er ist die stärkste westliche Verbundströmung der südlichen Hemisphäre und fließt 180 km pro Tag am Rand des südlichen afrikanischen Kontinentalsockels entlang.

Mit Erreichen der Südspitze Afrikas dreht der Agulhasstrom nach Osten, gelegentliche Wirbel können abgetrennt werden und in den Atlantik wandern. Der Rückfluß des Wirbels resultiert aus dem relativ schwachen Westaustralstrom.

Ein Großteil des Wassers des Indischen Ozeans unterhalb 1000 m stammt vom nordatlantischen Tiefenwasser oder aber aus antarktischem Bodenwasser, wohingegen sich im Nordindischen Ozean in 300 m Tiefe warmes Salzwasser aus dem Golf und, darunter, aus dem Roten Meer sammeln.

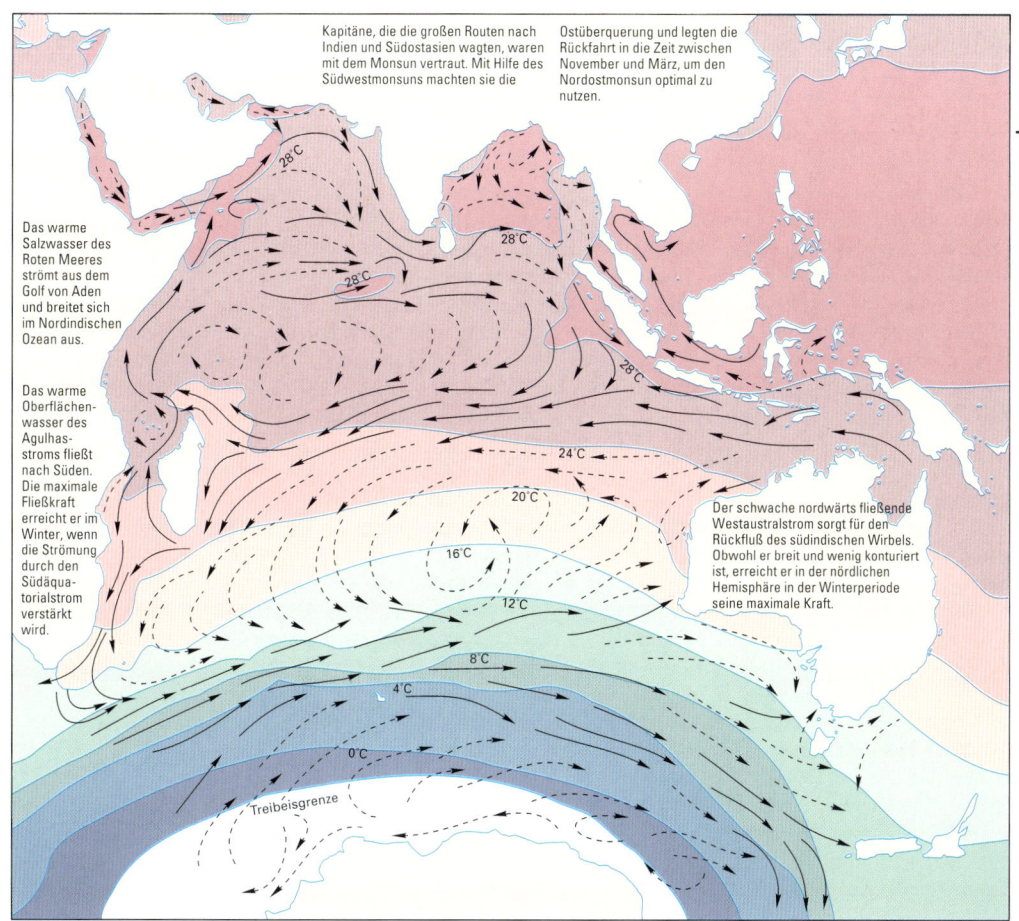

Kapitäne, die die großen Routen nach Indien und Südostasien wagten, waren mit dem Monsun vertraut. Mit Hilfe des Südwestmonsuns machten sie die Ostüberquerung und legten die Rückfahrt in die Zeit zwischen November und März, um den Nordostmonsun optimal zu nutzen.

Das warme Salzwasser des Roten Meeres strömt aus dem Golf von Aden und breitet sich im Nordindischen Ozean aus.

Das warme Oberflächenwasser des Agulhasstroms fließt nach Süden. Die maximale Fließkraft erreicht er im Winter, wenn die Strömung durch den Südäquatorialstrom verstärkt wird.

Der schwache nordwärts fließende Westaustralstrom sorgt für den Rückfluß des südindischen Wirbels. Obwohl er breit und wenig konturiert ist, erreicht er in der nördlichen Hemisphäre in der Winterperiode seine maximale Kraft.

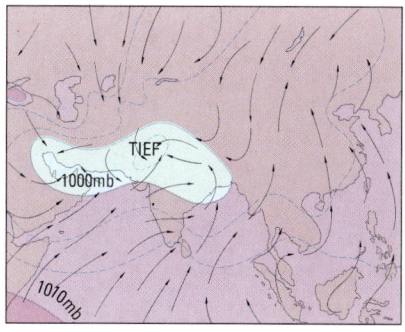

◄ ▲ *Südwestmonsun:* Im Sommer steigt über dem Kontinent Luft auf, die ein Tiefdruckgebiet erzeugt. Dies verursacht einen Luftstrom aus Süden, der die Oberflächenströmung antreibt.

◄ *Die Strömungen des nördlichen Indischen Ozeans* drehen mit den Monsunphasen. Während des Nordostmonsuns werden die Oberflächenwasser von Indien nach Afrika getrieben, und die somalischen Auftriebswasser werden unterdrückt. Während des Monsuns fließt Wasser vom Arabischen Meer in den Golf und das Rote Meer.

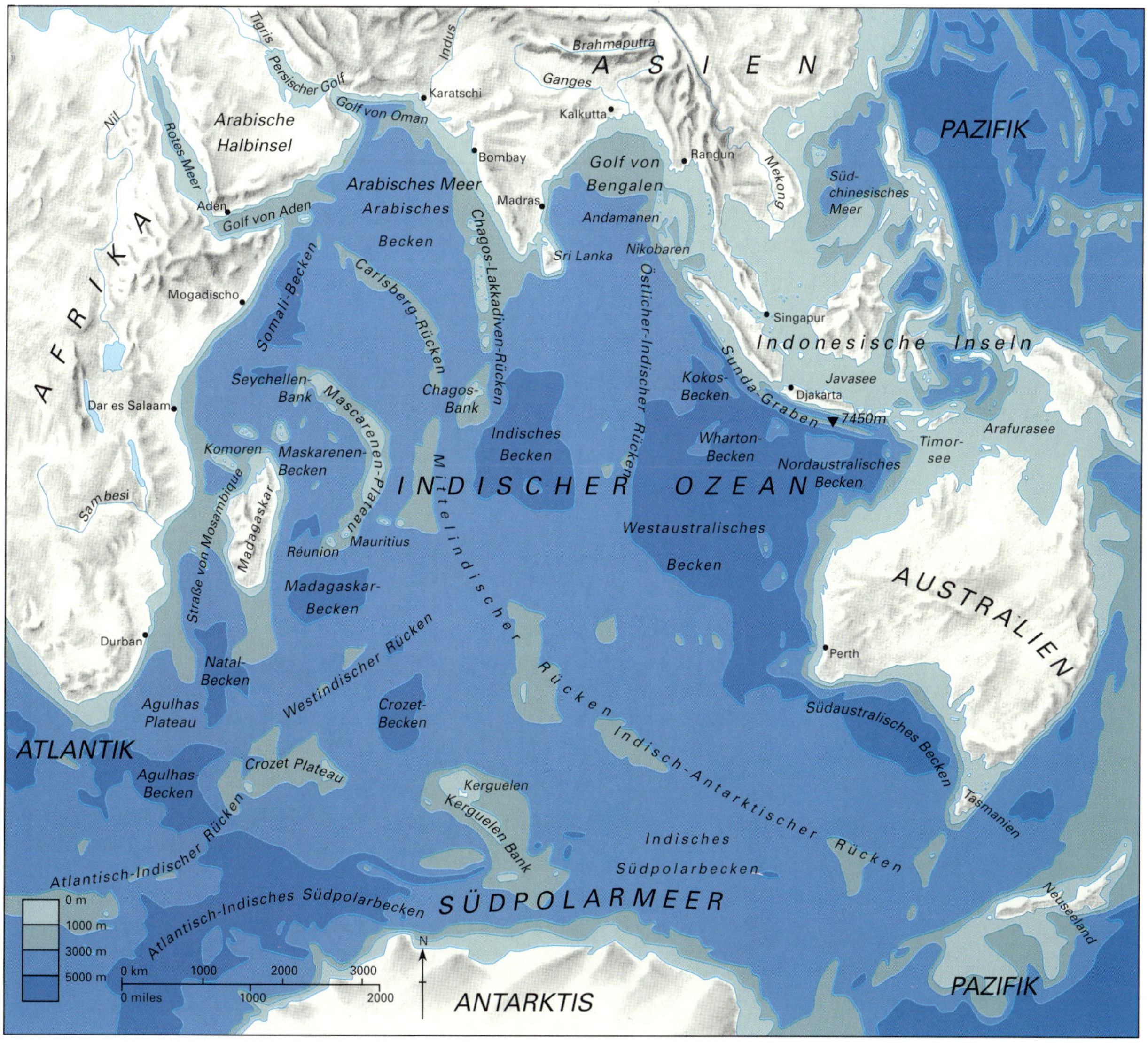

Ressourcen im Indischen Ozean

Die geringe Ausdehnung des Kontinentalsockels um den Indischen Ozean herum, insbesondere entlang der ostafrikanischen Küste, hat einen viel geringeren Fischfang zur Folge als etwa im Atlantik oder im Pazifik. Die Umkehrung der Oberflächenströmungen im Nordindischen Ozean und das Ausschalten der Auftriebswasser während der Nordwestmonsunzeit an den Westrändern des Beckens entlang tragen vermutlich zu dieser relativ niedrigen Produktivität bei.

Meereskultur

Ein Großteil des Fischfangs an der ostafrikanischen Küste und um die vielen Inseln herum stammt aus Küstenfischereien, die mit Korallengebieten verbunden sind. Die Subsistenzfischerei ist besonders wichtig für die Eiweißversorgung der Küstenbevölkerung in den Entwicklungsländern um das Becken des Indischen Ozeans herum. Als Folge des geringen Fischfangs ist die Meereszucht in Ostasien ausgedehnt worden. Die zunehmende Zucht von Flossenfischen, Schellfischen und Algen, besonders in Indonesien, zeigt die Bedeutung dieser marinen Proteine für die Existenzsicherung und den Export dieser Länder.

Weitaus größere, kommerziell orientierte Fischereibetriebe konzentrieren sich entweder auf Hochseefische, wie Thunfisch, Fächerfisch, Marlin oder Garnelen, die in küstennahen Mangrovengebieten, wo sie aufwachsen, gefangen werden. Die weitaus größten Mangrovenvorkommen der Gegend befinden sich in der Sundarbanregion nahe des Golfs von Bengalen. Ähnlich große Gebiete sind in Ländern, die das Südchinesische Meer umgeben, und in Indonesien beseitigt worden, mit dem Ziel, Brennholz zu erhalten und gleichzeitig das Land für Reisanbau und Meereskulturen nutzbar zu machen.

Auf den Malediven ist der Thunfischfang einzigartig, da er nicht mit riesigen Beutelnetzen oder langen schmalen Booten erfolgt, sondern auf der Mechanisierung und Erweiterung der traditionellen Dhauflotten basiert. Die an der Oberfläche schwimmenden Thunfische werden mit Stangen und Leinen gefangen und frisch oder auf Eis zum Einfrieren oder zum Eindosen an Land gebracht. Früher wurde der Thunfisch zum Entölen gekocht, gesalzen, an der Sonne getrocknet und in Südindien und Sri Lanka als „Maledivenfisch" gegen Reis eingetauscht.

Eine zukünftige Ausweitung der Thunfischproduktion im Indischen Ozean ist möglich, besonders was den in tieferen Regionen schwimmenden Thun betrifft, der nicht mit langen Leinen und Beutelnetzen gefangen werden kann. Bedeutender Thunfischfang findet sich noch auf den Seychellen und auf Mauritius.

Tourismus

Für viele kleinere Inseln bilden der Thunfischfang und der Tourismus die einzigen lohnenden Einnahmequellen. Der Tourismus hat besonders in den Ländern am Indischen Ozean mit den bekannten Korallensträndern und dem warmen Wasser in den vergangenen zwanzig Jahren ständig zugenommen. Die wirtschaftliche Lage der vom Tourismus abhängigen Länder muß als sehr instabil angesehen werden. Während des Golfkrieges gingen z.B. die Touristenzahlen auf den Malediven auf weniger als die Hälfte zurück, und viele Tourismusanlagen wurden daraufhin geschlossen.

Ein zusätzliches Problem stellen die mit dem Tourismus verbundenen Umweltschäden dar. Auf den Malediven, den Seychellen und anderen kleineren Inseln im Indischen Ozean sind die Korallenriffe und die Sandstränder die größte Touristenattraktion. Die direkten und indirekten Eingriffe an den Korallenriffen durch Schwimmer, Taucher und Korallensammler haben schwere Umweltschäden verursacht.

◄ **Für viele kleine Inseln** im Indischen Ozean stellt der Tourismus eine große Einnahmequelle dar. Europäische Touristen lieben das warme Meer und den Sand, und auf den Seychellen und den Malediven könnten ganze Inseln zu Touristenorten werden.

Kassiteritgewinnung
Kassiterit, Hauptquelle für Zinn, war vermutlich eines der ersten Mineralien, das, wie zu sehen, von Baggern vom Meeresgrund gewonnen wurde. Aus den hochgebaggerten erzhaltigen Sedimenten, wird an Land das Zinn gewonnen. Dieser Bergbau findet hauptsächlich an den Küsten Myanmars, Thailands und Indonesiens statt.

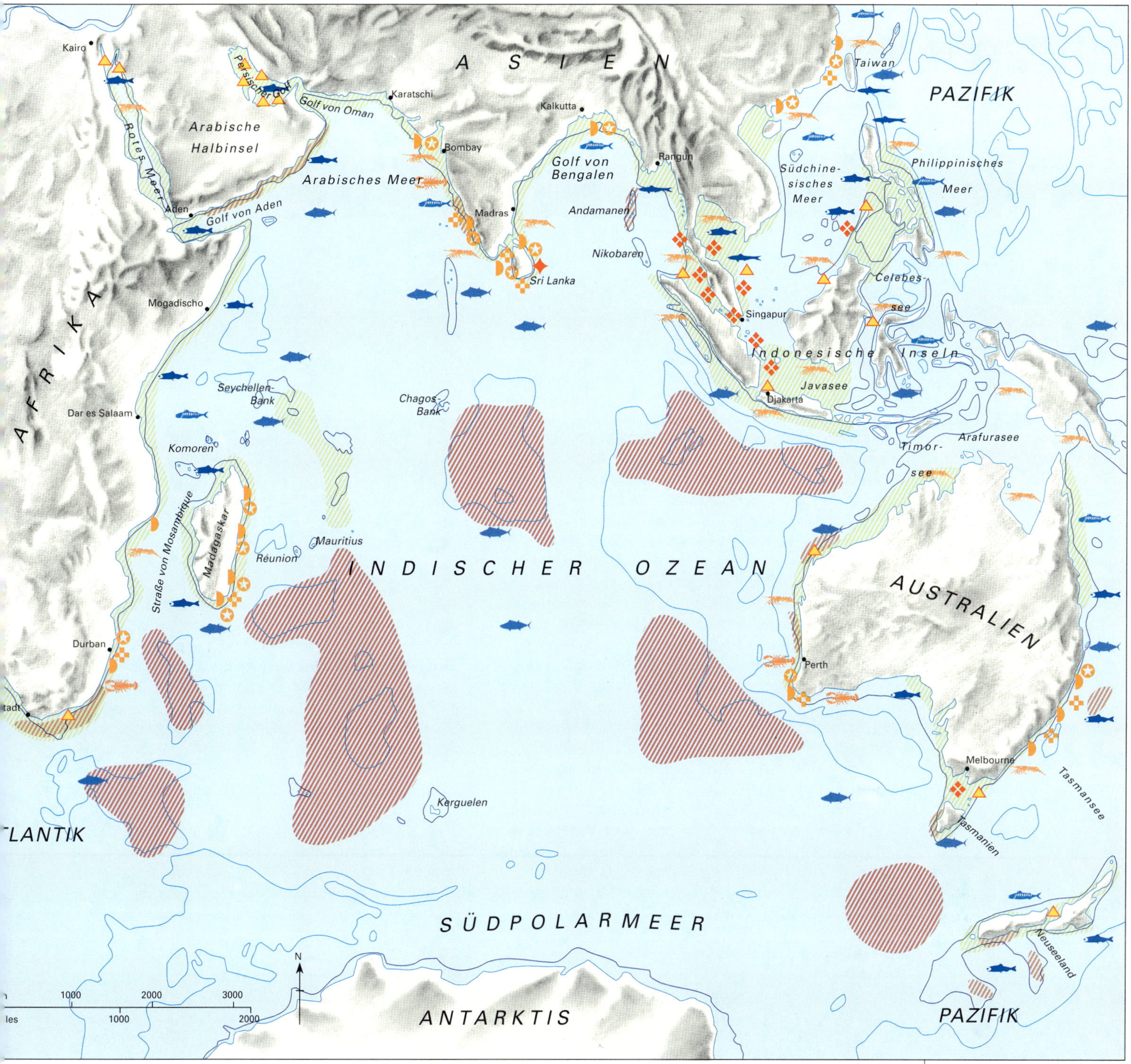

ASIEN

PAZIFIK

Kairo

Persischer Golf

Karatschi

Kalkutta

Taiwan

Golf von Oman

Bombay

Golf von Bengalen

Rangun

Südchinesisches Meer

Philippinisches Meer

Arabische Halbinsel

Arabisches Meer

Madras

Andamanen

Aden

Golf von Aden

Nikobaren

Sri Lanka

Singapur

Celebessee

Indonesische Inseln

AFRIKA

Mogadischo

Seychellen-Bank

Chagos-Bank

Djakarta

Javasee

Arafurasee

Dar es Salaam

Komoren

Timorsee

Madagaskar

Straße von Mosambique

Mauritius

Réunion

AUSTRALIEN

Durban

INDISCHER OZEAN

Perth

Melbourne

Kerguelen

Tasmansee

Tasmanien

SÜDPOLARMEER

ATLANTIK

N

1000   2000   3000

1000   2000

ANTARKTIS

PAZIFIK

Neuseeland

Indirekte Auswirkungen des Tourismus sind die Abwasser, die in Riffregionen einfließen und die zu vermehrtem Algenwachstum führen, ferner die zunehmende Stranderosion, die von den auf instabilem Boden errichteten Hotels herrührt, sowie die zunehmende Verwendung von Korallenkalk als Baumaterial für Ferienzentren. Um z. B. die Hauptstadt der Malediven zu versorgen, werden in der Region jährlich 2000 m³ lebende Korallen abgetragen. Bei dieser Rate wird in etwa 20 Jahren keine einzige Koralle mehr vorhanden sein. Der Bau schützender Dämme, Wellenbrecher und Kais, die die lokalen Muster der Strömungen und Bewegungen des Sandes verändern, beschädigen nicht nur benachbarte Riffe, sondern können auch die zahlreichen Ferienzentren bedrohen. Die Länder der Region werden zunehmend aktiv, um einen Öko-Tourismus zu etablieren, der weitere Umweltzerstörungen reduzieren soll.

Bodenschätze

In großen Gebieten des Meeresbodens des Indischen Ozeans, besonders in den südlichen Becken, sind bedeutende Manganknollenlager entdeckt worden. Im Agulhas-Plateau wurden hochwertige Phosphatknollen entdeckt, die einen beträchtlichen Wert für die Düngung haben können.

An den Rändern des Indischen Ozeans wurden über 70 Jahre lang örtliche Lager ausgebeutet. Darunter bildet Zinn als Kassiterit das vermutlich bedeutendste Vorkommen. Es wird etwa 8 km vor den Küsten Myanmars, Thailands und Indonesiens gewonnen. Etwa ein Viertel der gesamten Weltproduktion an Zinn stammte in den siebziger Jahren aus diesen Lagern. Monazit, Ilmenit, Rutil und Zirkon werden aus Sand entlang der Küste Keralas in Südindien gewonnen, während im Norden Sri Lankas ilmenit-, rutil-, zirkon- und magnetithaltige Sande abgebaut werden. Im Osten Südafrikas wird hingegen das kalireiche Glaukonit für die Düngerproduktion gewonnen.

Obwohl anfangs nach kritischer Prüfung von geophysikalischen und Bohrdaten der Sedimentbecken entlang der Küste großes Interesse an der Kohlenwasserstoffausbeutung im Indischen Ozean aufkam, ist die Öl- und Gasförderung immer noch weitestgehend auf das nördliche Arabische Meer begrenzt, obwohl erst kürzlich bedeutende küstennahe Vorkommen um Indonesien entdeckt worden sind.

Lebende Ressourcen

Bodenfischgebiet
Hochseefisch

Sardelle

Sardine

Thunfisch

Makrele

Krustentiere

Garnele

Hummer

Bodenschätze

Zinn

Chrom

Titan

Monazit

Zirkon

Phosphorit

Manganknollen

Sand und Kies

Öl und Gas

200 m Isobathe

5000 m Isobathe

Das Rote Meer

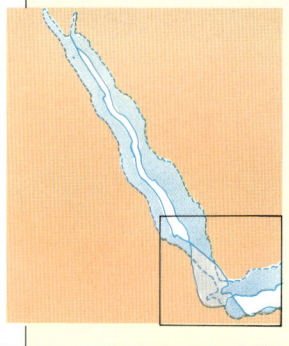
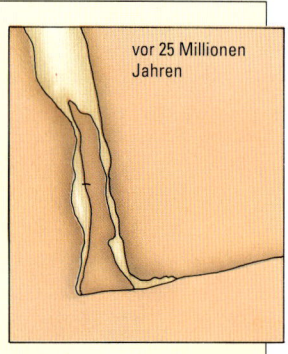
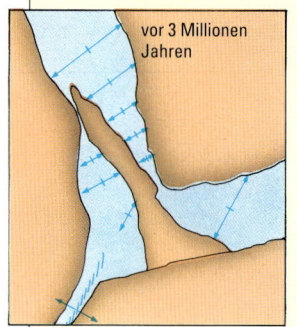
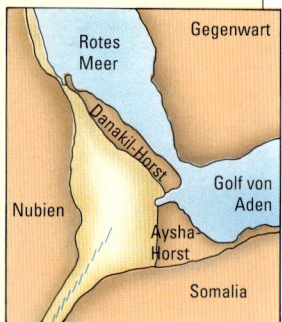

▲ Rotes Meer
Fläche: *438 000 km²*
Breite: *145-306 km*
Max. Tiefe:
(axialer Trog) 2920 m
Verdunstung: *mehr als 200 cm pro Jahr*

Die die arabische Halbinsel und ihre Nachbarländer umgebenden Gewässer stellen eine spezifische Subregion des nördlichen Indischen Ozeans dar. Sie schließt das Rote Meer und den Golf von Aden im Westen und Süden, den Persischen Golf und den Golf von Oman im Osten und im Norden sowie das Arabische Meer, das aus all diesen Quellen sein stark salzhaltiges Wasser bezieht, ein.

Formung des Roten Meeres

Das Rote Meer befindet sich in einem frühen Stadium seiner Entwicklung und stellt in Wirklichkeit ein überflutetes Spaltental dar. Es ist mit seinem angeschlossenen Arm, dem Golf von Akaba, vergleichsweise tief und erreicht in einigen Gebieten Tiefen von mehr als 2000 m. Der Golf von Suez hingegen ist eher flach.

Die Bodentopographie des Roten Meeres wird vom breiten, ebenen Kontinentalsockel und einem axial angelegten Trog beherrscht, der von einem noch tieferen, knapp 25 km breiten axialen Tal durchtrennt wird. Dieses Tal wurde durch die relativ frische Ausweitung des Meeresbodens geformt, was sich am Grund durch vulkanische Merkmale wie frische Lavaausflüsse zeigt.

Auf dem Kontinentalsockel sind die Sedimentschichten gleich dick und überlagern eine Schicht aus Anhydrit und Salz; Minerale also, die stets mit Verdunstungsbecken oder geringen Tiefen in Verbindung gebracht werden. Diese Lager sind etwa 5 Millionen Jahre alt und beweisen, daß das Rote Meer zu dieser Zeit ein typisches Verdunstungsgebiet war. Ihre Entfernung vom axialen Tal verdeutlicht, daß sie jüngeren Datums sind. Die gleichmäßige Dicke der Sedimentschichten über den Verdunstungsschichten deutet darauf hin, daß die Ausdehnung nicht zu dieser Zeit stattfand. Hätte sich der Meeresboden kontinuierlich ausgedehnt, so wären die Ablagerungen am Rand dicker und zum Axialtal hin abnehmend.

Ausdehnung des Meeresbodens

Nach diesen Ausführungen erscheint es sehr wahrscheinlich, daß es zwei Phasen der Ausdehnung des Bodens gab. Die erste fand vermutlich vor 20 bis 30 Millionen von Jahren statt und führte zur Bildung der gegenwärtigen Kontinentalsockel. Es folgte eine inaktive Periode, in der sich Sedimente ablagerten und ein Verdunstungsbecken entstand. Dann begann vor ca. 2 Millionen Jahren die Entstehung des axialen Tales und des mittelozeanischen Rückens.

Entstehung des Afar-Dreiecks

Vor ca. 25 Millionen Jahren begann sich das alte Nubien vom heutigen Danakil-Horst fortzubewegen. Das Gebiet zum Südwesten hin wurde das spätere Afar-Dreieck.

Das Rote Meer dehnt sich jährlich um etwa 1,25 cm weiter aus. Obwohl seine gegenwärtig breiteste Stelle nur 320 km breit ist, würde das Rote Meer bei gleichbleibender Ausdehnungsquote in 200 Millionen Jahren die heutige Breite des Atlantischen Ozeans erreicht haben.

Das Afar-Dreieck

Das sogenannte Afar-Dreieck repräsentiert eigentlich ein ungewöhnliches Stück Küstenmorphologie. Es liegt an dem Verbindungspunkt von Rotem Meer, Golf von Aden und den ostafrikanischen Spalten. Vor ca. 25 Millionen Jahren paßte die Spitze der arabischen Halbinsel genau zwischen die beiden Länder Nubien und Somalia. Dennoch entstanden auf beiden Seiten des heutigen Danakil-Rückens zwei Zentren. Die ozeanische Kruste des Afar-

◀ Das Afar-Dreieck entstand, als Nubien und Somalia von zwei Ausdehnungszentren auseinandergerissen wurden. Zwischen ihnen liegt ein Stück Kruste, der Danakil-Horstes. Im Südwesten entstand das Afar-Dreieck.

▶ Das Afar-Dreieck befand sich einst unter dem Meeresspiegel. Dies belegen Ascheringe und vulkanische Glasfragmente. Die wüstenartige Oberfläche des Afar-Dreiecks ist mit dicken Salzablagerungen bedeckt.

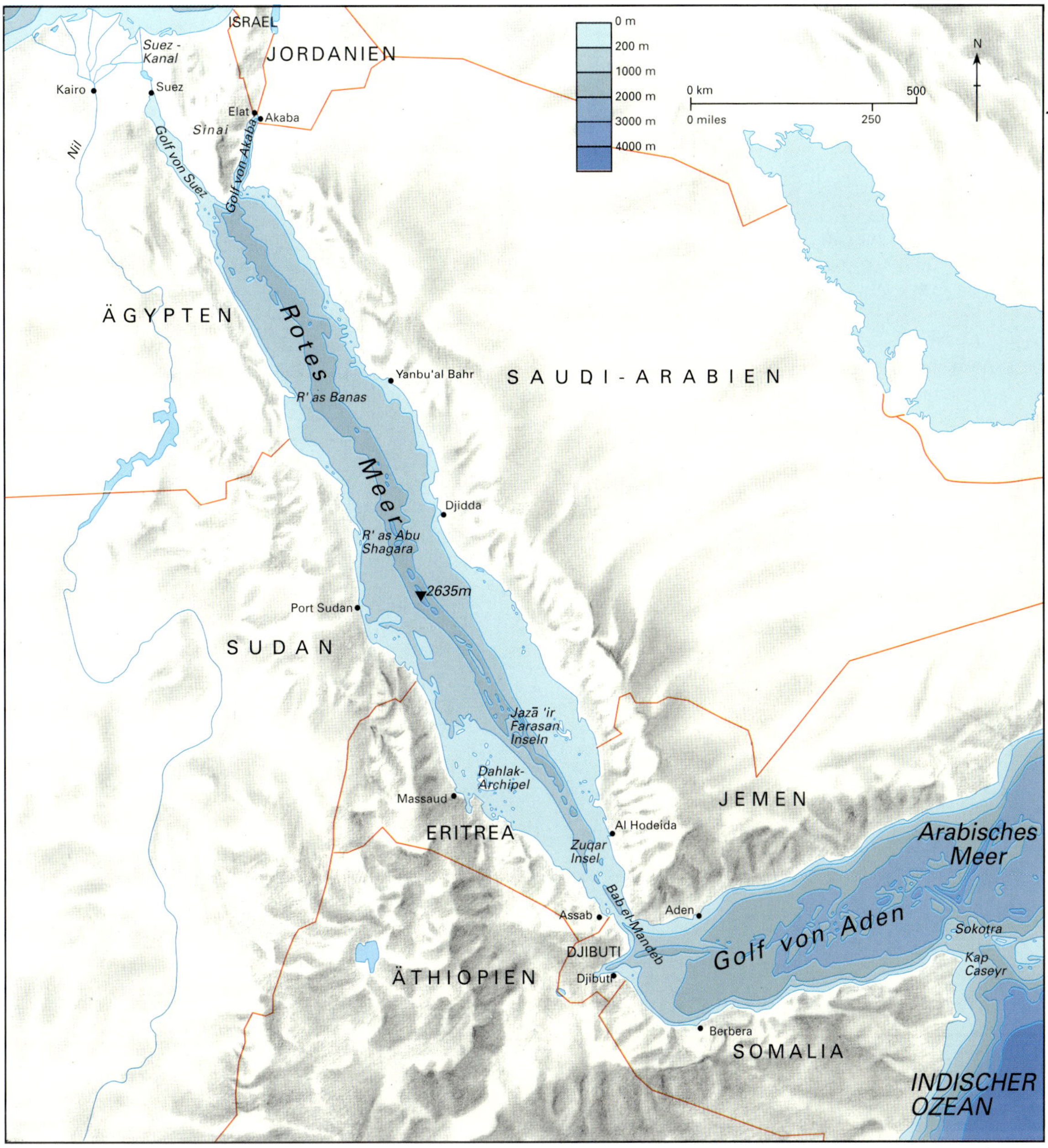

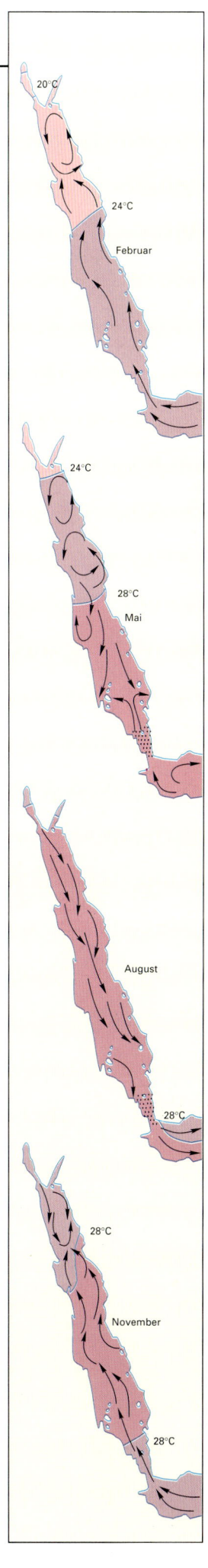

Dreiecks entwickelte sich durch Hebung zum Trockenland. Die Oberfläche ist eine äußerst unwegsame Wüste. Ihre einzigartige Oberflächenstruktur zeichnet sich durch alte vulkanische Kegel und zerbrochenes vulkanisches Glas sowie dicke Salzablagerungen aus, wie sie nirgends sonst auf der Welt zu sehen sind. Einige der Kegel erinnern an unter Wasser gelegene Guyoten oder schlafende Tiefseevulkane.

Zirkulation

Das Wasser des Roten Meeres ist relativ klar, und die Küsten sind von riesigen Korallenriffsystemen gesäumt. Die Zirkulation wird vom Wind angetrieben, und bei Nordwestmonsun fließt sie in Richtung des Golfes von Suez. Während des Südostmonsuns kehrt die Strömung um und zieht in die Meerenge von Bab el-Mandeb. Der Wasseraustausch mit dem benachbarten Arabischen Meer durch diese Meerenge wird durch die Gezeiten bestimmt.

Die Umkehr der Strömungen ähnelt der des Arabischen Meeres und resultiert aus dem Auftriebswasser, das vor der Küste Somalias und Omans unter dem Einfluß des Südwestmonsuns entsteht. Die Strömungen, die parallel zur Küste verlaufen, treiben das Wasser an der Oberfläche von den Küsten fort, während kälteres, nährstoffreiches Wasser von unten hochgedrückt wird. Bei Nordostmonsun wird das kalte Wasser unter dem wärmeren Oberflächenwasser eingeschlossen und reduziert auf diese Weise die Primärproduktion.

▼ Dieses Satellitenbild zeigt den Golf von Suez und von Akaba, die beide durch die bergige Sinai-Halbinsel getrennt sind. Beide entstanden in verschiedenen Phasen der Ausdehnung des Roten Meeres.

▶ Die Strömungsrichtung im Roten Meer wechselt: Von November bis März zieht sie nach Nordwesten, sonst südostwärts. Dies spiegelt die saisonale Strömungsänderung im Arabischen Meer.

Ressourcen im Roten Meer

Das klare Wasser des Roten Meeres und die flachen Süßwasserabläufe aus dem umliegenden Trockenland führten entlang der Küsten auf beiden Seiten zur Entstehung ausgedehnter Korallenriffe. Diese Korallenriffe erstrecken sich über eine Distanz von fast 2000 km und bestimmen die Umwelt dieser Meeresregion.

Lebende Ressourcen

Das Rote Meer beherbergt mehr als 350 Korallenarten. Es verfügt über vielfältigere Meereslebewesen als etwa das Arabische Meer oder der Persische Golf. Die Vielfalt der

Korallen ist auch bedeutend größer als die des Karibischen Meeres und entspricht den Korallenvorkommen des gesamten Indischen Ozeans. Etwa 6 Prozent der Arten sind ausschließlich im Roten Meer zu finden und fast 90 Prozent einiger, in Korallenriffen lebenden Fische existieren nur hier.

Die Fischwelt des Roten Meeres umfaßt wichtige zum Verzehr geeignete Fischarten, wie z.B. Schnappfisch, Barsch und Papageienfisch, die von kleinen, handwerklich orientierten Fischereibetrieben gefangen werden. Da die Bevölkerungsdichte an den Küsten des Roten Meeres nicht sehr hoch ist, bleibt auch der Fischbedarf niedrig. Im Süden der Region und im Norden um Al-Ghurdaqah haben sich kleine Schleppnetzfischereien überwiegend auf Bodenfische spezialisiert.

Lebende Ressourcen
- Bodenfischgebiete
- Hochseefisch
- Sardine

Bodenschätze
- metallhaltiger Schlamm
- Eisen
- Gold
- Öl und Gas

— 200 m Isobathe
— 2000 m Isobathe

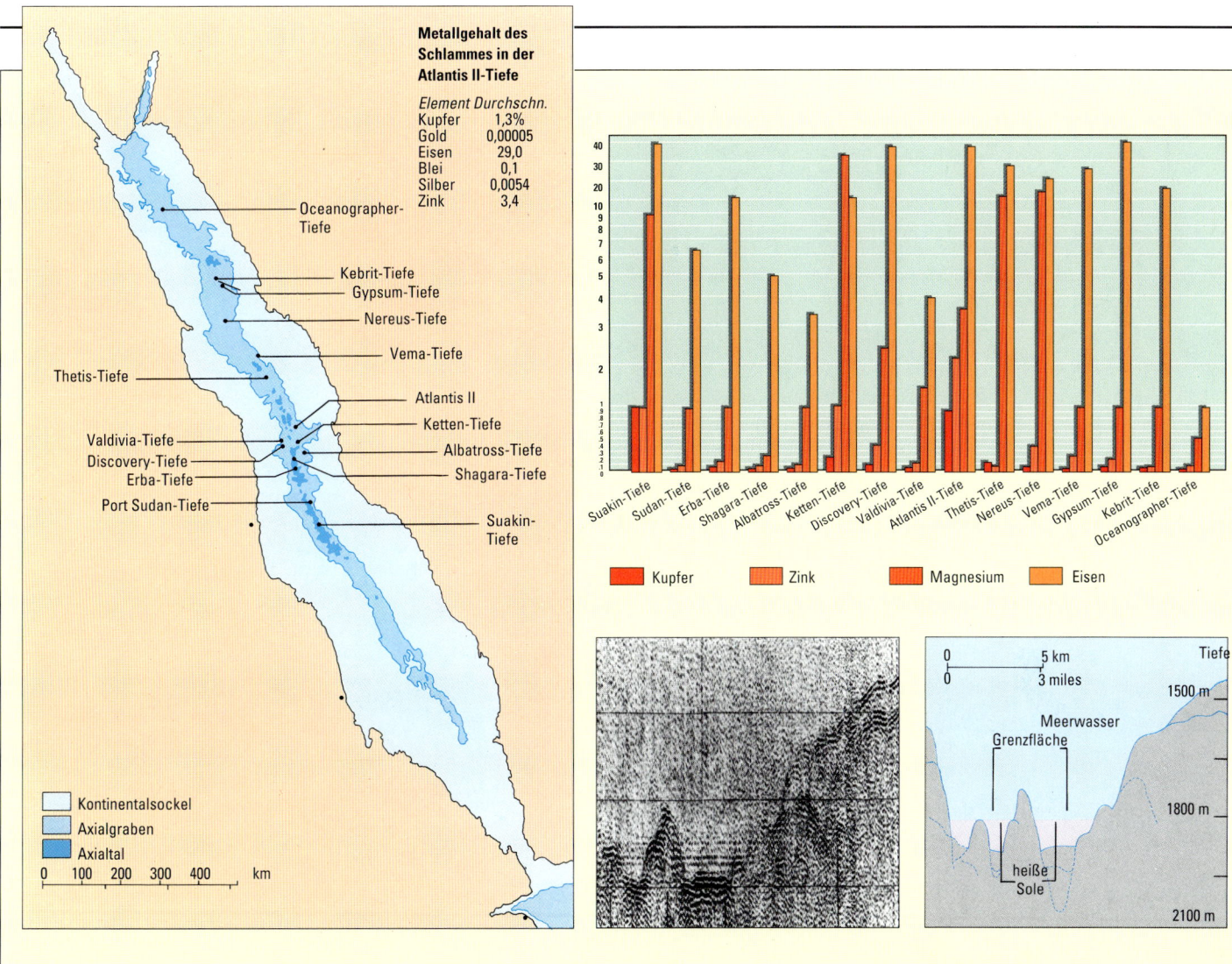

Metallgehalt des Schlammes in der Atlantis II-Tiefe

Element	Durchschn.
Kupfer	1,3%
Gold	0,00005
Eisen	29,0
Blei	0,1
Silber	0,0054
Zink	3,4

Das Axialtal des Roten Meeres ist durch eine große Anzahl von über 1800 m tiefen Gruben gekennzeichnet, die heißes, aus dem Meeresbett hochgestiegenes Salzwasser enthalten und mit der Erzeugung neuer Krustengesteine durch vulkanische Aktivität im Zusammenhang stehen. Diese Solebecken erreichen Temperaturen von bis zu 60°C. Vermutlich ist das Salzwasser etwa 104°C heiß, wenn es austritt. Berechnungen zeigen, daß die Soleproduktion in einigen Regionen 200mal höher ist als die des „Old Faithful"-Geysirs im Yellowstone Nationalpark in den USA. Die Sole ist besonders reich an wertvollen Metallen, die sich später im Bodenschlamm des Meeres ablagern. Die Grenzfläche zwischen normalem Meerwasser und Sole zeigt eine Echolot-Messung.

Am bedeutendsten in dieser Region ist jedoch der Hochseefischfang, besonders nach Sardinen im nördlichen Roten Meer und im Golf von Suez. Die Sardinen werden nachts mit großen runden Netzen gefangen. Mit Lichtern werden die Fische an die Oberfläche unter das ausgebreitete Netz gelockt. Dann werden die Netze zusammengezogen und eingeholt.

An der landzugewandten Seite der Korallenriffe sind einige Mangrovenbestände vorhanden. Sie sind jedoch nicht besonders gut entwickelt, und in der Tat findet bis heute ein Handel mit Mangrovenpfählen von Ostafrika bis in die nordwärts gelegenen Regionen statt.

Metallschlämme

Metallschlamm und Solen wurden erstmals 1963 im Roten Meer entdeckt und stehen in direkter Verbindung mit der vulkanischen Tätigkeit des axialen Spaltentals. Das Unterwassergestein der Region umfaßt bedeutende Konzentrationen an Zink, Kupfer, Mangan und Blei, und man vermutet, daß mit der Zeit das Salzwasser des Roten Meeres durch das zerbrochene Unterwassergestein sickert. Mit dem Durchsickern der heißen Sole löst sich auch das Metall. Die heiße Sole ist beim Austritt bis zu 104°C heiß, sammelt sich in über 1850 m tiefen Löchern an. Die Metalle gelangen durch Konvektion (vertikale Wasserbewegung) ins Meeresbett, wo sich die heiße Sole mit dem viel kälteren Wasser des Roten Meeres mischt und das Metall ausgefällt wird.

Kosten der Gewinnung

Trotz der hohen Metallkonzentrationen sind die Kosten der Gewinnung zu hoch, so daß eine wirtschaftliche Nutzung bei den gegenwärtigen Metallpreisen nicht möglich ist. Von den 15 im Roten Meer entdeckten Salzwasserbecken enthält die Atlantis II-Tiefe vermutlich die höchste Metallkonzentration und macht sie damit zur eventuell rentabelsten im ökonomischen Sinn.

Diese Tiefe liegt innerhalb der EEZ (Exklusive Wirtschaftszone) des Sudans und Saudi-Arabiens. Zur Kontrolle der Ausbeutung ist eine Rote-Meer-Kommission eingesetzt worden. Die Öl- und Gasreserven sind im Gegensatz zum Persischen Golf in dieser Region eher unbedeutend.

Die Wüstenoberfläche des Afar-Dreiecks ist stellenweise von dicken Salzschichten bedeckt, die durch die Verdunstung von Salzwasserbecken entstanden sind, die sich durch Zufluß von Salzwasser in früher unter Meeresniveau gelegenen Senken entwickelt haben.

Der Persische Golf

Im Gegensatz zum Roten Meer ist der Persische Golf relativ flach, wobei der Boden meist nur in 100 m Tiefe liegt. Zudem hat der Persische Golf dort, wo die arabische Halbinsel sich an der asiatischen Kontinentalplatte reibt, eine aktive Subduktionszone. Infolgedessen fällt die nordöstliche Küste rasch, die gegenüberliegende Küste seichter in eine Spalte hinab.

Die arabische Halbinsel ist eine der kleinsten Kontinentalplatten der Erde. Die ozeanische Kruste bildet sich im Grabenbruch des Roten Meeres und schiebt die arabische Platte nordostwärts, wo sie unter der asiatischen Platte in der Subduktionszone des Persischen Golfes verschwindet. Die Zagros-Berge, die in der Nähe der Nordostküste liegen, stellen den gefalteten Rand der asiatischen Platte dar, die zusammengedrückt wird, wenn die arabische Platte unter sie gleitet. Die Ablagerungen, die an den Füßen der Zagros-Berge deformiert werden, enthalten Salz in Form von Domen, die Anzeichen für die großen Ölfelder der Region sind.

Die ununterbrochene Bewegung der arabischen Platte könnte so schließlich zu einem vollständigen Verschluß des Persischen Golfes führen, ein Prozeß, der nur einige tausend Jahre benötigen würde.

Zirkulation

Aufgrund der flachen Natur des Beckens des Persischen Golfes liegt eine gute Wasserdurchmischung vor. Nährstoffzufuhr vom benachbarten Land führt zu einer höheren Primärproduktion als im Roten Meer. Die Naturvielfalt ist jedoch geringer als im Roten Meer und im Arabischen Golf. Auch die Korallenriffe sind weniger gut entwickelt. Lediglich die Bestände an Mangroven und Seegras sind ausgedehnter als im Roten Meer.

Die Oberflächenzirkulation wird von den Winden angetrieben. Die Umkehrung der Oberflächenströmungen verdeutlicht den Einfluß der Monsunwinde in dieser Region (wie auch im Arabischen und im Roten Meer). Warmes, stark salzhaltiges Wasser strömt während des Südwestmonsuns aus dem Golf ins Arabische Meer, und da es weniger salzig ist als das des Roten Meeres, strömt es in Tiefen von nur etwa 185 Metern ins Arabische Meer hinein.

Die Wassertemperaturen des Golfs sind generell hoch und erreichen bis zu 33°C. Die Korallen dieses halbeingeschlossenen Beckens haben sich den harten Bedingungen angepaßt und widerstehen den Temperaturen, die in offeneren und kälteren Gewässern zur Ausbleichung und zum Absterben der Korallen führen würden.

Der Golfkrieg

Während des Golfkrieges verursachten extensive Öl-ausflüsse einen unvorstellbaren Schaden an der Meereskultur der Golfregion. Unzählige Seevögel, wie der hier abgebildete Kormoran, und immens wichtige entsalzende Pflanzen im benachbarten Saudi-Arabien starben. Die Ölbrände in Kuwait hatten Luftvergiftungen zur Folge und verdunkelten mehrere Monate lang den Himmel der Region. Im Gegensatz zu den Erwartungen war der Schaden des marinen Ökosystems aber geringer als befürchtet. Auch die Ölbrände konnten schneller als erwartet eingedämmt werden. Dennoch ist das volle Ausmaß der Folgen der Luftvergiftung für die Menschen bisher ungewiß, und sie könnten für Störungen des Atemsystems verantwortlich sein.

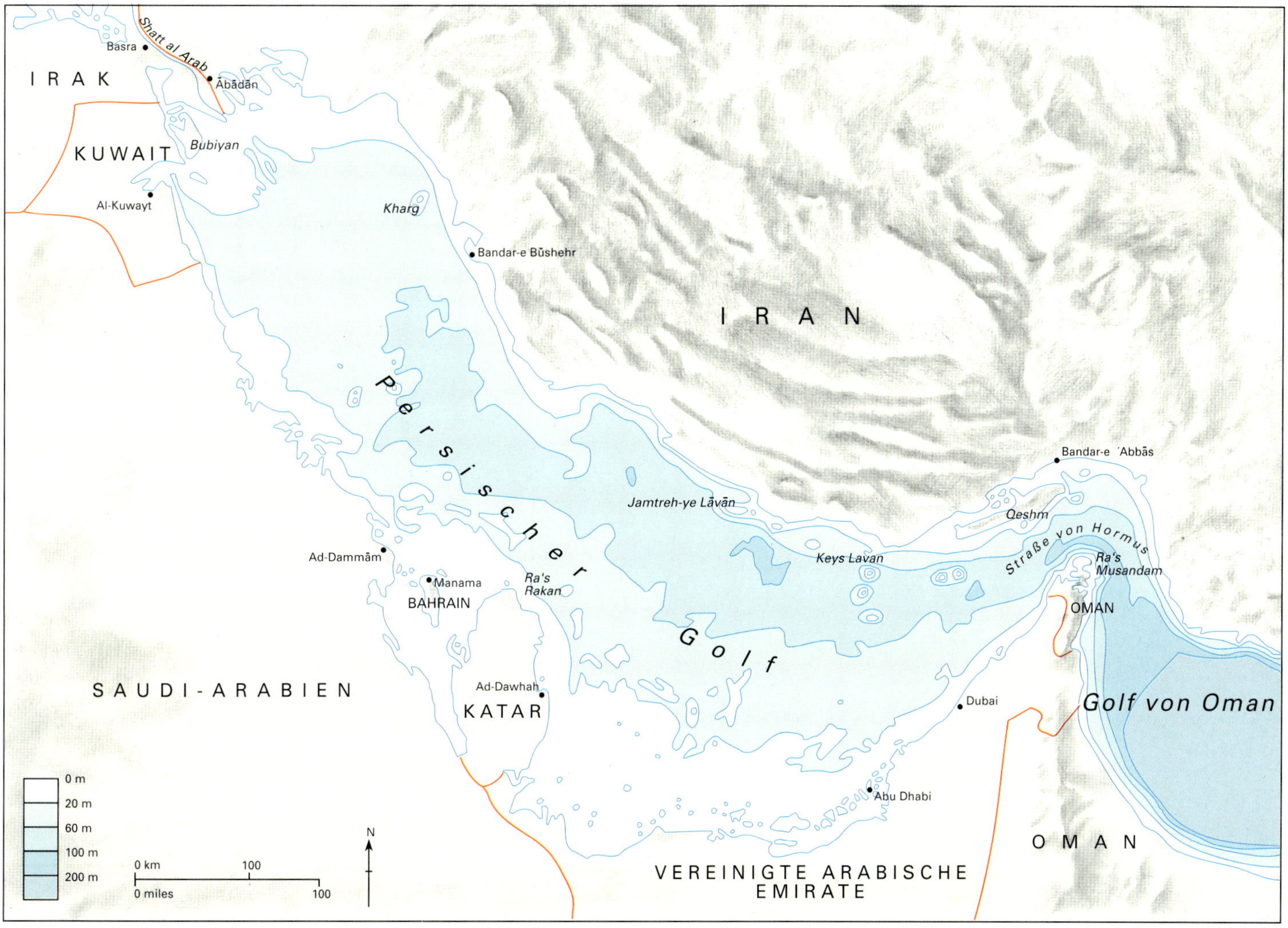

Basra
Shatt al Arab
Âbādān
I R A K
KUWAIT
Bubiyan
Al-Kuwayt
Kharg
Bandar-e Būshehr

I R A N

P e r s i s c h e r

Jamtreh-ye Lāvān
Bandar-e ˈAbbās
Qeshm
Keys Lavan
Straße von Hormus
Ra's Musandam

G o l f
Ad-Dammām
Manama
Ra's Rakan
BAHRAIN
OMAN
Golf von Oman

S A U D I - A R A B I E N
Ad-Dawhah
KATAR
Dubai

Abu Dhabi

O M A N

VEREINIGTE ARABISCHE EMIRATE

0 m
20 m
60 m
100 m
200 m

0 km   100
0 miles   100

N

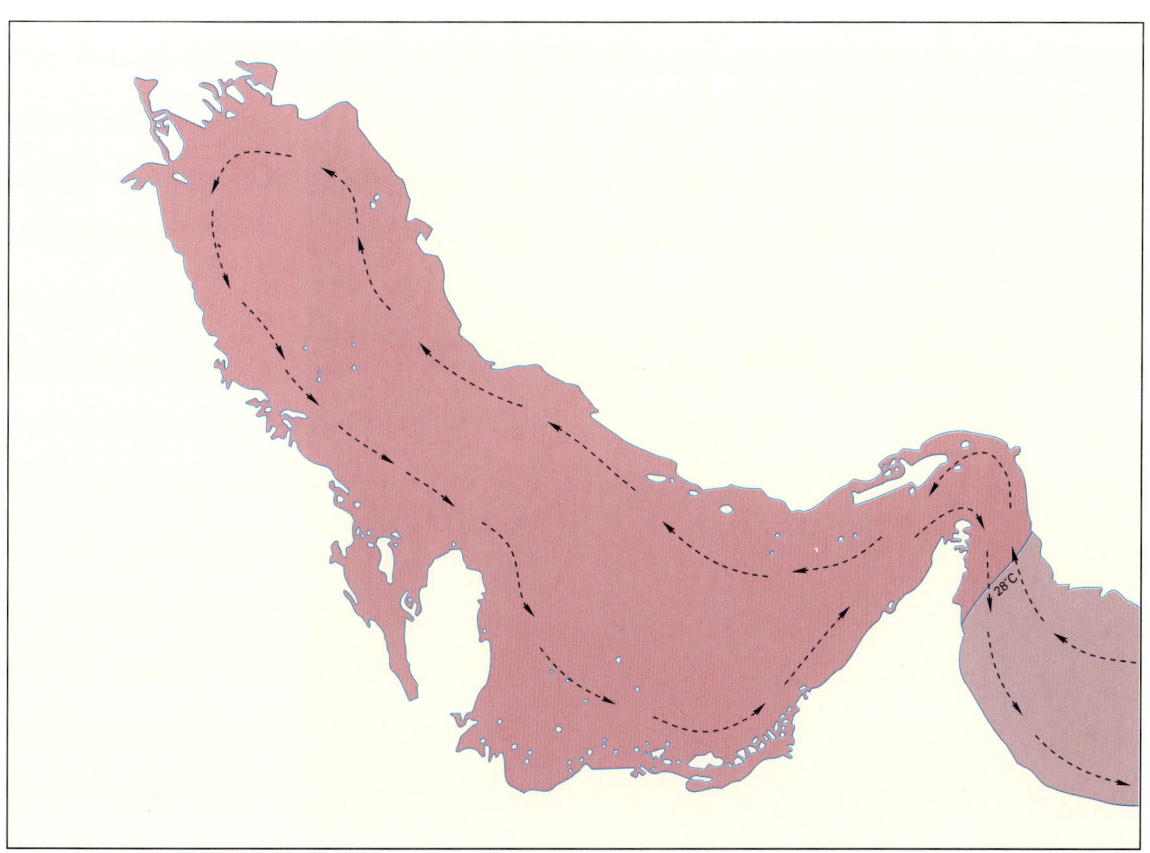

◄ **Die Zirkulation** im Persischen Golf hängt von den jahreszeitlich wechselnden Monsunwinden ab. Der hohe Salzgehalt führt zudem zu einem starken Abfluß in das Arabische Meer.

28°C

Ressourcen im Persischen Golf

Der Persische Golf ist gleichbedeutend mit Öl, und in der Tat ist diese Ressource hier sowohl reichhaltig als auch vielfältig. Weniger bekannt ist, daß als Folge des Nährstoffzuflusses aus den Zagros-Bergen und der niedrigen Tiefe des Golfs, die zu einer guten Wasserdurchmischung führt, die biologische Produktivität dieser Region wesentlich höher ist als die im Roten Meer.

Bodenschätze

Obwohl die erste Ölquelle der Region im Jahre 500 v. Chr. in Shush im Iran niedergebracht wurde, ist die Geschichte der modernen Erdölsuche erst ca. 100 Jahre alt. In den neunziger Jahren des 19. Jhs. setzte die Suche ein, blieb aber bis zur Entdeckung des Naft-i-Shah-Feldes im Iran 1923, dessen Produktion 1935 begann, relativ erfolglos. Heute ist es weltweit eine der führenden Ölproduktionsstätten an Land und im Wasser.

In der Region des Persischen Golfes lagerten sich vor fast 280 Millionen Jahren Sedimente ab. Sie bestehen aus durchlässigem Kalkstein, durchzogen von organreichen Schichten und Verdunstungsablagerungen. Während des Tertiärs (vor 65 bis 2 Millionen von Jahren) wurden diese Lager gefaltet und drückten sich durch die Bewegungen der arabischen Kontinentalplatte in Richtung der asiatischen Platte nach oben. Antiklinalen innerhalb dieser Sedimente wurden zu Fallen für das Öl, das aus dem zerfallenen organischen Anteil der Sedimentschicht entstand. Solche Öllager finden sich im Jurakalkstein und dem Dolomit Saudi-Arabiens, in kretazeischen Sanden und im nordöstlichen Kalkstein, im tertiären Kalkstein und mitunter auch in den Riffstrukturen des iranischen Vorgebirges. Ein vergleichsweise kleines Feld liegt in Triasgesteinen des Irak vor. Gasfelder befinden sich hingegen in zahlreichen Gebieten der Vorgebirge der Zagros-Berge.

◄ *Bahrain-Perlentaucher, die von Dhaus aus tauchen, um die perlentragenden Austern zu sammeln, für die die Region schon in der Römerzeit bekannt war. Tausende von Austern mußten gesammelt werden, um eine Handvoll Perlen zu erhalten, und aus diesem Grund waren Perlen stets eine wertvolle Ware. Heute verzichtet man dank der Perlenzucht auf den Fang von Austern. Zuchtperlen entstehen durch das Einsetzen winziger Kügelchen aus Perlmutt oder Muschelschale in eine Auster.*

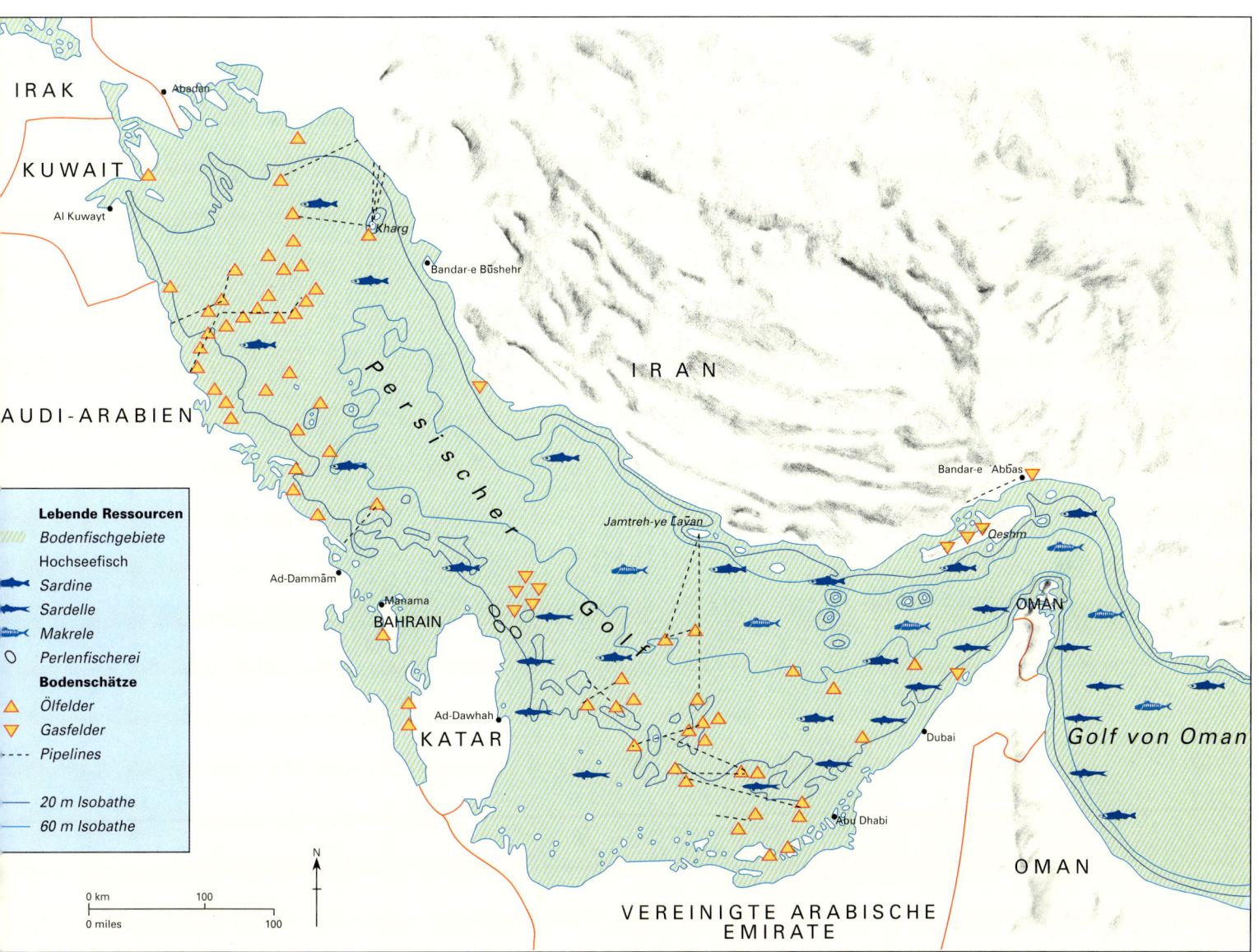

Öl wird durch Pipelines aus inländischen und küstennahen Quellen, wie die 90 km lange von Das Island in Abu
Dhabi, zu Terminals gepumpt. Nach Erreichen der Terminals wird das Öl vom Gas getrennt. Das Rohöl wird ge-
reinigt oder an küstennahen Verladestationen in Tanker
gepumpt.

Infolge des Golfkrieges im Jahre 1991 gelangten ca. 5
Millionen Barrel Öl ins Meer. Neben der Schädigung der
Infrastruktur der Küste, einschließlich der Entsalzungsan-
lagen, verursachten diese Aktionen nicht nur den Tod vieler
Meeresvögel und anderer Meerestiere, sondern auch die
Vernichtung von Riffgebieten, wo die schweren Ölteilchen
die empfindlichen Riffoberflächen bedeckten. Entgegen
aller Befürchtungen, die von Experten vorgetragen wurden,
vollzog sich die Erholung der Riffe in diesen Gebieten
jedoch rascher als zunächst angenommen.

Lebende Ressourcen

Historische Belege über die reichen Perlenaustervor-
kommen in Bahrain reichen zurück bis zu den Assyrern vor
über 2000 Jahren. Eines der Ziele der im Jahre 1522
einbrechenden Portugiesen war sicherlich die Beherr-
schung dieser Quelle, deren Ausbeutung durch freie
Taucher bis weit in die dreißiger Jahre andauerte. Diese
Taucher holten auch Frischwasser in Ledersäcken aus
unterseeischen Quellen.

Auf Masirah Island an der Küste Omans findet ein
extensiver Fang der Grünen Schildkröten statt, die jährlich zu
Tausenden in den Seegraswiesen um die Insel herum grasen.
Diese Insel ist eine sehr wichtige Brutstätte für Schafskopf-
und andere Schildkrötenarten. Hier nisten im Jahr ca. 30 000
dieser Tiere. Wirtschaftlich orientierte Fischereien im
Persischen Golf konzentrieren sich auf Hochseefischarten
wie Sardine, Anchovis, Makrele und Barrakuda und einige
Schleppnetzfischereien auf Bodenfischarten.

Handel

Der blühende Handel von Dilmun, einem Gebiet, das einst
das heutige Bahrain und Saudi-Arabien umfaßte, florierte
vor ca. 4000 bis 5000 Jahren. Unter Ausnutzung der
saisonal wechselnden Winde konnten die Seefahrer das gesamte Becken des Indischen Ozeans durchqueren sowie
entlang der arabischen und ostafrikanischen Küsten segeln,
um nach Holz und Holzkohle zu suchen. Arabische Rei-
sende brachten wertvolle Kaurimuscheln von den Malediven nach Nordindien. Sie reisten um die Spitze Indiens
nach Südostasien, wo sie ein ausgedehntes Handelsimpe-
rium schufen. Es umfaßte chinesisches Porzellan, Gewür-
ze, Getreide, Trockenfisch und Salben, aber auch Sklaven.
Dieses Handelsnetz reichte bis Neuguinea und zum
chinesischen Festland im Norden und hielt sich bis zur
Ankunft der Europäer.

Der Pazifik

D er Pazifik, oder auch Stiller Ozean genannt, ist das größte Meer der Erde, obwohl sich seine Größe im Laufe seiner Entwicklung aufgrund der Öffnung des Atlantiks und des Indischen Ozeans verringert hat. Die Ränder des Pazifiks sind deshalb aktive Subduktionsgebiete, und damit verbunden sind Tiefseegräben und intensive vulkanische Aktivität im sogenannten pazifischen „Feuerrand".

Der Marianen-Graben – hier taucht die pazifische Platte mit 11 cm im Jahr unter die philippinische Platte – und der Tonga-Graben nördlich von Neuseeland erreichen Tiefen von bis zu 10,5 km, mehr als das Doppelte der durchschnittlichen Tiefe des gesamten Meeres. Zusätzlich zu der hohen Subduktionsrate an den Rändern der Platte verfügt die pazifische Platte über einen hochaktiven mittelozeanischen Rücken, die sogenannte ostpazifische Höhe. An diesem Rücken bildet sich mit einer Geschwindigkeit von 15 cm pro Jahr neue Meereskruste.

Der Ostpazifik

Der Boden der Osthälfte des pazifischen Beckens ist vergleichsweise einfach strukturiert. Seine Topographie wird von der ostpazifischen Höhe und von zwei sich weitaus weniger aktiv ausbreitenden Rücken beherrscht: der Galapagos-Höhe, die nahe des Äquators über ein Ausdehnungszentrum verfügt, und der Chilenischen Schwelle im Südosten des Beckens.

Entlang der Westküste Nordamerikas vertieft sich der Meeresboden von Ost nach West und nimmt von Niederkalifornien nach Hawaii an Alter zu. Das Gebiet um Niederkalifornien bewegt sich vom übrigen Nordamerika weg.

Diese Bewegung wird durch einen Ausläufer der ostpazifischen Höhe bestimmt. Im restlichen Nordostpazifik ist dieser Rücken außer einiger weniger Reste vor der Küste Washingtons unter den Kontinentalrand gerutscht. Deshalb ist der mittelozeanische Rücken, der den Boden des Nordostpazifiks geformt hat, nicht mehr sichtbar. Er verschwand während der letzten 30 Millionen Jahre unter der Landmasse Nordamerikas.

Der Westpazifik

Der Boden des Westpazifiks ist komplexer aufgebaut. Zum Teil steht dies mit der Trennung der australischen Platte vom antarktischen Festland vor 55 Millionen Jahren und der Verschiebung in Richtung der pazifischen Platte in Zusammenhang. Die australische Platte zieht kontinuierlich nordwärts unter die ostindische, so daß die Kruste am nördlichen Rand noch mehr gepreßt wird. Der westliche Meeresboden ist zusätzlich durch doppelte aktive Gräben markiert, die durch aktive und inaktive Gräben getrennt werden. Das Philippinische Becken entstand in drei Phasen, die jeweils durch Beckenbildung zwischen den Gräben war.

Die älteste Meereskruste lagert im Westpazifik, wo einige Gebiete des Meeresbodens zwischen 100 und 135 Millionen Jahre alt sind. Seine äußerst komplizierte Struktur ist auf die späteren vulkanischen Aktivitäten und die Vulkanketten zurückzuführen, wie z.B. solche, die die Gilbert- und Ellice-Inseln entstehen ließen. Der westliche Pazifik verfügt zusätzlich über zahlreiche große Plateaus vulkanischen Ursprungs, unter denen sich z.B. auch die Shatsky-Höhe, das Solomon- und das Manihiki-Plateau befinden, die offensichtlich alle infolge des ausgedehnten Lavaausflusses entstanden sind.

▲ **Pazifik**
Fläche: 166 000 000 km²
Durchschn. Tiefe: 4280 m
Max. Tiefe: (Marianen-Graben) 11 022 m

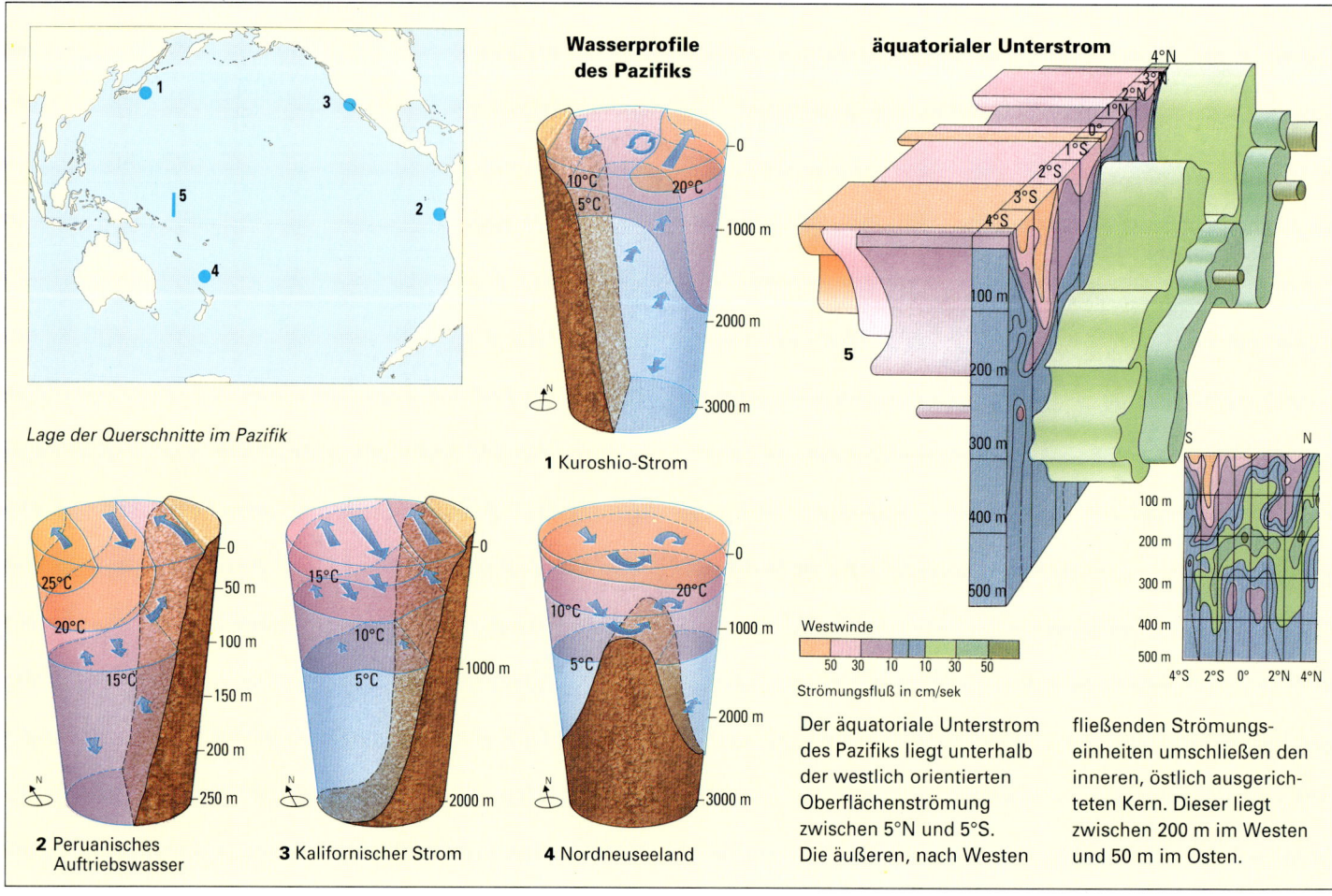

Lage der Querschnitte im Pazifik

Wasserprofile des Pazifiks

1 Kuroshio-Strom

äquatorialer Unterstrom

2 Peruanisches Auftriebswasser

3 Kalifornischer Strom

4 Nordneuseeland

Westwinde

| 50 | 30 | 10 | 10 | 30 | 50 |

Strömungsfluß in cm/sek

Der äquatoriale Unterstrom des Pazifiks liegt unterhalb der westlich orientierten Oberflächenströmung zwischen 5°N und 5°S. Die äußeren, nach Westen fließenden Strömungseinheiten umschließen den inneren, östlich ausgerichteten Kern. Dieser liegt zwischen 200 m im Westen und 50 m im Osten.

▼ Vor etwa hundert Millionen Jahren war der Pazifik wesentlich größer als heute. Der Meeresboden entstand aus vier Platten, die von Ausdehnungszentren getrennt wurden, die mit dem mittelozeanischen Rücken des Indischen Ozeans verbunden waren. Diese Aktivität führte zur nach Norden gerichteten Abkehr Indiens von der Antarktis. Gräben und Subduktionszonen umgaben den Pazifik.

▼ Vor 80 bis 60 Millionen Jahren entstand infolge des sich immer mehr ausdehnenden Meeresbodens zwischen Australien und Neuseeland die Tasmanische See. Australien spaltete sich von der Antarktis ab und zog nordwärts, bis vor 27 Millionen Jahren sich der Rücken zwischen dem Pazifik und der Farallon-Platte in die Gorda-, die Kokos- und die Nazca-Platte (unten) spaltete.

▼ Kerne aus Tiefbohrungen geben den Wissenschaftlern Aufschluß über das jeweilige Alter der Meereskruste. Der älteste Teil des Beckens liegt demnach im Westen. Die ursprünglichen Ausdehnungen sind unter die Meeresränder geschoben worden, und das Becken wird durch die nordwärtige Drift Australiens kleiner, was durch den Zusammenstoß mit der ostindischen Platte gebremst wird.

Verlorene Platten des Pazifiks

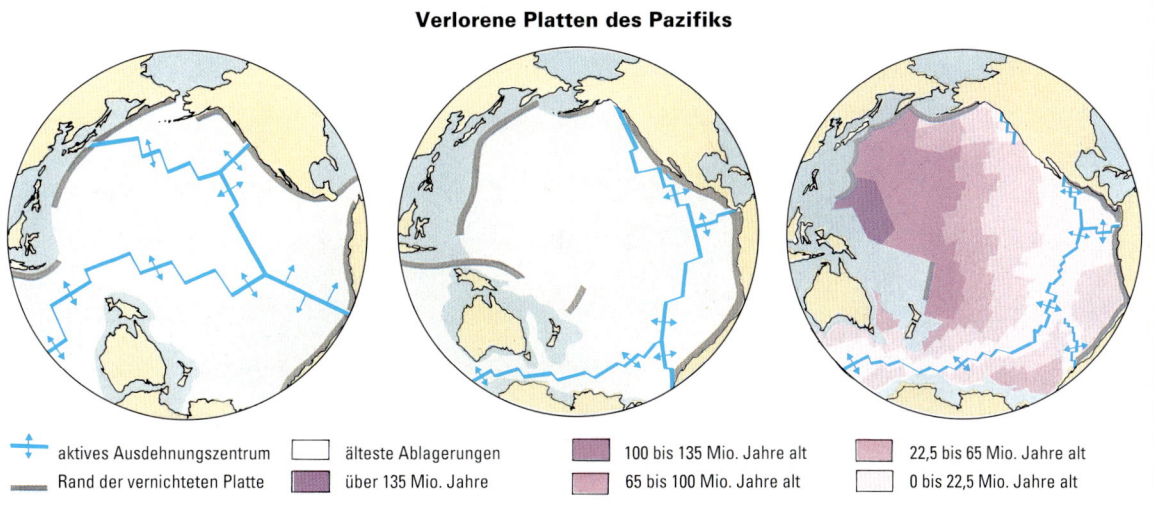

⊥ aktives Ausdehnungszentrum	☐ älteste Ablagerungen	▨ 100 bis 135 Mio. Jahre alt	▨ 22,5 bis 65 Mio. Jahre alt
▬ Rand der vernichteten Platte	▨ über 135 Mio. Jahre	▨ 65 bis 100 Mio. Jahre alt	☐ 0 bis 22,5 Mio. Jahre alt

Das pazifische Becken

Der Pazifik bedeckt über ein Drittel der Erdoberfläche und enthält ca. 724 Millionen km³ Wasser. Seine Fläche ist doppelt so groß wie die des Atlantiks und beinhaltet aufgrund der größeren Tiefe mehr als doppelt so viel Wasser.

Die Osthälfte des Meeresbeckens ist durch eine relativ ebene Bodentopographie gekennzeichnet, die sich an der nordamerikanischen Küstenlinie leicht absenkt. Die Westhälfte verdankt ihre rauhe Oberfläche mit den unzähligen Gräben und vulkanischen Inselbögen der nördlich ausgerichteten Driftbewegung der australischen Kontinentalplatte.

Pazifische Inseln

Das Becken des Pazifiks ist durch zahlreiche Inselketten charakterisiert, die nordwest-südöstlich verlaufen. Die ältesten dieser Inselketten tendieren eher zur Nordsüdrichtung als die Ketten, die jünger als 40 Millionen Jahre sind. Dieser Unterschied in der Ausrichtung weist auf eine veränderte Bewegungsrichtung der Pazifikplatte vor 40 Millionen Jahren hin.

Neben den wahren Meeresinseln, die niemals Teil einer größeren Landmasse waren, repräsentieren Inseln wie z.B. Neuseeland ehemalige kleine Fragmente kontinentaler Kruste, die sich schließlich von den größeren kontinentalen Landmassen abgetrennt haben. Die pazifischen Inseln sind alle vulkanischer Natur, und es existieren hier im Pazifik zwei verschiedene Typen. An der landzugewandten Seite der Subduktionszonen im Westpazifik gibt es gewölbte Ketten oder Inselbögen wie die Kurilen und die Marianen. Sie entstanden durch die gewaltigen Ausbrüche der Vulkane an der Spitze der jeweiligen Subduktionszonen.

Die geraden Inselketten des Mittelpazifiks bestehen aus Basaltlava, die weniger heftig ausströmt. Diese Inseln entstehen offenbar über heißen Stellen (sog. hot spots) der Meereskruste, wo periodisch Lava aus Quellen im tiefen Erdmantel quillt. Diese heißen Stellen brechen nicht kontinuierlich aus, und die Inseln können sich mit der Kruste von diesen Stellen fortbewegen. Deshalb liegen die ältesten Inseln im Norden der Hawaii-Kette.

Jenseits der aufsteigenden Inseln setzen sich die Ketten unter der Meeresoberfläche in Form von Unterwasserbergen oder Guyoten fort. Der Imperator-Rücken etwa, der nordsüdlich verläuft, stellt eine Verlängerung der jüngeren Hawaii-Inselkette dar.

Zirkulation

Die zwei Hauptwirbel des pazifischen Beckens werden von äquatorialen Strömungen und Gegenströmungen getrennt, ein System, das komplexer ist als im Atlantik. In den El Niño-Jahren kommen anomale Zirkulationsmuster hinzu.

In der nördlichen Hemisphäre trägt der gewaltige Nordäquatorialstrom ungefähr 14 500 km weit Wasser quer durch den Pazifik und bildet somit die längste westlich ausgerichtete Strömung der Welt. Im Westen dreht die Strömung anschließend nach Norden ab und kommt in den engen Kuroshio-Strom, der täglich 145 km weit nordwärts fließt. Dieser Strom trifft auf der Breite Japans schließlich auf den kalten südwärtsgerichteten Oyashio-Strom. Beide biegen von der Küste ab und mäandrieren ostwärts durch den Pazifik. Im Norden dieses Warmwasserwirbels befindet sich ein kalter subpolarer Wirbel, der durch den Alaska- und den Aleuten-Strom im Osten und den Oyashio-Strom im Westen gebildet wird.

Südlich des Äquators bilden der Südäquatorial-, der

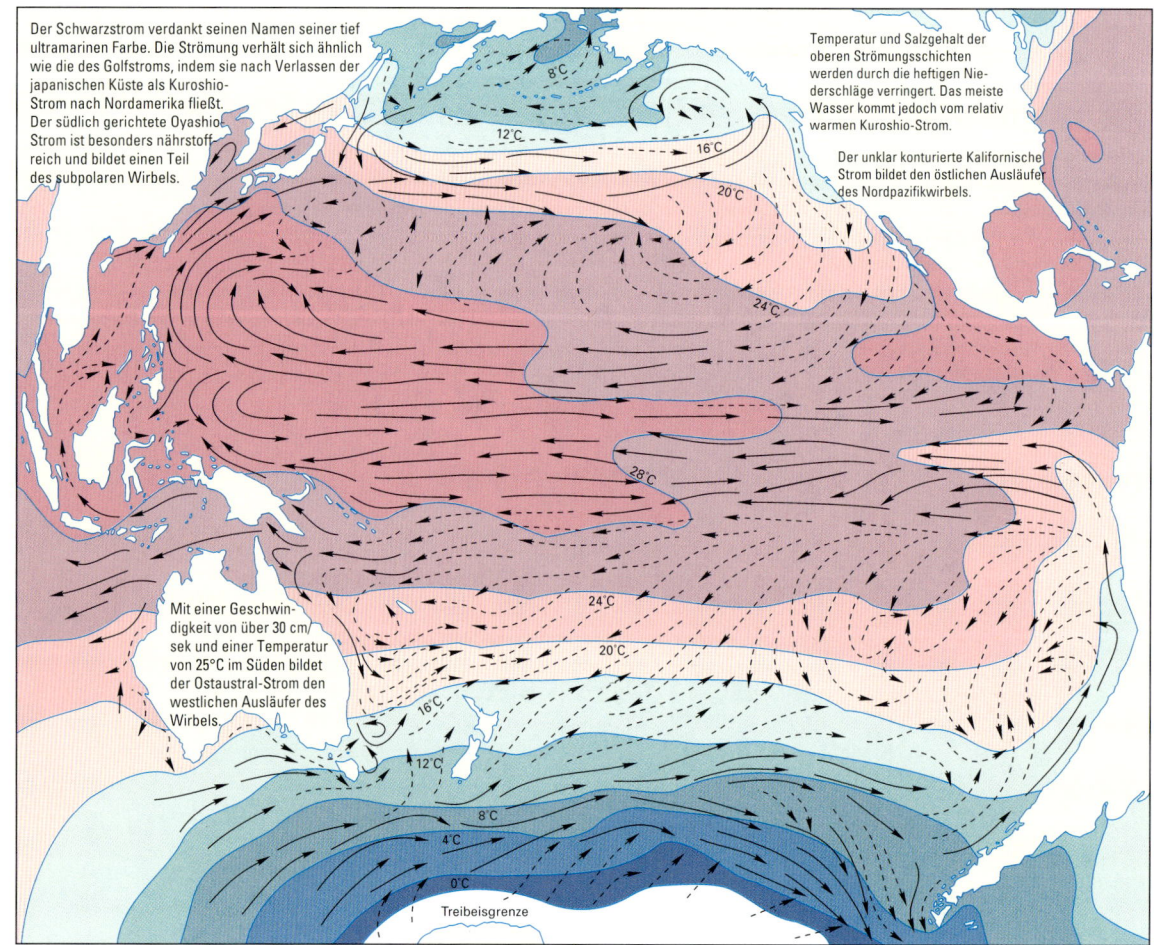

Der Schwarzstrom verdankt seinen Namen seiner tief ultramarinen Farbe. Die Strömung verhält sich ähnlich wie die des Golfstroms, indem sie nach Verlassen der japanischen Küste als Kuroshio-Strom nach Nordamerika fließt. Der südlich gerichtete Oyashio-Strom ist besonders nährstoffreich und bildet einen Teil des subpolaren Wirbels.

Temperatur und Salzgehalt der oberen Strömungsschichten werden durch die heftigen Niederschläge verringert. Das meiste Wasser kommt jedoch vom relativ warmen Kuroshio-Strom.

Der unklar konturierte Kalifornische Strom bildet den östlichen Ausläufer des Nordpazifikwirbels.

Mit einer Geschwindigkeit von über 30 cm/sek und einer Temperatur von 25°C im Süden bildet der Ostaustral-Strom den westlichen Ausläufer des Wirbels.

Treibeisgrenze

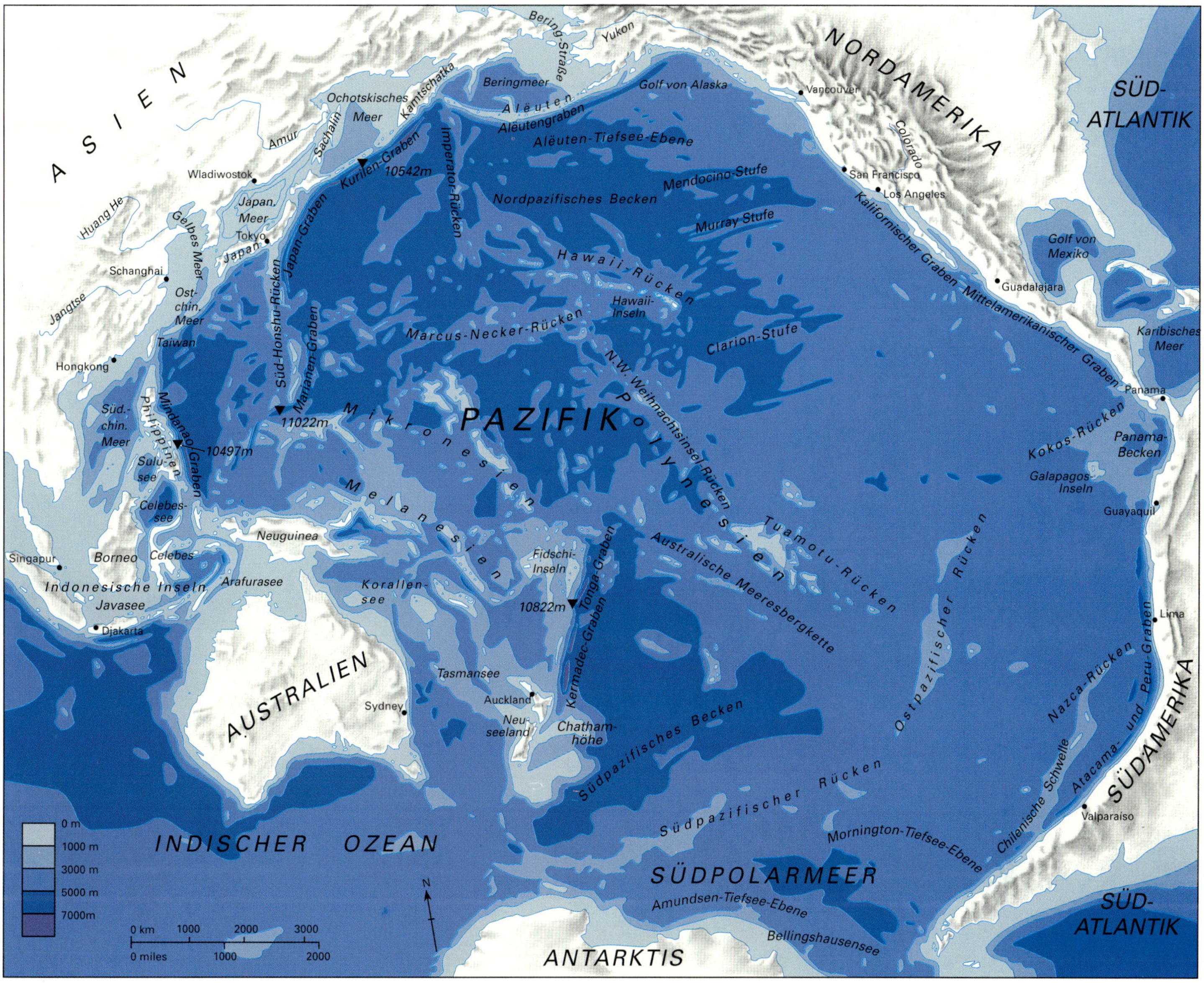

ASIEN

NORD-
AMERIKA

SÜD-
ATLANTIK

Bering-Straße
Yukon
Beringmeer
Golf von Alaska
Ochotskisches Meer
Aleuten
Aleutengraben
Aléuten-Tiefsee-Ebene
Vancouver
Kamtschatka
Amur
Sachalin
Kurilen-Graben 10542m
Imperator-Rücken
Mendocino-Stufe
San Francisco
Colorado
Los Angeles
Huang He
Wladiwostok
Japan. Meer
Tokyo
Japan
Nordpazifisches Becken
Murray Stufe
Kalifornischer Graben
Mittelamerikanischer Graben
Gelbes Meer
Süd-Honshu-Rücken
Japan-Graben
Hawaii-Rücken
Golf von Mexiko
Schanghai
Ost-chin. Meer
Hawaii-Inseln
Guadalajara
Jangtse
Marianen-Graben
Marcus-Necker-Rücken
Clarion-Stufe
Karibisches Meer
Taiwan
11022m
PAZIFIK
Panama
Hongkong
Mindanao-Graben 10497m
Süd-chin. Meer
Philippinen
Mikronesien
N.W. Weihnachtsinsel-Rücken
Kokos-Rücken
Panama-Becken
Sulu-see
Celebes-see
Polynesien
Galapagos Inseln
Melanesien
Tuamotu-Rücken
Ostpazifischer Rücken
Guayaquil
Singapur
Borneo
Celebes
Neuguinea
Arafurasee
Indonesische Inseln
Javasee
Korallen-see
Fidschi-Inseln
Australische Meeresbergkette
Nazca-Rücken
Atacama- und Peru-Graben
Djakarta
Tonga-Graben
10822m
Kermadec-Graben
Lima
AUSTRALIEN
Tasmansee
Sydney
Auckland
Neu-seeland
Chatham-höhe
Südpazifisches Becken
Chilenische Schwelle
SÜDAMERIKA
Valparaiso
Südpazifischer Rücken
Mornington-Tiefsee-Ebene
Südpazifischer Rücken
INDISCHER OZEAN
SÜDPOLARMEER
Amundsen-Tiefsee-Ebene
Bellingshausensee
SÜD-ATLANTIK
ANTARKTIS

0 m
1000 m
3000 m
5000 m
7000m

0 km 1000 2000 3000
0 miles 1000 2000

N

Ostaustral- und der Humboldt-Strom einen zweiter Wirbel. Da die Westwinde beim Zusammentreffen mit den Anden nach Norden abgedrängt werden, ist der Humboldt-Strom wesentlich stärker ausgeprägt als die meisten anderen östlichen Verbundströme. Der Ostaustral-Strom dreht uf der Breite von Sydney nach Westen ab und zieht nach Norden zur Nordinsel Neuseelands. Der antarktische Zirkumpolarstrom wird von den Westwinden angetrieben, erreicht aber an der Oberfläche eine Geschwindigkeit von nur 19 km pro Tag. Das Gesamtvolumen der transportierten Wassermassen beträgt jedoch mehr als 165 Millionen Tonnen pro Tag und übertrifft die bewegten Wassermengen aller Strömungen der Weltmeere. Die maximale Strömungstiefe von 3 km erklärt die enormen Wassermengen, die hier bewegt werden.

Gegenströmungen

In der Region des Äquators wird der Fluß der Strömungen durch die Anwesenheit des nord- und des südäquatorialen Gegenstroms erschwert. Es entsteht der äquatoriale Unterstrom. Dieser fließt mit einer Geschwindigkeit von mehr als 145 km pro Tag in östliche Richtung. Der Hauptanteil der Strömung liegt im Westen ca. 200 m, im Osten ca. 50 m unter der Wasseroberfläche.

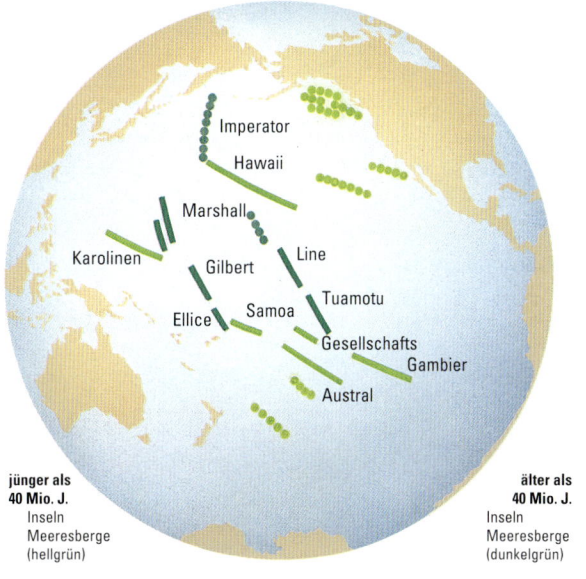

Imperator
Hawaii
Marshall
Line
Karolinen
Gilbert
Ellice
Samoa
Tuamotu
Gesellschafts
Gambier
Austral

jünger als 40 Mio. J.
Inseln
Meeresberge (hellgrün)

älter als 40 Mio. J.
Inseln
Meeresberge (dunkelgrün)

▲ **Jüngere Inselketten** verlaufen im Gegensatz zu den über 40 Mio. Jahre alten nordsüdlich ausgerichteten

Ketten von Nordwesten nach Südosten. Das zeugt von einem Richtungswechsel der Meeresplatte zu dieser Zeit.

Ressourcen im Pazifik

Für viele abgelegene Inselstaaten des Zentralpazifiks stellen die Lebewesen des Meeres die einzige Export-einkommensquelle dar. Die mineralischen Schätze der Tiefsee sind bisher noch nicht ökonomisch genutzt worden.

Bodenschätze

Polymetallische Knollen sind in den Pazifiktiefen weit verbreitet. Doch erst 1974, 100 Jahre nach den ersten Funden, stellte sich heraus, daß ein großer Bodenbereich – über 2,15 Millionen km² – zwischen Hawaii und Mexiko dicht mit diesen Knollen überzogen ist. Trotz ihrer relativ großen Fülle bleibt jedoch der Abbau der Knollen weiterhin unwirtschaftlich.

Ähnlich verhält es sich mit Phosphatlagern in weiten Regionen der Westküsten Nord- und Südamerikas und in den Unterwasserplateaus Neuseelands und Australiens, die auch noch nicht ökonomisch genutzt werden.

Auf den Kontinentalsockeln befinden sich zahlreiche mineralische Lager. An den Küsten Alaskas wurde z.B. jahrelang Gold abgebaut. Zinn wird hingegen häufig in Südostasien gewonnen, und mineralische Sande, die Titan, Chrom und Zirkon enthalten, werden am amerikanischen Kontinentalrand abgebaut. Im westlichen Pazifik beuteten die Japaner über viele Jahre ausgedehnte Eisenerzlager im Küstenbereich aus.

Lebende Ressourcen

Mehr als 40 Prozent des gesamten Weltertrages an Flossenfisch stammt aus dem Pazifik. Den Hauptanteil bilden dem Hering verwandte Arten, wie die Japanische Sardine und

Lebende Ressourcen

- Bodenfisch
- Hochseefisch
- *Sardelle*
- *Sardine*
- *Hering*
- *Lachs*
- *Thunfisch*
- *Makrele*
- *Hornhecht*
- *Makrelenhecht*
- *Fliegender Fisch*
- *Meerbarbe*
- *Haifisch*
- Krustentiere
- *Krabbe*
- *Garnele*

Bodenschätze

- Eisen
- Zinn
- Chrom
- Titan
- Monazit
- Zirkon
- Gold
- konzentrierter metallhalt. Schlamm
- Sand und Kies
- Phosphat
- Öl und Gas

- 1000 m Isobathe
- 5000 m Isobathe

die Peruanische Sardelle. Von 1969 bis 1971 stieg der Fang der Peruanischen Sardelle auf ca. 30 Prozent (nach Gewicht) des Gesamtfangs im Pazifik, ein Sechstel des gesamten Fischfangs der Welt. Der Sardellenfang, der fast ausschließlich zur Herstellung von Fischmehl diente, betrug in den ertragreichsten Jahren 10 Millionen Tonnen. Bis 1991 sank der Fang auf jährlich 4 Millionen Tonnen.

Der Thunfischfang wird im Ostpazifik mit Beutelnetzen und in der westlichen und zentralen Region des Pazifiks mit Langnetzen betrieben. Diese kommerziellen Betriebe konzentrieren sich auf tiefer schwimmende Arten wie Albacore, Großaugen- und Gelbflossenthun, die häufig noch auf See verarbeitet werden. Der neuerliche Einsatz mehrerer Kilometer langer Treibnetze ist Grund zur Besorgnis für Umweltschutzgruppen und kleinere Pazifik-

staaten, für die der Thunfisch das einzige Exportgut darstellt. Die Treibnetze, die von Fischereiflotten aus Ostasien, die weit entfernte Regionen befischen, ausgelegt werden, wurden lange Zeit „Todesmauer" genannt, weil sich Schildkröten, Säugetiere und eine große Anzahl nicht genutzter Arten in ihnen verfingen. Ein regionaler Vertrag soll ihren Einsatz im Südpazifik verhindern.

Der Nordpazifiklachs ist eine weitere hochwertige Fischart. Er wird inländisch mit Kiemennetzen, Fallen und Reusen von den Japanern, aber auch auf hoher See mit Kiemen- und Beutelnetzen gefangen. Andere Bodenfischereien schließen den Alaskaschellfischfang im subarktischen Pazifik ein.

Handwerkliche Fischereibetriebe
Der Hauptfischfang der Inselstaaten im Pazifik wird durch kleine Fischereien betrieben, die sich auf die zahlreichen Fischarten konzentrieren, die in den die Inseln umgebenden Korallenriffen leben. Die enorm große Artenvielfalt bringt Probleme bei Verarbeitung und Vertrieb außerhalb dieser Staaten, wo diese Arten noch weitgehend unbekannt sind und nur ein relativ geringes Marktinteresse hervorrufen, mit sich.

◄ *Thunfische* sind schnell. Sie finden sich in tropischen und subtropischen Gewässern des Atlantiks, Pazifiks und des Indischen Ozeans. Die wichtigsten der sechs im Pazifik lebenden Arten sind z.B. Gelbflossen-, Großaugenthun und Albacore.

▼ *Die sechs Lachsarten* des Pazifiks wandern von ihren Brutstätten durch die Flüsse Asiens und Nordamerikas in die nährstoffreichen Gründe des Nordpazifiks. Dort bleiben sie zwischen sechs Monaten und fünf Jahren und kehren nach Tausenden von Kilometern langen Reisen in ihre Geburtsflüsse zurück, um dort zu laichen.

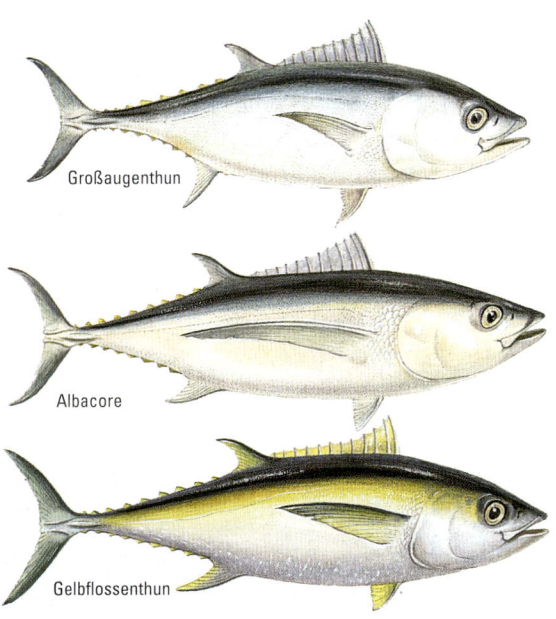

Großaugenthun

Albacore

Gelbflossenthun

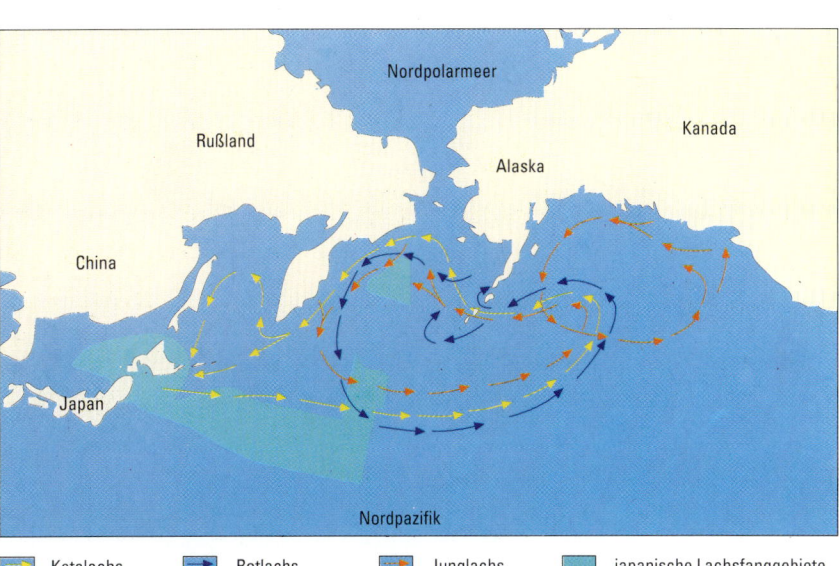

Ketalachs   Rotlachs   Junglachs   japanische Lachsfanggebiete

NORD-ATLANTIK

NORDAMERIKA

couver

San Francisco

Los Angeles

Golf von Mexiko

Guadalajara

Karibisches Meer

Panama

Galapagos-Inseln

Guayaquil

Lima

SÜDAMERIKA

Valparaíso

E E R

SÜD-ATLANTIK

Das El Niño-Phänomen

Nirgendwo wird die Wechselwirkung zwischen Luft und Meer deutlicher demonstriert als im südlichen Pazifik. Bedingt durch die periodischen Abschwächungen der Winde herrschen im südlichen Wirbel wechselnde Oberflächenströmungen, Unterdrückung der Peruanischen Auftriebswasser sowie Veränderungen bezüglich der biologischen Produktivität, des Meeresspiegels und der Regenfälle.

Diese Veränderungen im Südpazifik beeinflussen den Regenfall und das Wetter in Australien und Südostasien, wo der Monsun während der El Niño-Jahre abnimmt. Das Phänomen wird deshalb El Niño (das Kind) genannt, weil es um Weihnachten in Lateinamerika auftritt und in der südlichen Hemisphäre das Klimamuster ENSO (El Niño, südliche Schwankungen) mitbestimmt. Die Auswirkungen

dieses Phänomens äußern sich etwa in Form von Dünenbildungen an der Ostküste Südamerikas bis hin zu wechselnden Regenfallmustern in Afrika.

Der Südwirbel

Normalerweise wird die Wasserzirkulation des Südpazifiks vom Südpazifikwirbel bestimmt. Das Wasser fließt unter dem Einfluß der Passatwinde an der Oberfläche als Südäquatorialstrom nach Westen, zieht an der Ostküste Australiens als Ostaustral-Strom entlang und dreht auf der Breite Sydneys, bedingt durch die Westwinde, nach Osten ab. Der antarktische Zirkumpolarstrom bewegt sich ostwärts in Richtung Lateinamerika, wo sich ein Hauptarm, der sogenannte Humboldt-Strom, abtrennt und weiter nach Peru fließt.

▶ *Die zwei Satellitenbilder* zeigen die Unterschiede in der Oberflächentemperatur des Wassers während der El Niño- und normaler Jahre. Blau zeigt 0°-12°C kaltes Wasser, grün Temperaturen zwischen 13° und 24°C, und gelb, rot und purpurrot den Bereich von 25° bis 30°C. Das obere Photo vom Januar 1984 zeigt das normale Muster der Temperaturen an der Wasseroberfläche mit einem Warmwasserbecken im Westpazifik (1) und einer Zunge aus kälterem Wasser, das von der Westküste Lateinamerikas (2) her in den Pazifik eindringt. Das Bild vom Januar 1983 während eines El Niño-Ereignisses zeigt das warme Wasser im Westpazifik, das das Auftriebswasser an der peruanischen Küstc unterdrückt.

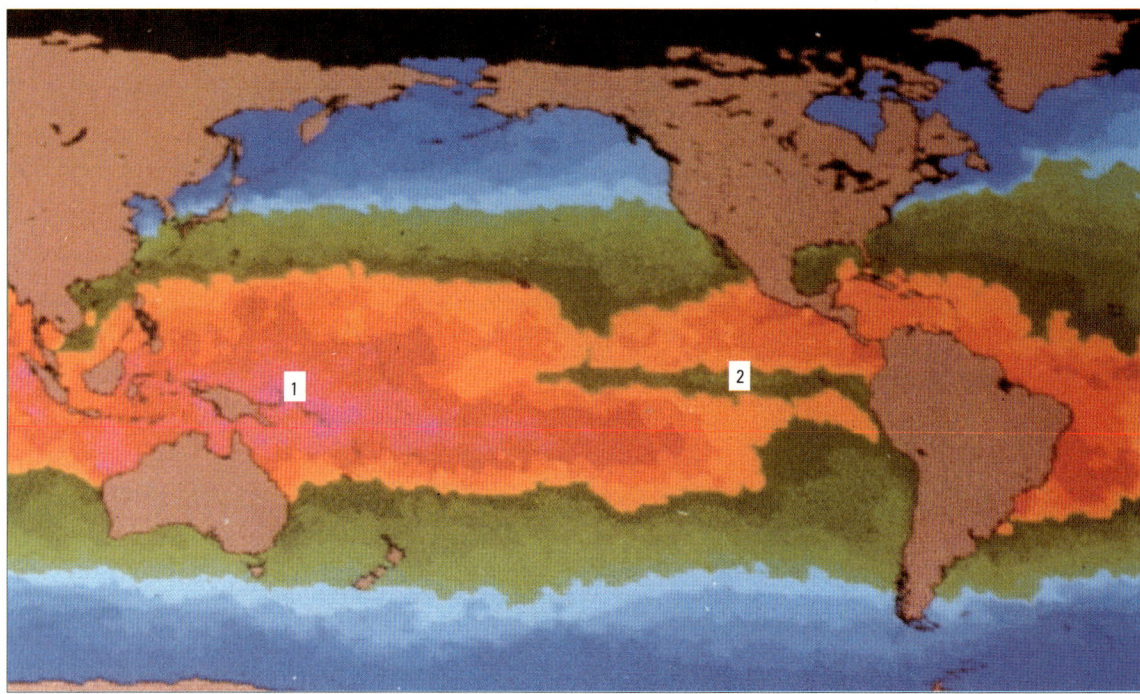

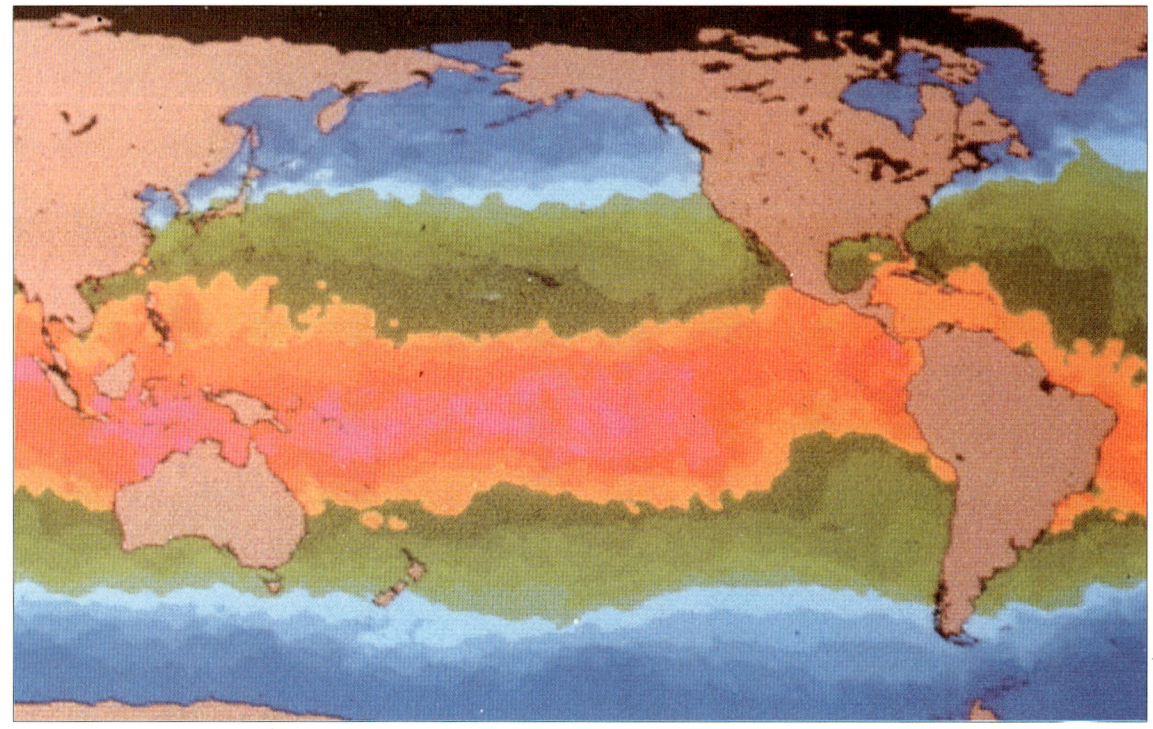

Die hohen Anden blockieren die Westwinde und lenken sie nach Norden ab, was nicht nur zu einer erhöhten Geschwindigkeit des Humboldt-Stroms führt, sondern auch das Wasser von der Küste weg bewegt. Dabei bildet es einen Teil des Südäquatorialstroms, und nachträglich gelangt kaltes, nährstoffreiches Wasser an die Wasseroberfläche.

Peruanisches Auftriebswasser

Vor der peruanischen Küste stimuliert das aufstrebende kalte, nährstoffreiche Wasser die Phytoplanktonproduktion und die Bildung von großen vielzelligen Phytoplanktongruppen. Die Größe dieser Primärproduzenten führt im Vergleich zu den kleineren einzelligen Kieselalgen, die in nährstoffarmen offenem Meerwasser zu finden sind, dazu, daß sie von kleinen Fischen wie den Anchovis, gefressen werden können.

Die Sardellen selbst bilden eine Nahrungsquelle für größere Raubfische und zahlreiche Seevögel, deren große Zuchtkolonien an der lateinamerikanischen Küste zu Ablagerungen von Guano führten, der seit dem letzten Jahrhundert als Dünger genutzt wird. Außerdem wurden zur Herstellung von Tier- und Geflügelfutter Sardellen mit kleinen Schleppnetzen gefangen. Die hohe Fischfangrate dieser Gegend zeigt sowohl die hohe Rate der Phytoplanktonproduktion als auch die Bedeutung der Nahrungskette, die die Verbindungen der Primärproduzenten untereinander und zum mächtigsten Raubtier, in diesem Fall dem Menschen, aufzeigt.

Physikalische Veränderungen

In El Niño-Jahren gehen die Auftriebswasser zurück, und die biologische Produktivität in der Region bricht nahezu vollständig zusammen, da die Nährstoffe nicht mehr an die Oberfläche gelangen. Forschungen während des letzten Jahrzehnts haben deutlich gemacht, daß die Oberflächenströmungen des Südwirbels in den El Niño-Jahren schwächer sind und der Südäquatorialstrom vom äquatorialen Gegenstrom bestimmt wird.

Auf ihrer etwa 15 500 km langen Reise durch den Pazifik wird das Oberflächenwasser des Südäquatorialstroms

◀ **Anchovis und Sardinen** werden an Fisch- und Ölfabriken an der peruanischen Küste ausgeladen. Jährlich werden etwa 20 Millionen Tonnen dieser kleinen Fische gefangen, während des El Niño-Jahres 1982–83 ging der Sardellenfang allerdings auf ein Sechshundertstel zurück.

immer wärmer, was die Entstehung eines Warmwasserbeckens im Westpazifik zur Folge hat. Zusätzlich führen die Bewegungen des Wassers zu einem höheren Meeresspiegel in der westpazifischen Region und zu einem niedrigeren an der lateinamerikanischen Küste. Wenn sich der Strom abschwächt oder umkehrt, verändert sich der Meeresspiegel auf beiden Seiten des pazifischen Beckens. In El Niño-Jahren kann der Meeresspiegel im Westpazifik bis auf 14 cm unter den Normalwert sinken, an der lateinamerikanischen Küste hingegen bis zu 50 cm darüber liegen. Das Oberflächenwasser in der Auftriebszone wird nun vom warmen Wasser des Westpazifiks beherrscht, der Auftrieb hört auf und die biologische Produktivität der Region kollabiert.

Wirtschaftliche Auswirkungen

Während der El Niño-Jahre von 1972–73 sowie 1982–83 reduzierte sich der Sardellenfang insgesamt auf ein Sechstel bzw. ein Sechshundertstel des Normalwertes. Durch den Rückgang der Fischbestände sterben auch zahlreiche Seevögel, die sich von diesem Fisch ernähren. In den Jahren 1972 und 1973 gingen die Bestände der Kormorane, Tölpel und braunen Pelikane von 30 Millionen (geschätzt im Jahre 1950) auf 6 Millionen zurück. Zwischen 1982 und 1983 verringerte sich der Bestand auf nur noch 300 000 Tiere.

Die wirtschaftlichen Auswirkungen des El Niño-Phänomens sind besonders schwerwiegend. Der steigende Grundwasserspiegel an der lateinamerikanischen Küste begünstigt die Ausbreitung der Malaria, während Überflutungen im Inland die Landwirtschaft und die Infrastruktur an den Küsten zerstören. Immense wirtschaftliche Einbrüche erlitten ebenso die semiariden Regionen Australiens sowie die Subsistenzproduktion in Südostasien.

Fernwirkungen

Das El Niño-Phänomen steht im Zusammenhang mit veränderter atmosphärischer Zirkulation und insbesondere mit einer Abschwächung der Westwinde, die den südlichen Arm des Südpazifikwirbels vorantreiben. Die veränderten Wechselwirkungen zwischen Luft und Meer bleiben nicht ohne Einfluß auf das pazifische Becken. Sie scheinen zu Veränderungen der atmosphärischen und der ozeanischen Zirkulation in der südlichen Hemisphäre zu führen. Die Folgen sind nachlassende Regenfälle in Australien, stark abgeschwächte Monsune in Indien, Veränderungen im Kuro-Shio-Strom, Verschiebungen der Windmuster im Südatlantik, Richtungswechsel der Dünen und Dürren in Südostasien.

TOGA und WOCE

Die südlichen El Niño-Schwingungen treten in sehr unregelmäßigen Abständen auf, und beunruhigenderweise muß man davon ausgehen, daß ihre Häufigkeit innerhalb der letzten Jahrzehnte insgesamt zugenommen hat.

Aufgrund der tiefgreifenden Änderungen des lokalen Klimas und des Meeresspiegels, die El Niño in einigen tropischen Gegenden verursacht, und der großen wirtschaftlichen Verluste einiger Staaten wurden zwei Programme erstellt, die helfen sollen, dieses Phänomen besser vorherzusagen. Das TOGA- (Tropical Ocean World Atmosphere) und das WOCE-Programm (World Ocean Circulation Experiment) haben die Aufgabe, Daten über die Meereszirkulation und die Wechselwirkung zwischen den Meeren untereinander sowie zwischen den Meeren und der Atmosphäre zusammenzustellen und eine Modellbetrachtung dieses Systems zu erstellen.

Obwohl Wissenschaftler heute den Beginn einer El Niño-Phase kurzfristig voraussagen können, sind langfristige Voraussagen nicht möglich.

Das Südpolarmeer

▲ Südpolarmeer
Fläche: 35 000 000 km²
Meereis: 21 000 000 km²
im Winter gefroren,
4 000 000 km² permanent
gefroren

Das antarktische oder Südpolarmeer umfaßt die Meeresregion, die im Süden der antarktischen Konvergenzzone zwischen 50° und 55° Süd anzutreffen ist. Diese Konvergenzzone bildet eine unsichtbare Grenze, an der kaltes Wasser von der Oberfläche der Antarktis mit dem wärmeren Wasser der Subantarktis zusammentrifft.

Das Südpolarmeer bildet ein enorm ausgedehntes, nicht unterbrochenes Meer. Die kalten Wassermassen des Südpolarmeeres fließen an der Oberfläche und in der Tiefe in die Becken des Atlantiks, Pazifiks und des Indischen Ozeans und werden durch in Zwischenlagern südwärts fließendes wärmeres Wasser aus subantarktischen Gebieten ersetzt.

Die Strömungen des Südpolarmeers werden von Winden (benannt nach den Breiten) wie den „Brüllenden Vierzigern", den „Wilden Fünfzigern" und den „Kreischenden Sechzigern" angetrieben. Eis und Fels der antarktischen Küste bilden die Südgrenze.

Fast die gesamte Landmasse der Antarktis liegt innerhalb des antarktischen Kreises, in dessen Zentrum sich der Südpol befindet. Zwei tiefe Einschnitte unterbrechen den Kreis: das Wedellmeer zum Südatlantik hin und das Rossmeer, das zum Südpazifik weist.

Die antarktische Eiskappe

Sogar während des antarktischen Sommers ist dieser äußerst unwirtliche Kontinent von einer etwa 3 Millionen km² großen Meereisfläche umsäumt. Im Winter dehnt sich das Eis sogar über eine Gesamtfläche von 20 Millionen km² aus.

Der Kontinent selbst ist durch eine enorm dicke Eiskappe gekennzeichnet, die sich im Laufe der Zeit auf eine durchschnittliche Dicke von etwa 2000 m, in einigen Gebieten sogar bis zu 3000 m ausgedehnt hat. Wenn das ganze Eis schmelzen würde, würde der Meerwasserspiegel um etwa 60 m ansteigen. Von dieser enormen Eismasse befreit, würde sich die Landmasse der Antarktis um 200 bis 300 m heben.

Diese Eisschicht umfaßt über 90 Prozent des gesamten Eises der Welt und etwa 70 Prozent des gesamten Süßwassers. An zahllosen Orten gleiten mächtige Gletscher über das Meer, um die Eisschelfe, die den Kontinent umsäumen, zu nähren. Diese Eisschelfe breiten sich auf vielen hundert Kilometern in Tiefen von 150 bis 200 m aus und bedecken die Spitze des Rossmeeres sowie das Inland und die westlichen Küsten des Wedellmeeres.

Leben im Eismeer

Trotz des Eismeeres und des gefrorenen Ödlandes der Antarktis beherbergt das Südpolarmeer eine Vielzahl Seevögel, Robben und Wale. Diese Tiere sind bei ihrer Ernährung vom Phytoplankton und den Seetangen, die die Küsten umsäumen, abhängig. Die Phytoplantonproduktion an der Oberfläche des Südpolarmeers wird auf 610 Millionen Tonnen pro Jahr geschätzt. Das meiste Phytoplankton wird vom Zooplankton aufgenommen, das wiederum Hauptnahrungsquelle für Fische, Tintenfische, Wale und einige Seevögel ist.

Obwohl zahlreiche Seevögel in der subantarktischen Region zu Hause sind, brütet eine gewisse Anzahl, darunter auch drei Pinguinarten, ihre Eier auf dem Festland aus. Die Brutkolonien der Vögel sind relativ dicht angelegt, da die eisfreie Zone nur sehr schmal ist.

Die Robben, von denen hier insgesamt sechs Arten existieren, sind ebenso zahlreich vertreten. Beispiele sind

▲ Die Kaiser-Pinguine sind die größten Pinguine. Nach der Paarung legt das Weibchen ein Ei, kehrt ins Meer zurück und das Männchen brütet es aus.

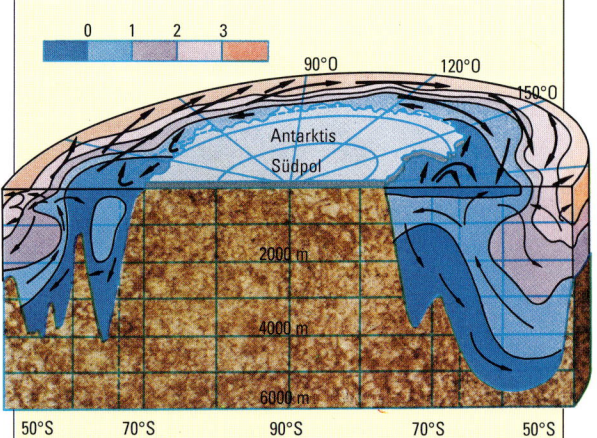

Der antarktische Zirkumpolarstrom beherrscht die Bewegungen an der Wasseroberfläche des Südpolarmeeres, wie in der Teilansicht veranschaulicht wird. Die Oberflächenströmungen werden vorwiegend vom Wind beeinflußt, aber bei Nord- und Südbewegungen ändern sich Regen und Temperatur. Ebenso können das Absinken von Tiefenwasser unter die Eiszone und das Eindringen von Zwischenwasser in mittlere Tiefen festgestellt werden.

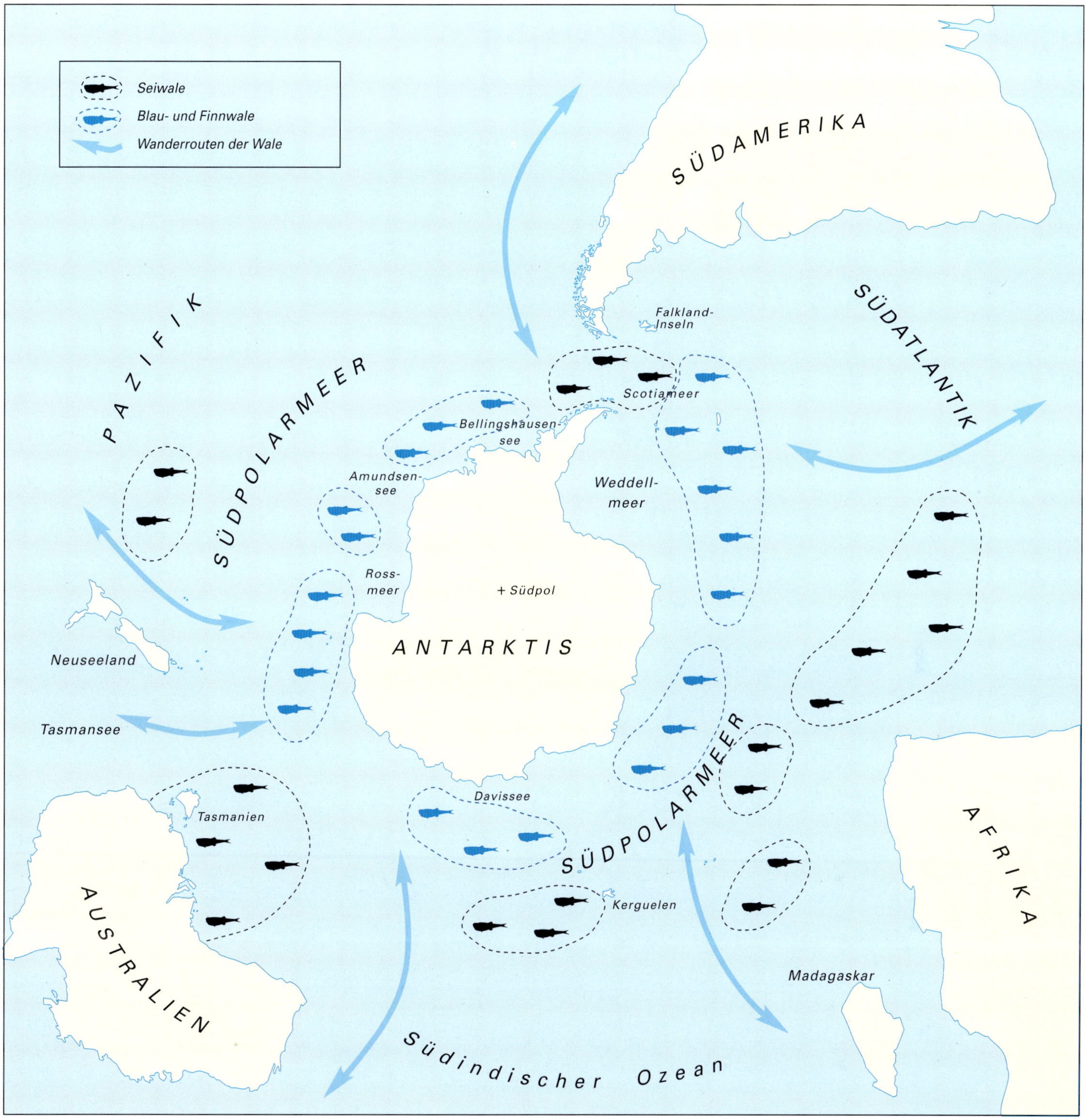

Kartenlegende

- Seiwale
- Blau- und Finnwale
- Wanderrouten der Wale

SÜDAMERIKA

SÜDATLANTIK

PAZIFIK

SÜDPOLARMEER

Falkland-Inseln

Scotiameer

Bellingshausen-see

Amundsen-see

Weddell-meer

Ross-meer

+ Südpol

ANTARKTIS

Neuseeland

Tasmansee

Davissee

SÜDPOLARMEER

Kerguelen

AFRIKA

Tasmanien

Madagaskar

AUSTRALIEN

Südindischer Ozean

etwa 15 Millionen krillfressende Robben. Obwohl es Anzeichen dafür gibt, daß die Anzahl der Elefantenrobben zurückgeht, nimmt der Bestand aller anderen Robbenarten zu.

Sieben Bartenwalarten und acht Zahnwalarten leben in diesem Meer, jedoch nicht ausschließlich hier. Die Bartenwale, die sich überwiegend von Krill ernähren, unternehmen im südlichen Winter Wanderungen in wärmere äquatoriale Gewässer und kehren erst im südlichen Sommer wieder zurück, wenn die Phytoplankton-produktion durch das kontinuierliche Tageslicht und die höheren Temperaturen ansteigt.

Der Antarktisvertrag

Eine schmale Küstenspalte trennt die Eiszone vom Meer. Auf diesem Gebiet, das weniger als 2 Prozent des gesamten Kontinents ausmacht, lebt und brütet die Mehrheit der antarktischen Lebewesen.

Hier befinden sich auch die mehr als· 70 ständig besetzten Forschungsstationen aus über 20 Nationen.

Sieben der Nationen erheben territoriale Ansprüche auf den Kontinent, die im Antarktisvertrag von 1959 anerkannt, jedoch ausgesetzt wurden. Der Vertrag soll nämlich auch die Interessen der Staaten ohne rechtliche Ansprüche berücksichtigen. Zweimal im Jahr treffen sich beide Parteien, um über Erweiterungen des Vertrags und weitere Richtlinien für die zukünftigen Aktionen der berechtigten Staaten zu beraten.

Im Jahre 1978 trat schließlich die sogenannte Konvention zur Erhaltung der antarktischen Robben in Kraft, die die Pelztierjagd regulieren sollte und insgesamt drei Schutzreservate für die Robben entstehen ließ.

Im Jahre 1982, also 4 Jahre später, kam die Konvention zur Erhaltung der Lebewesen des Südpolarmeeres hinzu, die eine spezielle Kommission und einen beratenden Stamm von namhaften Wissenschaftlern einsetzte. Die Konvention zur Regulierung der Nutzung antarktischer Bodenschätze wurde im Jahre 1988 zwar unterzeichnet, ist jedoch bis auf den heutigen Tag noch immer nicht in Kraft getreten.

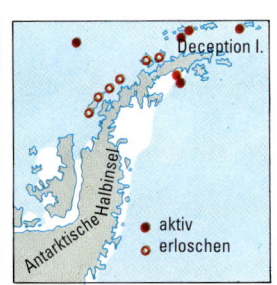

Deception I.

Antarktische Halbinsel

- aktiv
- erloschen

▲ **Die vulkanische Aktivität** in der antarktischen Region konzentrierte sich in den letzten Jahren vorwiegend auf Deception Island auf den südlichen Shetlandinseln. Die Vulkanausbrüche von 1967 und 1969 bedeckten die Insel mit Asche.

Das Becken des Südpolarmeers

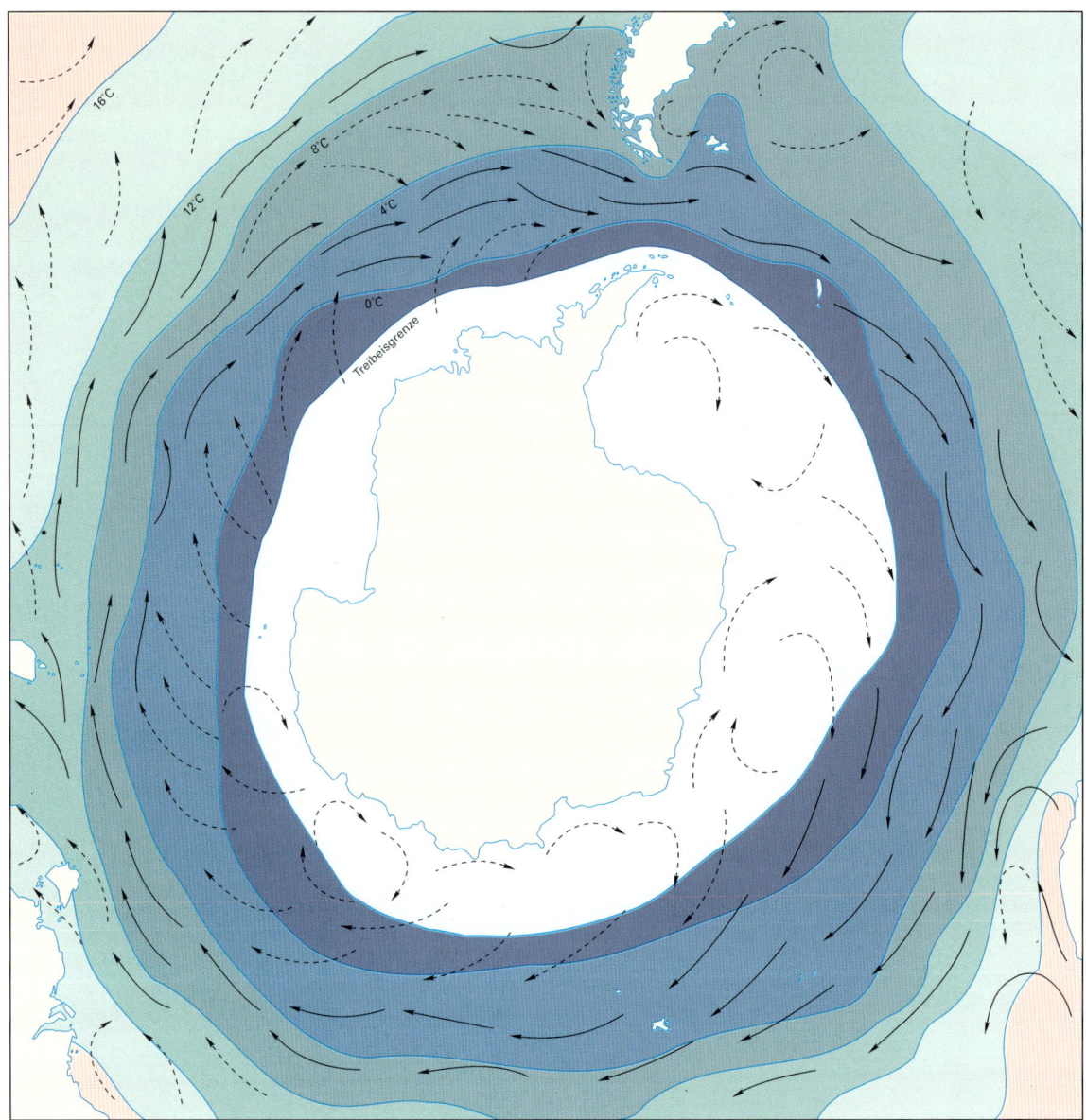

Das Südpolarmeer bedeckt ein fast 35 Millionen km² großes Gebiet, von dem mehr als die Hälfte im Winter zufriert. Im Sommer verbleiben nur ca. 3 Millionen km² Eisfläche. Mit zunehmender Sicherheit vermutet man, daß die jahreszeitlichen Veränderungen in der Eisbedeckung tiefgreifende Wirkungen auf das Meer und die atmosphärischen Zirkulationen des Gebietes haben. Die Eisdecke bewirkt den Austausch von Hitze und Feuchtigkeit zwischen Meer und Atmosphäre, was wiederum die Luftbewegungen und Strömungen beeinflußt.

Die Antarktis ist mit Temperaturen von 30°C in der zentralen Region während der zwei wärmsten Monate und -65°C im Winter der kälteste Kontinent. In einigen Regionen ist das Klima mit Durchschnittstemperaturen von 1°C im Dezember und Februar und Werten von -10° bis -20°C im Juli und August weniger extrem. Das lange Tageslicht im Sommer führt zu hoher Phytoplanktonproduktion.

Bathymetrie

Der Kontinentalsockel ist schmaler und tiefer als bei anderen Kontinenten. Er liegt in einer Tiefe von 370 bis 490 m, und zwischen dem äußeren Rand des Schelfs und dem Land befindet sich eine tiefe Senke. Diese resultiert vermutlich aus dem enormen Gewicht der Eisschicht, die auf die Landmasse drückt.

Unterhalb des Kontinentalsockels liegt das tiefe Meeresbecken, dessen nördliche Grenze der mittelozeanische Rücken bildet. Das Meeresbecken erreicht Tiefen von 4000 bis 5000 m und ist in das südostpazifische Becken, das südliche indische und das atlantisch-indische Becken durch Rücken unterteilt, die die Antarktis mit Amerika, dem Kerguelen Plateau und Tasmanien verbindet.

Meereszirkulation

Nördlich 60°S fließt das Südpolarmeer in allen Tiefen ostwärts. Der antarktische Zirkumpolarstrom bildet die Südgrenze der Wirbel des Atlantiks, des Pazifiks und des Indischen Ozeans. Südlich 60 °S fließt das Meer nach Westen. Beide Strömungen tragen zum nördlich gerichteten Kaltwasserfluß an der Oberfläche und in tieferen Schichten des Meeres bei.

In der nördlichen Hälfte des Südpolarmeeres bewegt sich das Wasser gewöhnlich unterhalb von 1800 m in südlicher Richtung, aber in der antarktischen Konvergenzzone steigt es steil bis auf wenige hundert Meter zur Oberfläche. Die subantarktischen Gewässer wiederum überlagern eine Kaltwassersäule, die in Tiefen von 1900 bis 3000 m vorkommt. Diese auffallende Übergangszone gilt als die eigentliche Grenze des Südpolarmeeres, wo das kühlere, dichte antarktische Oberflächenwasser unter das wärmere subantarktische fließt. An der Oberfläche ist anhand des starken Temperaturanstiegs von 1 bis 2°C und einer Änderung in der Zusammensetzung der Planktongemeinschaft deutlich die subantarktische Konvergenzzone erkennbar.

Etwa 10° weiter nördlich befindet sich die nicht klar begrenzte Konvergenzzone zwischen den subantarktischen und subtropischen Gewässern. Sie ist jedoch als Übergangszone von kälteren Wassermassen südlichen Ursprungs und wärmerem, salzhaltigerem Wasser aus höheren Breiten deutlich erkennbar.

Treibhauseffekt und Ozonloch
Für Forscher steht mittlerweile fest, daß die Temperatur der Erdoberfläche in den letzten 100 Jahren um etwa ein halbes Grad gestiegen ist. Obwohl es noch keinen Beweis für ein bedeutsames Schmelzen der antarktischen Eisschicht gibt,

überwachen die Wissenschaftler diese genau, denn das Schmelzen auch nur eines Teiles der Landeismassen hätte tiefgreifenden Einfluß auf den globalen Meeresspiegel. Im Gegensatz dazu erwarten einige Forscher in der Antarktis zunehmende Schneefälle, die die Eisdicke erhöhen und den Meeresspiegel senken würden.

Das sogenannte Ozonloch bereitet zur Zeit jedoch weitaus größere Sorgen. Es könnte in dieser Region die Bildung von Phytoplankton und Seetangen in entscheidendem Maße beeinflussen, da sie beide Basiselemente der antarktischen Nahrungskette bilden. Zunehmende Schäden in der atmosphärischen Ozonschicht haben das Eindringen großer Mengen ultravioletter Strahlen in die Meeresoberfläche zur Folge mit erheblichen Auswirkungen auf die Planktonproduktion. Kontinuierliche wissenschaftliche Beobachtungen und Analysen des antarktischen Systems sind zur Lösung dieser Ungewißheiten von großer Notwendigkeit.

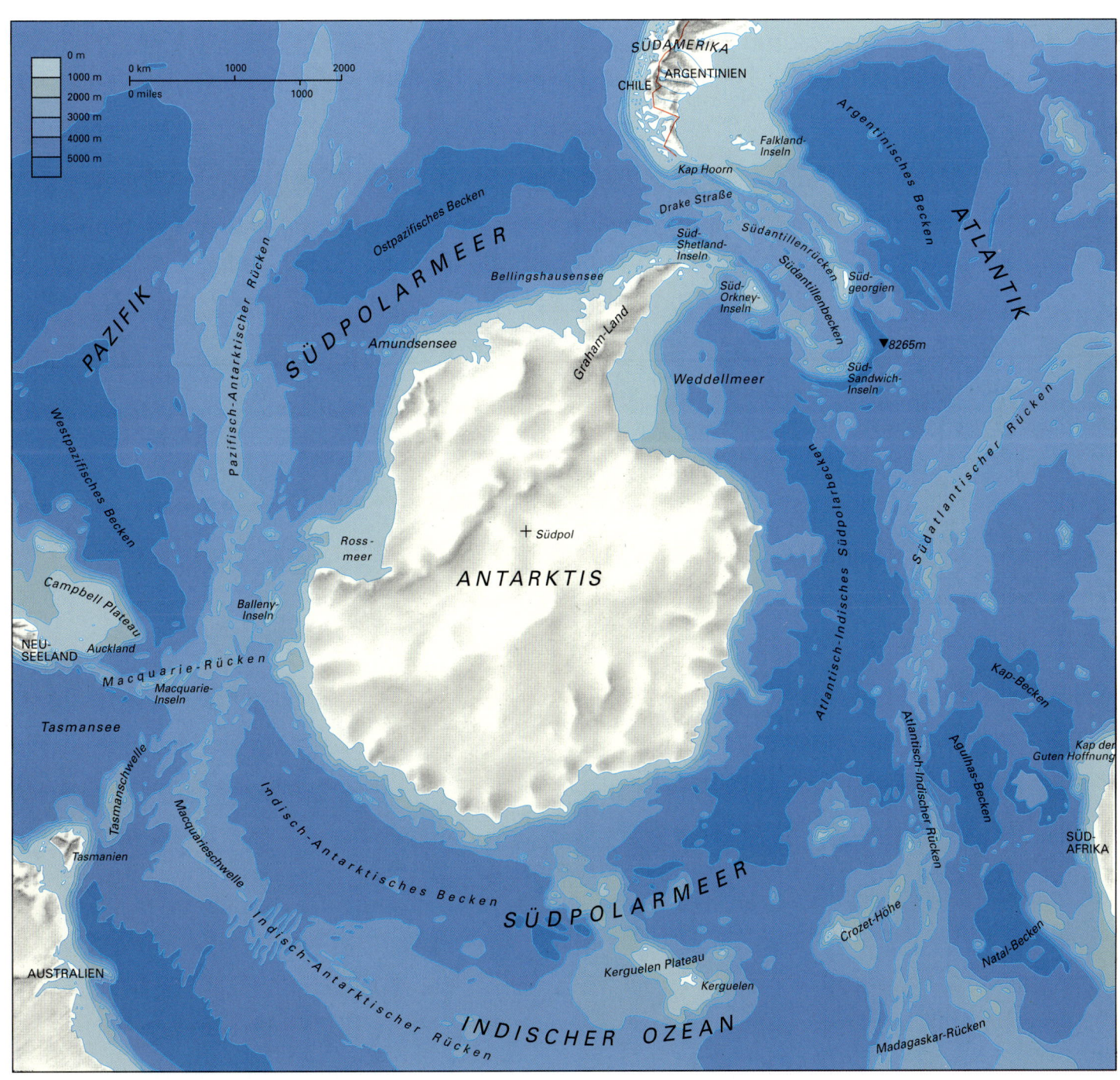

Ressourcen im Südpolarmeer

Die Geschichte der Ressourcennutzung auf dem antarktischen Kontinent ist seit jeher durch kurzsichtige Raffgier und Wettbewerb gekennzeichnet. Dies macht vor allem der dramatische Rückgang der Walbestände durch extreme Überfischung deutlich.

Im Laufe der letzten Jahre hat sich die Lage dank zahlreicher internationaler Verträge, deren Ziel es ist, die Nutzung der antarktischen Meeresressourcen angemessen zu regulieren, gebessert. Das Abkommen über die Mineralgewinnung in der Antarktis muß jedoch erst noch in Kraft treten.

Bodenschätze

In den Bergketten des antarktischen Kontinents befinden sich Eisen- und Kohlelager, und Tiefbohrungen der *Glomar Challenger* ließen im Sediment unter dem Rossmeer Gasablagerungen erkennen. Da der Kontinent Antarktis ursprünglich ein Teil der größeren Landmasse von Gondwana war, wird vermutet, daß auf dem antarktischen Kontinent mineralische Ressourcen verborgen liegen, die mit denen auf den südlichen Kontinenten vergleichbar sind.

Momentan verhindern die extrem hohen Kosten, die mit der Mineralgewinnung verbunden sind, deren Ausnutzung. Das unwirtliche Klima dieser Region, die enorme Dicke der Eisschicht sowie die Probleme, die beim Transport von Erz entstehen, stellen einen entscheidenden Schutz gegen eine völlig hemmungslose Ausbeutung der Region dar.

Wale und Walfang

Ungleich den Bodenschätzen werden die Lebewesen des Meeres, bestes Beispiel sind die Wale, in übersteigertem Maße ausgebeutet. Die ersten gefangenen Wale waren die Nordkaper (Glattwale), die man mit der einfachen Ausrüstung früher Walfänger jagte. Die Glattwale wurden wegen ihres Öles und der Knochen mit Handharpunen gejagt.

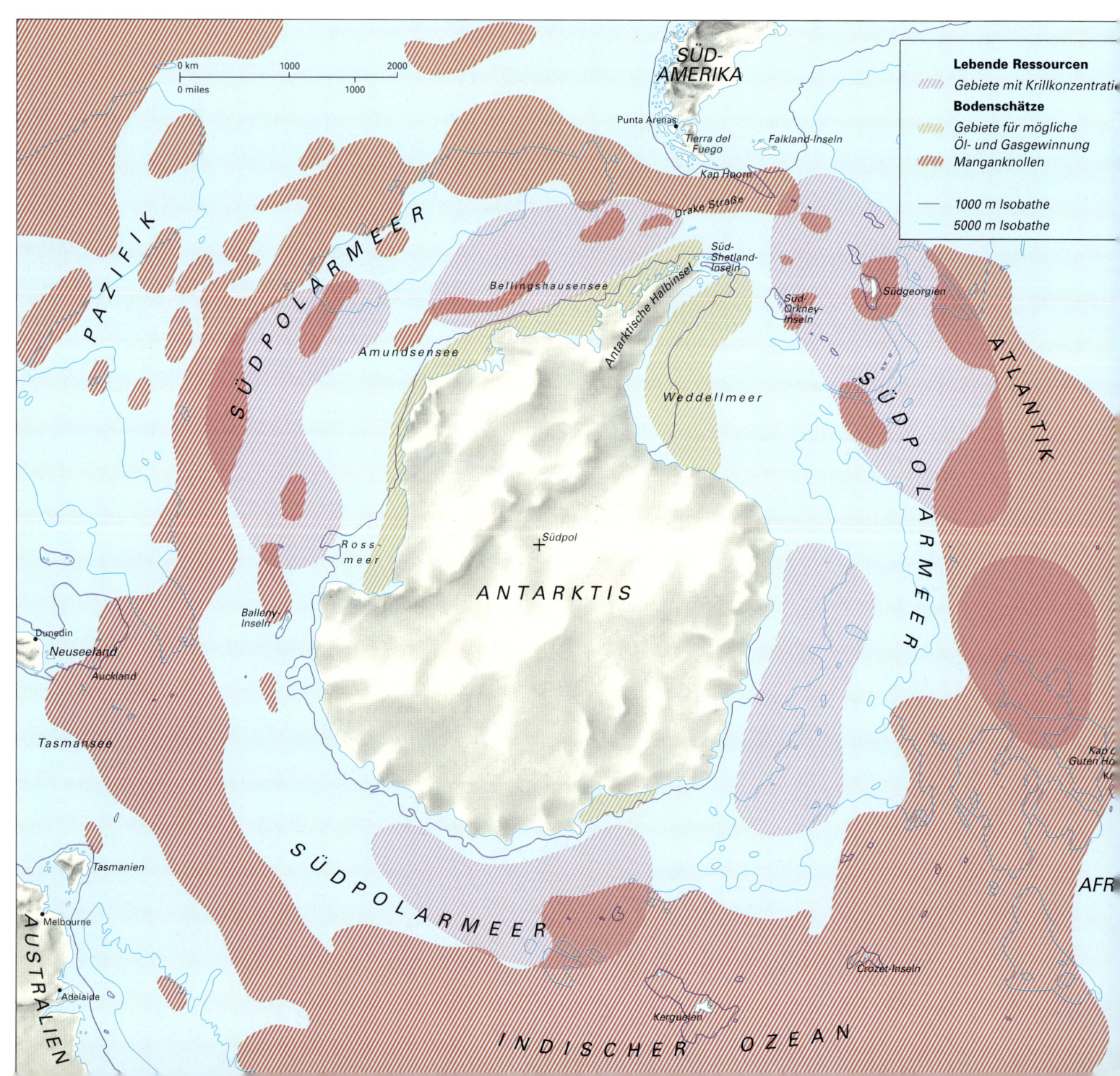

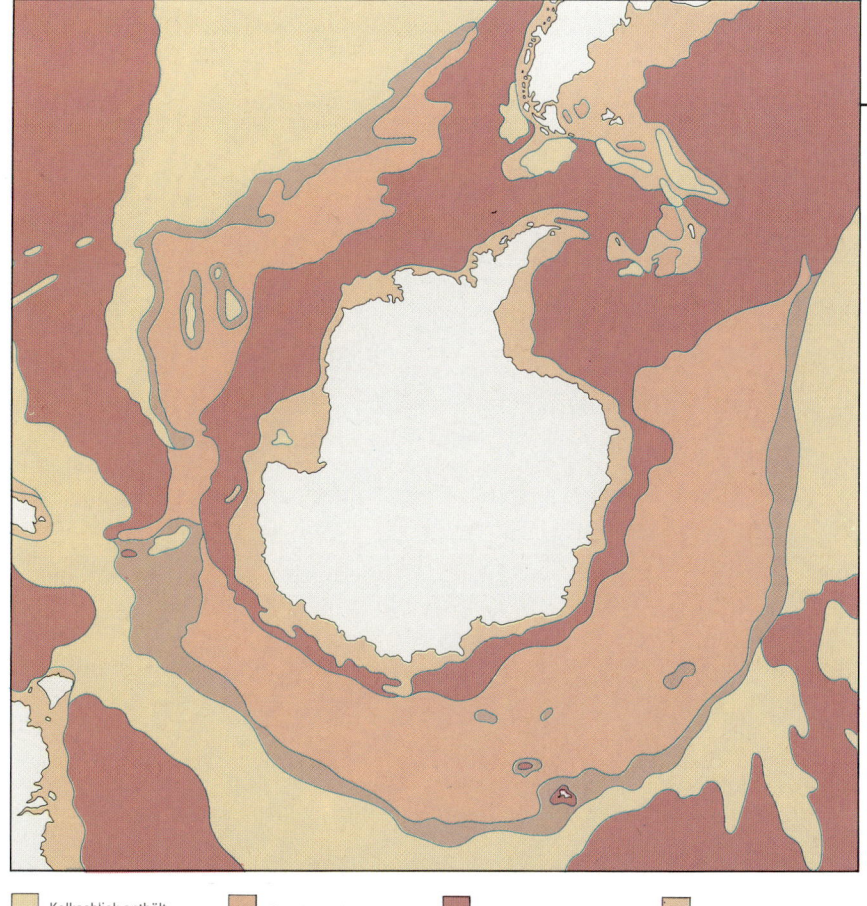

▲ Der Riesenseetang
(Macrosystis) *reicht aus Tiefen von bis zu 40 m bis zur Wasseroberfläche und kann eine Länge von über 55 m erreichen. Er wächst besonders kräftig um die Antarktis an subantarktischen Küsten nördlich 60°S und um die Falklandinseln herum. Für die Zukunft erhofft man sich die Verwendung dieses Tangs sowohl für Alginate als auch in der Lebensmittelindustrie.*

Kalkschlick enthält Foraminifera	Kieselschlick; überwiegend Kieselalgen, einige Radiolarien
Kalk-Kiesel-Schlick; beide über 30 %	Lehm- und Tonschlamm; rot, braun, grau, oliv; oft mit vulkanischem Schutt. Kalk oder Kiesel am Schlick, sandig in Landnähe
	Schelf- und Küstenlager; Meeresgletscherlager um die Antarktis; Kalksande und Kies um Neuseeland, Australien, Afrika

Bis zur Mitte des 19. Jahrhunderts verringerte sich der Bestand sowohl der nördlichen als auch der südlichen Glattwale in einem Maß, das den Walfang unrentabel machte. Gleichzeitig verlor die Pottwalindustrie infolge der Einführung anderer Öle an Bedeutung. Anfangs waren die großen Blau- und Finnwale für die primitiven Walfangboote zu schnell, doch mit Hilfe von Dampfschiffen und Sprengstoffharpunen gelang schließlich der Fang, und die Arten gewannen an wirtschaftlicher Bedeutung.

Der moderne Walfang, wie oben beschrieben, setzte in der Antarktis im Jahre 1904 ein, als in Südgeorgien die erste Walfangstation errichtet wurde. Schiffe legten in geschützten Gewässern in Festlandnähe an, wo die Wale direkt zerteilt und weiterverarbeitet wurden. Ab den dreißiger Jahren machten Fabrikschiffe eine Verarbeitung an Land unnötig. Schon bald operierten diese Schiffe den ganzen Sommer im Südpolarmeer.

In der Walfangsaison 1930/31 wurden insgesamt etwa 43 000 Wale getötet. Zur Zeit beträgt die Walpopulation nur noch etwa ein Sechstel bis ein Zehntel der Ursprungsbestände. Als schließlich einzelne Walarten völlig erschöpft waren, wandte sich die Industrie profitableren Arten zu. In den Jahren von 1927 bis 1936 galt z.B. der Buckelwal als unlukrativ und wurde von der Industrie durch den riesigen Blauwal ersetzt. In den Nachkriegsjahren folgte auf den Blauwal der Finnwal, der dann später durch die kleineren Wale, wie z.B. den Seiwal und den Großen Tümmler, ersetzt wurde.

Momentan leben nur noch schätzungsweise 500 Blauwale im Südpolarmeer, obwohl ihre Zahl einst bei rund 250 000 lag. Die Zahl der Seiwale ist ungewiß, da ihre gesamte Reichweite noch nicht bekannt ist, sie ist aber sicherlich in ähnlichem Ausmaß zurückgegangen. Buckelwale und Glattwale, die ursprünglich mit 100 000 vertreten waren, sanken auf unter 1000.

Der Status der Walbestände ist ungewiß, da diese Tiere sehr schwer zu erforschen sind. Es wird noch Jahrzehnte dauern, bis es sichere Anzeichen für die Regenerierung der erschöpften Bestände gibt.

Antarktische Pelzrobben
Weniger bekannt, aber genauso schockierend ist das Schicksal der antarktischen Pelzrobbe. Diese Art war bis 1820 praktisch ausgerottet, nachdem Hunderttausende Robben wegen ihrer wertvollen Felle abgeschlachtet worden waren. Die Bestände erholten sich zwar im Laufe der Zeit, fielen aber in den 1870er Jahren erneut Jagdaktionen zum Opfer. Momentan regenerieren sich die antarktischen Pelzrobben wieder.

Die Elefantenrobben, einst wegen ihres Öls gejagt, werden aufgrund der alternativen mineralischen Öle und der hohen Kosten, die bei der Verarbeitung entstehen, nicht mehr gejagt.

Krill, Tintenfisch und Fisch
Der starke Rückgang der Bartenwalbestände muß einen bedeutenden Einfluß auf die Krillpopulationen, von denen sie sich ernähren, genommen haben. Vor ihrer Bejagung haben die Bartenwale alleine jährlich schätzungsweise 190 Millionen Tonnen Krill pro Jahr konsumiert. Diese kleinen Krustentiere, die Nahrung aus dem Phytoplankton filtern, können im ausgewachsenen Alter Längen von etwa 5 cm erreichen. Die direkte Verarbeitung des Krills zu Tierfutter bildet gegenwärtig einen wichtigen Faktor des antarktischen Fischfangs.

Unsere gegenwärtigen Kenntnisse über die biologischen sowie wirtschaftlichen Bedingungen der Fisch- und Tintenfischressourcen im Südpolarmeer sind bislang leider noch zu lückenhaft, um die langfristigen Überlebenschancen der Tiere bei langfristigem Fang beurteilen zu können. Die Geschichte des Fischfangs auf der Nordhalbkugel und die des Kabeljau in subantarktischen Gewässern lassen jedoch vermuten, daß solche Arten nur maßvollen Fang überleben.

ENZYKLOPÄDIE DES MARINEN LEBENS

Prokaryonten und Eukaryonten

Alle lebenden Organismen gehören in eine von den zwei Gruppen: die Eukaryonten, deren Erbmaterial in Chromosomen in einem festen Kern in den Zellen angeordnet ist, und die Prokaryonten, ohne Kern und bestimmte Chromosomen. Die Blaualge, die früher als primitive Pflanzengruppe galt, wird heute den Bakterien zugeordnet, da sie keinen organisierten Kern oder Chromosomen besitzt. Bei manchen ähneln die Zellwände Pflanzen- oder Tierzellen.

Alle anderen Organismen sind Eukaryonten. Sie besitzen einen Kern, Chromosomenmaterial und in den meisten Fällen Organellen. Vielzellige Organismen weisen verschiedenartige zelluläre Schichten im Gewebe auf, Zellgruppen, die auf Reproduktion, Ausscheidung, Koordination, Bewegung, Anhaften etc. spezialisiert sind. Der Grad der strukturellen Komplexität in lebenden Organismen steigt allgemein in den höheren Gruppen, so haben z.B. Pilze und Algen im Vergleich zu höheren Pflanzen und Angiospermen eine einfache Struktur. Das Reich der Einzeller umfaßt einzellige Organismen, von denen einige Pflanzencharakter aufweisen, wie die Anwesenheit von photosynthetisierenden Pigmenten zeigt, während andere in Struktur und Lebensweise den Tieren ähneln.

Blaualgen und Bakterien

Die Blaualgen galten einst als eine Klasse der Algen, die Yanophyceae, sind aber den Bakterien ähnlicher als den niederen Pflanzen. Wie typische Algen sind die Blaualgen autotroph, sie betreiben Photosynthese und ihre photosynthetischen Pigmente geben ihnen ihre spezifische Farbe. Allerdings sind nicht alle Blaualgen blaugrün, einige sind gelb oder rot gefärbt, andere purpurrot oder schwarz, je nach dem Pigmenttyp, den sie enthalten. Einige Arten, wie Nostoc (Gallertalge), speichern Stickstoff aus der Atmosphäre in gleicher Weise wie Bakterien in Wurzelknollen vieler terrestrischer Pflanzen. Die meisten Meeres- und Blaualgen finden sich in seichtem Wasser, gebunden an andere Pflanzen oder Steine, während Rivularia *im Verbund mit einem Pilz die Lichina, eine Flechte im Zwischentidenbereich, bildet. Blaualgen können sich schnell vermehren, indem sie in wenigen Stunden Blüten bilden und Farbe ans Wasser abgeben. Der* Oscillatoria erythrea *(Schwingalge), einer roten Art, verdankt das Rote Meer seinen Namen.*

Meeresbakterien sind zwar vermehrt an Küsten zu finden, aber auch im offenen Meer kommen sie in Verbindung mit Plankton vor, und viele sind Saprophyten, die organische Materialien wie Chitin, Zellulose, Muscin und Fette abbauen. Wie auch die einzelligen Algen explodieren Bakterienpopulationen unter geeigneten Bedingungen, doch ihre geringe Größe im Vergleich mit dem kleinsten Planktonorganismus zeigt, daß sich nur wenige Tiere in der Suspension direkt von Bakterien ernähren können. Eine Gruppe von Ctenophoren, oder Meeresstachelbeeren, hat spezielle Filternetze für Bakterien entwickelt. Viele detritral ernährende Organismen, die Sand oder Schlamm aufnehmen, nähren die Bakterien, die sie von der Sandoberfläche aufstoßen, wenn der Sand durch die Därme zieht. Zersetzende Bakterien sind im Meer und an Land wichtig, während chemotrophe Arten die Basis für die Nahrungskette von submarinen Thermalquellen bilden. Die schwefelverarbeitenden Bakterien sind für die anaeroben Bedingungen des Gezeitenschlammes wichtig.

Das Reich der Pilze

Schimmel-, Hefe- und eßbare Pilze bilden eines der fünf Reiche der lebenden Organismen. Sie sind heterotroph, besitzen keine photosynthetisierenden Pigmente und unterscheiden sich von Bakterien dadurch, daß sie Zellkerne und Zellorganellen besitzen. Die mikrobielle Gemeinschaft in Meeressedimenten kann von echten Pilzen, besonders an Küstengewässern, begünstigt durch Süßwasserzufluß, der Pilzsporen enthält, beherrscht werden. Die vorherrschenden Pilze des Meeres sind die Hefepilze, die saprophytisch sind und sich von totem organischem Material, und anderen Pilze, die sich von Fisch und Weichtieren, ernähren. Ichthyophonus *z.B. ist ein bedeutender Kontrollfaktor der Heringspopulationen.*

Das Pflanzenreich

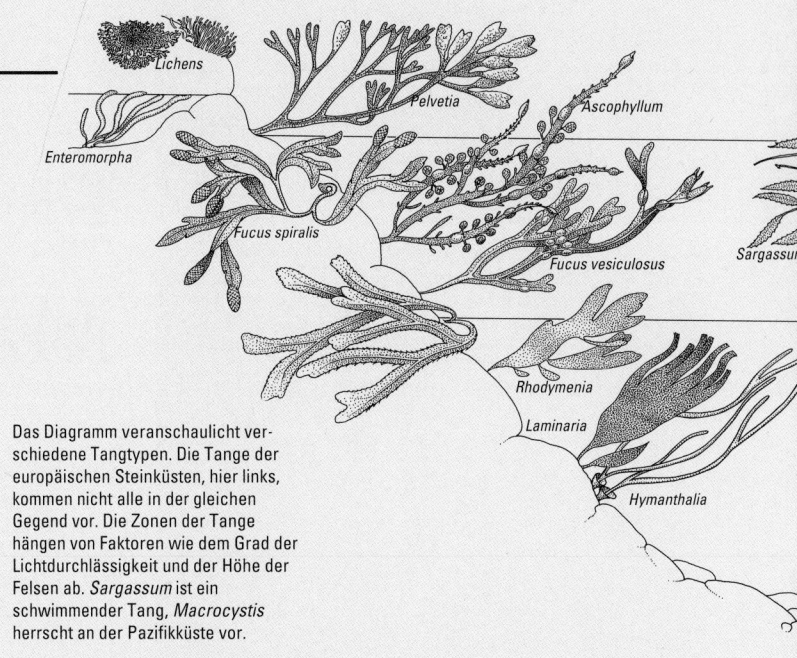

Allgemeine Einführung in die Botanik

Pflanzen bilden die Basis allen Lebens an Land und im Meer. Durch Umwandlung von Sonnenlicht in chemische Energie im Prozeß der Photosynthese (Autotrophie oder Selbsternährung) machen Pflanzen heterotrophen Organismen Energie zugänglich. Die Abhängigkeit der autotrophen Pflanzen vom Sonnenlicht begrenzt die Tiefenreichweite dieser Organismen. In seichten Küstengewässern können ein- und mehrzellige Algen, an die Nährbodenoberfläche gebunden, wachsen, während in tieferen Gewässern kleine Planktoneinzeller die Basis der Nahrungskette bilden.

Die Algen sind eine vielfältige Gruppe von Organismen, die früher als Teil der Prokaryonten, nämlich Mitglieder der Blaualgen, und der eukaryontischen Organismen, wie dem Meergras und einzelligen oder Kolonien bildenden Algen galten, von denen heute viele von Zoologen in ein eigenes Reich eingeordnet werden, wie die Protista (Einzeller) und einige spezielle Angiospermen oder höhere Pflanzen, wie die Meergräser.

Die Blaualgen sind den Bakterien näher als den niederen Pflanzen, obwohl sie photosynthetisieren. Die meisten Blaualgen leben in seichten Gewässern, entweder an anderen Pflanzen oder an Steinen anhaftend.

Das Diagramm veranschaulicht verschiedene Tangtypen. Die Tange der europäischen Steinküsten, hier links, kommen nicht alle in der gleichen Gegend vor. Die Zonen der Tange hängen von Faktoren wie dem Grad der Lichtdurchlässigkeit und der Höhe der Felsen ab. *Sargassum* ist ein schwimmender Tang, *Macrocystis* herrscht an der Pazifikküste vor.

OBERSTAMM DER ALGEN (ALGAE)

Diese Abteilung des Pflanzenreiches ist als extrem vielfältig einzustufen, da sie sowohl mikroskopische einzellige Organismen, die sich durch einfache Teilungen fortpflanzen, als auch extrem große Mitglieder, wie etwa der Blattang, der Längen bis 50 m erreichen kann, umfaßt. Die Tange sind relativ einfach strukturierte Pflanzen, die über komplexe Entwicklungsgeschichten und Fortpflanzungszyklen verfügen. Sie sind Vielzeller mit differenziertem Gewebe, das Schwimmzellen und Klammern zum Festhalten von Substrat sowie getrennte männliche und weibliche Organe besitzt.

Tange werden nach ihren Pigmenten unterteilt. Alle enthalten das grüne Pigment Chlorophyll-a, das verschiedentlich durch gelbe, braune oder rote Pigmente überlagert wird. Die Tange der typischen Steinküsten sind begrenzt, wobei Grünalgen sich oben in Tidenzonen finden, in tieferen Zonen durch braune Arten und noch tieferen von roten Arten ersetzt werden. Diese Zonen geben die Lichtdurchdringung verschiedener Wellenlängen wieder: rotes Licht durchdringt Wasser wenig, das blaue und das grüne Licht dringen am tiefsten ins Wasser ein. Die Komplementärfarben von Rot oder Braun ermöglichen diesen Arten, das Licht der blauen und grünen Wellenlängen zu absorbieren und schließlich zur Photosynthese zu nutzen.

Die Algen spielen eine wirtschaftlich wichtige Rolle, und die Tange haben in Südostasien eine lange Nutzungsgeschichte. Über 70 Arten werden vom Menschen verzehrt, und einige werden kommerziell als Quellen für Alginate, Jod und verschiedene gelierende und klärende Stoffe genutzt. Vielerorts wird Tang traditionell als Düngemittel benutzt, zum Teil versucht man kommerziell, aus Tangen Düngemittel zu gewinnen.

Braunalgen (Phaeophyceae)

Die Braunalge enthält Chlorophyll-c und verdankt ihre braune Farbe seinen Fucoxanthinpigmenten. Sie sind die weitverbreitetsten Pigmente und speichern als Nahrungsreserve das Kohlehydrat Laminarin. Sie reichen von einfachen fadenförmigen Typen bis zu großen Braunalgen, *Laminaria*, die lange blattartige Wedel, einen kräftigen Stengel und gut entwickelte Befestigungsvorrichtungen besitzen. Die einfachsten Braunalgen sind kleinere Arten wie z.B. *Ectocarpus*, das an der Oberfläche oder an anderen Algen haftend wächst, und *Cutleria*, deren Wachstum deutliche Unterschiede zwischen sexuellen und asexuellen Generationen aufweist. In speziellen Regionen des Pflanzenkörpers entstehen die Fortpflanzungszellen, und jede Zelle setzt einen einzelnen Zooid (einzelner Polyp) frei, der die sexuelle Phase der wechselnden Generationen bestimmt.

Die bekanntesten Brauntange sind die Fukoide, die an gemäßigten Steinküsten vorkommen und Luftblasen besitzen, die die Wedel im Wasser versorgen, während die Pflanze als ganze gegen Luft, hohe Temperaturen und Austrocknung resistent ist. Die meisten dieser Pflanzen werden zwischen zwei und vier Jahre alt, obwohl einige Arten langsamer wachsen und bis zu 19 Jahre alt werden können. Die Rekolonisation einer Steinküste, die von Tangen entblößt wurde, kann lange dauern, und das Weiden kleiner Weichtiere kann den Vorgang entscheidend mitbestimmen. *Sargassum*, ein brauner schwimmender Fukoid, kommt massenhaft in der Sargassosee vor und bildet die Heimat anderer Pflanzen- und Tiergemeinschaften, die an den Wedeln angeheftet leben, sich darin verstecken oder sich vom Tang ernähren.

In subtidalen Regionen des Meeresbodens wachsen die Braunalgen, die enorme Längen erreichen können und, wie etwa der sogenannte *Sargassum*tang, die Basis einer speziellen Gemeinschaft von Tieren, darunter z.B. Tellermuscheln, kleine schneckenartigen Weichtiere und Würmer, bilden. Diese Braunalgen repräsentieren ebenso die asexuelle Generation dieser Pflanzen, die sich mit der mikroskopisch kleinen, freilebenden sexuellen Generation abwechselt. Die enorm großen Braunalgen, *Macrocystis*, die an der Pazifikküste Nordamerikas vorkommen, können pro Tag, wenn sie regelmäßig geschnitten werden, um ca. 1,25 m wachsen und werden in vielen Gebieten als Quelle für Mannit, einen speziellen Zucker, Öl und Alginate geerntet.

Rotalgen (Rhodophyceae)

Diese Rotalgen erhalten ihre Färbung durch Phycocyanin-, Phycoerythrin- und Luteinpigmente und umfassen rosa-, lila- und purpurfarbene sowie rote und braune Arten. Anders als die Braunalgen enthalten diese Pflanzen ausschließlich das Pigment Chlorophyll-a. Die meisten Arten leben fest am Küstengrund und sind flach oder fadenförmig gebaut, obwohl einige Arten einzellige Planktonformen aufweisen. Verschiedene Rotalgen besitzen eine kalkhaltig verkrustende Form (z.B. *Lithothamnion*), und einige Arten sind für die Verfestigung von

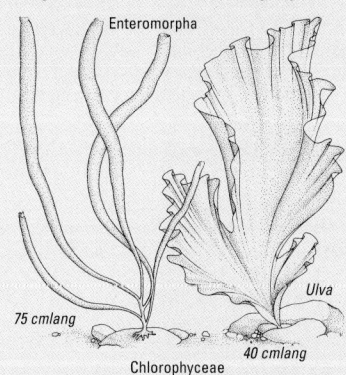

Korallenriffen wichtig. Andere werden zu Dünger verarbeitet, während die abgeflachte *Porphyra* in Japan gezüchtet und gegessen wird. Das wichtigste kommerzielle Produkt der Rotalgen ist die Wachstumshilfe Agar-Agor oder Karragan, die extensiv für Bakterienkulturen im medizinischen Bereich auf der ganzen Welt benutzt wird.

Grünalgen (Chlorophyceae)

Einige dieser Grünalgen sind einzellige Arten mit Flagellen wie *Pyramimonas* und *Tetrahele*, die im Plankton oder in Mündungs- und Küstengebieten vorkommen, während unbewegliche Formen, darunter die großen vielzelligen *Enteromorpha* und *Ulva* in intertidalen Zonen wachsen. Die Grünalgen enthalten die Pigmente Chlorophyll-b und Lutein und speichern Kohlehydrate, wie z.B. Stärke. In der *Caulerpa* trennen die Zellwände die Fortpflanzungsapparate und in Resten finden sich viele Kerne. Im Gegensatz dazu besitzt *Ulva* einen Kern pro Zelle. Einige der größeren Formen werden zum späteren Verzehr ge-

sammelt. Die meisten Arten sind größer als die Rotalgen und werden bis zu einem Meter lang, aber das Plankton als Picoplankton nur 0,2 bis 2 mm.

Prasinophyzeen (Prasinophyceae)

Diese planktonischen Grünalgen sind gewöhnlich mit vier, manchmal mit zwei oder einer Flagelle ausgestattet. Sie sind von den meisten Chlorophyceae dadurch zu unterscheiden, daß sie an den Flagellen und manchmal am ganzen Körper kleine Schuppen besitzen. Einige Arten bilden innerhalb eines kugelförmigen Schleimballes Kolonien. Die Trennung dieser Gruppe von den Chlorophyceae ist fragwürdig, da man heute weiß, daß die Schuppen, die ursprünglich als Merkmal dieser Gruppe galten, auch auf die Chlorophyceae zutreffen.

Kieselalgen (Bicillariophyceae)

Die einzelligen Kieselalgen sind extrem wichtig für die Nahrungsketten der Regionen des offenen Meeres, sind bedeutende Komponenten des Phytoplanktons sind. Sie bilden eine wichtige Nahrungsquelle für filtrierende Tiere, doch da sie allgemein relativ groß sind, können sie direkt von Kopepoden verzehrt werden. Kieselalgen besitzen kieselsäurehaltige Zellwände, die aus zwei überlappenden Klappen bestehen, die ein kleines Gehäuse mit einem passenden Deckel bilden. Die Löcher im Deckel erlauben den Nährstoffeinlaß und hängen mit dem Bewegungsablauf einiger Arten zusammen. Die Schale ist dichter als das Meerwasser, und daher besitzen viele Arten Sporen oder Härchen,

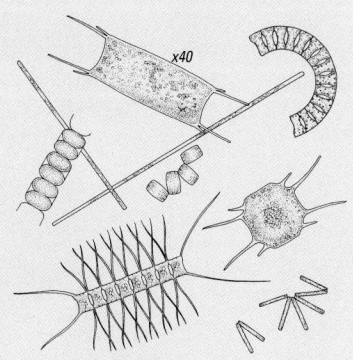

Bacillariophyceae (Kieselalgen)

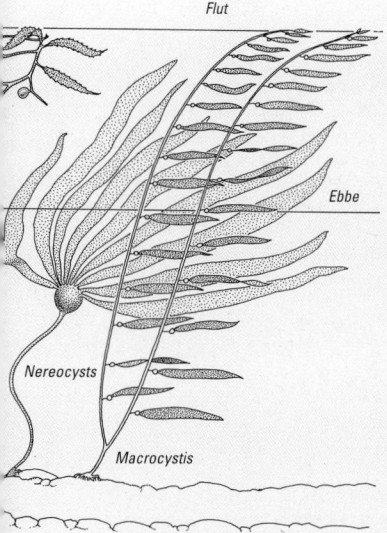

Flut

Ebbe

Nereocysts

Macrocystis

DAS REICH DER EINZELLER

Dieses Reich umfaßt ca. 50 000 Arten einzelliger Organismen, von denen der Großteil freibeweglich und heterotroph ist. Von den freilebenden Einzellern leben ca. zwei Drittel im Meer. Die Protozoen galten einst als Stamm des Tierreiches, obwohl einige autotroph sind und Chlorophyll und andere Pigmente enthalten, was die Entscheidung erschwert, ob sie den Tieren oder Pflanzen (Algen) zugeordnet werden sollen. Die unterschiedlichen Gruppen von Protozoen, werden heute allgemein als eigener Stamm der Einzeller eingestuft.

Einzeller leben im Meer, im Süßwasser oder als Parasiten in anderen Organismen. Gewöhnlich vermehren sie sich durch einfache Teilung, obwohl sie sich auch geschlechtlich fortpflanzen: die einzelnen Stämme werden gemäß ihrer Bewegungsmuster unterschieden: Die Sarcomastigophora bewegen sich durch Flagellen oder Pseudopodien, die Ciliophoren durch Wimpern. Die Sporozoen leben parasitär.

um durch Bewegungen damit nicht abzusinken und sich in einem Schwebezustand zu halten. Die Kieselalgenproduktion ist oft saisonal bedingt. Sie beginnt mit einer dichten Blüte, gefolgt von einem starken Rückgang, wenn geerntet wird und die Zufuhr an Nährstoffen durch die verschiedenen bekannten Ursachen sich verringert.

ANGIOSPERMEN

Die höheren Pflanzen des Meeres sind auf ca. 50 Arten einkeimblättriger Pflanzen beschränkt, die alle auf sekundärem Wege ins Meer gelangt sind. Sie wachsen in seichten Küstengewässern und wurzeln allgemein in den weichen Ablagerungen intertidaler und subtidaler Zonen. Tange bilden häufig enorm ausgedehnte Wurzelbetten, stabilisieren das das anfangs lose Bodensediment und stellen für viele Fischarten und Muscheln Brutstätten bereit. Die meisten Arten erzeugen Blüten, und die

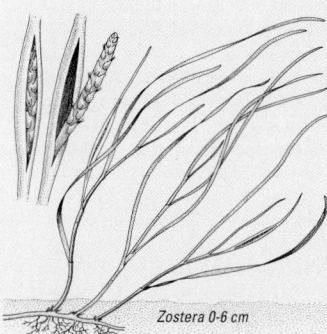

Zostera 0-6 cm

Befruchtung findet mit Hilfe schwimmender Pollen statt. Diese Pflanzen, wie z.B. die Mangroven, sind lebendgebärend. Sie keimen auf der Mutterpflanze, wachsen bis zu einer relativen Größe, lösen sich ab und leben dann eigenständig weiter.

Es wird angenommen, daß die Viviparie eine Anpassung an das fehlende Süßwasser darstellt, das von den schnell wachsenden Keimlingen benötigt wird. Obwohl das Tangzentrum mit bis zu 16 Arten an manchen Orten im westlichen Indo-Pazifik liegt, gibt es Tang auch im Mittelmeer, wo die *Posidonia* extrem stark verbreitet ist, und im gemäßigten Europa, wo die typische Art *Zostera* in den letzten Jahrzehnten zurückging.

STAMM DER SARCOMASTIGOPHOREN

Unterstamm der Mastigophoren

Mastigophoren, auch unter dem Namen Flagellaten bekannt, umfassen die Eugleniden und Volvociden, die von den Botanikern den Algenarten Dinoflagellaten und Euglenophyzeen zugeordnet werden. Eine Gruppe, die Chrysophyzeen oder goldbraune Alge, darunter die sogenannten Silicoflagellaten, werden von den Botanikern als eigene Klasse des Oberstammes der Algen, von den Zoologen jedoch als Chrysomonadida innerhalb der Mastigophoren gesehen, die überwiegend im Süßwasser leben, urnenförmige Silizidsporen erzeugen, während *Dictyota* und *Distephanus* interne Silizidskelette bilden. Silizidreste dieser Organismen sind in einigen Meeressedimenten aus dem Terziär bekannt. Die Xanthophyzeen oder gelbgrünen Algen enthalten zwar grüne Plastide, ähneln aber den Chrysophyzeen, unter denen *Vaucheria* mehrere Zentimeter lange grüne Wiesen in Salzmarschen bildet. *Meringosphaera* finden sich hingegen oftmals im tropischen Nanoplankton.

Die Euglenophyzeen sind bei den Botanikern pflanzenähnliche Einzeller und enthalten Chlorophyll-a sowie die Pigmente Xanthophyll und Karotin. Sie sind kleine einzellige Organismen und leben in Mündungsregionen und in Sand und Schlamm. Einige Arten sind farblos, saprophytisch und bewegen sich mit Hilfe der Flagellen, die wie ein Ruder eingesetzt werden. Einige Arten der Mastigophoren bilden gewaltige Kolonien mit hohlen Kugelstrukturen, die im Falle von Volvox bis zu 10 000 einzelne Tiere umfassen können. Cryptophyzeen sind estuarische Flagellaten, die in Symbiose mit anderen Tieren leben.

Die Dinoflagellaten sind motile einzellige Organismen mit zwei Flagellen, eine davon liegt in einer Rille um den Körper. Die Zellwände bestehen aus Zellulose, verbunden mit Sporopollenin, während andere Arten, wie *Ceratium*, über gepanzerte Zellwände verfügen. Etwa die Hälfte der Dinoflagellaten ist farblos und saprophytisch, während *Noctiluca* phosphoresziert. Dinoflagellaten werden wie die Kieselalgen relativ groß und sind wichtig im Phytoplankton. Einige Arten, darunter *Gonyaulax*, erzeugen giftige Algenblüten,wenn sie in besonders hoher Dichte auftreten.

Eine Gattung der Dinoflagellaten,

Symbiodinium, lebt in Symbiose mit Korallen und Riesenmuscheln. Sie finden sich innerhalb der Gewebe des Wirtstieres, von dem sie Kohlendioxid und Nährstoffe für ihr Wachstum und ihre Photosynthese erhalten. Sie wirken sich auf den Bau des Kalkskeletts aus und sorgen für Stickstoff. Die Korallen- und Riesenmuschellarven besitzen keine Symbionten und müssen sie im Laufe ihrer frühen Entwicklungsstufen erst erwerben. Wenn der Wirt wächst, nimmt auch die Gesamtzahl der Dinoflagellaten zu und der große Umfang kommt zustande bei den heimattypischen, riffbildenden Korallen mit Riesenalgen und ist ein Zeichen für ein wechselseitiges Wohlergehen der Gemeinschaft.

Unterstamm der Sarcodinen

Die Sarcodinen verfügen alle über Pseudopodien eines oder mehrerer Typen und umfassen zahlreiche wichtige Meerestiergruppen: die Amoebiden, Foraminiferen, Heliozoen, Rhizomastiginen und Radiolarien. Die Amöbe, die sich von den Pseudopodien ernährt, ist charakteristisch für diese Gruppe. Viele Amöben leben in toten Muscheln und Kuppeln mit vasenförmiger großer Öffnung, durch die sie herausschwimmen können. Die Muschel besteht entweder aus Mineralpartikeln, die vom Tier selbst gesammelt und zusammengefügt werden, oder aus kieselsäurehaltigen Proteinen.

Foraminiferen konstruieren Schalen aus Kalziumkarbonat, die sich durch ihre Mehrkammerigkeit von den Kuppeln der Amöben unterscheiden. Einige der größten verfügen über bis zu 5 bis 6 cm große Schalen im Durchmesser, die kleine Löcher haben, durch die das Tier dünne, verzweigende Protoplasmastränge ausläßt. Diese bilden ein Netz zum Fang von Kieselalgen und anderen kleinen Planktonorganismen. Andere Arten konstruieren Schalen von unterschiedlicher Form, die von einkammerigen Strukturen über komplexe Spiralen bis hin zu wechselförmigen Kegeln reichen. Die Mehrzahl der Foraminiferen ist entweder festwachsend oder freilebend. Am Boden lebende Tiere, wie z.B. die *Globigerina*, sind planktonischer Natur. Sie besitzen lange dünne Fäden, die dem Sinken entgegenwirken.

Radiolarien sind planktonisch und unterscheiden sich von den Foraminiferen durch ihre langen dünnen, protoplasmischen Auswüchse, die aus einer Hornnesselkapsel stammen, die den inneren Organismus von der äußeren Schwimmhaut trennt.

Radiolarien ernähren sich ebenfalls von gesammelten Partikeln durch Einsatz der protoplasmischen Fäden, wobei viele Arten durch aufwendig geformte Silizidskelette gekennzeichnet sind, die wie dreidimensionale Schneeflocken aussehen. Radiolarienskelette bilden den Radiolarienschlamm in den tropischen Tiefseebecken.

Die Rhizomastiginen sind eine merkwürdige Gruppe von Organismen, die den Radiolarien ähneln, denen aber eine zentrale Nesselkapsel und ein oder zwei Flagellen fehlen. Den Heliozoen fehlt ebenfalls die zentrale Nesselkapsel, und die protoplasmischen Fäden sind völlig anders angeordnet als bei den Radiolarien. Diese Tiere sind fleischfressend und sogar in der Lage, Fadenwürmern zu Leibe zu rücken.

STAMM DER SPORENTIERCHEN (SPOROZOA)

Diese Gruppe, unterteilt in die Apicomplexa und Microspora, besteht aus parasitären Arten, die in oder zwischen den Zellen eines Wirtstieres leben. Viele Arten fin-

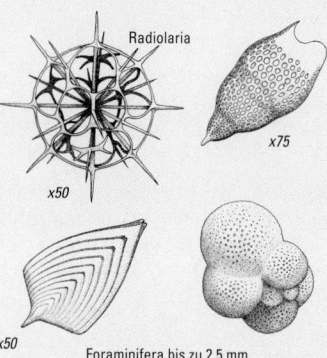

Radiolaria

x50

x75

x50

Foraminifera bis zu 2,5 mm

den sich im Darm wirbelloser Tiere oder in der Gallenblase und anderen Geweben von Wirbeltieren, einschließlich Fischen. Einige Sporozoen besitzen mehrere Zellkerne und können während ihres Lebens ein mehrzelliges Stadium durchlaufen. Sporozoeninfektionen treten zwar recht häufig auf, sind aber normalerweise für den Wirt relativ harmlos. In dichtbesiedelten Brutstätten und Schalentierlagern können sie jedoch problematisch werden.

STAMM DER WIMPERTIERCHEN (CILIOPHORA)

Dieser Stamm der Protozoen zählt mehr als 7000 Arten, die sich mit Hilfe von Wimpern fortbewegen und ernähren. Wimpertierchen kommen auch im Plankton vor. Anders als andere Protozoen besitzen sie zwei Zellkerne, während der Körper konstant und asymmetrisch ist. Einfache Formen sind an der Oberfläche und um den Mund herum mit Wimpern bedeckt, während andere , wie die Suctoria, die Wimpern abgelegt und giftige Fangarme entwickelt haben. Sie leben wie kleine Seeanemonen, gewöhnlich an Krustentieren festgewachsen und ernähren sich von anderen Wimpertierchen.

Das Tierreich

Allgemeine Einführung in die Zoologie

Obwohl im Meer eine Vielzahl von Tierarten lebt, sind hier weniger Arten anzutreffen als an Land, wo die Anzahl der Insektenarten sehr groß ist. Im Meer leben zahlreiche Organismen, die keine Entsprechungen bei den Land- oder Süßwassertieren haben. Deshalb ist die Meeresfauna hinsichtlich ihrer genetischen Vielfalt und der Schätzung bedeutend größer als die Tierwelt an Land.

Die chemischen und physikalischen Eigenschaften des Meerwassers haben die Evolution der Meerestiere in bedeutendem Maße bestimmt, so daß Meerestiere Größen erreicht haben, die sich niemals an Land hätten durchsetzen können. So jedoch werden ihre Massen vom Wasser getragen. Da die Pflanzen des Meeres, die die Basis der Nahrungsketten bilden, relativ klein sind, unterscheiden sich die Nahrungsketten des Meeres entscheidend von denen an Land. Kleines Phytoplankton wird von pflanzenfressendem Zooplankton verzehrt, das wiederum von größerem Raubzooplankton vertilgt wird, das schließlich von Fischen gefressen wird. Die Nahrungsketten im Meer tendieren allgemein zu mehr Schritten als an Land.

Ein weiteres Merkmal des marinen Ökosystems stellt der konstante Bestand oder die Biomasse der Organismen dar. An Land werden die unveränderlichen Bestände von den Pflanzen beherrscht, während die meisten Tiere vergleichsweise klein sind und in geringeren Dichten vorkommen. Im Gegensatz dazu reproduziert sich das winzige Phytoplankton in Generationszeiten von Stunden und Tagen. Es wird anschließend rasch von langsamer wachsenden Tieren wie dem Zooplankton gefressen.

STAMM DER SCHWÄMME (PORIFERA)

Die Schwämme sind sessile Tiere mit einer einfachen Körperform, bestehend aus zwei verschiedenen Zelltypen auf der inneren und äußeren Oberfläche. Mit Hilfe ihrer Wimpern erzeugen sie eine Wasserströmung, die durch unzählige Poren in das Tier ein- und ausfließt und aus der Futterpartikel herausgefiltert werden. Die inneren Wimperzellen sind für die Absorption von Nahrung verantwortlich. Schwämme weisen variierende Organisationsgrade auf. Die einfachste Form ist die des asconoiden Typs, einer tassenförmigen Struktur, der zwar die Falten in der Körperwand fehlen, deren innere Wand jedoch vollständig mit Flagellenzellen besetzt ist. Diese Form ist charakteristisch für kleinere Glasschwämme, während der syconoide Typ, bei dem die Wand gefaltet ist und die flagellierenden Zellen auf Taschen in der Körperwand beschränkt sind, größer werden kann. Die größten und komplexesten Schwämme sind die leuconoiden Typen, wo die Zentralkammer des Schwammes vollständig mit Gewebe ausgefüllt ist und die Passagen, die von den inneren Kanälen zu den Öffnungen führen, mit einer komplexen Reihe von Flagellenkammern versehen sind.

Obwohl die Schwämme, wie andere Tiere, vielzellig aufgebaut sind und einen Grad zellulärer Differenzierung erreicht haben, sind sie nicht so koordiniert wie höhere Tiere und ähneln in mancher Hinsicht eher Kolonien von Einzeltieren als einem komplexen vielzelligen Organismus. Manchmal werden die Schwämme in ein separates Tierreich, die Parazoa, eingeteilt, um sie von den Metazoa klarer abzugrenzen, deren Zellen und Gewebe komplexer strukturiert und in den meisten Fällen besser koordiniert sind. Einzelne Schwammzellen können auch in Abwesenheit anderer Zellen

fortbestehen: werden Zellen abgetrennt, können sie sich in einigen Fällen wieder vereinigen und einen neuen Schwamm bilden. Auf der Basis ihrer jeweiligen Bauprinzipien werden vier Schwammklassen unterschieden.

Glasschwämme (Hexactinellida)

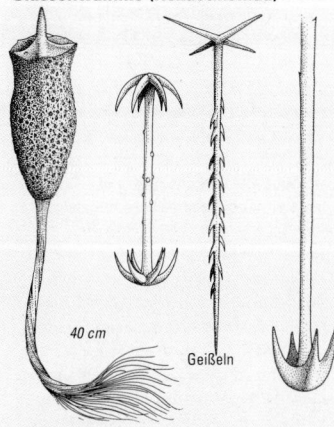

40 cm

Geißeln

Hexactinellida

Sie sind die primitivsten Vertreter aller lebenden Schwämme. Ihre Zellen sind um ein Gitterwerk aus Silizidgeißeln mit vier, fünf oder sechs Ästen angeordnet. Bei einigen Arten, wie z.B. *Euplectella*, dem sogenannten Venusblumenkorb, sind die Geißeln miteinander verbunden und bilden eine korbähnliche Struktur. Die meisten der lebenden Arten sind in tiefen Meeresregionen beheimatet, obwohl sie während der Jura- und Kreidezeit noch in allen Tiefen anzutreffen waren. Die noch bestehenden Arten sind im Tiefseeschlamm und anderen weichen Sedimenten verankert und besitzen enorm lange Geißeln, die ihre aufrechte Position

Kalkschwämme (Calcarea)

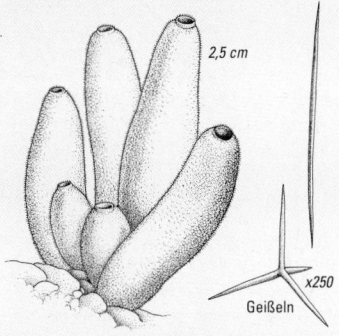

2,5 cm

Geißeln

x250

Kalkschwamm

in den Sedimenten sicherstellen.
Es sind meist kleine Küstenschwämme, die auf Steinen leben und über zwei, drei oder vier strahlenförmige Kalkgeißeln verfügen. Diese Schwämme sind in ihrer Struktur komplexer als die Glasschwämme, da sich die inneren Zellen generell auf Körpertaschen des Schwammes beschränken und keine einzelne zentrale Kammer ausfüllen.

Kiesel-und Hornschwämme (Desmospongia)

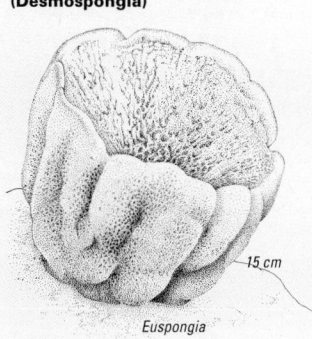

15 cm

Euspongia

Diese weitaus größte Klasse lebender Schwämme ist durch ein wesentlich komplexeres Kanalsystem und eine größere Vielfalt von Zelltypen gekennzeichnet, die die Innen- von den Außenschichten trennen. Wenn vorhanden, besteht das Skelett entweder aus Silizidgeißeln, schwammigen Fasern oder aus einer Mischung von beidem. Die kommerziell gesammelten Badeschwämme *Hippospongia* und *Euspongia* besitzen ausschließlich schwammige Fadenstrukturen. Eine der größten Arten ist *Hircinea gigantea*, die bis zu 50 kg schwer und ein Meter im Durchmesser werden kann.

Viele der Desmospongien sind leuchtend bunt und beherbergen häufig eine Anzahl kleiner Krebs- und Weichtiere, die ihre Nahrung aus dem einfließenden Strom entnehmen.

Sclerospongien

In dieser Schwammklasse gibt es nur wenige Arten, die zusätzlich zu einem inneren, ähnlich wie das bei den Desmospongien konstruierten Skelett, ein äußeres Gehäuse aus Kalziumkarbonat besitzen.

STAMM DER NESSELTIERE (CNIDARIA)

Vergleichbar den Rippenquallen, weisen die Nesseltiere eine radiale Symmetrie und einen komplexeren Organisationsgrad auf. Wie die Schwämme basiert ihr Körperbau auf zwei Zellschichten, die von einer nicht-

zellulären Faserschicht und Proteinen, den Mesogloea, getrennt werden. Das entscheidende Merkmal dieser Tiergruppe sind die stacheligen Zellen, die sogenannten Nematocysten oder Cnidocyten, die in Form und Funktion variieren, aber primär für die Nahrungsaufnahme da sind. Sie reichen von durchlässigen Formen mit giftigen Lösungen bis zu Typen, die kräuselnde Fäden ausstoßen. Die giftigsten Nesseltiere können Menschen töten, obwohl die Nematocysten an den Tentakeln gruppiert, vorrangig zum Beutehalten dienen. Die Beute wird dann

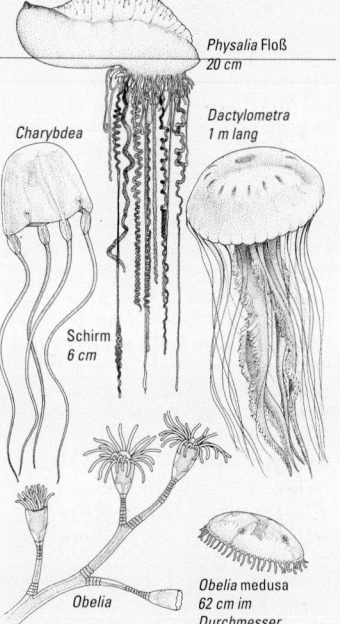

Physalia Floß
20 cm

Charybdea

Dactylometra
1 m lang

Schirm
6 cm

Obelia

Obelia medusa
62 cm im
Durchmesser

zum Mund im Zentrum des Tentakelrings geführt. Die einzigartigen Nematocysten werden von amöboiden Zellen hergestellt und durch die Bewegung dieser Zellen durch die Gewebe des Tieres an die Oberfläche der Fangarme transportiert. Nach einer Mahlzeit benötigen z.B. Anemonen sehr viel stärkere Stimulantien als zuvor, um ihre Nematocysten auszustoßen. Einige Tiere wie nacktarmige oder schalenlose Weichtiere ernähren sich von Nesseltieren und nehmen die Nematocysten mit auf. Diese werden dann in speziellen, an der oberen Oberfläche des Tieres befindlichen Organen als Schutz gespeichert.

Alle Nesseltiere haben den gleichen Bautyp: Der Mund ist von Fangarmen umgeben und öffnet sich zu einer zentralen Leibeshöhle. Der Mund fungiert gleichzeitig als After, durch den unverdautes Material wie Weichtierschalen und Krustentierskelette wieder ausgeschieden wird. Der Körperbau der Nesseltiere umfaßt zwei Basistypen, einmal die Polypen, sessile röhrenförmige Tiere mit einem aufwärts zeigenden Mund, sowie die freischwimmenden Medusen, deren Münder grundsätzlich nach unten zeigen. Diese beiden Bauprinzipien können sich in zwei aufeinanderfolgenden Generationen abwechseln oder gleichzeitig und nebeneinander in Kolonien auftreten.

Alle 9000 bis 10 000 Nesseltierarten sind Wassertiere, und die Mehrheit lebt im Meer, so etwa die Quallen, Hydrozoen, Seeanemonen und Korallen. Letztere sind für die Entstehung der Korallenriffe wichtig, geologischen Strukturen, die für die klaren nährstoffarmen Gewässer der tropischen Regionen bei Wassertemperaturen von 20 bis 30°C charakteristisch sind. Die hermatypen oder riffbauenden Korallen sind bekannt für ihre symbiotischen Algen, die dem Tier beim Skelettbau und Fressen kleinen Planktons helfen. Es gibt vier Klassen von Nesseltieren, von denen nur eine, nämlich die Hydrozoen, Süßwasserarten einschließt.

Hohltiere (Hydrozoa)

In der ca. 2000 Arten starken Klasse der Hohltiere sind die einfachsten Mitglieder der Nesseltiere mit einfachen Nervennetzen und nichtzellulären Mesogloen ausgestattet. Das Muskelgewebe ist für gewöhnlich schwach entwickelt, und die Mehrzahl der Hohltierpolypen ist relativ klein, obwohl *Branchiocerianthus* in Tiefen von mehreren tausend Metern vorkommt und bis zu 2 m lang wird. Die Wasserquallen oder freischwimmenden Quallen sind normalerweise einfach gebaut. In der gesamten Gruppe besteht eine rückläufige Tendenz der Quallen, die am elterlichen Polyp festgehaftet bleiben, wie die *Campanularia*, oder es bleiben ganze Generationen aus, wie im Falle der *Hydra*. Eine Ausnahme bei dieser Entwicklung bilden allerdings die *Trachylina*, deren Polyp unterdrückt wird und wo die Qualle somit der einzige Bestandteil des Körpers ist.

Bei vielen Hohltierkolonien ist eine Spezialisierung der Polypen zu beobachten, von denen einige zur Nahrungsaufnahme, andere zur Reproduktion, wie im Fall der *Obelia*, vorgesehen sind. Die höchste Spezialisierung weisen die Siphonophoren, wie *Physalia*, auf. Bei diesen Tieren existieren drei verschiedene Polypentypen. Der erste ist ein großer, hochspezialisierter Polyp, der Gas ausscheidet und als Floß dient, damit sich das Tier an der Wasseroberfläche halten kann. Die übrigen Polypentypen verfügen über besonders lange Fangarme und umfassen die spezialisierten Dactylozooiden, die besonders zahlreiche giftige Nematocysten und Gonozoiden besitzen. Unter den Siphonophoren ist eine evolutionäre Abnahme der Fangarme zu beobachten, die Länge der Tentakel nimmt jedoch zu und steigert so die Fangeffizienz. Eine Fischart, der sogenannte *Nomeus gronovii*, lebt zwischen den Fangarmen der *Physalia* verborgen. Dort bleiben diese Fische offensichtlich aufgrund der enorm giftigen Tentakel des Wirtstieres vor Angreifern geschützt.

Scyphozoen (Scyphozoa)

Die Klasse der Scyphozoen umfaßt etwa 250 Nesseltierarten, darunter sind auch einige der größten bekannten Nesseltiere, wie z.B. die *Cyanea* mit einem Durchmesser von 2 bis 3 m und bis zu 800 und mehr Fangarmen, die Längen von bis zu 60 m erreichen. Die Mehrzahl der Mitglieder dieser Klasse sind freischwimmende Quallen, obwohl die Stauromedusae, wie etwa die *Haliclystus*, sessile, bodenhaftende Tiere sind.

Für gewöhnlich sind die Scyphozoen komplexer strukturiert als die Hohltiere, weisen als Gruppe aber eine weniger

variationsreiche Körperform auf. Die bekanntesten Scyphozoen sind die kleinen Quallen wie *Aurelia* und *Cyanea*, die sich durch Muskelkontraktionen des Schirms fortbewegen. Die Mehrzahl dieser Formen ernährt sich von kleinen Planktonorganismen, die im Schleim des Tieres sitzen. Diese Partikel werden von vier oralen Armen zum Mund geführt. Die Kronenform, die in tiefen Gewässern vorherrscht, besitzt einen Schirm aus einem Ring blattförmiger Strukturen, die jeweils einen einzelnen Fangarm beherbergen. Den Rhizostomen fehlen hingegen die Fangarme am Rand, und ihre oralen Arme um den Mund herum verbinden sich zu einer röhrenförmigen Struktur. Diese Tiere leben in flachen Wassern der Tropen und Subtropen.

Wie der Name schon verrät, sind die Würfelquallen würfelförmig gebaut, mit einem an vier Seiten abgeflachten Schirm. An jeder Ecke des Gehäuses hängen ausgebreitete Fangarme mit den extrem giftigen Nemytocysten. In der Mitte jeder Seite befinden sich kleine Sinnesorgane, die aus Gleichgewichtsorganen und sechs kleinen, lichtempfindlichen Organen bestehen. Diese erlauben dem Tier, seine Lage im Wasser konstant stabil zu halten, und zwar mit Hilfe von Kontraktionen der Schirmmuskeln, die das Wasser aus der zentralen Leibeshöhle herauspressen. Die Besonderheiten dieser Gruppe haben einige Forscher veranlaßt, sie als separate Klasse, die Cubozoen, zu betrachten.

Korallentiere (Anthozoa)

Diese insgesamt größte Nesseltierklasse umfaßt ca. 6000 bis 8000 Arten Korallen- und Seeanemonen. Die Korallen zeichnen sich durch eine Grundpolypenform aus, in der die zentrale Magenhöhle durch Septen geteilt wird, die somit die Verdauungsoberfläche vergrößern. Sie besitzen einen nach oben gerichteten Mund, umgeben von einem Ring Fangarme, im Falle der Octocoralia sind es acht verzweigte Fangarme, bei den Seeanemonen und wahren Korallen sechs oder ein Vielfaches davon.

Die Korallentiere sind in zwei Unterklassen eingeteilt, nämlich die Octocoralien und die Zoantherien. Letztere ist nochmals in die Seeanemonen (Actinaria) und echte steinige Korallen (Madreporia oder Sceleratinia) aufgeteilt.

Die Seeanemonen sind ziemlich träge und sessile Tiere, obwohl sich einige Arten, wie *Stomphia*, mit Hilfe von peitschenden Bewegungen des Körpers von einer Seite zur anderen bewegen

können. Unter ihnen findet sich ein interessantes Beispiel für Schmarotzer, nämlich die Art *Calliactis parasitica*, die in Verbindung mit einem Einsiedlerkrebs lebt. Obwohl beide Partner alleine überleben können, sind sie gewöhnlich miteinander verbunden. Ein ähnlicher Verbund kommt zwischen der Anemone *Adamsia palliata* und dem Einsiedlerkrebs *Eupagurus prideauxi* vor. Hier wurde beobachtet, daß der Krebs die Anemone ernährt, indem er Futter in ihren Mund legt. Große Anemonen, wie z.B. *Stoichactis*, fungieren als Wirte der leuchtend bunten Anemonenfische, die in den Fangarmen Schutz finden und sich dort vor größeren Raubfischen verbergen.

Die wichtigsten und gleichzeitig auffallendsten Mitglieder dieser Gruppe sind die steinigen riffbildenden Korallen, deren Skelette aus Kalziumkarbonat (Kalk) bestehen und massive geologische Strukturen wie das australische Große Barrier Riff bilden. Die individuellen Korallenpolypen ähneln kleinen Seeanemonen, sind in Kolonien angeordnet und durch Seitenfalten der Körperwand miteinander verbunden. Jeder Polyp sitzt innerhalb einer Einheit des Korallenskeletts, in dem er vor Raubfischen sicher ist. Einige, z.B. *Fungia*, sind Einzeltiere, wobei die einzelnen Polypen bis zu 25 cm im Durchmesser groß werden können, während andere, z.B. *Acropora*, als verzweigte Kolonien wachsen. Einige Arten wie *Porites* bilden in den Lagunen oder Riffsystemen große Blöcke oder Mikroatolle. Die auffallenden Variationen innerhalb des Skelettwachstums spiegeln die Unterschiede der Wellenenergie: die schwächeren Formen leben in großen geschützten Arealen, die kompakteren sind in den ungeschützteren Gebieten Wellen und Brandung ausgesetzt.

Die Antipatherien oder Schwarzkorallen haben ihre Polypen um ein schwarzes horniges Skelett angeordnet, das für die Schmuckherstellung sehr begehrt ist und daher hohe Preise erzielt. Die Octocoralien, einschließlich der Feder-, Fächer-, Peitschen- und Pfeifenkoralle, bei denen die Polypen relativ klein sind, wachsen in Kolonien und werden von einem zentralen Gorgoninskelett getragen. Im Falle der Edelkoralle *Corallium* besteht das Skelett aus verschmolzenen Kalkgeißeln. Diese sind ebenfalls bei weichen Korallen zu beobachten, während die Orgelpfeifenkoralle ein rotes röhrenförmiges Skelett besitzt, das in der traditionellen asiatischen Medizin Verwendung findet.

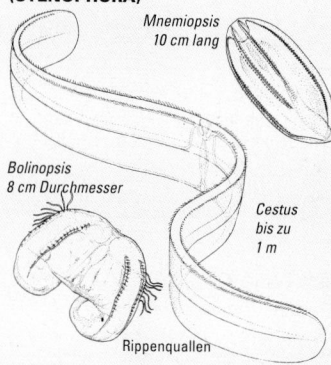

Mnemiopsis
10 cm lang

Bolinopsis
8 cm Durchmesser

Cestus
bis zu
1 m

Rippenquallen

Die transparenten und hübschen Rippenquallen sind eine bemerkenswerte Gruppe von etwa 50 Tierarten, von denen viele nachts lumineszieren. Wie die Nesseltiere sind viele Rippenquallen radial symmetrisch, obwohl bei genauerer Betrachtung eine biradiale Symmetrie erkennbar wird. Sie besitzen auch Zellen, die Colloblasten, die große Ähnlichkeit mit den Nematocysten der Nesseltiere haben. Ungleich diesen besitzen sie acht Reihen verbundener, kammartig angelegter Wimpern für die Fortbewegung.

Rippenquallen zeigen kaum typische Körpermerkmale der Nesseltiere, aber wie sie bestehen sie aus zwei Zellschichten, einer äußeren Epidermis und der inneren Gastrodermis.

Die meisten Arten leben im Meer, und die Klasse der Tentaculaten besitzt zwei verlängerte Fangarmpaare, die das Tier beim Schwimmen herunterzieht. Einige Arten der Gruppe führen ein kriechendes bodenhaftendes Leben. Die Klasse Nuda besitzt hingegen gar keine Fangarme, und eine andere hat sich auf den Verzehr anderer Ctenophoren spezialisiert. *Pleurobranchia* verfügt über eine kugelförmige Gestalt und gilt als primitives Mitglied dieses Stammes. Im Gegensatz dazu besitzt *Cestum*, der Venusgürtel, einen länglich flachen Körper und kann sich durch seitliche Wellenbewegungen des Körpers und Schlagen der Kammreihen fortbewegen. Diese Gruppe umfaßt einige der größten Rippenquallen, die bis zu 1 m Länge erreichen.

Die 12 000 bis 15 000 Plattwurmarten sind in Wirklichkeit gar keine Würmer, sondern abgeflachte zweiseitige, symmetrische und ungeteilte Tiere, die keine sekundäre Leibeshöhle (Coelum) besitzen. Die äußere Epidermis ist mit feinen Wimpern besetzt, und der Darmkanal, falls vorhanden, besitzt keinen After. Gewöhnlich sind diese Tiere Zwitter, obwohl es durch Fremdbefruchtung zur Erzeugung von Eiern kommt. Unter den Plattwürmern gibt es sowohl parasitäre als auch freilebende Formen, wobei die höher entwickelten parasitären Formen die bemerkenswerteren Lebensmuster aufweisen. Hierzu gehören die spezialisierten Strukturen zum Anbinden an den Wirt, ihre Resistenz gegenüber dessen Verdauungsenzymen sowie ihre äußerst komplizierten Lebenszyklen. Bei einigen Arten kann die Heimsuchung durch einen derartigen Parasiten das gesamte

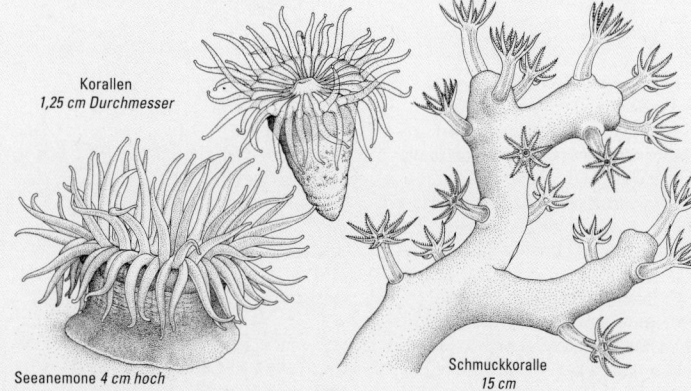

Korallen
1,25 cm Durchmesser

Seeanemone 4 cm hoch

Schmuckkoralle
15 cm

Abwehrsystem stören, wogegen unterschiedliche Fischgruppen von verschiedenen Parasiten betroffen sind: insgesamt zwölf Familien infizieren die Knochenfische, fünf attackieren die Elasmobranchen, vier die Rattenfische oder Holocephali und nur zwei die Chondrostei oder Knorpelfische. Dies läßt vermuten, daß die Knochenfische die erste Wirtsgruppe waren.

Unter den Plattwürmern gibt es vier Klassen: die Strudelwürmer, die Bandwürmer und die Monogenea und Digena, die häufig als eigene Gruppe, die Trematoden, betrachtet werden.

Strudelwürmer (Turbellaria)

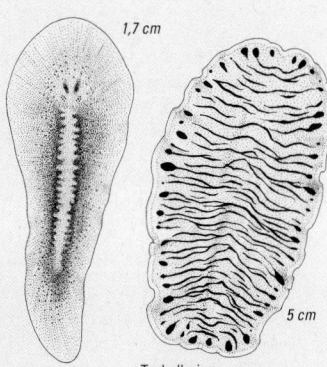

Turbellarien

Die Strudelwürmer leben hauptsächlich im Meer, einige im Süßwasser und an Land; alle sind freilebend, obwohl eine Gattung, *Bdelloura*, in den Kiemen des Hufeisenkrebses und einige Arten im Verbund mit Krebsen und Weichtieren leben. Die Mehrheit ist kleiner als 1 cm, einige Arten erreichen 2 cm. Diese Tiere sind Fleischfresser und gleiten mit Hilfe ihrer Wimpern und einem Schleimfilm, der von den Drüsen der Epidermis gebildet wird, über den Untergrund. Die einfachste Gruppe, die Acoelen, besitzen keinen Darm, sondern einen Muskelschlund, die höher entwickelten Polycladen und Tricladen hingegen verfügen über die Darmstruktur, im Falle der Polycladen in zahlreichen Verästelungen und bei den Tricladen in Form von drei Ästen angelegt. Einige Arten sind leuchtend bunt, die meisten allerdings sind braun oder schwarz. Die Gattung *Convoluta*, die Algensymbionten enthält, kann die Oberflächen sandiger Gebiete in flachen Gewässern einfärben.

Digena (Digenea)

Die Digena sind Entoparasiten, die im Laufe ihres Lebens normalerweise mindestens zwei, manchmal bis zu vier verschiedene Wirte aufsuchen. Eine freischwimmende Wimpernlarve tritt anfangs in den primären Weichtierwirt ein und vervielfältigt sich, bis Tausende schwimmende und mit Schwänzen versehene Larven hervortreten. Diese dringen in andere Wirte oder direkt in den Endwirt, ein Wirbeltier, ein, wo sie heranreifen und der Kreislauf erneut beginnt.

Die voll entwickelten Digena besitzen zwei Saugorgane, eine resistente Außenepidermis und einen zweilappigen Darm. Der überwiegende Teil des Innenraums des Tieres wird jedoch von den Fortpflanzungsorganen eingenommen.

Monogena (Monogenea)

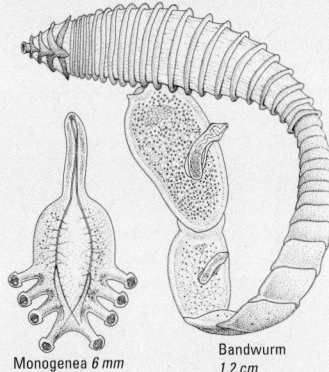

Monogenea 6 mm   Bandwurm 1,2 cm

Hier haben wir es ebenfalls mit parasitären Saugwürmern zu tun. Doch anders als die Digena infizieren sie nur eine einzige Wirtstierart, ein Wirbeltier. Die freischwimmenden Larven befallen den Wirt auf direktem Wege. Die erwachsenen Tiere sind externe Fischparasiten, die sich mit Hilfe eines speziellen Organs, dem Opisthaptor, das an der Rückenseite des Tieres liegt und der Befestigung am Wirt dient, von Blut und Hautgewebe ernähren. Einige Arten sind interne Parasiten, einer davon beispielsweise im Darm von Rattenfischen.

Bandwürmer (Cestoda)

Erwachsene Bandwürmer leben im Darm von Wirbeltieren und sind durch Saugorgane und Haken, die an der Vorderseite des Tieres liegen, befestigt. Ihr Körper ist in Sektionen oder Proglottiden unterteilt, und der Darm fehlt, da der Hauptteil des Körpers von der Gebärmutter ausgefüllt ist. Normalerweise suchen diese Tiere nacheinander zwei oder drei Wirte auf, von denen der letzte gewöhnlich sehr speziell ist. So gibt es Bandwürmer, die zwischen zwei Haiarten unterscheiden.

STAMM DER SCHNURWÜRMER (NEMERTINEA)

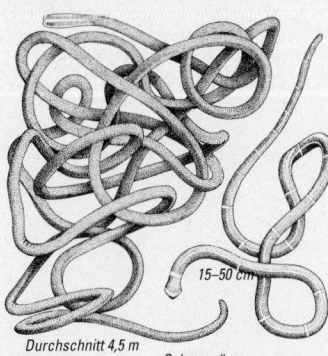

Durchschnitt 4,5 m   15–50 cm   Schnurwürmer

Die 600 Arten der Schnurwürmer sind wie die Plattwürmer kriechende Tiere und verfügen über eine mit Wimpern versehene Epidermis. Sie sind sehr erfolgreiche Räuber und fangen und verzehren ihre Beute mit Hilfe von langen Rüsseln, die mit scharfen Griffeln, in der Klasse Enopla, nicht bei Anopla, versehen sind.

Die meisten Arten sind nur einige Millimeter, maximal 1 cm lang, obwohl der typische Schnürsenkelwurm (*Lineus longissimus*) eine Länge von bis zu 5 m erreichen kann. Ein Großteil der Arten

lebt im Boden des Meeres, einige wenige Arten vergraben sich im schlammigen Grund, andere wieder sind in enormen Tiefen anzutreffen (abyssal oder pelagisch).

STAMM DER MESOZOEN (MESOZOA)

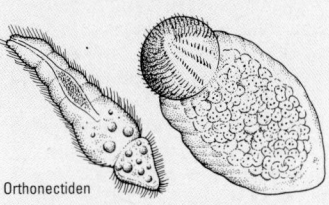

Orthonectiden

Dieses ist eine merkwürdige Gruppe winziger, wurmartiger Tiere 50 bekannter Arten. Alle sind interne Parasiten von wirbellosen Tieren wie Plattwürmern, Schnur- und Ringelwürmern oder Weichtieren und Stachelhäutern und zeichnen sich durch einen ungewöhnlich soliden zweischichtigen Körper aus. Ihr Lebenslauf ähnelt dem der parasitären Protisten. Die einfachste Anordnung, die Orthonectiden, besitzen getrennte Geschlechter und verlassen nach dem Erreichen der Reife ihren Wirt. Die Eier werden im Körper des Weibchens befruchtet und entwickeln sich zu Wimpernlarven, die einen neuen Wirt befallen. Die Dicymiden beschränken sich auf die Nieren von Sepie, Tintenfischen und Kraken. Dieser Stamm wird als degenerierte Plattwurmklasse, als frühe metazoische Ableger angesehen.

STAMM DER GNATHOSTOMULIDEN (GNATHOSTOMULIDA)

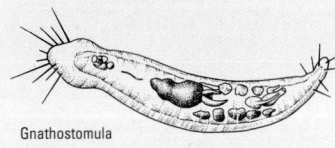

Gnathostomula

Er enthält ca. 80 Arten 0,5 bis 1 mm kleiner Würmer, die zwischen Sandkörnern leben. Sie verfügen über längliche Körper mit bewimperter Epidermis und ernähren sich von Bakterien und Pilzen, die mit einem Paar zahnartiger Strukturen aufgegriffen werden. Atem- und Ausscheidungsorgane besitzen sie nicht. Zur Befruchtung dringt das Männchen mit einem Kopulationsorgan durch die Körperwand des Weibchens. Die Eier werden durch einen Riß in der Körperwand des Weibchens ausgestoßen.

PSEUDOCOELOMATISCHER STAMM UND OBERSTAMM DER SCHLAUCHWÜRMER (ASCHELMINTHES)

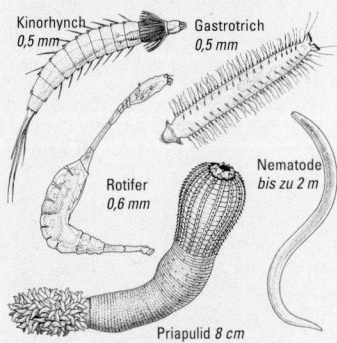

Kinorhynch 0,5 mm   Gastrotrich 0,5 mm
Rotifer 0,6 mm   Nematode bis zu 2 m
Priapulid 8 cm

Sechs wirbellose Stämme besitzen keine Leibeshöhle, sondern ein Pseudocoelam

(Körperhohlraum) ohne Membranhäutchen, der durch Trennungen des Mesoderms oder der mittleren Körperschicht entstanden ist. Früher wurden fünf dieser Stämme als Klassen des Stammes der Aschelminthen behandelt. Die Mehrheit der Wissenschaftler erkennt aber mittlerweile die Unterschiede zwischen diesen fünf Gruppen bezüglich ihrer Trennung in individuelle Stämme innerhalb des Oberstammes der Aschelminthen. Ein sechster, pseudocoelomatischer Stamm, die Kratzer, weist Unterschiede zu anderen Stämmen auf und wird deshalb nicht diesem Oberstamm zugeordnet.

Der Oberstamm der Aschelminthen umfaßt wurmartige Tiere, denen zwar eindeutige Köpfe fehlen, die aber dennoch an der Vorderseite einen gewissen Grad an radialer Symmetrie aufweisen. Diese Tiere besitzen ein vollständig ausgebildetes, aus Mund und After bestehendes Verdauungs- sowie ein einfaches Fortpflanzungssystem. Atem- und Kreislaufsystem fehlen allerdings. Weitere wichtige Kennzeichen der Gruppe bilden die geringe Anzahl der Körperzellen sowie die Anwesenheit einer äußerst gut entwickelten Knochenprotein-oberhaut auf der Epidermis.

STAMM DER FADENWÜRMER (NEMATODA)

Hier haben wir es mit einem riesigen Stamm zu tun, und obwohl bisher erst ca. 10 000 Arten erfaßt worden sind, wird sein Umfang auf 500 000 Arten geschätzt. Sie sind klein und unscheinbar, und zusätzlich zu der großen Verteilung der Arten existieren unzählige Einzeltiere – ein verfaulter Apfel kann schätzungsweise 40 000 einzelne Tiere beherbergen. Die Mehrzahl sind freilebende Tiere, die von den Tropen bis zu den Polen, von den Berggipfeln bis zu den Tiefen der Meere zu finden sind.

Der Stamm der Fadenwürmer ist wirklich einzigartig, da ihm sowohl Flagellen als auch Wimpern fehlen und er generell mit unter 500 über eine relativ geringe Anzahl an Körperzellen verfügt. Der Körper ist fast perfekt zirkulär und von einer vielschichtigen Epidermis aus Keratin, elastischem Gewebe und einem Flechtwerk aus Kollagenfasern umhüllt. Die Epidermis ist robust, elastisch, gas- und wasserdurchlässig und bildet eine bemerkenswerte Schutzhülle. Der Stamm ist in zwei Klassen unterteilt, die Aphasmiden, denen chemorezeptive Organe fehlen, und die Plasmiden, die an der Schwanzseite ein Paar chemorezeptiver Organe besitzen. Erstere umfassen die Mehrzahl der Meeres- und Süßwasserarten, letztere Gruppe einen Großteil der Parasiten.

STAMM DER RÄDERTIERCHEN (ROTIFERA)

Diese winzigen Tiere zählen ca. 1500 Arten und sind in ihrer Größe mit den Wimperntierchen vergleichbar, in deren näherer Umgebung sie häufig leben und mit denen sie im ständigen Wettbewerb stehen. Den Namen des Rädertierchens verdanken sie ihrer Wimpernkrone, die, wenn sie in Bewegung ist, einem Spinnrad ähnelt. Nur wenige Arten leben im Meer, doch wie die Fadenwürmer sind sie weltweit verbreitet. Die meisten Arten ernähren sich von Einzellern, die sie in aufrechter Stellung aus dem Wasser filtern. Diese Tiere können sich sexuell und parthogenetisch vermehren. Die Weibchen legen Eier, aus denen erneut Weibchen schlüpfen, so daß sich die Populationen rasch vergrößern.

STAMM DER GASTROTRICHEN (GASTROTRICHA)

Dieser Stamm umfaßt nur ca. 150 Arten, überwiegend Süßwassertiere in intertidalen Zonen. Obwohl sie gewisse Ähnlichkeit mit den Rotiferen aufweisen, fehlt ihnen die Krone. Dennoch sind sie allgemein unten mit schuppigen oder dornigen Wimpern besetzt, die der Fortbewegung dienen. Die meisten Arten ernähren sich von organischem Müll, Algen, Einzellern und Bakterien, die mit Hilfe von vier am vorderen Ende der Tiere befindlichen Wimperngruppen in den Mund transportiert werden. Diese Tiere haben eine kurze Lebenserwartung von nur ca. 3 bis 21 Tagen, und im Gegensatz zu den meisten anderen Pseudocoelomaten sind sie hermaphrodit. Sie produzieren vier oder fünf Eier zweier Typen, dickschalige Eier, die ungünstigen Bedingungen gewachsen sind, und dünnschalige, die rasch ausgebrütet werden.

STAMM DER KINORHYNCHEN (KINORHYNCHA)

Wie die Rotiferen und Gastrotrichen sind auch die Kinorhynchen kleiner als 1 mm. Der längliche Körper besteht aus Kopf, Nacken und 11 Körpersegmenten. Die Mehrheit der 100 bekannten Arten findet sich im Meeresschlamm flacher Gewässer. Die Epidermis ist in mehrere Platten unterteilt, die Rückenseite trägt einen Stachel und der Kopf besitzt 5 bis 6 Stachelringe sowie eine orale Griffelkrone. Durch Kontraktionen wird umliegendes Schuttmaterial in den Muskelschlund gesogen, der Kopf kann in den Körper zurückgezogen werden. Die Kinorhynchen verfügen außerdem über ein Paar spezielle Organe, die den Tieren eine vorübergehende Anhaftung an die Substratoberfläche ermöglichen.

STAMM DER SAITENWÜRMER (NEMATOMORPHA)

Die Saitenwürmer sind ein kleiner, ca. 230 Arten umfassender Stamm von extrem schlanken braunen oder schwarzen Würmern. Die meisten Arten leben an Land, doch die Nectonema kommt im Meer vor, wo sie junge Krebse befällt. Sie können 1 m lang werden, ihr Durchmesser beträgt aber meist weniger als 1 mm. Die Jungtiere sind Parasiten der Gliederfüßler, die bereits ausgewachsenen Tiere sind für gewöhnlich frei lebend. Die Geschlechter sind getrennt, die Männchen umschlingen die Weibchen, um die Eier zu befruchten, die als Larven in den Wirt eintreten, entweder weil sie gefressen werden oder in den Wirt eindringen.

STAMM DER KRATZER (ACANTHOCEPHALA)

Obwohl der Stamm der Kratzer über ein Pseudocoelam oder Körperhohlraum wie die Aschelminthen verfügt, entwickelt sich dies anders und unterscheidet sich deutlich von den anderen pseudocoelomatischen Gruppen. Die etwa 800 bekannten Arten

sind alle interne Parasiten in den Därmen von Wirbeltieren und haben einen arthropoden Zwischenwirt, wozu hauptsächlich Fische gehören. Die meisten Würmer sind

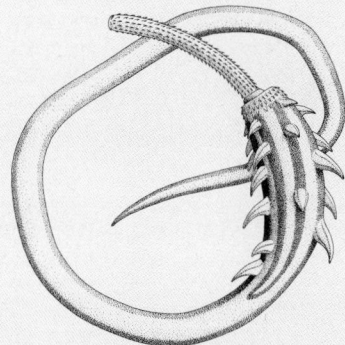

Acanthocephala *bis zu 2,5 cm*

2 cm lang. Sie können in enorm großen Zahlen, bis zu 1000 in einer einzigen Robbe, vorkommen.

Wie ihr Name sagt, sind diese Würmer mit stacheligen Rüsseln ausgestattet, die der Anhaftung an den Verdauungstrakt des Wirtes dienen. Die Geschlechter sind geteilt, und die Befruchtung findet im Weibchen statt. Die Eier entwickeln sich zu einer Larve, die von einer Schutzhülle umgeben ist, die aus dem weiblichen Körper abgestoßen wird und mit den Exkrementen aus dem Wirt ins Freie gelangt. Das resistente Ei kann mehrere Monate überleben, und wenn es von einem Krustentier, einem Zwischenwirt, aufgenommen wird, schlüpft das Tier und bohrt sich mit dem hakenbesetzten Rostellum durch den Darm. Nach Durchlaufen zweier weiterer Larvenstadien im Leib des Wirts vervollständigt das Tier seine Entwicklung lediglich, wenn der mittelbare Wirt von einem primären Wirbelwirt gefressen wird. Die *Corynosoma* entwickeln sich zuerst in Amphipoden, dann in Fischen und schließlich in der Epidermis von Seevögeln oder Robben.

COELOMATEN UND METAMERISCHE SEGMENTATION

Alle übrigen Mitglieder des Tierreiches besitzen mindestens in einem Stadium ihres Lebens eine sekundäre Leibeshöhle oder Coelom. Es gibt fünf Hauptstämme (Ringelwürmer, Gliederfüßer, Weichtiere, Stachelhäuter und Chordatiere) mit mehreren Unterstämmen. Zusätzlich zur sekundären Leibeshöhle weisen diese Tiergruppen im Vergleich zu den Acoelomaten und Pseudocoelomaten einen erstaunlich hohen Spezialisierungsgrad auf.

Eine wichtige strukturelle Anpassung der Coelomaten an ihre Lebensbedingungen bildet die Ausbildung einer segmentierten Körperform, obwohl diese abgeändert bei den Gliederfüßern und Chordatieren oft unerkannt bleibt. Die Segmentation bringt in jedem Segment entlang der Körperlänge die Nachbildung aller Strukturen mit sich, und jedes Coelom wird zwischen den Segmenten geteilt, was einzelnen Segmenten Dehnung oder Kürzung erlaubt und wichtig für die Fortbewegung der Tiere und beim Graben ist.

STAMM DER RINGELWÜRMER (ANNELIDA)

Dieser wichtige Stamm umfaßt ca. 9000 Wurmarten und ist an den ringförmigen

Unterteilungen des Körpers, die individuelle Segmente repräsentieren, erkennbar. Der Körperbau dieser Tiere ähnelt einem verlängerten Rohr mit Mund und After und einem dazwischenliegenden Verdauungstrakt. Die primäre Leibeshöhle ist mit einem Membranbauchfell ausgekleidet, und das Coelom eines jeden Segmentes ist von seinen Nachbarn durch eine Membran abgetrennt, die ein Septum bildet. Die röhrenförmige Epidermis wird im Zentrum der Körperhöhle durch Rücken- und Bauchgekröse unterstützt. Die Septen und das Gekröse können von kleinen Höhlen durchlöchert sein, die die Flüssigkeitszirkulation unter den einzelnen Höhlen des Coeloms zulassen. Die flüssigkeitsgefüllten Leibeshöhlen bilden ein hydraulisches Skelett, gegen das sich die Muskeln der Körperwand drücken können. Kontraktionen der Längsmuskelfasern verursachen Verkürzungen und Verdickungen der Segmente und somit des ganzen Tieres, wogegen die Kontraktionen der jeweils gegenüberliegenden zirkulären Muskel eine Verlängerung und Verschmälerung des Segmentes zur Folge haben. Durch die abwechselnden Kontraktionen dieser Muskeln in den verschiedenen Segmenten kann sich das Tier im Bau oder mit Gliedern und Borsten auf dem Substrat bewegen.

Es gibt drei Ringelwurmklassen: die Borstenwürmer mit ca. 5500 im Meer lebenden Wurmarten, die überwiegend im Süßwasser und an Land vorkommenden Wenigborster, die Erdwürmer, und die 500 Meeres-, Süßwasser- und Landarten der Blutegel.

Vielborster (Polychaeta)

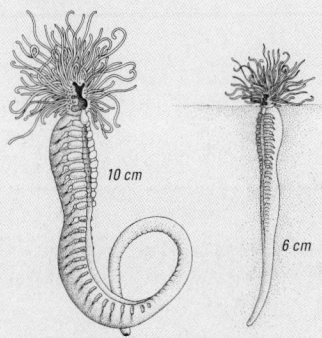

10 cm

6 cm

im Schlamm lebende Vielborster

Die Klasse der Vielborster umfaßt über 60 % aller Ringelwürmer, und fast alle Arten leben im Meer. Die meisten sind relativ klein und bewohnen Küstengebiete, leben entweder unter Steinen, in Spalten und Erdhöhlen, oder sitzen in sandigen und schlammigen Erdhöhlen oder verborgenen Röhren.

Manchmal bilden diese verfestigten Röhren riesige Kolonien, doch meist leben die Tiere allein, wie z.B. *Spirobis* oder *Pectinaria*. Körperform und Verhalten der Vielborster sind vielseitig, und zahlreiche Modifikationen des Kopfes stehen im Zusammenhang mit der Ernährung. Freilebende Würmer sind generell aktive Fleischfresser, besitzen einen gezahnten Rüssel und am Kopf bis zu sechs große Augen und sensorische Fangarme. Auch die sogenannten Lumpenwürmer gehören diesem Typ an, und *Neanthes* kann Längen bis zu 0,6 m erreichen. Einige freilebende Arten verfügen über weniger Körper-

segmente und eine kurze dicke Körperform wie *Aphrodite*, deren haarähnliche Rückenstrukturen die Segmentation des Tieres verdecken. Borstenwürmer besitzen

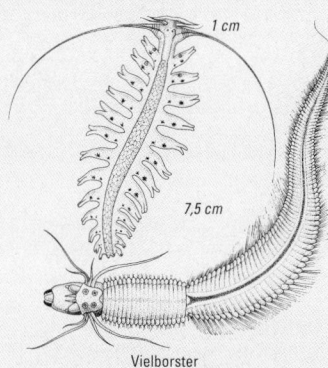

1 cm

7,5 cm

Vielborster

am Rücken besondere Platten, die abgestoßen werden können, wenn das Tier berührt wird. Die Sylliden verfügen über farbige fadenartige Körper und am Rücken über längliche Fransen. Viele Familien der Polychaeten haben einen ozeanischen Lebensstil angenommen, und obwohl sie den gleichen Körperbau besitzen wie die an der Oberfläche lebenden Arten, sind viele transparent. Das Eingraben hat zu vielfältigen Anpassungen an die Struktur, wie beim Köderwurm Arenicola, geführt. Viele der Würmer bauen um ihre Höhlen Rohre, andere konstruieren Kalkröhren an der Oberfläche des Substrats. Terebelliden zementieren Sandkörner in Form eines Rohres, Sabelliden verwenden Schlamm und Serpuliden eine harte Kalksubstanz.

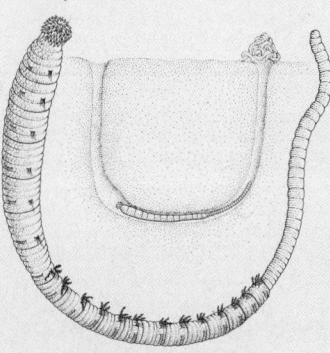

Grabender Vielborster *23 cm*

Einige der grabenden Arten ernähren sich durch Aufnahme des Substrats wie die Erdwürmer. Sessile Formen ziehen einen Wasserstrom in den Bau und filtern ihre Nahrung heraus oder filtern die Nahrungspartikel mit Hilfe einer speziellen Krone aus den Wasserkolonnen.

Saugmünder (Myzostomaria)

Diese kleinen, flachen und scheibenförmig aufgebauten Würmer sind normalerweise Parasiten von Echinodermen. Sie werden häufig der Klasse der Polychaeten zugeteilt. Ihre Körperform ist auf eine leichte Anhaftung an Federsternarme zugeschnitten. Das jeweilige Wirtstier schließt die Parasiten in Zysten ein, die die Anordnung der Skelettplatten an den Crinoidarmen vortäuschen. Ähnlich unförmige Arme der Fossilfedersterne lassen vermuten, daß die Saugmünder von den modernen Tieren weit entfernt sind und Urparasiten dieser Echinoderme, Stachelhäuter verkörpern.

Wenigborster (Oligochaeta)

Diese Tiere sind im Süßwasser und an Land zu finden. Eine Familie, die Enchytraeiden, lebt im Meer unter Steinen und Tangen in oberen Küstenzonen. Keinem Mitglied der Gruppe der Oligochchaeta gelang es, vom Tidenbereich ins offene Meer zu kommen. Sie spielen im Meer eine untergeordnete Rolle, sind jedoch im Süßwasser in großen Zahlen vertreten. Anders als im Falle der Polychaeten fehlen den Wenigborstern an ihren Segmenten die Anhängsel oder Parapodien, und ihre Köpfe sind ohne Verzierungen oder komplexe Strukturen, wie sie bei vielen Polychaeten zum Wasserfiltern benutzt werden.

Klasse der Blutegel (Hirudinea)

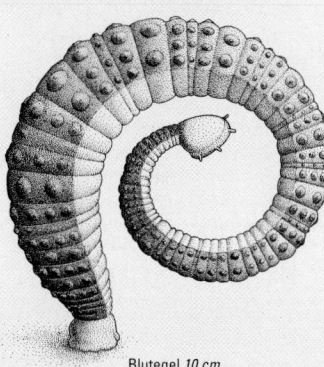

Blutegel *10 cm*

Die Blutegel bilden eine relativ einheitliche Gruppe hochspezialisierter Ringelwürmer, die ca. 500 Arten umfaßt. Die meisten leben im Süßwasser, einige repräsentieren jedoch externe Parasiten von Elasmobranchen und Knorpelfischen, bleiben an einem einzigen Wirt haften und ernähren sich von Blut, das von in speziellen Taschen in der Epidermis lebenden Bakterien verdaut wird. Um ein Gerinnen des Blutes zu verhindern, produzieren sie Antikoagulanzien und bleiben mit Hilfe von Saugorganen an beiden Körperenden am Wirt angehaftet. Die Geschlechter der Blutegel sind getrennt, und Fischblutegel legen ein Ei im Kokon.

ARCHIANNELIDEN (ARCHIANNELDA)

Sie wurden einst als primitive Mitglieder des Annelidenstammes betrachtet, repräsentieren jedoch nach heutiger Sicht eine Gruppe beziehungsloser Familien. Generell leben sie in den Zwischenräumen von Gewebe und lassen Borsten, Parapodien und Zeichen äußerer Segmentation vermissen. Die Mitglieder dieser Gruppe leben im Schlamm und besitzen äußere Wimpern und einfach angelegte Köpfe. Einige könnten Überlebende einer archaischen Ahnengruppe der Anneliden sein.

STAMM DER GLIEDERFÜßER (ARTHROPODA)

Dieser Stamm ist mit ca. 1 Mio. geschätzten und bis heute 800 000 erfaßten Arten die größte Gruppe des Tierreiches. Obwohl sie bezüglich ihrer Verteilung und der individuellen Artenzahl so vielzählig ist, ist ihre gesamte Biomasse kleiner als man meint, da viele Arten sehr klein sind. Vertreter dieses Stammes leben in allen bekannten Bereichen, und viele sind von wirtschaftlicher Bedeutung, sowohl als Nahrung wie auch als Schädlinge. Die Gliederfüßer weisen Ähnlichkeiten mit den Annelida auf, da

beide Gruppen über metamerische Segmentationen verfügen, obwohl bei den Gliederfüßern der Vorgang der Spezialisierung der Körperregionen, die für bestimmte Zwecke zuständig sind, ein Hauptcharakteristikum der Gruppe ist. Wie auch die Weichtiere kennzeichnet diese Gruppe der Vorgang der Protostomie, bei dem sich aus den Blastophorenlarven der Mund entwickelt. Beide weisen spezialisierte Nerven- und Kreislaufsysteme auf, und die Arthropoden besitzen gepaarte Leibeshöhlen, vergleichbar mit denen der Ringelwürmer.

Das zentrale Merkmal der Gliederfüßer ist ihr festes halbsteifes Außenskelett, das aus Chitin, einer Polysaccharid- und Proteinmischung sowie einer dünnen wasserabweisenden Außenepidermis besteht. Im Meer lebende Arthropoden, wie die Krebse, besitzen eine dicke kalkhaltige Epidermis. Das Außenskelett erlaubte die Entwicklung verbundener Anhängsel, die durch eingesetzte Muskelblöcke unabhängig voneinander und vom übrigen Körper bewegt werden können. Es besitzt verbundene Glieder, die dem Stamm seinen Namen geben. Die Gruppe ist in vier Unterstämme unterteilt, von denen die Trilobomorphen eine fossile Gruppe primitiver Tiere, die Trichobiten, darstellen. Die drei übrigen Unterstämme umfassen die Scherenträger, denen Fühler fehlen und die über Futteranhängsel, die sogenannten Cheliceren, verfügen, die Krebse und die Uniramien, die nach ihrer Gliederanatomie in weitere Unterstämme unterteilt werden.

Unterstamm der Scherenträger (Chelicerata)

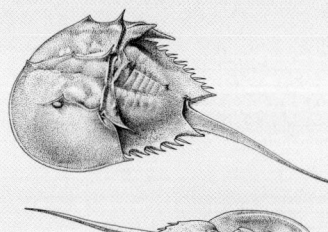

Schwertschwanzkrebs *53 cm lang*

Diese Gruppe umfaßt die bekannten Arten, wie Skorpione und Zecken, sowie einige weniger bekannte aguatische Gruppen, wie die Merostomaten oder Schwertschwanzkrebse und die Pycnogoniden oder Seespinnen. Von den bekannteren Landgruppen ist es nur wenigen Spinnenarten gelungen, in Gezeitenzonen einzudringen, während einige Zeckenarten auf Meeresschlangen (*Laticauda*) zu finden sind, die auch den Lungenmilben als Wirte dienen.

Schwertschwanzkrebse (Merostomata)

Es gibt vier lebende Schwertschwanzkrebsarten, von denen die nordamerikanischen Arten, *Limulus polyphemus*, am bekanntesten sind. Es sind am Boden lebende Tiere, die sich auf der Suche nach ihrer Beute, Mollusken und Würmer, durch weichen Schlamm bohren. Die Beute wird gefangen und in die Gnathobasen zwischen den Vordergliedern gebracht, wo sie zerbrochen, zum Mund geführt und schließlich verdaut wird. Der Körper ist am Rücken stark abge-

flacht und besteht aus zwei Hauptsektionen, dem Prosom, das das kleinere Opisthosom bedeckt, und einem Schwanzstachel. Die Tiere schlüpfen im Frühjahr. Die jungen Larven ähneln einem Dreilappkrebs. In ca. 13 Monaten wachsen sie heran und benötigen weitere 3 Jahre bis zur Geschlechtsreife.

Pycnogoniden (Pycnogonida)

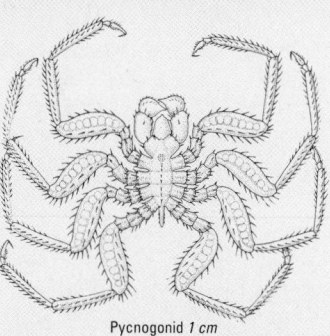

Pycnogonid *1 cm*

Diese Gruppe umfaßt ca. 500 Meerestiere, bekannt als Meeresspinnen. Die meisten Arten sind klein, bewohnen die niedrigen intertidalen und subtidalen Zonen, doch einige der in der Tiefe lebenden Arten können Spannweiten von bis zu 75 cm erreichen. Ihr Körper ist schmal und in drei Regionen unterteilt: einen Vorderrüssel, einen Kopfbrustteil mit vier Paaren achtteiliger Füße und einen Hinterleib (Abdomen), der aus einem einzigen Segment besteht. *Nymphon gracile*, eine typische intertidale Art der nördlichen gemäßigten Zone, verfügt über Cheliceren und Pedipalpe, wogegen *Pycnogonum littorale* keines besitzt. Einige Arten besitzen ein zusätzliches Paar zehnteiliger Beine, die unter dem Körper liegen und von den Männchen zum Tragen der Eier benutzt werden. Diese Tiere sind Fleischfresser und saugen normalerweise Flüssigkeit und kleine Partikel aus weichen Schwämmen, Hydrozoen und Seeanemonen.

Unterstamm der Krebse (Crustacea)

Im Gegensatz zu den Insekten, die überwiegend an Land leben, bewohnen bis auf wenige Ausnahmen alle Krebse den Meeresbereich. Meereskrebse spielen eine wichtige Rolle innerhalb der pelagischen Nahrungsketten als Nahrung für den Menschen und als Bestandteil aller Meeresökosysteme. Einige Arten finden sich oberhalb der Flutgrenze, die meisten Landarten beschränken sich jedoch auf Feuchtgebiete. Die Krebse werden gemäß ihrer Anhängsel, einem Paar Unterkiefer und Kiemen verbunden mit Brustanhängseln, klassifiziert. Forschern sind bisher ca. 31 300 Arten bekannt, die in sieben Klassen unterteilt werden, darunter die Malocostraca, die am weitesten entwickelte und mit 20 000 Arten größte der Klassen.

Branchiopoden (Branchiopoda)

Die Branchiopoden weisen erstaunliche Variationen ihrer Körperform auf, doch alle besitzen abgeflachte blattförmige Anhängsel und flache Kiemen. Ihre Glieder sind nicht nur für die Fortbewegung und Atmung wichtig, sondern auch zentral für das Filtern von Nahrungspartikeln, da sie mit bürstenartigen Borsten zum Fangen von Nahrung geeignet sind. Die meisten Arten sind kleiner als 10 cm. Es existieren zwei

verschiedene Körperformen in dieser Gruppe: *Daphnia* ist typisch mit seinem kurzen stämmigen Körper und dem gut entwickelten Rückenschild, der die Glieder bedeckt. Der Kopf ragt vorn heraus und trägt ein Paar große und kräftige Fühler, mit denen sich das Tier im Wasser aufwärts bewegt. Der übrige Körper ist durch das Rückenschild hindurch erkennbar und trägt fünf Paar Rumpfanhängseln.

Viele der zahlreichen Arten pflanzen sich auf parthenogenetischem Wege fort. Die Eier können in einem Brutbeutel zurückbehalten werden, bis die jungen Tiere sich entwickeln. Ein Beispiel für die längliche Körperform vieler Branchiopoden ist *Chirocephalus*. Ihm fehlt das Rückenschild, und daher ist die Unterteilung gut sichtbar. Er schwimmt mit Hilfe seiner Glieder, die auch im Zusammenhang mit Ernährung und Atmung eine wichtige Funktion ausüben.

Muschelkrebse (Ostracoda)

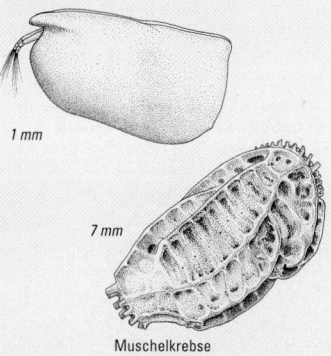

1 mm

7 mm

Muschelkrebse

Die Muschelkrebse umfassen ca. 2000 im Meer- und Süßwasser verbreitete Arten. Diese Tiere werden nicht länger als etwa 1 cm, und die Mehrheit der Gruppe lebt am Boden, einige in der Tiefsee. Der Körper ist kurz geformt und wird von einem zweischaligen, durch ein Band halbierten Kasten umschlossen.

Ruderfußkrebse (Copepoda)

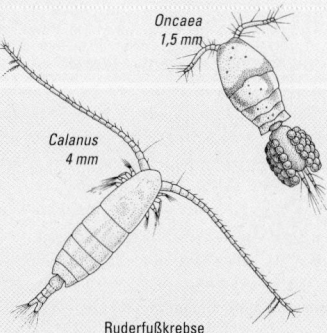

Oncaea 1,5 mm

Calanus 4 mm

Ruderfußkrebse

Mit ca. 7500 Arten bilden die Ruderfüßler die erfolgreichste und weit verbreitetste Gruppe kleinerer Krebse, die sich ausschließlich von mikroskopischen Organismen ernähren und eine Nahrungsquelle für Fleischfresser darstellen. Sie sind die wichtigste Verbindung zwischen dem Phytoplankton und höheren trophischen Lebewesen, und zu einigen Jahreszeiten bildet *Calanus inmarchus* die Hauptnahrung für ökonomisch bedeutende Fischarten, wie z.B. den Hering. Einige Gruppen, z.B. *Penella*, sind Parasiten und befallen Fische, Wale sowie andere vielborstige Wurmarten. Die freilebenden Formen sind entweder planktonisch oder benthisch, und der Körperbau ähnelt sehr dem der Flußkrebse. Wie die Muschelkrebse und Branchiopoden schwimmen die meisten mit Hilfe ihrer verlängerten Fühler. Der Bauch vieler Arten besitzt keine Anhängsel. Die Weibchen vieler Kopepoden sind oft am großen Eibeutelpaar, am ersten Bauchsegment erkennbar. Die befruchteten Eier reifen in Naupliuslarven zwischen 12 Stunden und 5 Tagen heran, und anschließend werden wieder neue produziert. Fünf oder sechs Naupliuslarvenstadien gehen dem der Copepodeularve voran, die weitere fünf Stadien durchläuft, bis sie ausgewachsen ist.

Rankenfüßler (Cirripedia)

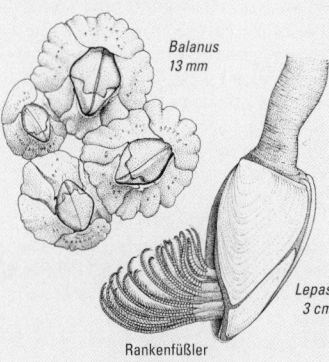

Balanus
13 mm

Lepas
3 cm

Rankenfüßler

Die Rankenfüßler sind eine weltweit verbreitete Gruppe und die einzigen nicht parasitären und dennoch sessil lebenden Crustazeen. Ihre Struktur mit dem auf eine Kalkplattenreihe beschränkten Außenskelett ist so ungewöhnlich, daß sie ursprünglich den Weichtieren zugeordnet wurden, und erst nach genauen Studien ihrer Larven, die den Muschelkrebsen ähneln, ihre wahre Zugehörigkeit festgestellt wurde. Der französische Zoologe Agassiz beschrieb sie als „nicht mehr als ein kleines krebsartiges Tier, das in einem Kalksteinhaus auf dem Kopf steht und Nahrung in seinen Mund schiebt."

Es gibt zwei Körperformen in dieser Gruppe, die sich beide durch Filtern eines Wasserstroms ernähren, der von den eingesäumten Rückengliedern erzeugt wird, die vor dem Kopf und aus den Platten hervorragen. Typisch gestielte Rankenfüßler wie Lepas, die Gänserankenfüßler, haben fünf durchsichtige Platten um den Körper. Haftende Typen ohne Stiele, wie etwa Balanus und Cthalamus, die typischen überkrusteten Rankenfüßler an Steinküsten, haben sechs symmetrisch um ihren Körper angeordnete Platten und weitere vier, die eine Klappe bilden, die bei Ebbe über den eingezogenen Cirren geschlossen werden kann.

Mystacocariden (Mystacocarida)

Die Mystacocariden sind eine kleine Klasse, die mit den Ruderfüßlern und Rankenfüßlern verwandt ist. Diese Klasse umfaßt ein einziges erstmals 1943 entdecktes Geschlecht, den Derocheilus. Ihre Länge beträgt weniger als 5 mm, und die Tiere leben zwischen Sandkörnern in den litoralen Zonen. Die Tiere besitzen längliche Körper und lange Mundpartien, die von Borsten eingesäumt sind.

Fischläuse (Branchyura)

Die Fischläuse umfassen etwa 75 Parasitenarten, die auf Fisch und einigen Amphibien leben und sich an die Haut oder Kiemenkammern des Wirtes anheften. Ihre Anheft–Vorrichtungen sind durch Modifikationen des ersten Anhängselpaares zu Klauen oder Saugorganen entstanden.

Höhere Krebse (Malacostraca)

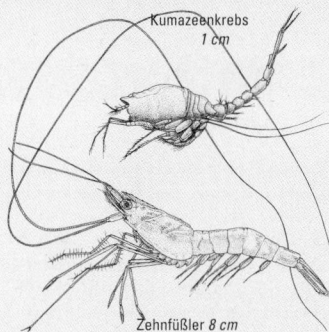

Kumazeenkrebs
1 cm

Zehnfüßler 8 cm

Etwa 75 % aller Krebse, sind Mitglieder dieser Klasse und leben ausschließlich im Wasser. Typische Strandflöhe, wie Gammarus, besitzen seitlich zusammengedrückte Körper, deren hintere drei Segmente zum Springen vorgesehen sind. Unter den dorsoventral abgeflachten Isopoden findet sich eine Anzahl von Landarten, während Ligia eine äußerst dominante Isopode der obersten Gezeitenzone ist. Es gibt verschiedene kleinere Ordnungen, wie die primitiven grabenden Gruppen wie Nebalia, die Stomapoden, wie Squilla, die Gottesanbeterin, und die Mysiden, schwimmende Formen mit langen Bäuchen und dünnem Rückenschild, die in kälteren Wassermassen zu Hause sind.

Die erfolgreichste Gruppe ist die Oberordnung der Eucariden, die durch ein hochentwickeltes Rückenschild gekennzeichnet ist. Sie umfaßt so bekannte Meeresorganismen wie Krill, das eine Nahrungsquelle für die Wale der Antarktis darstellt. Die Zehnfußkrebse sind entweder spezialisierte Schwimmer, wie die Garnelen und Steingarnelen, oder graben sich ein, wie Flußkrebse und Hummer. Die Rückenschilde der schwimmenden Arten sind für gewöhnlich weitaus leichter. Die Steingarnelen und Garnelen können nach ihrem Rostrum unterschieden werden, das bei Steingarnelen gut entwickelt, bei Garnelen stark verkürzt ist. Dagegen besitzen Krebse, Hummer und Flußkrebse schwere Skelette, die seitlich nicht abgeflacht sind wie die der Garnelen und Steingarnelen. Sie sind weiter verbreitet und in drei Gruppen unterteilt: die Macruren, die wahren Hummer und Flußkrebse, die Anomuren, die Siedlerhummer und Einsiedlerkrebse, und die Brachyuren oder wahren Krebse. Die Macruren besitzen ein längliches Abdomen mit einem schwimmenden Anhängselfächer, der Bauch der Anomuren ist verkürzt und die schwimmenden Fächer fehlen. Die Brachyuren haben auch ein verkürztes Abdomen, das unter das Tier gebogen ist. Das Rückenschild ist flach und abgerundet. Die Krebse variieren von ganz kleinen Arten, wie Pinnotheres, bis zum stabilen runden und beliebten eßbaren Krebs, dem Cancer. Der größte

lebende Gliederfüßer ist der Japanische Spinnenkrebs mit 3 m.

Unterstamm der Uniramien (Uniramia)

Dieser Unterstamm umfaßt fünf Klassen, von denen nur die Insekten Meeresrepräsentanten aufweisen, die von den insgesamt 750 000 erfaßten Arten aber nur einige hundert ausmachen. Die Myriapoden (Centipeden, Millipeden, Pauropoden und Symphylen) sind alle Landbewohner und umfassen 10 500 Arten, die durch Teilung des Körpers in zwei Regionen gekennzeichnet sind.

Die Meeresinsekten schließen ozeanische Meerläufer und wenige Salzmarsch-, litorale und Mangrovenarten mit ein, darunter die Tangfliege Coelopidae, die Tange am Strand als Nahrung und Schutz nutzt. Einige Anopluren- und Mallophagenläuse könnten unter Umständen als Bewohner des Meeres angesehen werden, da sie Ektoparasiten von Robben und Seevögeln repräsentieren.

STAMM DER PRIAPULOIDEEN (PRIAPULOIDEA)

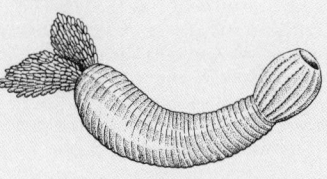

Priapulus

Dieser Stamm umfaßt neun Arten kleiner grabender Tiere, die im Schlamm oder Sand kühler oder kalter Wassergebiete in Tiefen von bis zu 7000 m leben. Sie reichen von dem mikroskopisch kleinen Tubiluchus (0,5 mm) bis hin zu Priapulus, der 20 cm lang werden kann. Der Körper ist walzenförmig und hat einen einziehbaren Rüssel, der mit Stacheln besetzt ist, die zum Fang sich langsam bewegender Würmer und anderer weicher Tiere dienen. Die Geschlechter sind getrennt, und die Larven bewohnen eine verborgene Kammer, die im Schlamm vergraben liegt. Hier durchlaufen die Larven eine Reihe von Häutungen.

STAMM DER SPITZWÜRMER (SIPUNCULOIDEA)

Dieser weitverstreute Stamm umfaßt ca. 350 aktiv grabende Arten wie Sipunculus nudus, der in der Nordsee und im Atlantik, für gewöhnlich an der Mittelküste zu finden ist. Andere Arten bewohnen Muschelschalen oder graben sich in Korallenriffe ein. Sie reichen in ihrer Größe von 2 bis 720 mm und sind ohne äußere Segmentation zylindrisch gebaut. Sie verfügen über einen kurzen ausfahrbaren Rüssel, der in eine orale Scheibe aus gekräuselten Fangarmen mündet. Der Mund liegt am Ende dieses Rüssels, der After an der Spitze der Vorderseite. Die Sipunculoiden fallen häufig durch ihr wechselhaftes Aussehen auf, das aufgrund der quer und längs angelegten Muskelbänder, die durch die Haut hindurch sichtbar werden, zu erklären ist.

Anders als die Priapuliden sind die Larven der Sipunculoiden planktonischer Natur. Ein Beispiel ist dietypische Larve der Trochophoren, die den Larven der Ringelwürmer ähnlich ist.

STAMM DER STERNWÜRMER (ECHIURIDEA)

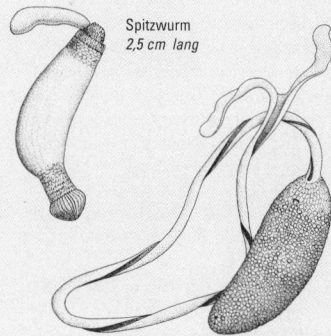

Spitzwurm
2,5 cm lang

Sternwurm 6 cm im Durchmesser

Die etwa 100 Arten weisen eine gewisse Affinität zu den Spitzwürmern auf, die wie sie als wurstartige Tiere im Schlamm oder Sand vergraben leben. An ihrem relativ langen, nicht einziehbaren Rüssel sind sie leicht zu erkennen. Im Falle von Bonellia und Echiurus sind die Männchen keine Parasiten, sondern leben am Weibchen angeheftet. Eine kleine Art, Thelasemma melita, bewohnt Sanddollars, obwohl die Igelwürmer allgemein sessil sind und Erdlöcher bewohnen. Wie die Spitzwürmer besitzen auch diese Tiere Trochophorenlarven und gelten als verwandte Art der Gliederwürmer.

STAMM DER BARTWÜRMER (POGONOPHORA)

Sie bewohnen Meeresgebiete bis 100 m Tiefe, sind fadenförmig bis zu 35 cm Länge und haben einen Durchmesser von ca. 1 mm. Heute weiß man, daß die 1900 entdeckten ca. 100 Arten weit verbreitet sind. Obwohl einige Arten nur einen einzigen Vorderfangarm besitzen, sind die meisten mit einem Büschel dichter Fangarme ausgestattet, die das Hinterteil einsäumen. Den Tieren fehlen sowohl der Mund als auch der Verdauungstrakt. Vermutlich verdauen sie ihre Nahrung außerhalb des Körpers, indem sie die Stoffe durch die Fangarme absorbieren. Der längliche Körper mündet in einen Rüssel, der einen borstenartigen Besatz trägt und als Anker in den Erdlöchern dient.

STAMM DER BÄRTIERCHEN (TARDIGRADA)

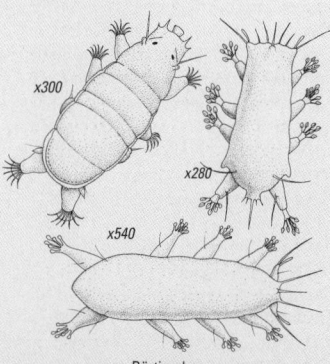

x300

x280

x540

Bärtierchen

Bärtierchen sind eine besondere Gruppe kosmopolitischer Tiere, die allgemein nicht größer als 0,5 mm werden. Ihre zylindrischen Körper sind mit vier Paaren kurzer stämmiger Beine ausgestattet, die in Bündeln von vier oder acht Haken münden. Die Außenoberfläche ist mit einer Epidermis bedeckt, die sich periodisch häutet.

Die Paarung findet nur während der Häutung statt. Wie auch die Rotiferen stellen die Arten der Bärtierchen gemäß den äußeren Lebensbedingungen entweder dick- oder dünnschalige Eier her. Die Tardigraden weisen große Ähnlichkeit mit den Gastrotichen und den Rotiferen auf, und man vermutet, daß sie darüber hinaus mit den Aschelminthen verwandt sind. Einige Arten leben unter Sandpartikeln im Meer verborgen, andere im Süßwasser. Die große Mehrheit ist jedoch in Wasserfilmen auf Landpflanzen anzutreffen, wie am Beispiel von Lebermoos und Flechten deutlich wird.

STAMM DER ZUNGENWÜRMER (PENTASTOMIDA)

Die Zungenwürmer sind eine Gruppe von etwa 90 Arten blutsaugender Parasiten, die vermutlich mit den Brachyurenkrustenfischparasiten verwandt sind. Im Erwachsenenalter bewohnen sie die Atemwege von Reptilien, Säugetieren und Vögeln. Der längliche Körper besitzt an der Vorderseite fünf Auswüchse, von denen vier mit Klauen versehen sind, während der fünfte den Mund beherbergt. Häufige Wirte der Zungenwürmer sind Fische und kleine Säuger.

STAMM DER WEICHTIERE (MOLLUSCA)

Hier liegt mit ca. 100 000 lebenden Arten und ca. 35 000 erfaßten Fossilien der zweitgrößte Stamm des Tierreiches vor. Die Gruppe ist weit verbreitet und umfaßt so bekannte Tiere wie Landschnecke, Auster und Muschel, Tintenfisch und Oktopus. Die Mehrzahl lebt im Meer. Einige Schnecken und zweischalige Muscheln leben im Süßwasser, vereinzelt auch an Land.

Weichtiere sind zweiseitig symmetrisch gebaute Tiere, die eine verkürzte sekundäre Leibeshöhle, in der der hochentwickelte Kopf und die Sinnesorgane liegen, sowie eine durchgehende Muskelstruktur, den sogenannten Fuß, besitzen. Die Körperorgane formen an der Rückenoberfläche die Eingeweide, und der Fuß dient den verschiedenen Gruppen zum Kriechen und Eingraben. Die Epidermis der Weichtiere bedeckt die Eingeweide, wird als Mantel oder Phallium bezeichnet und besteht aus Falten, die sich wie ein Rock bauchwärts um Kopf und Fuß ziehen und zwischen Mantel und Körperwand die Mantelhöhle bilden. In der Mantelhöhle befinden sich Kiemen, die sich bei Landtieren wie den Wegschnecken zu Lungen weiterentwickelt haben. Ein weiteres wichtiges Merkmal der Weichtiere sind die hochentwickelten und häufig herrlich farbigen Schalen, die unter dem Mantel verborgen liegen und aus einer Proteinmatrix, verstärkt durch kristallines Kalzium in Form von Kalzit oder Aragonit, bestehen. Die meisten Schalen sind von Perlmutt umsäumt, das aus Aragonitschichten besteht. Die Perlen bestehen aus Perlmutt und bilden sich um Partikel, z.B. Sandkörner, die in die Mantelhöhle gelangt sind. Die enorm vielfältige Körperform der Weichtiere zeigt sich anhand der fünf Klassen, die jeweils auf einem bestimmten Körperbau basieren. Die Einschaler, die Wurmmollusken und die Grabfüßer sind weniger dominant. Die Polyplacophoren oder Chitoniden haben ihre

relativ primitive Körperform beibehalten, während die Muscheln eine zweiteilige verbundene Schale besitzen. Schnecken haben eine Schale. Die Tintenfische kennzeichnet ein aktives Leben und gut entwickelte Sinnesorgane.

Einschaler (Monoplacophora)

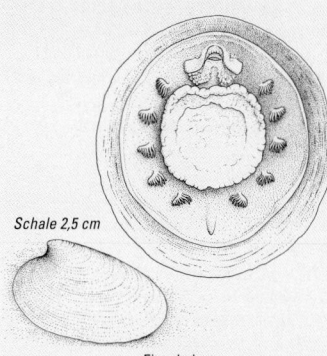

Schale 2,5 cm

Einschaler

Im Jahre 1952 entdeckten Forscher in einem tiefen Meeresgraben vor Costa Rica zehn, etwa 3 bis 20 mm große, lange Zeit für ausgestorben gehaltene Weichtiere mit einer symmetrischen Schale. Später fand man in enormen Tiefen von 2000 bis 7000 m weitere Arten der Ordnung *Neopilina*. Diese Tiere zeichnen sich durch eine Schale aus, die einen breiten flachen Fuß, ein einfach strukturiertes Herz sowie fünf oder sechs Kiemenpaare beherbergt. Die *Neopilina* ernährt sich von großen Kieselalgen und Schwämmen und besitzt eine einfache Radula mit kurzen Zähnchen, die durch den Einsatz spezieller Muskeln ein- und wieder ausgefahren werden kann.

Käferschnecken (Chitonae)

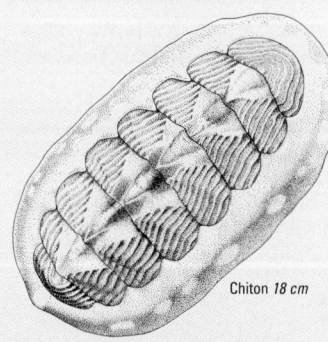

Chiton 18 cm

Eine weitaus bekanntere Tiergruppe sind die Chitonen oder Käferschnecken, die häufig in intertidalen Zonen vorzufinden und leicht an ihrer Schale zu erkennen sind. Ihre einzigartige Schale besteht aus acht separaten Platten, die in den Rücken des Tieres eingebettet sind und diesen nur teilweise bedecken. Wie viele andere Weichtiere ernähren sich die Käferschnecken mit Hilfe ihrer Radula, indem sie Algen von den Steinen kratzen, gegen die sie sich mit ihrem Muskelfuß stemmen. In der Schale befinden sich spezielle Mantelzellen mit sensorischen Nervenenden, die vermutlich als Photorezeptoren fungieren. Diese wurden in einer Familie, den Chitoniden, zu Augen. Die Käferschnecken sind durch zwei Geschlechter und externe Befruchtung charakterisiert. Die Larvenstadien betragen zwischen fünf und acht Tage.

Schnecken (Gastropoda)

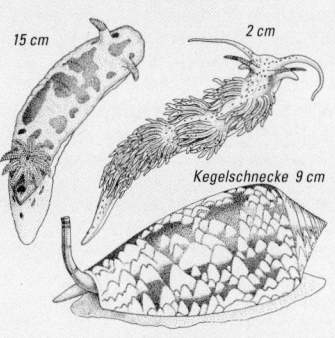

15 cm
2 cm
Kegelschnecke 9 cm

Schnecken

Diese größte aller Weichtierklassen umfaßt etwa 75 000 Arten. Der Name Gastropode bedeutet „Magenfuß", und dieser Fuß dient den verschiedenen Arten zur Fortbewegung, obwohl sie sich gewöhnlich durch Kriechen, ermöglicht durch Kontraktionen der Muskeln sowie rege Wimperntätigkeit, fortbewegen. Die Klasse der Gastropoden oder Schnecken vollzieht zahlreiche Windungen des Körpers, so daß sich die Eingeweide um 180° um die Körperachse drehen und der After und die Öffnung der Mantelhöhle nun hinter dem Kopf liegen. Die spiralförmige Schale dient häufig als Schutzvorrichtung, in der das Tier seine weichen Teile verbergen kann.

Unter den drei Unterklassen der Schnecken sind die im Meer lebenden Prosobranchien oder Vorderkiemer durch ihre vordere Mantelhöhle und Kiemen charakterisiert, die Opisthobranchien weisen Detorsionen auf und verfügen über eine verkleinerte Schale und eine stark reduzierte Mantelhöhle. Die Pulmonata besitzen gar keine Kiemen, und ihre Mantelhöhle hat sich zur Lunge weiterentwickelt. Die konstantesten Vorderkiemer sind die Archaeogastropoden, wie die Napfschnecken, die Algen abweiden. Sie besitzen flache oder kegelförmige Schalen, häufig mit Schlitzen versehen, die den Durchfluß von Wasser aus der Mantelhöhle ermöglichen. Die Mitglieder der am weitesten entwickelten Gruppe, die Neogastropoden, wie die Wellhornschnecken, verfügen über eine typische Spiral- oder Lockenschale, die durch ein Operculum (eine spezielle Hornplatte) geschlossen wird. Ebenso besitzen sie spezielle Sauger zur Wasseraufnahme, die vom Substrat wegbewegt werden und das Eindringen von Schlamm verhindern können.

Die Mesogastropoden sind anhand des Perlmuttglanzes ihrer Schalen leicht zu erkennen. Zu ihnen gehören *Littorina* und *Xanthina exigua*, die im tiefen Meer leben und mit Hilfe eines Blasenfloßes an der Oberfläche schwimmen und nach Quallen jagen. Unter den Raubtieren, etwa den Austernbohrern, besitzt *Ocenebra erinacea* veränderte Radulen, die quasi in Form eines Bohrers die Schalen der Beute öffnen. Die Opisthobranchien leben im Meer und haben eine dezimierte oder gar keine Schale. Zusätzlich weisen viele eine zweiseitige Symmetrie auf und haben ihre ursprünglichen Kiemen abgelegt, die durch spezielle Falten des Mantels ersetzt worden sind. Viele Arten haben sich einen freischwimmenden oder pelagischen Lebensstil angeeignet, während Tiere wie *Aplysia*, der Seehase, mit Hilfe aus dem Fuß

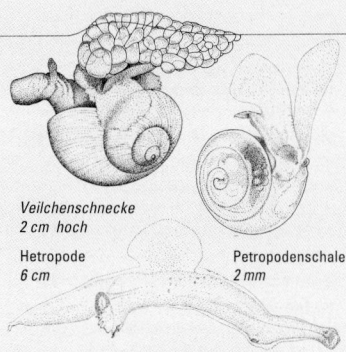

Veilchenschnecke 2 cm hoch

Hetropode 6 cm
Petropodenschale 2 mm

pelagische Weichtiere

entstandener Gewebslappen, den sogenannten Parapodien, kriechen oder schwimmen können. Die pelagischen Flügelschnecken tragen zum Teil Schalen und binden im Schleim der Parapodien ihre Nahrung ein. Die kriechenden Nudibranchen sind schillernd bunt, ihnen fehlen aber Schale und Mantelhöhle, und sie weisen eine vollständige zweiseitige Symmetrie auf. Die „nackten" sekundären Kiemen liegen außen, meist um den After herum angeordnet. Die Opisthobranchen repräsentieren eine parasitäre Ordnung wurmartiger Tiere, die in Seegurken leben. Die Pulmonaten sind sehr geschickte Land- und Wegschnecken, umfassen aber auch Salz- und Süßwasserarten. Die wenigen Meeresarten beschränken sich auf Küstenzonen und intertidale Gewässer.

Den Landschnecken fehlt ein Operculum, und sie besitzen eine veränderte Mantelhöhle, die eine Lunge darstellt. Die Wegschnecken haben hingegen ihre Schale zu einer kleinen hornigen, teils kalkhaltigen Platte, die im Rücken versenkt liegt, modifiziert. Viele Pulmonaten dienen parasitären Nematoden, Bandwürmern, die Wirbeltiere befallen, als vorübergehende Wirtstiere.

Muscheln (Bivalvia)

Diese Weichtiergruppe ist leicht an ihrer zweiteiligen am Rückenrand verbundenen Schale erkennbar. Der Fuß ist abgeflacht und besitzt keine Vorrichtung zum Graben, obwohl er von vielen Muscheln dazu benutzt wird, um sich tiefer ins Substrat zu ziehen. Bei den Austern beispielsweise fehlt der Fuß völlig, und die linke Muschelschale ist an einem festen Objekt, wie einem Stein oder einer Mangrovenwurzel, befestigt. Andere sessile Muscheln befestigen sich mit Hilfe von Fäden. Diese liegen unter einer speziellen Drüse am Fuß verborgen und ragen zwischen den Bauchrändern der Schale hervor. Durch Verkürzung des Fußes und unter Einsatz der Retraktormuskeln kann das Tier die Fäden anspannen und dichter an die Oberfläche pressen. Ursprünglich wurde diese Gruppe in drei Unterklassen unterteilt, gegenwärtig tendiert man zu fünf Unterklassen, eine Klassifizierung, die möglicherweise treffender die Beziehungen zwischen den Gruppen wiedergibt. Zahlreiche primitive Formen leben in Schlamm oder Schlick eingegraben und ernähren sich von kleinen Ostracoden, organischem Abfall oder anderen Tieren. Der Fuß ist generell gut entwickelt, und neben seiner Funktion zum Graben kann er zur Fortbewegung eingesetzt werden. Höher entwickelte Muscheln saugen mit Hilfe ihrer Wimpern einen Wasserstrom in die Mantelhöhle und entziehen ihm Nahrung. Fortschrittliche grabende Formen können Siphone zur Oberfläche erweitern, um zu verhindern, daß das Wasser zu viele anorganische Partikel, die die Kiemen faulen lassen würden, enthält. Einige Arten, wie z.B. *Pecten*, sind aktive Schwimmer, bewegen sich durch Öffnen und Schließen der Schalen am Boden und pressen durch modifizierte Gewebelappen am Rand des Mantels einen Wasserstrom aus dem Körper heraus. Die hochspezialisierten Schiffswürmer, *Toredo*, sind wurmartig länglich gebaut, ihre Schale ist auf zwei kleine Hälften reduziert, die als Bohrer benutzt werden. Der Mantel, der den Hinterkörper bedeckt, verbirgt eine harte Kalkeinfassung für die Erdhöhle. Das Verdauungssystem enthält Bakterien, die die im Sägemehl enthaltene Zellulose, die durch das Bohren im Holz gewonnen wird, verdauen. Die am weitesten entwickelten Muscheln sind Raubtiere, die sich von kleinen Krebsen ernähren, die sie mit Hilfe eines muskulären Pumpsystems in ihre Mantelhöhle saugen. Die darin gefangene Beute wird mit Lippenfühlern zum Mund geführt.

Grabfüßer (Scaphopoda)

Diese Zahnmuscheln sind röhrenförmige Weichtiere, die in Sand oder Schlamm eingegraben leben. Der Kopf ist verkürzt, der Fuß für das Graben geeignet. Diese Tiere benutzen zur Nahrungsaufnahme fadenartige Fangarme.

Aplacophoren (Aplacophora)

Diese schalenlosen wurmförmigen Weichtiere leben unter Korallen und Hydroiden verborgen, von denen sie sich auch ernähren. Sie haben außer der Radula alle ihre weichtiertypischen Merkmale verloren.

Tintenfische (Cephalopoda)

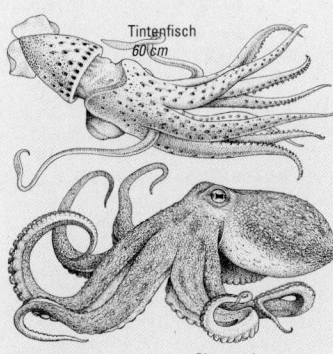

Cephalopoden　　　　　Oktopus *1 m*

Diese hochspezialisierten und -organisierten Weichtiere sind schnelle freischwimmende und aktive Raubtiere mit gut entwickelten Sinnesorganen (z.B. Augen). Es gibt ca. 650 Kopffüßler, die alle bestimmte Kennzeichen haben. Die Vorderseite des Fußes trägt Fangarme, die den Mund umgeben, und die Schale ist auf eine einfache interne Struktur reduziert. Anstelle von mehreren aufeinanderfolgenden Larvenstadien findet die Entwicklung aus großen Dottereiern statt. Alle heutigen Kopffüßler gehören den zwei Klassen der Coleoideen (Kuttelfische, Tintenfische und Oktopusse) und der Nautiloideen, darunter *Nautilus pompilio*, an, deren Schale aus wertvollem Perlmutt besteht. Sie ist in

Form einer lockigen, abgeflachten Spirale gestaltet, deren Kammern, die als Schwimmkraftregler fungieren, Gas speichern können. Dem Vertreter der Gruppe namens *Nautilus* fehlen auch die Saugorgane auf den Fangarmen. Die zwei lebenden Arten sind im Pazifik in Tiefen von ca. 200 m anzutreffen.

Die Tintenfische sind schwimmende, torpedoförmige Tiere mit dreieckigen, auf das Hinterteil beschränkten Flossen. Die Tiere bewegen sich durch Rückstoßantrieb schnell voran und stoßen mittels eines modifizierten Siphons Wasser aus der Mantelhöhle aus. Die meisten Tintenfische sind Raubtiere von Krebsen und leben in Wassern mittlerer Tiefe. Der Riesentintenfisch, *Architeuthis*, der im tiefen Wasser lebt, kann bis 6 m lang werden. Sowohl Tintenfische als auch Kuttelfische besitzen ein Paar längliche Tentakel zum Beutefangen, und die Radula hat sich zu einer verhornten schnabelartigen Struktur entwickelt, die der Nahrungsaufnahme dient. Der Kuttelfisch verfügt über eine durchgehende Flossenfalte, die den flachen Körper vom Rücken zum Bauch hin umgibt. Die Oktopusse haben einen benthischen Lebensstil und ziehen mit Hilfe ihrer acht langen Arme über den Meeresboden oder verkriechen sich in Stein- und Riffspalten, wo sie ihrer Beute auflauern. Außer *Argonauta*, dem Papierboot, fehlt den Oktopussen eine Schale. Die Schale des Kuttelfisches ist zu einem internen Fischbein aus Kalk und Protein degeneriert, das als Schwimmorgan dient.

STAMM DER LOPHOPHORATEN

Die Bryozoen, Brachiopoden und Phoroniden sind drei Unterstämme der Coelomaten, die alle eine Lophophore, eine spezielle Fangarmstruktur für die Nahrungsaufnahme besitzen. Sie gelten manchmal als eigener Oberstamm, die Lophophoraten. Alle leben sessil, und ihr Körper ist in drei Sektionen unterteilt, deren mittlere sich zu einer Tentakelkrone entwickelte. Zusätzlich verfügen sie über einen u-förmigen Verdauungstrakt mit oben liegendem After.

STAMM DER MOOSTIERCHEN (BRYOZOA)

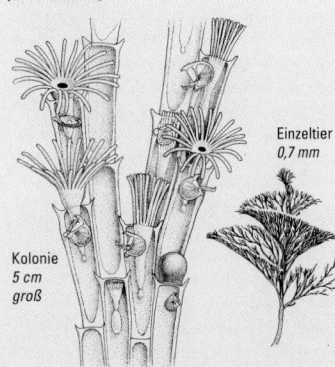

Einzeltier 0,7 mm

Kolonie 5 cm groß

Moostierchen

Die Seemoose zählen ca. 4000 Arten und stellen den weitverbreitetsten Stamm der Lophophoraten dar. Sie treten in festen Substraten entlang der Küsten und in faulendem Meeresmaterial und in Schiffsrümpfen auf. Die Klasse der 50 Arten umfassenden Phylactolaematen ist auf Süß-

wasser begrenzt. Die Stenolaemata umfassen in der Mehrzahl fossile Arten. Die Mehrzahl der lebenden Arten gehört der Klasse der Gymnolaemata an, die im Meer leben. Diese Tiere bilden Kolonien, die gewöhnlich weniger als 1 cm hoch sind, obwohl Kolonien der größeren Ordnung *Flustra* häufig an gemäßigten Küstenlinien vorzufinden sind. Diese Kolonien werden häufig irrtümlich für Tang gehalten. Die Einzeltiere wachsen im Inneren einer Chitin- und Kalkepidermis, die die nahrungstragenden Tentakel oder Lophophoren durchstoßen. Die Einzeltiere der Kolonie sind vielgestaltige Tiere, einige sind für die Abwehr, andere für die Ernährung, Fortpflanzung, Befestigung oder Erzeugung von Wasserströmen zuständig. Ihre Gewebe sind durch Poren in der Epidermis verbunden. Die Lophophoren, oder Tentakelkrone, dienen der Nahrungsaufnahme, der Wimpernbesatz der Fangarme drückt sich nach unten durch und treibt aufgenommenes Material in den Mund. Die Moostierchen weisen verschiedene Larvenformen auf, einige Arten brüten ihre Eier und Larven aus, andere produzieren freischwimmende Larven, die mehrere Monate im Plankton überleben können.

STAMM DER ARMFÜßER (BRACHIOPODA)

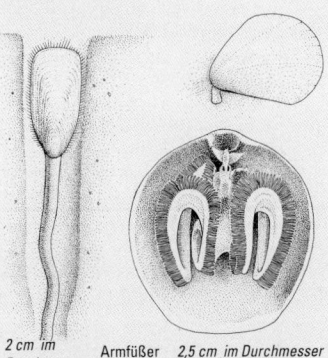

2 cm im Durchmesser　Armfüßer　2,5 cm im Durchmesser

Die Brachiopoden sind eine ausschließlich im Meer lebende Gruppe von Lophophoraten. Diese Gruppe, die oberflächlich betrachtet den Muscheln ähnelt, hat eine aus zwei Hornhälften bestehende, von einer Kalkschicht umgebene Schale. Diese umschließt das Tier von der Spitze bis zum Boden, und die größere Bauchklappe ist am Substrat festgewachsen. Die etwa 280 noch lebenden Arten repräsentieren lediglich eine kleine Auswahl der ca. 30 000 ausgestorbenen Arten, deren Fossilien bis in das Kambrium zurückreichen.

Die Gruppe der Armfüßer teilt sich in zwei Klassen: die Articulata, deren Klappen durch ein Band und Muskeln verbunden sind, und die Inarticulata, deren Klappen nur durch Muskeln gekoppelt sind. *Lingula*, ein an tropischen Küsten lebender Brachiopode ist eine der ältesten Ordnungen lebender Tiere, der seit dem Ordovizium vor 500 bis 440 Millionen von Jahren fast unverändert geblieben ist. Diese Tiere verankern sich mit Hilfe eines langen Muskelstiels mit wurzelförmigen Ausdehnungen in Erdlöchern.

Die zwei Klappen der Muschelschale, die fast vollständig den gesamten Körper des Tieres umschließen, sind während der Nahrungsaufnahme leicht geöffnet. Wenn das Tier gestört wird, zieht es den Stiel

wieder ein und zieht sich in sein sicheres Erdloch zurück. Während des Fressens wird ein Wasserstrom in die Klappen gesogen, der aus den Lophophoren durch das Körperzentrum läuft.

Viele Arten dieser Gruppe brüten die Eier in der Mantelhöhle aus und erzeugen freischwimmende Larven, die den erwachsenen Tieren bereits sehr ähnlich sind. Bei einigen Arten, wie etwa *Lingula*, ist das Stadium der freischwimmenden Larven extrem kurz, bevor das Tier seine ausgewachsene Form erworben hat.

STAMM DER HUFEISENWÜRMER (PHORONIDA)

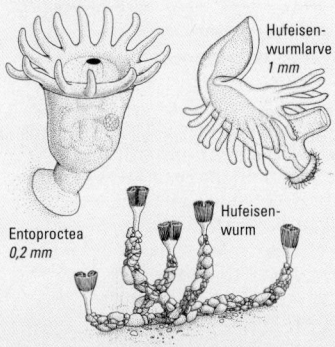

Hufeisenwurmlarve 1 mm

Entoproctea 0,2 mm

Hufeisenwurm

Die Phoroniden oder Hufeisenwürmer bilden mit ca. 10 Meeresarten, die in Chitinröhren im Sand flacher Gewässer leben, einen der kleinsten Stämme. Ihr Körper ist einfacher gebaut als der anderer Lophophoraten und besteht aus einem röhrenförmigen, relativ undifferenzierten Körper ohne Anhängsel, mit Ausnahme der hufeisenförmigen Lophophoren. Der Verdauungstrakt ist u-förmig, und die Afteröffnung liegt außerhalb der Fütterntentakelkrone. Wie die Brachiopoden und Bryozoen verfügt der Körper über kein Atem-, dafür aber über ein einfaches Blutkreislaufsystem mit zusammenziehbaren Gefäßen und ein einfaches Nervennetz mit einem Nervenring. Die Hufeisenwürmer sind hermatroph, und ihre Befruchtung findet außerhalb des Körpers statt. Sie erzeugen ein Ei, das große bewimperte, freilebende planktonische Larven hervorbringt, die sich schließlich am Boden niederlassen und sich so lange in einer Röhre verbergen, bis sie vollständig ausgewachsen sind.

STAMM DER STACHELHÄUTER (ECHINODERMATA)

Der Stamm der Echinodermaten umfaßt etwa 6000 ausschließlich im Meer lebende Arten. Sie verfügen über eine lange Evolutionsgeschichte, die bis in das Kambrium zurückreicht. Bisher sind über 20 000 Fossilien erfaßt worden. Als Gruppe sind sie leicht an ihrer fünfstrahligen Symmetrie zu erkennen, obwohl einige Seesterne unzählige Arme besitzen und bei den Seeigeln die fünfstrahlige Symmetrie nicht auf den ersten Blick erkennbar ist. Bei den Seeigeln und -sternen zeigt der Mund nach unten, bei den Feder- und Haarsternen ist es umgekehrt.

Der Name Echinoderm (stachelhäutig) rührt von den typischen Stacheln her, über die die meisten Mitglieder der Gruppe verfügen. Einige Igelarten, wie der tropische *Diadema* und der *Echinothrix*, besitzen lange Stacheln mit kräftigen Widerhaken, die giftige Sekrete enthalten. Ein weiteres Kennzeichen der Echinodermen ist ihr äußerst komplexes Wassergefäßsystem, ein Netzwerk aus flüssigkeitsgefüllten Röhren, die den Röhrenfuß umschließen. Dieser ragt aus dem Kalkskelett heraus und dient der Fortbewegung, dem Graben und bei einigen Arten der Nahrungsaufnahme. Das Skelett besteht aus einer Plattenschale, deren Platten miteinander verbunden und von einer Reihe von Poren durchlöchert sind, wodurch der Röhrenfuß und auch die zahlreichen Atembläschen stark gedehnt werden können. Die Oberfläche dieser Schale ist von der Epidermis des Tieres und besonderen Geweben bedeckt.

Unter den Echinodermen existieren fünf Klassen: die Crinoidea, die die Haarsterne, die meist in tiefen Gewässern vorkommen, sowie die in flachen tropischen Regionen lebenden Federsterne umfassen, weiter die Asteroidea oder Seesterne, die in flachen Gewässern leben, die Ophiuroidea oder Schlangensterne, eine äußerst weit verbreitete Gruppe die Echinoidea, oder Seeigel und schließlich die bekannten Holothuroidea oder Seegurken.

Haarsterne (Crinoidea)

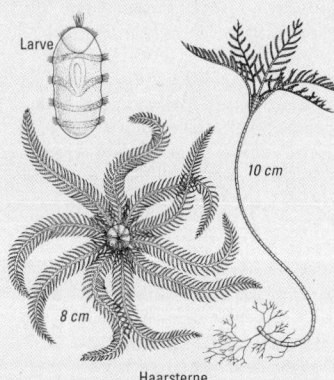

Haarsterne

Obwohl es nur ca. 80 lebende Haar- und Federsternarten gibt, reicht die komplexe Evolutionsgeschichte der Gruppe weit zurück. Sie gilt generell als die primitivste Gruppe der Stachelhäuter. Es gibt zwei Grundformen: die sessilen Haarsterne, die einen bis zu 1 m langen Stiel besitzen und unterhalb von 100 m leben, sowie die zahlreicheren freischwimmenden Federsterne, denen zwar ein Stiel fehlt, die dafür aber verbundene Rankenfüße besitzen, mit denen sie sich an Steinen flacher Gewässer festhalten. Der stachelige Körper, Calyx, besteht aus einer kleinen tassenförmigen Struktur mit einem aufwärts zeigenden Mund und fünf langen federartigen Armen. Die Arme setzen sich aus kleinen Skeletteinheiten zusammen, die die kleineren Platten der Federsterne unterstützen. An ihrer Innenoberfläche und an den Armen befinden sich Röhrenfüße, die Schleim enthalten, der beim Fang der Beute eine wichtige Rolle spielt. Die Schleimstränge werden von den Röhrenfüßen mit der eingefangenen Beute an den Armen entlang zurück in den Mund im Zentrum der Calyx transportiert. Federsterne schwimmen durch wechselnde Auf- und Abwärtsbewegungen der Arme und benutzen diese Bewegungsmethode, um Beute zu machen.

Seesterne (Asteroidea)

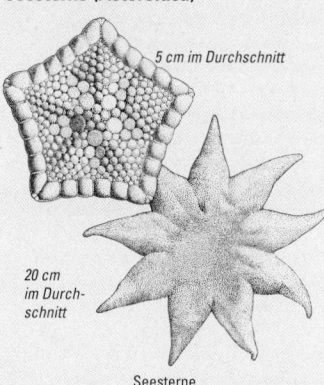

Seesterne

Viele Seesterne verfügen über eine fünfstrahlige Symmetrie und fünf ausgeprägte Arme. Einige Arten, z.B. Porania, haben stark verkürzte Arme und ähneln eher Kissen, wogegen andere, wie Luidia, Solaster und Crossaster, über 7 oder 13 Arme verfügen. Diese Tiere bewegen sich sehr langsam voran. Ihr Mund zeigt nach unten, und die untere Oberfläche der Arme trägt unzählige Röhrenfüße, die ausgedehnt werden und sich am Substrat anheften können und dann verkürzt werden. Die Röhrenfüße sind in zwei Reihen entlang der unteren Oberfläche der Arme angeordnet und werden durch kurze stämmige Stacheln geschützt.

Das Verdauungssystem verläuft vertikal, der Mund liegt unten, der After oben. Ausdehnungen der mittleren Verdauungshöhle ziehen sich an den Armen entlang, die übrigens auch die Fortpflanzungsorgane enthalten. Einige Seesternarten machen Jagd auf Muscheln, und Asterias bemächtigt sich der Muscheln, indem er die zwei Klappen der Schale mit den Röhrenfüßen der Arme greift und die Klappen auseinanderdrückt. Der Magen wird dann in die Schale gepreßt, die Enzyme beginnen mit der Verdauung und erzeugen eine halbverdaute Mixtur, die aufgenommen wird.

Seesterne sind breitsaatlaichende Tiere. Wenn sie reif sind, entläßt das Weibchen Millionen von Eiern ins Wasser, wodurch die Produktion von Eiern und Spermien durch benachbarte Individuen angeregt wird. Die befruchteten Eier entwickeln sich zu Larven, die im Plankton eine Reihe von Stadien durchlaufen, die mehrere Wochen dauern können. Die Larven ernähren sich von Organismen wie Kieselalgen, bevor sie zum Boden sinken, die Endstadien der Metamorphose vollziehen und schließlich ausgewachsen sind.

Schlangensterne (Ophiuroidea)

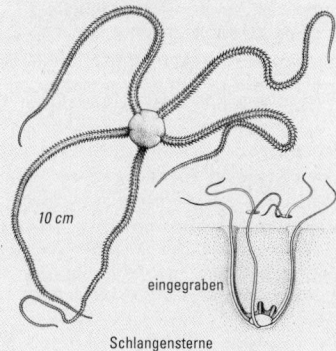

Schlangensterne

Die Schlangensterne verfügen über Arme, die von einem zentralen scheibenförmigen Körper ausstrahlen. Sie sind wesentlich flexibler als die der Seesterne, was aus den verbundenen Knöchelchen resultiert, die von Muskeln betätigt werden wie etwa die Wirbelsäule der höheren Tiere. Sie leben in flachen Küstenmeeren. Bisher sind über 2000 lebende Arten bekannt. Die meisten sind kleine schnelle, bewegliche Tiere, die sich unter Steinen verstecken. In tropischen Lagunen um Korallenriffe herum leben hingegen die äußerst massiven Korbsterne.

Die meisten Schlangensterne sind Aasfresser und ernähren sich von organischem Abfall an der Bodenoberfläche. Die Nahrung wird von Schleimschichten eingeschlossen und mit Hilfe der Röhrenfüße zu Bällen gerollt, bevor sie unter den Armen hindurch in den zentral gelegenen Mund gelangt. Einige Arten halten mit zwei Armen ihre Position, während sie die anderen drei zum Fressen ausstrecken. Die Fortpflanzung bei den Schlangensternen führt für gewöhnlich zu planktonischen Larven, die anders sind als die anderer Stachelhäuter. Einige Arten sind dafür bekannt, daß sie ihre Larven in speziellen Taschen ausbrüten.

Seeigel (Echinoidea)

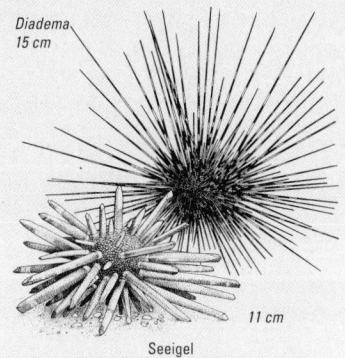

Seeigel

Die Seeigel besitzen keine Arme, und sie sind weniger aktiv als die See- und Schlangensterne. Typische Seeigel sind rund, obwohl viele grabende Arten, wie die Sanddollars, relativ flach sind, wogegen andere, der Herzigel Echinocardium, eine sekundäre, zweiseitig symmetrische Form entwickelt haben. Die meisten Igel bewegen sich mit Hilfe der Röhrenfüße, obwohl die langen Stacheln auch zur Fortbewegung eingesetzt werden können und das Tier auf steinigem Grund festhalten. Zur Nahrungsaufnahme verfügen sie um den Mund herum über einen speziellen Apparat aus Knöchelchen mit fünf Zähnen. Diese Zähne können hervorgestreckt und auch wieder eingezogen werden, um Algen von der Oberfläche abzukratzen oder große Tangflächen abzugrasen. Da die Mehrzahl der Igel Pflanzenfresser ist, ist der Darm relativ lang und kräuselt sich im Inneren des Tieres. Der After öffnet sich in der oberen Körpermitte. Aufgrund ihres relativ großen Oberflächenvolumens besitzen Igel unzählige Atembläschen, die sich durch den Körper pressen und einen Gasaustausch zwischen den inneren Körperflüssigkeiten und dem Wasser ermöglichen. Auch durch die Röhrenfüße findet Gasaustausch statt. Diese Füße sind bei vielen bodenansässigen Formen mit saugerähnlichen Scheiben am Ende ausgestattet. Die

Geschlechter sind getrennt. Die fünf Keimdrüsen nehmen einen Großteil des Innenraums ein. Die Eier werden ausgestoßen, außerhalb des Körpers befruchtet, und die Larven durchlaufen verschiedene Stadien und lassen sich in der Nähe ausgewachsener Igel nieder.

Seewalzen (Holothuroidea)

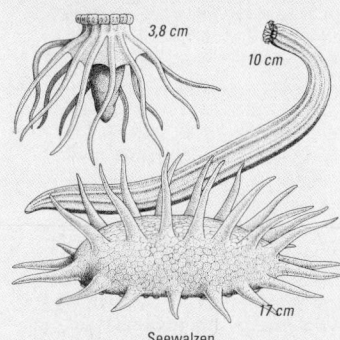

Seewalzen

Die Seegurken oder Seewalzen bilden mit ihren etwa 900 Arten, die wie die Igel eine sekundäre, zweiseitig symmetrische Form angenommen haben, eine der kleineren Echinodermenklassen. Die harte Schale dieser Tiere ist stark verkürzt, sie besteht nur noch aus einer Reihe von Stacheln in der Körperwand des Tieres. Diese Stacheln sind stark verlängert. Die Unterseite des Tieres ist mit drei Röhrenfußreihen besetzt, während die auf der Rückenseite zahlenmäßig stark reduziert sind, keine Saugorgane besitzen und eine warzenartige Struktur aufweisen. Einige Seegurken haben keine Röhrenfüße, bewegen sich wie Würmer voran und benutzen die hakenartigen Stacheln zur Befestigung am Substrat. Einige grabende Arten, darunter auch ein paar langsam kriechende Mitglieder der Holothuroidea, sind Aasfresser. Alle besitzen gut entwickelte Fangarme, die den Mund umgeben und deren Form an die jeweilige Nahrungsquelle angepaßt ist. In einigen Fällen sind sie mit kurzen, speziellen Enden ausgestattet, die zum Aufpicken des Abfalls von der Oberfläche genutzt werden, bei anderen Arten sind sie wesentlich ausgedehnter und federartiger gestaltet und werden dazu benutzt, vorbeifließende Nahrungspartikel zu fangen.

Da viele dieser Tiere in Gebieten mit niedrigen Sauerstoffkonzentrationen leben, besitzen sie ein spezielles Atmungssystem, das mit der Kloake verbunden ist. Wasser wird mit Hilfe von Muskelkontraktionen der Kloake in die Atembäume hinein und wieder heraus gepumpt, und einige Arten können mehr als die Hälfte ihres gesamten Sauerstoffbedarfs über diese Atembäume decken. Zahlreiche Arten, darunter Borhadsia argus, besitzen ein Abwehrsystem, das Cuverianische Organ, das aus einer Reihe von langen verborgenen Röhren besteht, die an den Kanälen der Atembäume befestigt sind. Beim Angriff werden sie wie die Finger eines Gummihandschuhs umgestülpt, die klebrige Oberfläche haftet sich an den vermeintlichen Angreifer und die Seegurke kann entkommen. Einige Arten setzen sogar ihre Keimdrüsen und das Verdauungssystem frei, die sich später wieder erneuern.

Es existiert nur eine einzige Keimdrüse, und die Befruchtung findet außerhalb des

Körpers statt. Die Larven durchlaufen den Großteil ihrer Entwicklung planktonisch.

STAMM DER BORSTENKIEFER (CHAETOGNATHA)

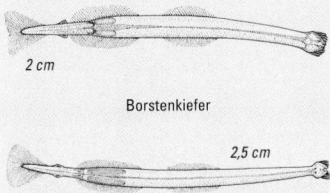

2 cm

Borstenkiefer

2,5 cm

Diese Gruppe von 50 im Meer lebenden Arten ist häufig im ozeanischen Plankton anzutreffen. Alle Arten haben einen relativ gleichförmigen länglichen, pfeilförmigen Körperbau mit gepaarten Seitenflossen und einer einzelnen Schwanzflosse. Der vordere Mund besitzt kräftige Stachel, und diese Tiere gehören zu den wichtigsten Fleischfressern der Planktongemeinschaft und ernähren sich vorwiegend von Kopepoden. Einige, wie *Sagitta bipunctata*, ernähren sich von Larvenfisch. Die Beute wird zunächst mit den Stacheln gepackt und dann mit den stachelartigen Zähnen zerbissen, wogegen andere Arten ihre Beute vermutlich mit Gift töten. Sie werden für gewöhnlich ca. 2 cm groß, ihr Kopf ist relativ klein, und den Großteil des Tieres macht der Rumpfteil mit den gepaarten Seitenflossen aus, der bis zu der Schwanzflosse reicht. Die Befruchtung findet im Inneren des Körpers statt, einige Arten tragen ihre Eier mit sich, andere legen sie ins Plankton, *Spadella* wiederum befestigt sie an Gesteinen und Tangen in Küstennähe.

STAMM DER HEMICHORDATEN (HEMICHORDATA)

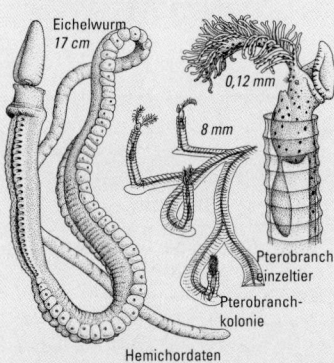

Eichelwurm 17 cm

0,12 mm

8 mm

Pterobranch-einzeltier

Pterobranch-kolonie

Hemichordaten

Dieser Stamm umfaßt ca. 100 Arten und verfügt über zwei Körperformen: die Klasse Enteropneusten oder Eichelwürmer sind länglich wurmartige Tiere, wogegen die Pterobranchen sessile röhrenförmige Formen mit einem besonderen Körperbau haben. Die Kiemen verraten die Nähe dieser Tiere zu den Chordata, die bedeutenden Unterschiede rechtfertigen jedoch ihre Zuweisung zu einem eigenen Stamm. Ihr Körper setzt sich aus drei Bereichen zusammen, nämlich aus einem vorderen Protosom, im Falle der Eichelwürmer ein kurzer Rüssel und im Falle der Pterobranchen eine schildförmige Struktur, die die Röhre verbirgt. Weiterhin aus einem Mesosom oder Kragen, in den der Eichelwurm den Rüssel wieder zurückziehen kann, und der bei den Pterobranchen in eine Reihe von

Hohlarmen mit Wimperntentakeln für die Nahrungsaufnahme umgewandelt ist. Der dritte Bereich ist ein Metasom oder Rumpf, der bei den Eichelwürmern länglich, bei den Pterobranchen jedoch relativ kurz und walzenförmig ist.

STAMM DER CHORDATIERE (CHORDATA)

Der Stamm der Chordata, der die Wirbeltiere mit einschließt, ist die größte deuterostome und vom Standpunkt der Evolutionsgeschichte aus die jüngste Tiergruppe. Während die Fossilienfunde der wirbellosen Stämme bis ca. 1600 Mio. Jahre zurückreichen, sind die ältesten Wirbeltierfossilien nur ca. 500 Mio. Jahre alt. Chordata gehören zu den dominantesten Land-, Luft- und Wassertieren, die die Arthropoden zwar weder in der Zahl der Individuen noch der Artenvielfalt, wohl aber bezüglich der gesamten Biomasse und ihrer ökologischen Bedeutung weit übertreffen. Drei Merkmale hat dieser Stamm: erstens das axiale Skelett, entweder in Form eines steifen Stabes, dem Notochord, oder bei höheren Formen als verbundene Knochenstruktur, der Wirbelsäule. Zweitens verfügen die Chordata über Spalten oder Kiemen und schließlich über eine Rückenröhre, eine hohle Nervenröhre, die an der Vorderseite das Gehirn bildet und von einer harte Schale, dem Schädel, geschützt wird. Die meisten Chordata besitzen einen postanalen Schwanz, der bei den meisten Wasserformen der Fortbewegung dient. Das Kreislaufsystem besteht aus einem geschlossenen Röhrennetzwerk und einer Muskelpumpe, dem Herz.

UNTERSTAMM DER MANTELTIERE (UROCHORDATA)

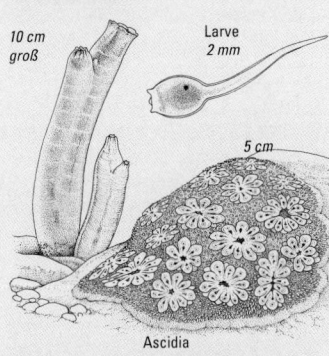

10 cm groß

Larve 2 mm

5 cm

Ascidia

Die Urochordata oder Manteltiere leben im Meer und zählen etwa 1300 Arten. Sie haben ausgewachsen nur wenig Ähnlichkeit mit anderen Chordata und werden von einigen Forschern als eigener Stamm, die Tunicata betrachtet. Die weitverbreitetste Gruppe, die Ascidiaceen oder Seescheiden, sind sessil und ähneln einer Walze, die zwei Siphone trägt, durch die für die Atmung und Ernährung benötigtes Wasser gezogen wird. Das Wasser läuft durch ein Netz, die Nahrungsteilchen bleiben im Schleim hängen und werden zur Öffnung des Verdauungstraktes gerollt. Das gefilterte Wasser läuft durch das Netz über den atrialen Siphon wieder heraus. Nur während der Entwicklung weisen diese Tiere ein axiales Skelett, Kiemenspalten und hohle Nervenbänder auf. Die Befruchtung findet außerhalb des Körpers statt. Die Eier bringen kleine kaulquappenartige

Larven hervor, die sich mit Hilfe von seitwärts gerichteten Bewegungen des Schwanzes fortbewegen. Nach einer planktonischen Phase läßt sich die Larve nieder und durchläuft eine ausgedehnte Metamorphose, in der der Schwanz reabsorbiert, das Nervenband zu einem kleinen, zwischen den Siphonen liegenden Nervenknoten verkürzt und die Kiemen zu dem Filternetz umgestaltet werden. Zwei andere

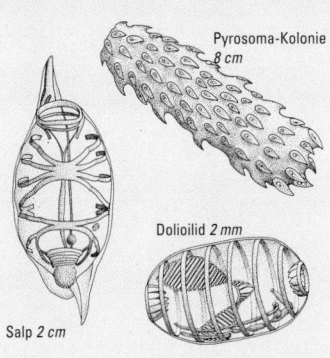

Pyrosoma-Kolonie 8 cm

Dolioiid 2 mm

Salp 2 cm

Thaliaceen

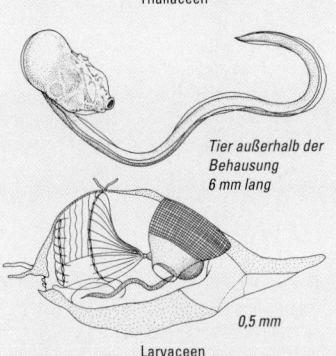

Tier außerhalb der Behausung 6 mm lang

0,5 mm

Larvaceen

Ascideenklassen, die Thalaceen und die Larvaceen, haben beide eine ozeanische Lebensform entwickelt. Die Thalaceen, eine kleine Gruppe von nur ca. sechs Geschlechtern, ähneln kleinen Walzen mit nur einem Siphon an jedem Ende, so daß Wasser längs durch das Tier fließen kann. Sie besitzen ein Filternetzwerk, und der Nahrungsstrom dient ebenfalls der Atmung und der Fortbewegung. Über den Körper verlaufende Muskelbänder pressen durch Kontraktionen das Wasser aus der Zentralkammer heraus. Die Larvaceen hingegen bewahren ihr ganzes Leben lang ihre Kaulquappenform, und ihr langer Schwanz steht rechtwinklig vom Rücken ab. Das Filternetz dient der Aufnahme feiner Partikel, die im Durchmesser unter 1 mm liegen, und somit für andere planktonische Filtrierer nicht zugänglich sind. Diese Tiere sind selbst wichtige Bestandteile im Nahrungsplan der bekannten Larvenfische.

Unterstamm der Cephalochordaten (Cephalochordata)

Diesen Unterstamm bilden nur zwei Geschlechter, nämlich *Branchiostoma* und *Assymetron*, die sich insofern voneinander unterscheiden, als daß im Falle von Assymmetron die Keimdrüsen auf die rechte Körperseite beschränkt sind und bei den Branchiostoma in gepaarter Form vorliegen. Die ausgewachsenen Tiere leben am Boden, filtern ihre Nahrung und benutzen ein ähnlich gebautes Netz wie die Manteltiere, um feine Partikel zu fangen. Die Tiere sind für gewöhnlich etwa 4 bis 8 cm groß. Das Notochord und das Rücken-

nervenband der Chordata behalten sie genau wie ihren postanalen Schwanz ihr ganzes Leben lang. Die Muskeln, Nerven und Blutgefäße der Körperwand sind segmentartig angeordnet, und die wechselnden Kontraktionen der Myotome oder Muskelblöcke, die an beiden Seiten des Körpers vorliegen, verursachen seitliche Bewegungen, die dem Tier fischähnliche Schwimmbewegungen ermöglichen. Der Kopf ist viel schwächer ausgeprägt als bei den Wirbeltieren, obwohl das Nervenband breit genug ist, um einen hirnähnlichen Nervenknoten zu formen. Einfache Licht- und chemische Rezeptoren finden sich am Vorderende des Tieres. Obwohl die meisten Forscher diese Tiere als primitive Vertreter der Chordata betrachten, sind sie für andere ein eigener Stamm, die Acranien.

UNTERSTAMM DER WIRBELTIERE (VERTEBRATA)

Die Vertebrata werden unterschiedlich eingeteilt: einige Wissenschaftler betrachten die Agnathen oder kieferlosen Formen als eigenen Unterstamm oder -klasse im Gegensatz zu den Gnathostomaten oder kiefertragenden Tieren. Die primitivsten Wirbeltiere waren kieferlose fischähnliche Tiere, die in den Fossilien aus dem Ordivizium auftauchen. Die alte Gruppierung der Tiere in die Klasse der Knochenfische, die Haie, Rochen und Knochenfische umfaßt, gilt heute als künstlich, da sich die Elasmobranchen (Haie und Rochen) vermutlich lange Zeit unabhängig von den Knochenfischen entwickelt haben. Moderne Klassifizierungen basieren auf drei Hauptgruppen ausgestorbener Fische und fischartiger Tiere: die Agnathen, z.B. Neunaugen, die Elasmobranchiomorphen (Chondrichthyen), Haie, Rochen und Rattenfische mit einem Knorpelskelett, sowie die Osteichthyen oder Knochenfische. Zusätzlich existiert eine ausgestorbene fossile Gruppe, die Placodermen, die frühe, am Boden lebende Formen umfaßt, die als Unterklasse der Elasmobranchiomorphen oder als separate Klasse gehandhabt werden.

Kieferlose (Agnatha)

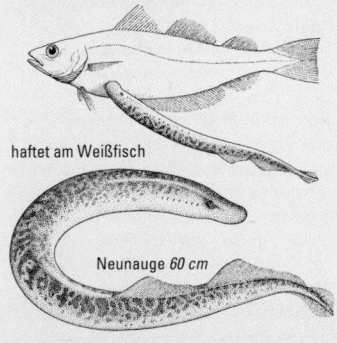

haftet am Weißfisch

Neunauge 60 cm

Den Neunaugen fehlen Wirbelsäule und gepaarte Flossen, allerdings besitzen sie wie die Cephalochordaten ein Notochord. Außerdem fehlen ihnen die Kiefer der höheren Wirbeltiere. Ihr Mund ist rund, liegt am Körperende und ist mit hakenförmigen Strukturen versehen. Die Neunaugen verfügen über eine Muskelzunge, mit der sie die Oberfläche der Fische kratzen, an die sie sich anheften, aufkratzen, um deren Blut und Gewebe aufzunehmen. Die Kiemenanlagen der Neunaugen sind in-

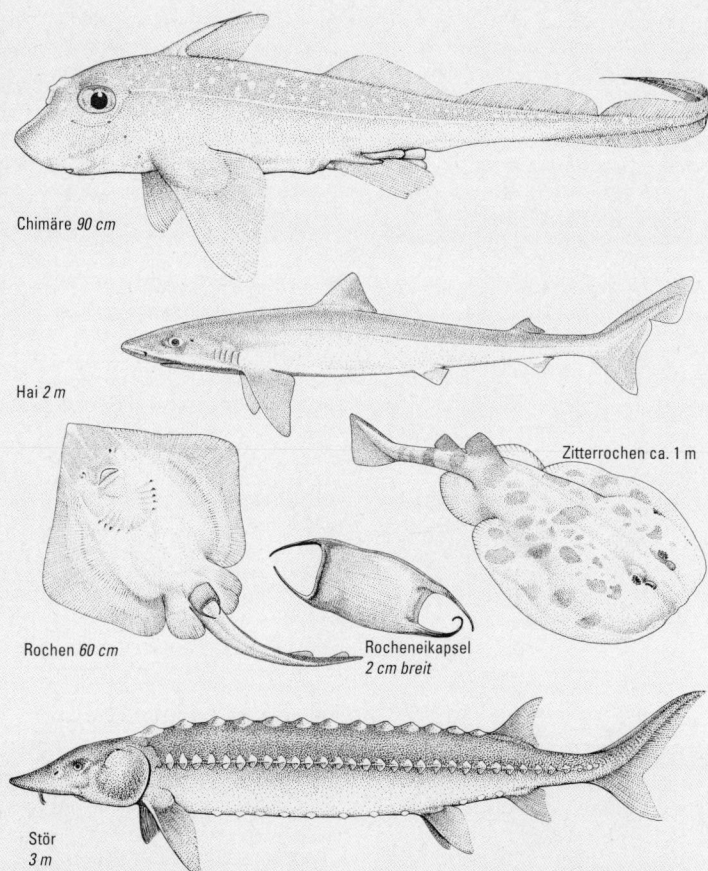

Chimäre *90 cm*

Hai *2 m*

Rochen *60 cm*

Zitterrochen *ca. 1 m*

Rocheneikapsel *2 cm breit*

Stör *3 m*

Die Glattrochen und Rochen mit ihren länglichen Formen mit verlängerten und lappenartigen Brustflossen sind auf ein Leben am Boden spezialisiert. Die Brustflossen bilden die typischen Flügel. Die Schwanzflosse wird eigentlich nicht zur Fortbewegung eingesetzt, und viele Arten besitzen nur noch eine verkürzte peitschenartige Struktur, die mit Stacheln versehen ist und bei einigen Arten, wie z.B. dem Stechrochen, *Dasyatus*, eine Giftdrüse enthält. Die meisten Arten besitzen ein Zahnsystem, und *Myliobatis*, der Adlerrochen, ernährt sich fast ausschließlich von Muscheln und Austern, die er zwischen seinen Zähnen zerreibt.

Echte Knochenfische (Teleostei)

Zwei Hauptgruppen der Knochenfische stellen die nur sieben lebende Arten umfassenden Sarcopterygii oder Fleischflosser und die Actinopterygii oder Strahlenflosser, die bis zu ca. 30 000 Arten umfassen, dar. Der Fleischflosser repräsentiert die Ahnengruppe, von der die Landwirbeltiere abstammen. *Latimeria* im Indischen Ozean sowie die Lungenfische im Süßwasser der tropischen Regionen sind die einzigen noch lebenden Vertreter. *Latimeria* ist ein großer Fisch, der über 90 kg schwer wird und sich von anderen Fischen ernährt, die er als Ganzes verschlingt.

Unter den Strahlenflossern, von denen die Gruppe der Knorpelganoiden nur durch die marinen Störe vertreten ist, die zum Brüten ins Süßwasser wandern, erkennt man eine Dreiteilung. Obwohl das innere Skelett knorpelig aufgebaut ist, befinden sich in der Haut Knochenplatten und zahnähnliche Strukturen, die denen der Haie ähneln. Die flache Schnauze wird benutzt, um den schlammigen Boden aufzuwühlen und kleine wirbellose Tiere auszugraben, von denen sie sich ernähren. Die Holostei sind eine weitere kleine Gruppe, die den Alligatorfisch, *Lepisosteus* und den Kahlhecht, *Amia calva*, umfaßt.

Die meisten der 30 000 lebenden Meeres- und Süßwasserfische sind Mitglieder der Gruppe der Teleostei. Sie besitzen einen länglichen Körper mit Brust- und Bauchflossen, die an beiden Enden des Tieres liegen, eine Rücken- und eine Afterflosse, die als stabilisierende Elemente beim Schwimmen dienen, und eine große Schwanzflosse, die die Haupttriebkraft beim Schwimmen liefert.

Wechselnde Kontraktionen der beidseitigen Muskelblöcke bewegen den Schwanz hin und her, bei fortschrittlicheren Teleostei ist nur die Schwanzflosse beteiligt, der Rest des Körpers bleibt relativ unbewegt. Die Vielfalt des Körperbaus dieser Gruppe ist erstaunlich groß und reicht von langen aalähnlichen, grabenden Formen, kugelförmigen, langsam schwimmenden über abgeflachte, am Boden lebende Tiere bis hin zu extrem schnellen Schwimmern, wie z.B. dem Thunfisch mit seinem torpedoförmigen Körper. Thunfische erhöhen ihre Muskeleffizienz noch, indem sie im Innern der Körpermuskulatur Wärme bewahren und im Muskelgewebe Sauerstoff speichern. Viele Korallenrifffische sind seitlich flachgedrückt, so daß sie leicht zwischen die Korallenkolonien schlüpfen können. Pfeifenfische und Seepferdchen hingegen verfügen über längliche und aufrechte Körper, die es ihnen ermöglichen, sich im Tang zu verstecken.

Ein Teil des Erfolges der Teleostei basiert auf ihrer Fähigkeit, ihre Schwimmfähigkeit mit Hilfe einer inneren Gasblase zu regulieren, in der das Gas aus dem Blutstrom gelagert wird oder aus der Gas reabsorbiert werden kann. Dies ermöglicht es dem Tier, seine Dichte dem äußeren Wasserdruck und der -dichte anzugleichen, so daß es stets seine stabile Position beibehält und weder sinken noch an die Oberfläche getrieben werden kann. Viele der seßhaften Fische haben keinen Auftrieb und bewegen sich durch fein abgestimmte Bewegungen der gepaarten Flossen. Besonders feine Bewegungen ermöglichen dem Tier, eine konstante Position zu halten oder sich unter Gesteinen oder Tangen zu verstecken.

Kriechtiere (Reptilia)

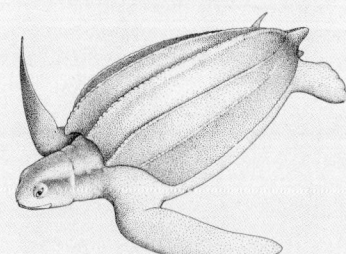

Lederschildkröte *3 m*

Obwohl die Gruppe der Reptilien oder Kriechtiere im Mesozoikum das Meer beherrschte, leben gegenwärtig nur noch sieben Schildkrötenarten im Meer sowie mehrere hundert Seeschlangenarten, der Meeresleguan und einige wenige in breiten Flußmündungen beheimatete Krokodilarten.

Die Schildkröten besitzen Hornschnäbel und modifizierte Vorderglieder, die als Schwimmflossen dienen und die Hauptkraft zur Fortbewegung liefern, die Hinterflossen dienen ausschließlich der Steuerung. Im Gegensatz zu ihren an Land lebenden Verwandten haben die Meeresschildkröten das Gewicht ihres Skeletts verringert und eine flachere Form angenommen. Zum Brüten wandern sie an den Strand und legen ihre Eier dort in ausgehöhlte Nester in den Sand. Viele der Jungen fallen auf ihrem Weg vom Nest ins Meer Räubern zum Opfer. Ein aktuelles Problem sind die landeinwärts gerichteten Wanderungen von jungen Tieren, die vom

---

sofern ungewöhnlich, als daß Wasser in die Kiementaschen hinein- und wieder hinausfließt, und zwar durch die gleiche Öffnung und nicht durch den Mund hinein und durch die äußeren Kiemen wieder hinaus. Seeneunaugen können sich an großen Haien und Walen anheften, doch anders als der Inger, der ausschließlich im Meer lebt, kehren die Neunaugen zum Brüten in Süßwasserregionen zurück, wo die Larven, die den Cephalochordaten ähneln, eine lange Entwicklungsphase durchlaufen. Die Beziehungen zwischen den lebenden und den vier ausgestorbenen Agnathenordnungen, allgemein als Placoderme bekannt, sind noch unklar, obwohl erwiesen ist, daß die lebenden Arten über eine hochspezialisierte Lebensform verfügen.

Elasmobranchii (Chondrichthyes)

Diese Tiergruppe unterscheidet sich von den höheren Fischen durch ihr eher knorpeliges als knochiges Skelett. Sie ist in zwei Hauptgruppen unterteilbar: die Holocephali oder Chimären und die Elasmobranchii, die über 2000 Arten von Haien, Glattrochen und Rochen umfassen. Die Chimären bilden eine kleine Gruppe eigenartiger Fische, deren Kieme sich durch einen einzigen Spalt öffnen. Der lange Schwanz ist peitschenartig gestaltet, und mit Hilfe ihrer verlängerten Brustflossen können diese Tiere schwimmen. Ihr Kopf ist groß, und die Kiefer besitzen kräftige Zähne, mit denen sie ihre Beute (Weichtiere) zerquetschen.

Moderne Elasmobranchii besitzen gut entwickelte Kiefer, die gewöhnlich mit scharfen Zähnen versehen sind. Der große Weiße Hai, *Carcharodon carcharias*, besitzt sägezahnartige Zähne und ist ein gieriger Raubfisch, der andere Haie und große Wirbeltiere, wie Robben, Seelöwen und

Delphine jagt. Die meisten Haiarten leben allein, obwohl *Alopias* in Rudeln jagt und seinen gewaltigen langen und peitschenartig geformten Schwanz in erster Linie dazu einsetzt, verschiedene Fischarten, wie Heringe, Makrelen oder Sardinen, auf feste Sandbänke zu treiben. Einige Arten, darunter der Dornhai, *Scyliorhinus*, sind träge Bodentiere und ernähren sich von Weichtieren und Krebsen, während der *Chlamydoselachus* in 200 bis 1000 m tiefem Wasser lebt und sich von Cephalopoden ernährt.

Anders verhält es sich mit der bis zu 10,5 m großen Art *Cetorhinus maximus* und dem Walhai, *Rhincodon*, der eine Größe von bis zu 18 m erreichen kann. Beide Haie schwimmen mit offenen Mündern und filtern aus dem Wasser Plankton heraus.

Hering *30 cm*

Coelocanth *1,2 m*

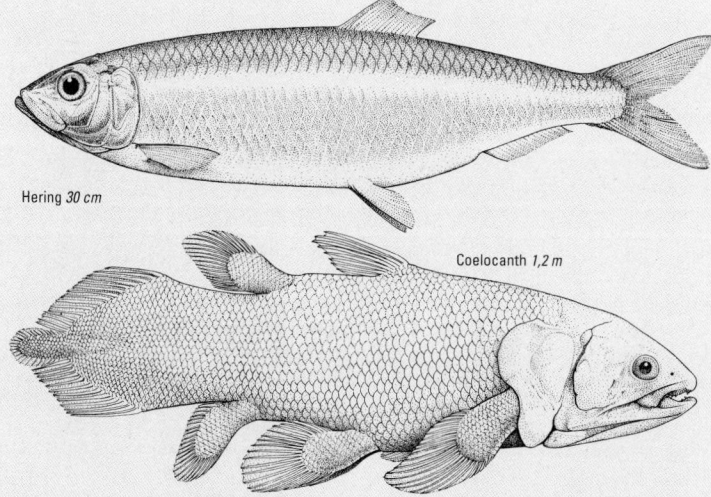

Licht der Hotels angelockt werden, das stärker ist als das Mondlicht, das vom Meer her strahlt.

Die Anzahl der Meereidechsen ist gering, obwohl einige der schuppigen Eidechsen aktiv zwischen den Gezeitenlinien nach Futter suchen. Der Meeresleguan, *Amblyrhynchus*, auf den Galapagosinseln, ist eigentlich eine amphibische Eidechse, die größtenteils an Land lebt. Im Körperbau ähnelt der Meeresleguan seinen Landgenossen, obwohl er schwimmen und tauchen kann und Tang frißt. Wie Seevögel besitzen diese Tiere in ihren Nüstern salzausstoßende Drüsen, im Gegensatz zu den Schildkröten, die durch die Kanäle der Augenhöhlen überflüssiges Salz abgeben.

Die Seeschlangen sind eine vielfältige Gruppe hochgiftiger Meerestiere, die überwiegend im flachen Wasser des Südpazifiks, zwischen Malaysia und Australien vorkommen. Seeschlangen sind Verwandte der an Land lebenden Kobra. Der Schwanz ist seitlich flachgedrückt und bildet ein Paddel, so daß die Tiere durch seitliche Biegungen des Körpers schwimmen. Pelamide sind vollkommen pelagisch und ernähren sich von kleinen Fischen, die sie durch einen Seitenstoß fangen. Viele der kleineren Seeschlangenarten fressen Fischeier, wogegen sich die Gattung *Laticauda* von Riffmuränen ernährt. Die meisten Seeschlangen brüten ihre Eier im Inneren des Weibchens aus, und die drei bis acht Jungen kommen bereits als voll ausgebildete junge Schlangen auf die Welt. Die Geburt findet im Meer statt, und mit Ausnahme der Laticaudina-Seeschlange geht keine Art an Land. Die Seeschlangen sind besonders gut an die Bedingungen ihrer Umgebung angepaßt. Anders als Landschlangen sind ihre Bäuche wesentlich kleiner. Die Seeschlangen unternehmen häufig lange Wanderungen.

Vögel (Aves)

Königspinguine *1m*

Die Seevögel reichen von watenden, an den Rändern der Weltmeere anzutreffenden Arten bis zu ozeanischen Arten, wie Sturmschwalbe und Albatros, die nur an Land kommen, um zu brüten. Alle Seevögel ernähren sich von Meeresorganismen. Die watenden Arten durchwühlen Schlamm und picken kleine Würmer und Krustentiere heraus, Austernfischer benutzen die Schnäbel, um die Muscheln von den Steinen zu lösen und sie zu öffnen, und Tauchvögel fressen Fische direkt von der Wasseroberfläche. Die vermutlich spezialisierteste Gruppe unter den Vögeln sind die Pinguine, die ihre Flugfähigkeit verloren haben. Ihre ehemaligen Flügel haben sie zu Flossen umgebildet. Diese setzen sie zum Unterwasserschwimmen ein. Andere Tauchvögel, wie etwa die Kormorane, benutzen hierzu ihre Füße.

Die meisten Seevögel, die aus der Luft Fisch jagen, sind unten weiß oder hellgrau gefärbt, wodurch sie sich weniger vom hellen Himmel abheben und unentdeckt bleiben. Wie die Schildkröten nisten sie an Land und konzentrieren sich für gewöhnlich in großen Kolonien an geeigneten Küstenregionen. Die Dreizehenmöwen und Baßtölpel nisten auf steinigen Klippen, während viele Möwen und Seeschwalben auf dem Grund sandiger Dünen, Tölpel und Albatrosse auf Bäumen einsamer Meeresinseln und Pinguine in eisfreien Gebieten der Antarktis und anderen südlichen Teilen des Kontinents Nester bauen.

Säugetiere (Mammalia)

Die Klasse der Mammalia oder Säugetiere umfaßt Meeressäuger, die in eine große Anzahl verschiedener Gruppen eingeteilt werden können. Die Eisbären und Seeotter sind Vertreter der vorwiegend an Land lebenden Gattung der Fleischfresser. Diese Tiere weisen weniger Anpassungen an das Meeresumfeld auf als die spezialisierteren Robben, mit denen sie verwandt sind. Drei Gruppen von Meerestieren zeigen Anpassungen an ein Leben im Meer: die Pinnipedia oder Robben, die Sirenia oder Walrosse und schließlich die Cetacea, die Wale und Delphine.

Die Dugong und Manatis sind mit nur vier lebenden Arten die kleinste Gruppe, obwohl eine fünfte Gruppe existierte, „die Stellersche Seekuh", die im letzten Jahrhundert bis zur vollständigen Ausrottung gejagt wurde. Nah mit den Elefanten verwandt, haben diese Tiere ihre Hinterglieder verloren und ihre Vorderglieder zu kräftigen Paddeln ausgebildet. Der Schwanz ist flach wie die Fluken der Wale. Die Tiere sind Pflanzenfresser und beschränken sich auf flache Wasserregionen, Flußmündungen und lange Flußsysteme der Tropen und Subtropen, wo sie Seegras fressen.

Die Robben, Seelöwen und Walrosse sind überwiegend fischfressende Arten, die in drei Gruppen unterteilt werden: die ohrenlosen oder wahren Robben, die Seelöwen und die Walrosse. Alle besitzen stromlinienförmige Körper mit reduziertem oder fehlendem Haarkleid und einer unter der Haut liegenden Fettschicht. Die wahren Robben können ihre Hinterglieder nicht vorwärts bewegen, wenn sie an Land gehen. Die Seelöwen hingegen können die kurzen Hinterglieder drehen und mit einem galoppierenden Schritt an Land gehen. Das Walroß mit seinen langen, nach unten gerichteten Stoßzähnen, ist ein arktisches Tier und ernährt sich von Weichtieren.

Am besten an ihre Umgebung angepaßt sind die Wale und Delphine mit ihren stromlinienförmigen Körpern, den unsichtbaren Nacken, gut entwickelten Vorderflossen und abgeflachten und ausgedehnten Schwanzflossen oder Fluken. Wie die Robben sind sie unbehaart und verfügen unter der Haut über eine dicke Fettschicht. Die Wale können sich nicht an Land bewegen, und ihre Haut muß ständig feucht gehalten werden. Sie gebären im Wasser, und der Babywal tritt zuerst mit der Fluke aus dem Körper der Mutter heraus. Es gibt zwei Walgruppen, die Zahnwale und die Delphine, die aktive Raubtiere sind und Fisch, Tintenfisch und, im Falle der Killerwale, Wale, Robben und Pinguine jagen.

Der zweiten Gruppe, den Bartenwalen, fehlen die Zähne. Stattdessen besitzen sie Bartenplatten, die im Oberkiefer liegen und die als Siebe fungieren und das Krill auffangen, wenn die Tiere mit ihren geöffneten Mäulern das Plankton durchstreifen. Diese Tiere erreichen enorme Größen. Die kleinsten werden immerhin etwa 5 m und die größten, die Blauwale, die größten Säugetiere der Welt, über 33 m lang.

Tabellen

Kontinentalsockelgebiete *(Meeresbett bis 200 m Tiefe)*

ATLANTIK	
Meer/Gebiete	km²
Nordwestatlantik	**1.260.000**
Westgrönland	85.000
Labrador	100.000
Neufundland	490.000
Neuschottland & St. Lorenz-Golf	310.000
Neuengland	185.000
Mittelatlantik	90.000
Nordostatlantik	**3.011.000**
Island	142.000
Barentssee	1.300.000
Nordsee	550.000
Skagerrak & Kattegat	40.000
Britische Inseln	449.000
Ostsee	420.000
Spanien/Portugal/Frankreich	60.000
Südwestatlantik	**1.950.000**
Guayana	160.000
Brasilien	610.000
Uruguay	150.000
Argentinien	1.030.000
Südostatlantik	keine Angabe
Östlicher Zentralatlantik	**480.000**
Marokkanische Küste	65.000
Sahara-Küste	65.000
Kap Verde-Küste	110.000
Kap Sherbro-Küste	70.000
Westlicher Golf von Guinea	50.000
Zentraler Golf von Guinea	65.000
Südlicher Golf von Guinea	55.000
Westlicher Zentralatlantik	**1.280.000**
Ostküste USA	110.000
Bahamas/Kuba	120.000
Golf von Mexiko	600.000
Karibik	250.000
Südamerika	200.000
Gesamter Atlantik	*7.981.000*

PAZIFIK	
Meer/Gebiete	km²
Nordwestpazifik	**995.00**
Ochotskisches Meer	610.000
Japanisches Meer	202.000
Nordwestpazifische Regionen	183.000
Nordostpazifik	**1.276.000**
Beringmeer	1.000.000
Oregon/Südostalaska	96.000
Golf von Alaska	100.000
Halbinsel von Alaska	80.000
Südwestpazifik	**930.000**
Neuseeland	200.000
Australien	730.000
Südostpazifik	**177.000**
Peru	87.000
Chile	90.000
Westlicher Zentralpazifik	**4.610.000**
Gelbes Meer/Ostchin. Meer	950.000
Formosa-Straße	280.000
Golf von Tongking	200.000
Golf von Thailand	305.000
Südchinesisches Meer	970.000
Javasee	580.000
Carpentariagolf	960.000
Inseln	365.000
Östlicher Zentralpazifik	**450.000**
Gesamter Pazifik	*8.438.000*

INDISCHER OZEAN	
Meer/Gebiete	km²
Ostafrika	390.000
Arabisches Meer	400.000
Bucht von Bengalen	610.000
Indonesien	130.000
Westaustralien	380.000
Südaustralische Küste	260.000
Rotes Meer	180.000
Persischer Golf	240.000
Madagaskar	210.000
Ozeanische Inseln	200.000
Gesamter Indischer Ozean	*3.000.000*

Fischereierzeugnisse nach Kontinenten *(1000 metrische Tonnen)*

FISCH: FRISCH, GEKÜHLT ODER GEFROREN

Kontinent/Gebiet	1982	1983	1984	1985	1986	1987	1988	1989	1990	1991
Afrika	322	317	343	396	407	427	404	374	380	376
Nordamerika	810	755	741	785	872	917	986	1.057	1.410	1.295
Südamerika	486	486	563	566	563	578	604	693	774	665
Asien	5.698	5.702	6.313	6.319	6.849	6.649	7.267	7.174	7.106	7.057
Europa	1.878	1.977	2.056	2.050	2.214	2.266	2.433	2.459	2.459	2.639
Australien & Ozeanien	100	124	122	120	151	133	191	173	158	202
ehemalige UdSSR	3.174	2.982	3.194	3.291	3.431	3.272	3.412	3.406	3.133	2.990
Insgesamt	*12.470*	*12.344*	*13.333*	*13.526*	*14.488*	*14.242*	*15.297*	*15.336*	*15.420*	*15.224*

FISCH: GETROCKNET, GESALZEN ODER GERÄUCHERT

Kontinent/Gebiet	1982	1983	1984	1985	1986	1987	1988	1989	1990	1991
Afrika	238	242	250	271	291	328	328	343	382	384
Nordamerika	117	96	88	10	74	96	100	105	116	110
Südamerika	56	61	66	60	63	65	77	73	73	73
Asien	2.302	2.346	2.301	2.383	2.387	2.440	2.554	2.289	2.499	2.527
Europa	515	471	501	509	510	526	531	515	437	422
Australien & Ozeanien	2	1	0.5	2	3	2	6	10	8	6
ehemalige UdSSR	773	793	794	850	860	841	799	769	730	723
Insgesamt	*4.007*	*4.011*	*4.002*	*4.174*	*4.188*	*4.298*	*4.396*	*4.106*	*4.245*	*4.245*

FISCH: KONSERVEN

Kontinent/Gebiet	1982	1983	1984	1985	1986	1987	1988	1989	1990	1991
Afrika	145	145	157	124	121	141	108	143	182	217
Nordamerika	345	390	331	378	335	409	424	487	499	488
Südamerika	104	90	90	96	94	116	116	126	124	132
Asien	1.188	1.337	1.420	1.664	1.735	1.756	1.901	1.923	1.965	1.934
Europa	562	584	600	573	614	676	711	685	727	732
Australien & Ozeanien	5	6	7	9	8	8	32	36	37	37
ehemalige UdSSR	427	486	517	547	617	690	743	796	820	887
Insgesamt	*2.776*	*3.038*	*3.122*	*3.391*	*3.524*	*3.796*	*4.035*	*4.196*	*4.354*	*4.427*

KRUSTEN- & WEICHTIERE: FRISCH, GEFROREN ETC.

Kontinent/Gebiet	1982	1983	1984	1985	1986	1987	1988	1989	1990	1991
Afrika	77	102	100	106	135	134	142	141	134	147
Nordamerika	375	355	367	399	438	442	457	445	487	532
Südamerika	106	117	121	100	98	132	131	135	138	228
Asien	802	846	819	851	855	1.040	977	1.226	1.136	1.209
Europa	220	267	293	291	296	354	267	290	264	246
Australien & Ozeanien	68	66	75	67	57	63	67	101	54	46
ehemalige UdSSR	-	-	-	-	-	-	-	-	-	-
Insgesamt	*1.648*	*1.751*	*1.775*	*1.813*	*1.879*	*2.165*	*2.041*	*2.339*	*2.213*	*2.407*

KRUSTEN- UND WEICHTIERE: KONSERVEN

Kontinent/Gebiet	1982	1983	1984	1985	1986	1987	1988	1989	1990	1991
Afrika	1	1	1	✳	✳	✳	✳	✳	✳	✳
Nordamerika	62	65	66	63	61	67	71	70	73	77
Südamerika	3	3	3	2	3	2	3	2	2	3
Asien	58	49	60	60	58	66	57	73	69	61
Europa	27	29	29	30	36	39	34	38	40	42
Australien & Ozeanien	-	1	1	2	2	2	2	2	2	2
ehemalige UdSSR	6	6	5	5	5	4	3	2	2	2
Insgesamt	*157*	*154*	*165*	*162*	*165*	*180*	*170*	*187*	*188*	*187*

	1982	1983	1984	1985	1986	1987	1988	1989	1990	1991
Endsumme	*21.058*	*21.298*	*22.397*	*23.066*	*24.244*	*24.681*	*25.939*	*25.977*	*26.420*	*26.490*

FISCHÖL UND FETTE

Kontinent/Gebiet	1982	1983	1984	1985	1986	1987	1988	1989	1990	1991
Afrika	37	48	31	39	34	92	41	31	18	21
Nordamerika	178	199	189	181	188	175	139	146	167	155
Südamerika	352	79	353	341	506	297	414	597	395	436
Asien	321	361	432	429	498	483	517	485	447	344
Europa	342	380	422	419	348	294	331	251	253	297
Neuseeland & Ozeanien	-	-	1	2	0.8	0.7	0.9	1	1	1
ehemalige UdSSR	67	73	93	85	95	111	112	119	127	120
Insgesamt	*1.300*	*1.141*	*1.520*	*1.496*	*1.671*	*1.453*	*1.556*	*1.631*	*1.408*	*1.373*

FISCHGERICHTE UND -MEHL

Kontinent/Gebiet	1982	1983	1984	1985	1986	1987	1988	1989	1990	1991
Afrika	172	213	153	145	170	309	287	177	146	136
Nordamerika	665	651	606	674	582	677	566	588	583	569
Südamerika	1.635	1.163	1.795	2.137	2.519	2.082	2.462	2.711	2.378	2.648
Asien	1.353	1.549	1.708	1.619	1.651	1.636	1.623	1.594	1.634	1.436
Europa	965	1.112	1.167	1.076	1.018	1.013	1.126	1.048	932	937
Australien & Ozeanien	7	7	5	2	4	4	4	4	4	9
ehemalige UdSSR	600	605	674	657	747	767	769	752	695	632
Insgesamt	*5.392*	*5.293*	*6.107*	*6.311*	*6.689*	*6.487*	*6.837*	*6.875*	*6.372*	*6.367*

	1982	1983	1984	1985	1986	1987	1988	1989	1990	1991
Endsumme	*6.692*	*6.434*	*7.627*	*7.807*	*8.360*	*7.940*	*8.393*	*8.506*	*7.780*	*7.740*

187

Fangmengen der Seefischerei *(metrische Tonnen)*

FANGMENGEN IM ATLANTIK

Wanderfische	1985	1986	1987	1988	1989	1990	1991
Stör etc.	43	21	21	18	5	3	18
Flußaale	5.073	5.315	4.371	5.466	4.685	4.180	4.557
Lachs, Forelle etc.	73.539	98.896	113.130	162.894	216.172	225.449	246.678
Alse, Milchfisch etc.	27.614	21.104	26.780	17.453	21.768	19.286	19.085
Sonstige	1.108	25	61	65	11	25	20
Insgesamt	*107.377*	*125.361*	*144.363*	*185.896*	*242.687*	*248.943*	*270.358*

Meeresfische	1985	1986	1987	1988	1989	1990	1991
Flunde,. Seezunge etc.	632.617	614.186	637.937	615.001	608.442	603.040	629.359
Kabeljau, Seehecht etc.	5.493.621	5.686.568	5.703.464	5.458.793	5.091.574	4.479.555	4.175.652
Rot-, Seebarsch etc.	2.062.466	2.438.853	2.358.301	2.394.299	2.430.905	1.796.050	2.238.714
Hecht, Meeräsche etc.	3.452.402	2.786.166	2.630.601	2.830.029	2.509.832	2.430.435	2.693.318
Hering, Sardine etc.	5.122.859	4.593.582	6.163.598	5.045.408	5.795.624	5.590.124	5.233.312
Thunfisch, Blaufisch etc.	517.968	498.086	485.501	532.143	541.509	571.594	580.834
Hecht-, Makrele etc.	947.123	1.046.327	992.791	1.187.597	1..087.882	996.229	989.688
Hai, Rochen etc.	223.021	217.067	239.896	240.620	230.419	248.336	243.186
Sonstige	961.724	991.877	1.046.296	960.110	951.138	1.047.103	903.003
Insgesamt	*19.413.801*	*18.872.712*	*20.258.385*	*19.264.000*	*19.247.325*	*17.762.466*	*17.687.066*

Krustentiere	1985	1986	1987	1988	1989	1990	1991
Taschenkrebse etc.	220.407	206.810	201.845	215.711	199.592	195.818	220.461
Hummer etc.	160.145	159.203	162.671	164.897	163.671	168.498	172.819
Garnele, Steingarnele etc.	539.546	613.695	481.821	510.588	552.647	566.621	579.637
Krill etc.	80.807	425.871	346.504	364.173	395.643	344.445	231.337
Sonstige	9.230	9.825	14.984	19.159	7.799	6.239	4.532
Insgesamt	*1.010.135*	*1.407.565*	*1.194.828*	*1.274.528*	*1.313.542*	*1.277.372*	*1.206.245*

Weichtiere	1985	1986	1987	1988	1989	1990	1991
Schnecken etc.	20.635	21.828	23.086	25.188	29.076	25.537	21.620
Austern	20.635	406.087	369.879	332.574	332.844	313.067	328.268
Muscheln	550.398	642.908	555.585	530.145	495.513	485.480	498.439
Kammuscheln etc.	286.778	213.064	371.093	381.783	323.535	288.307	261.000
Herz-, Venusmuscheln etc.	494.260	489.100	497.170	472.556	504.468	513.792	503.365
Tinten-, Kuttelfisch etc.	521.723	628.928	1.018712	915.800	1.062.497	848.211	1.009.208
Sonstige	33.275	23.139	30.510	28.425	32.555	25.682	18.465
Insgesamt	*1.927.704*	*2.425.054*	*2.866.035*	*2.686.471*	*2.780.488*	*2.500.076*	*2.640.365*

Endsumme	*22.459.017*	*22.830.692*	*24.463.611*	*23.410.895*	*23.584.042*	*21.788.857*	*21.804.034*

FANGMENGEN IM MITTELMEER

Wanderfische	1985	1986	1987	1988	1989	1990	1991
Stör etc.	1.327	1.427	1.363	567	602	997	994
Flußalle	3.687	3.457	3.176	3.759	2.879	4.627	4.360
Alse, Milchfisch etc.	134.287	102.843	95.039	38.070	40.750	5.632	28.073
Insgesamt	*139.301*	*107.727*	*99.578*	*42.396*	*44.231*	*11.256*	*33.427*

Meeresfische	1985	1986	1987	1988	1989	1990	1991
Flunder, Seezunge etc.	13.585	15.181	15.563	13.836	14.939	13.309	629.359
Kabeljau, Seehecht etc.	83.225	75.253	90.965	89.572	74.927	67.615	76.001
Rot-, Seebarsch etc.	156.965	150.203	150.839	146.097	162.487	165.210	163.686
Hecht, Meeräsche etc.	245.713	208.165	196.666	195.587	198.155	164.276	123.238
Hering, Sardine etc.	832.102	935.128	842.018	989.402	646.010	502.600	448.713
Thunfisch, Blaufisch etc.	66.617	61.684	66.849	77.675	60.640	66.616	67.286
Hecht-, Makrele etc.	41.385	48.430	57.097	51.540	44.059	36.967	32.725
Hai, Rochen etc.	25.589	23.913	21.726	22.962	220.041	17.552	18.978
Sonstige	114.225	119.823	121.737	118.555	110.083	103.699	95.835
Insgesamt	*1.565.821*	*1.622.599*	*1.547.897*	*1.691.390*	*1.516.402*	*1.124.535*	*1.655.822*

Krustentiere	1985	1986	1987	1988	1989	1990	1991
Taschenkrebse etc.	1.467	1.592	2.601	3.002	2.003	1.320	1.492
Hummer etc.	7.503	8.394	8.128	10.594	7.727	8.426	8.891
Garnele, Steingarnele etc.	35.682	31.836	33.218	33.266	31.377	38.102	30.627
Sonstige	7.149	9.095	10.000	8.649	8.706	7.806	11.691
Insgesamt	*51.801*	*50.917*	*53.947*	*55.511*	*50.812*	*55.654*	*52.701*

Weichtiere	1985	1986	1987	1988	1989	1990	1991
Schnecken etc.	346	–	602	–	–	–	–
Austern	11.596	18.304	14.131	12.043	17.233	15.2707	14.398
Muscheln	90.591	93.325	105.361	120.346	125.480	136.358	126.567
Kammuscheln etc.	2	4	4	4	1	1	–
Herz-, Venusmuscheln etc.	27.095	28.724	45.154	39.324	47.954	47.104	57.931
Tinten-, Kuttelfisch etc.	65.723	68.403	67.688	83.321	76.920	71.884	66.745
Sonstige	13.867	16.949	16.089	23.089	22.779	17.253	14.965
Insgesamt	*208.874*	*225.709*	*228.427*	*278.127*	*290.367*	*425.307*	*280.606*

Endsumme	*1.965.797*	*2.006.952*	*1.929.849*	*2.067.424*	*1.901.812*	*1.616.752*	*2.032.556*

Fangmengen der Seefischerei *(metrische Tonnen)*

FANGMENGEN IM PAZIFIK

Wanderfische	1985	1986	1987	1988	1989	1990	1991
Stör etc.	8	6	5	5	10	9	3
Flußaale	1.503	1.158	1.075	1.197	1.232	1.309	786
Lachs, Forelle etc.	784.358	659.791	625.549	618.626	853.426	833.572	1.463.165
Alse, Milchfisch etc.	35.511	45.406	33.578	31.322	34.437	42.355	47.838
Sonstige	38.145	37.596	35.977	39.472	37.185	103.893	57.999
Insgesamt	*859.525*	*743.957*	*696.184*	*690.622*	*926.290*	*981.138*	*1.569.791*

Meeresfische	1985	1986	1987	1988	1989	1990	1991
Flunder, Seezunge etc.	684.000	658.194	614.656	693.734	543.255	567.540	426.787
Kabeljau, Seehecht etc.	6.883.344	7.805.909	7.989.025	8.082.376	7.737.285	7.278.285	6.214.203
Rot-, Seebarsch etc.	2.304.896	2.631.509	2.489063	2.389.218	2.430.953	2.549.502	2.383.777
Hecht, Meeräsche etc.	4.183.064	4.088.625	3.720.076	5.575.717	6.056.509	6.545.104	6.634.726
Hering, Sardinen etc.	14.550.415	17.458.301	14.751.933	16.731.022	17.683.129	15.313.322	14.949.106
Thunfisch, Blaufisch etc.	2.061.174	2.336.403	2.396.827	2.655.205	2.714.967	2.949.263	3.064.180
Hecht-, Makrele etc.	2.490.442	2.625.379	2.302.867	2.352.319	2.284.029	2.146.756	2.117.472
Hai, Rochen etc.	241.266	247.354	254.924	251.857	268.551	276.705	275.029
Sonstige	5.908.561	6.370.211	6.676.345	4.720.032	6.929.877	7.240.355	7.387.160
Insgesamt	*39.307.162*	*44.221.885*	*41.195.716*	*43.451.480*	*46.648.555*	*44.866.832*	*43.452.440*

Krustentiere	1985	1986	1987	1988	1989	1990	1991
Taschenkrebse etc.	652.353	673.656	752.388	817.756	944.016	928.078	1.107.986
Hummer etc.	12.820	14.487	13.658	11.143	11.908	12.187	12.076
Garnele etc.	1.056.166	1.200.750	2.103924	1.420423	1.357.769	1.368.386	1.410.976
Krill etc.	4.721	3.892	394	–	–	658	3
Sonstige	16.126	15.410	4.693	6.541	6.879	8.564	7.398
Insgesamt	*1.742.186*	*1.908.195*	*2.875.057*	*2.255.863*	*2.320.572*	*2.317.873*	*2.317.873*

Weichtiere	1985	1986	1987	1988	1989	1990	1991
Schnecken etc.	53.646	55.637	70.638	64.443	52.696	40.701	41.791
Austern etc.	656.444	656.795	726.422	745.614	688.332	675.302	1.338.640
Muscheln etc.	316.502	352.982	465.570	622.400	673.548	689.898	697.419
Kammuscheln etc.	302.668	305.221	358.559	479.208	512.993	587.126	546.862
Herz-, Venusmuscheln	1.345.682	831.618	875.711	881.786	834.296	838.935	901.265
Tinten-, Kuttelfisch etc.	1.144.498	991.331	1.832.208	1.061.783	1.458240	1.330.247	1.404.369
Sonstige	256.158	376.511	464.657	525.021	429.921	460.994	459.040
Insgesamt	4.075.598	3.570.095	4.793.765	43.80.255	4.650.026	4.623.203	5.389.386

Endsumme	*46.843.996*	*53.096.284*	*50.256.906*	*50.778.220*	*55.471.733*	*53.770.184*	*54.519.847*

FANGMENGEN IM INDISCHEN OZEAN

Wanderfische	1985	1986	1987	1988	1989	1990	1991
Alse, Milchfisch etc.	101.130	116.928	139.717	138.378	144.937	145.711	152.137
Sonstige	5.838	5.590	6.374	6.656	8.889	6.968	8.683
Insgesamt	*106.968*	*122.518*	*146.091*	*145.034*	*153.826*	*152.679*	*160.820*

Meeresfische	1985	1986	1987	1988	1989	1990	1991
Flunder, Seezunge etc.	20.749	26.846	23.493	18.945	37.721	38.725	42.100
Kabeljau, Seehecht etc.	1.848	3.125	2.514	4.851	1.205	1.736	1.378
Rotbarsch, Seebarsch etc.	683.155	734.311	710.729	771.871	888.860	896.531	936.345
Hecht, Meeräsche etc.	360.374	362.276	421.403	486.025	536.423	533.937	570.127
Hering, Sardine etc.	582.648	596.036	613.393	634.015	672.672	774.323	772.880
Thunfisch, Blaufisch etc.	662.078	706.980	825.622	970.494	764.634	965.598	989.476
Hecht-, Makrele etc.	344.051	287.073	291.550	270.129	355.051	325.237	339.757
Hai, Rochen etc.	133.054	141.757	150.899	173.669	158.665	147.799	161.056
Sonstige	1.513.115	1.631.108	1.669.617	1.680.576	1.897.666	1.826.469	1.914.939
Insgesamt	*4.301.072*	*4.489.512*	*4.709.220*	*5.010.575*	*5.312.897*	*5.510.355*	*5.728.058*

Krustentiere	1985	1986	1987	1988	1989	1990	1991
Taschenkrebse etc.	12.284	15.084	15.186	15.725	17.572	15.556	20.454
Hummer etc.	21.513	21.301	21.673	23.016	22.708	21.106	20.454
Garnele, Steingarnele etc.	393.987	387.133	387.386	407.393	416.321	436.994	433.962
Krill etc.	4.721	3.892	394	–	–	658	3
Sonstige	28.601	30.958	42.029	39.801	38.295	45.001	45.811
Insgesamt	*461.106*	*458.368*	*466.668*	*485.935*	*494.896*	*519.315*	*520.684*

Weichtiere	1985	1986	1987	1988	1989	1990	1991
Schnecken etc.	7.049	6.500	6.210	6.345	5.212	4.901	4.875
Austern	2.703	1.453	1.698	1.456	2.372	1.274	4.875
Muscheln	3.221	4.886	7.337	11.441	10.617	7.245	7.825
Kammuscheln etc.	14.717	12.400	8.900	7.050	1.791	1.976	7.826
Herz-. Venusmuscheln etc.	76.371	73.171	70.394	69.513	70.020	62.257	75.929
Tinten-. Kuttelfisch etc.	55.341	57.636	78.254	94.170	124.485	77.408	79.622
Sonstige	3.599	7.648	9.988	4.595	4.499	2.996	4.221
Insgesamt	*163.001*	*163.694*	*182.781*	*194.570*	*218.996*	*158.057*	*185.173*

Endsumme	*5.032.147*	*5.234.092*	*5.504.760*	*5.691.080*	*6.179.468*	*6.341.553*	*6.594.735*

Glossar

Abyssal Bereich der Tiefsee.
Abyssalebenen Tiefseeboden zwischen 4000 und 6000 m.
anular Ringförmig.
Archipel Größere Inselgruppe. Häufig gleichbedeutend mit Inselkette.
Asthenosphäre Halbgeschmolzene, zähflüssige Schicht des obere Erdmantels, auf der sich die Krustenplatten bewegen.
Barrel Volumeneinheit für Flüssigkeiten. Die Größe der Einheit variiert in verschiedenen Flüssigkeiten. 1 Barrel Benzin = 35 Gallonen (GB) = 42 Gallonen (US).
Bathymetrie Messung der Wassertiefe in Meeren.
bathypelagisch In tiefen Gewässern unterhalb der Lichtdurchlässigkeitsgrenze, aber nicht abyssal.
benthisch Am Meeresboden vorkommend.
Bodenfisch Auf oder in der Nähe des Meeresbodens lebender Fisch.
Bruchzone Ein Bruch zwischen Krustenplatten, der den mittelozeanischen Rücken ausgleicht.
Deckschicht Gesteinsformation über einer Salzkuppel oder Öl- oder Gastrappe, die den Ausfluß von Flüssigkeiten verhindert.
Detritus Masse loser Steinfragmente (Geröll).
Diapir Einschluß relativ losen Materials von oben liegenden dichteren. Bildet nach oben einen Dom.
Dolomit Kalkstein über 15 % Magnesiumkarbonat.
Epidermis Oberschicht, die Pflanzen und Tiere bedeckt.
epipelagisch Beschreibung der Organismen, die in den oberen helleren Meerwasserschichten leben.
epirogenetische Bewegungen Langsame Hebung oder Senkung großer Teile der Erdkruste.
Erdachse Achse, um die sich die Erde dreht.
Erzlager, marine Minerallagerstätten, die von einer Landmasse abgetragen wurden und von Wellen oder Strömungen unter Wasser angesammelt wurden.
euphotische Zone Die oberen Meerwasserschichten genug Licht für Pflanzenwachstum.
eustatische Schwankungen Schwankungen des Meeresspiegels.
Evaporit Durch Verdunstung des Salzwassers entstandenes Sedimentgestein.
Falte/Faltung Eine durch Druck an Gestein erfolgte oder noch rezente Übereinanderschiebung (Faltung) oder Verbiegung von Gesteinsschichten.
Gebirgssattel Bogenförmige Steinfalte.
Graben Lange Depression im Meeresboden, die durch das Vorbeigleiten zweier Platten aneinander entsteht. Tiefste Stellen im Meer.
Grabenbruch tektonische längsförmige Absenkung von Gesteinsblöcken größeren Ausmaßes.
Grundgestein Unverwittertes, zwischen dem Grund- oder Oberflächensediment liegendes Gestein.
Guano Ablagerung von Seevögelexkrementen.
Guyot Flache Bergkuppel in der abyssalen Ebene.
heiße Stelle Stelle vulkanischer Aktivität im

Erdmantel, die konstant bleibt, während sich die Platte über ihn hinwegbewegt.
Horst Hochgedrückter Block zwischen parallelen Bruchzonen.
Hydrothermal Bezogen auf natürliche heiße Quellen.
isostatische Bewegungen Bewegungen der Landmasse, um ihr Gleichgewicht zu halten.
kinetische Energie Bewegungsenergie.
Kontinentalabhang Teil des Kontinentalschelfs, der zum tieferen Meeresboden führt.
Kontinentalhöhe Leicht ansteigender Teil des Meerbodens, der in die abyssale Ebene führt.
Kontinentalsockel (Schelf) Teil des Meerbodens, der nicht tiefer als 200 m liegt, an eine Landmasse angrenzt und einen versunkenen Teil des Kontinents repräsentiert.
Kruste Die äußerste, großangelegte Trennlinie in der Erdstruktur, die zwischen 19 und 40 km dick ist. Die dünnsten Stellen liegen unter den Meeren, die dicksten unter den Gebirgen.
Lagune Flacher See am Rande eines tieferen Wassergebietes, oft durch ein Riff davon getrennt.
Lithosphäre Äußere feste Gesteinshülle der Erde, bestehend aus der Kruste und dem obersten Teil des Mantels. Sie bildet die „Krustenplatten", die auf der flüssigeren Asthenosphäre gleiten.
litorale Zone Küstenbereich zwischen Hoch- und Niedrigwasser.
Magma Geschmolzenes glühendes Gesteinsmaterial.
magnetische Pole Die gegenüberliegenden Enden des Magnetfeldes der Erde.
Mantel (Biologie) Den Körper eines Weichtieres bedeckendes, unmittelbar im Innern der Schale vorliegendes Material.
Mantel (Geologie) Größerer Teil der Erdstruktur, der zwischen der Oberflächenkruste und dem innersten Kern liegt.
Medusen Quallen und freischwimmende Stadien anderer Meeresorganismen.
Meridian Längenkreis.
metrische Tonne Eintausend Kilogramm.
Nanoplankton Kleine Planktonorganismen, zu klein, um in einem Planktonnetz gefangen zu werden.
Notochord Axiale Skelettstütze in Chordaten.
Ökosystem Die Beziehung zwischen einer Pflanzen- oder Tiergemeinschaft und ihrer Umwelt.
Oolith Runder Steinpartikel, gebildet durch Kalzitanlagerung an einen Kern.
Orogenese Prozeß der Gebirgsbildung.
ovovivipar Eier mit mehr oder weniger entwickelten Embryonen ablegend.
Pahoehoe (polynesisch) Dickflüssige Lava, Stricklava.
Pedicellarien Zangenartige Stacheln der Seeigel und -sterne.
pelagischer Fisch Im offenen Meer unabhängig vom Meeresboden freischwimmender Fisch.
Plattentektonik Moderne Wissenschaft, die

Merkmale der Erdoberfläche, besonders die Entstehung der Platten an den mittelozeanischen Rücken und ihren Abbau in den Tiefseegräben erforscht.
Polyp Die sessile Form der Nesseltiere (Korallen, Seeanemonen etc.). Einige bilden Kolonien.
potentielle Energie Energie, die latent in einem Körper vorliegt.
pyroklastisch Glühendes, durch Vulkaneruptionen in die Luft geschleudertes und dadurch geformtes Gestein.
Schichtablagerungsflächen Eine Sedimentgesteinsebene parallel zur ursprünglichen Oberfläche der Ablagerung. Die Sedimentgesteine spalten sich entlang dieser Ebene.
Schichtenbruch Bruch im Gestein, entweder entlang einer Schicht oder vertikal durch das Gestein.
Schleppangel Fischfang mit Haken und Leine. Oft hinter einem Boot hergezogen.
Schleppsack Dient zur Steuerung von Unterwassergeräten.
seismisch Erdbebenwellen betreffend, auch künstlich erzeugte Schockwellen.
sessil Am Boden anhaftend. Bezieht sich normalerweise auf am Boden festgewachsene Organismen, wie Korallen.
Seten Borstenartige Strukturen, die einige wirbellose Tiere tragen.
Sonograph Ein vom Meeresboden durch Schallwellen erzeugtes Bild, ähnlich einer Fotografie.
Spikulen Stacheln oder Nadeln aus Kalziumkarbonat im Gewebe bestimmter Organismen, wie den Schwämmen.
Strudel Kleiner zirkulierender Strom.
subaerial An der Erdoberfläche, d.h. unter der Luft, analog zu *submarin*, unter dem Meer.
Subduktionszone Der Krustenplattenrand, wo eine Platte unter eine andere gedrückt wird entspricht einem Tiefseegraben.
Tektonik Erkenntnisse über die Merkmale der Erdoberfläche und ihrer Entwicklung.
Thermokline Lage von Schichten im Wasser, in denen sich die Temperatur mit wechselnder Tiefe abrupt ändert.
Tiefsee-Ebene Meeresgrund zwischen 4000 und 6000 m.
Trübströme Bewegung von trübem Material, wie Schlick oder Ton, in Wasser.
Unkonformität Ein Bruch in einer Sequenz eines Sedimentgesteins. Er entsteht, wenn der Ablagerungsprozeß anhält und später wieder neu einsetzt.
Wirbel Große zirkulierende Wassermasse.

Umrechnungstabelle

1 Meter	=	3,281 Fuß			
1 Zentimeter	=	0,394 Inches			
1 Mikron (µm)	=	0,039 Tausendstel eines Inches			
1 Fuß	=	0,305 Meter			
1 Kilometer	=	1000 Meter = 0,621 Meilen			
1 Meile	=	1,609 Kilometer (GB, US)			
1 Gramm	=	0,035 Unzen (trocken)			
1 Unze (trocken)	=	28,35 Gramm			

1 Kilogramm	=	1000 Gramm	=	2,205 Pfund	
1 Pfund	=	0,454 Kilogramm			
1 metrische Tonne	=	0,984 lange Tonnen (GB)	=	1,102 kurze Tonnen (US)	
1 lange Tonne (GB)	=	1,016 metrische Tonnen	=	1,120 kurze Tonnen (US)	
1 kurze Tonne (GB)	=	0,907 metrische Tonnen	=	0,893 lange Tonnen (GB)	
1 Liter	=	0,220 Gallonen (GB)	=	0,264 Gallonen (US)	
1 Gallone (GB)	=	4,546 Liter	=	1,201 Gallonen (US)	
1 Gallone (US)	=	3,785 Liter	=	0,833 Gallonen (GB)	
1 Barrel (Öl)	=	0,132 metrische Tonnen	=	0,314 lange Tonnen (GB)	
	=	0,150 kurze Tonnen (US)	=	159 Liter	
	=	35 Gallonen (GB)	=	42 Gallonen (US)	

Bedrohte Meeresarten

Alle Meere

Säugetiere
G Blauwal *(Balaenoptera musculus)*
U Flossenwal *(Balaenoptera physalus)*
U Buckelwal *(Megaptera novaeangliae)*

Nordpolarmeer

Säugetiere
U Grönlandwal *(Balaena mysticetus)*
U Eisbär *(Ursus maritimus)*

Nordatlantik

Säugetiere
G Nordkaper *(Eubalaena glacialis)*
U Grönlandwal *(Balaena mysticetus)*
U Nördlicher Entenwal *(Hyperoodon ampullatus)*

Andere
U Sternchenseeanemone *(Nematostella vectensis)*

Mittelmeer

Säugetiere
G Mittelmeermönchsrobbe *(Monachus monachus)*

Vögel
G Madeirasturmvogel *(Pterodroma madeira)*
G Dalmatinischer Pelikan *(Pelecanus crispus)*

Reptilien
G Grüne Schildkröte *(Chelonia mydas)*
U Schafskopfschildkröte *(Caretta caretta)*

Karibik

Säugetiere
U Westindischer (karibischer) Lamantin (Seekuhart)
  (Trichechus manatus)
U Amazonischer Lamantin (Seekuhart)
  (Trichechus inunguis)

Vögel
G Cahow (Bermuda-Sturmschwalbe)
  (Pterodroma cahow)

Reptilien
G Grüne Schildkröte *(Chelonia mydas)*
G Bastardschildkröte *(Lepidochelys olivacea)*
G Lederschildkröte *(Dermochelus coriacea)*
G Echte Karettaschildkröte *(Eretmochelys imbricata)*
G Atlantische Bastardschildkröte *(Lepidochelys Kempii)*
U Schafskopfschildkröte *(Caretta caretta)*

Südwestatlantik

Säugetiere
U Südlicher Glattwal *(Eubalaena australis)*
U La Plata-Otter *(Lutra longicaudis)*

Reptilien
G Grüne Schildkröte *(Chelonia mydas)*

G Bastardschildkröte *(Lepidochelys olivacea)*
G Lederschildkröte *(Dermochelus coriacea)*
G Echte Karettaschildkröte *(Eretmochelys imbricata)*
U Schafskopfschildkröte *(Caretta caretta)*

Westafrika

Säugetiere
Westafrikanischer Tricheus (Seekuhart)
  (Trichechus senegalensis)

Reptilien
G Grüne Schildkröte *(Chelonia mydas)*
G Bastardschildkröte *(Lepidochelys olivacea)*
G Lederschildkröte *(Dermochelus coriacea)*
G Echte Karettaschildkröte *(Eretmochelys imbricata)*
U Schafskopfschildkröte *(Caretta caretta)*

Indischer Ozean

Säugetiere
U Südlicher Glattwal *(Eubalaena australis)*
U Dugong *(Dugong dugon)*

Vögel
G Amsterdam-Albatros *(Diomedea amsterdamensis)*
U Kerguelenseeschwalbe *(Sterna virgata)*
G Madagaskarfischadler *(Haliaeetus vociferoides)*

Reptilien
G Grüne Schildkröte *(Chelonia mydas)*
G Bastardschildkröte *(Lepidochelys olivacea)*
G Lederschildkröte *(Dermochelus coriacea)*
G Echte Karettaschildkröte *(Eretmochelys imbricata)*
U Schafskopfschildkröte *(Caretta caretta)*

Andere
U Quastenflosser *(Latimeria chalumnae)*

Ostasiatische Meere

Säugetiere
U Dugong *(Dugong dugon)*

Vögel
G Abbot-Tölpel *(Sula abbotti)*
G Weihnachts-Fregattvogel *(Fregata andrewsi)*

Reptilien
U Leistenkrokodil *(Crocodylus porosus)*
G Grüne Schildkröte *(Chelonia mydus)*
G Bastardschildkröte *(Lepidochelys olivacea)*
G Lederschildkröte *(Dermochelus coriacea)*
G Echte Karettaschildkröte *(Eretmochelys imbricata)*
U Schafskopfschildkröte *(Caretta caretta)*

Weichtiere
U Südliche Riesenmuschel *(Tridacna derasa)*
U Riesenmuschel *(Tridacna gigas)*

Südpazifik

Säugetiere
U Südlicher Glattwal *(Eubaleana australis)*
U Hector-Delphin *(Cephalorynchus hectori)*

U Dugong *(Dugong dugon)*
G Hawaiianische Mönchsrobbe *(Monachus schauinslandi)*

Vögel
U Pycroft-Sturmschwalbe *(Pterodroma pycroft)*
U Chatham Island-Sturmschwalbe *(Pterodroma axilearis)*
U Newell-Sturmtaucher *(Puffinus newelli)*
U Schwarzsturmschwalbe *(Procellaria parkinsoni)*
G Chatham Island-Austernfischer *(Haematopus chathamnsis)*
U Schwarze Seeschwalbe *(Sterna albostriata)*
U Gelbaugenpinguin *(Megadyptes antipodes)*

Reptilien
U Leistenkrokodil *(Crocodylus porosus)*
G Grüne Schildkröte *(Chelonia mydas)*
G Bastardschildkröte *(Lepidochelys olivacea)*
G Lederschildkröte *(Dermochelud coriacea)*
G Echte Karettaschildkröte *(Eretmochelys imbricata)*
U Schafskopfschildkröte *(Caretta caretta)*

Weichtiere
U Südliche Riesenmuschel *(Tridacna derasa)*
U Riesenmuschel *(Tridacna gigas)*

Nordpazifik

Säugetiere
G Nordkaper *(Eubalaena glacialis)*
U Grönlandwal *(Balaena mysticetus)*
U Guadeloupepelzrobbe *(Arctocephalus townsendi)*
G Pazifischer Hafenschweinswal *(Phocoena sinus)*

Vögel
G Townsend-Sturmschwalbe *(Puffinus auriculus)*

Andere
U Sternchenseeanemone *(Nematostella vectensis)*

Südostpazifik

Säugetiere
U Südlicher Glattwal *(Eubalaena australis)*
U Juan Fernandez-Pelzrobbe *(Arctocephalus philippii)*
U Chilenischer Fischotter *(Lutra felina)*

Vögel
U Rosafüßige Sturmschwalbe *(Puffinus creatopus)*
U Defilippe-Sturmschwalbe *(Pterodroma defilippiana)*

Reptilien
G Grüne Schildkröte *(Chelonia mydas)*
G Bastardschildkröte *(Lepidochelys olivacea)*
G Lederschildkröte *(Dermochelus coriacea)*
G Echte Karettaschildkröte *(Eretmochelys imbricata)*

Südpolarmeer

Säugetiere
U Südlicher Glattwal *(Eubalaena australis)*

U = ungeschützt   G = gefährdet

Index

Index

Index

Index

Index

Index der *Enzyklopädie des Marinen Lebens*

ATLAS DER MEERE

Nautilus pompilio 181
Neanthes 177
Nebalia 179
Nectonema 177
Nectonema 177
Nematoda/Nematoden 176,180
Nematocysten 174,175
Nematomorpha (Saitenwürmer) 177
Nemertinea (Schnurwürmer) 176
Neopilina 180
Neunauge 183,184
Noctiluca 173
Nomeus gronovii 175
Nostoc (Gallertalge) 171
Nudibranchen 180
Nymphon gracile 178

O

Obelia 175
Ocenebra erinacea 180
Octokorallen 175
Oktopus 181
Oligochaeta (Wenigborster)
Oncaea 178
Ophiuroidea (Schlangensterne) 182
Opisthobranchia/Opisthobranchien 180
Organellen 171
Orthonectia/Orthonectiden 176
Oscillatoria erythrea (Schwingalge) 171
Osteichthyen 183
Ostracoda/Ostracoden
   (Muschelkrebse) 180

P

Parapoden 180
Parazoa 174
parthenogenetisch 178
Pecten 181
Pectinaria 177
Pelamis 185
Pelvetia 172
Pelzfresserlaus (Malophagan) 179
Penella 178
Pentastomida/Pentastomiden 180
Phaeophyceae (Braunalgen) 172
Phasmida 176
Phoronida/Phoroniden
   (Hufeisenwürmer) 181
Phrasinophyzeae 172
Phylactolaemata 181
Physalia 175
Phytoplankton 172,174,183
Riffmuräne 185
Pinnepedia 185
Pinguine 185
Pinnotheres 179
Placodermi/Placoderme 183
Plathelminthes (Plattwürmer) 175
Pleurobranchia 175
Pogonophora (Bartwürmer) 179
Polychaeta/Polychäten

   (Vielborster) 177,178
Polycladen 176
Polypen 174
Polyplacophora/Polyplacophoren 180
Porania 182
Porifera (Schwämme) 174
Porites 175
Porphyra 172
Portugiesische Galere 175
Posidonia 173
Priapoluidae/Priapuloiden 179
Pripuliden 179
Priapulus 179
Proglothiden 176
Prokaryonten 171,172
Prosobranchia 180
Protista (Einzeller) 172
Protostomie 178
Protozoa/Protozoen 173
Pseudocoelomaten 173
Pseudopodien 173
Pteropoden 180
Pulmonata/Pulmonaten 180
Pycnogonia/Pycnogoniden 178
Pynogonum littorale 178
Pyraminonas 172
Pyrosoma 183

Q

Quallen 175

R

Radiolarien 173
Rankenfußkrebse 179
Rattenfische 183
Reptilien 184
Rhincodon 184
Rhodophyceae (Rotalgen) 172
Rhodymenia 172
Riesenhai 184
Riesentintenfisch 181
Riffbildende Korallen 175
Rivolaria 171
Robben 184,185
Rochen 183,184
Rostellum 177
Rotifera 180

S

Sagitta bipunctata 183
Sanddollars 175
Sarcodina 173
Sarcomastigophora 173
Sarcopterygii (Fleischflosser) 184
Sargassum 172
Säugetiere 185
Scaphopoda (Grabfüßer) 181
Schalenlose Weichtiere 174
Schiffswurm 181

Schlangensterne (Ophiuroiden) 182
Schnecken 180
Schnurwürmer (Nemertinea) 176
Scelerathinia 175
Scyliorhinus (Schwingalge)184
Scyphozoen 175
Seeanemonen 178
Seegras 173
Seegurke 182
Seeigel 182
Seekühe 185
Seelöwen 184,185
Seemoose 181
Seeotter 185
Seescheiden (Ascidiaceen) 183
Seeschlangen 184,185
Seesterne 182
Seewalze 182
Seitenwürmer (Nematomorpha) 177
Sepia (Tintenfisch) 176
Siedlerhummer 179
Sinoflaggellanten 173
Siphonophores/Siphonophoren 175
Sipuncoloidae/Sipuncoloiden
   (Spitzwürmer) 179
Sipunculus nudus 179
Sirenia (Walroß) 185
Solaster 182
Spadella 183
Spinnenkrebs 179
Spirobis 177
Sporozoa/Sporozoen
   (Sporentierchen) 173
Squilla (Gottesanbeterin) 179
Stechrochen 184
Steingarnelen 179
Steinkorallen 175
Stellersche Seekuh 185
Stenolaemata 181
Sternwurm 179
Stoichatis 175
Stomapoden 179
Stomphia 175
Störe 184
Strudelwürmer 176
Sturmschwalben 185
Symbiodinum 173
Symbionten, Algen 175
Syconoider Typ 174

T

Tardigraden (Bärtierchen) 180
Teleostei (Knochenfische) 176,184
Tentakel 175
Tetrahele 172
Thaliazea/Thaliazeen 183
Thelasemma melita 179
Thunfisch 184
Tintenfisch 181
Toredo (Schiffswürmer) 181
Trachylina 175
Trematoda/Trematoden 176
Trichobiten 178